社会主义新农村建设书系
农产品经纪人培训教材

农产品经纪人(中高级)实务

主　编　郑小兰　张永积
副主编　邵文革

ZHEJIANG UNIVERSITY PRESS
浙江大学出版社

《农产品经纪人(中高级)实务》

编委会名单

主　编　郑小兰　　张永积

副主编　邵文革

编　委　（以姓氏笔画为序）

刘莉华　刘晓菊　李丛伟　李寿和

汪莉娜　张永积　陈爱萍　邵文革

郑小兰　黄海江　谢庆勇

前　言

浙江省农产品经纪人培训工作历时八年，在各级政府和职能部门的全力推动下，全省范围内共培训了两万多名初级农产品经纪人，他们活跃在农产品交易市场，培训业绩初见成效。这些农产品经纪人在农产品营销工作中发挥了重要的作用，在一定程度上提高了农民收入、发展了农村经济，在促进社会主义新农村建设上作出了重要贡献。

随着我国经济的发展和人民生活水平的提高，人们对农产品的要求不断发生着变化，农产品市场也处于不断变化之中。因此，社会越来越需要有一批能洞察农产品市场变化、引领农产品市场，并能对农产品销售进行有效管理的中高级经纪人。浙江省处于全国经济发展的前沿，中高级农产品经纪人培训要在国家要求的基础上有所提升和创新。鉴于此，该书的编写人员和有关领导一起，对农产品经纪人的经营现状、存在的问题及困惑、迫切需要更新的知识等方面进行了认真、细致的调查研究，走访了农产品经纪人和农民专业合作社，获得了来自最基层的信息，了解了农产品经纪人在经营中存在的问题和需要的知识。

在农产品经纪人国家职业资格鉴定标准的政策指导下，经过我们的充分调研，编写组成员一致认为，作为一本能反映我国农村特色的中高级农产品经纪人读本必须具备以下特点：

一、要符合我国农村经济发展的特色。要结合我国实际，体现我国农村经济发展的特色，所用案例尽量面向国内，实际操作或实训内容强调本土化。以农产品面向全国及开拓国际市场作为经纪人的经营战略方向。该读本应该以立足浙江，面向全国的思路进行编写。

二、要有一定的前瞻性。初级农产品经纪人的培训内容主要是树立农产品的经纪理念，从种植、养殖户向农产品经营户方向转移和发展，培训基本的农产品营销知识。而面向中高级的农产品经纪人的培训内容则应从单打独斗的农产品经纪人向组织化、规模化的农产品经营方向发展，倡导组织性、团队性开展农产品经营业务；市场的开拓则是从地方市场向国内市场以及国际市场发展，从传统营销模式向新型营销模式（如电子商务、品牌营销等）拓展。

三、要突出实践性和可操作性。在理解基本理论的基础上，根据农民的文化知识水平普遍较低的实际情况，突出对知识的具体运用和实务的操作。在每一讲的内容中，包含有丰富的农产品经营或营销案例，前后有讨论思考题及实训题，用操作形式以巩固所学知识，边学边用，工学结合，以达到理解、掌握知识的培训目的。

基于以上中高级农产品经纪人读本的编写要求,确定了本书的编写大纲。编写本书,没有可借鉴的版本,没有太多的知识可引用,也没有太多可以直接学习的内容,只能边编写、边试用、边摸索、边修改,各位编写老师也为此付出了艰辛的劳作。由于种种原因,该读本与领导的要求、农民的需求肯定存在一定的差距,为缩小差距,提供更为实用的知识,也恳请各位领导和专家对该教材的知识框架、知识内容和形式等各方面提出宝贵的意见,以进一步完善内容!

本书由郑小兰、张永积任主编,由邵文革任副主编。参加编写的有刘莉华、刘晓菊、李丛伟、李寿和、汪莉娜、张永积、陈爱萍、邵文革、郑小兰、黄海江、谢庆勇等老师(以姓氏笔画为序),最后由郑小兰和张永积两位老师对书稿进行整理和统撰。

在本书的写作过程中,得到了浙江省供销社、金华职业技术学院、金华市供销社、金华市农办等领导、同事和浙江大学出版社编辑给予的大力帮助和支持,在此一并表示衷心的感谢!

编　者

2013 年 4 月

目　　录

说明:有“※”的为高级经纪人培训知识

第一讲　农产品市场体系

第一节　国内农产品市场体系

流通产业已经由过去的末端产业转变为先导性的产业，对其他产业或行业的发展的牵引作用越来越明显。农产品流通的市场体系建设对农业经济的先导和牵引作用越来越明显。农产品流通关系到国民经济发展的全局和社会的安定，及时地解决农产品流通中的问题，对于促进农业生产发展、增加农民收入、满足人民需求和保持市场繁荣稳定，都有着十分重要的意义。

一、国内农产品流通现状

我国现有农产品流通体系是计划经济体制下由国家统购统销的流通体系经过诱导性制度变迁政策的引导逐步演变形成。在这一市场化改革变迁过程中，首先放开的是蔬菜、水果、禽蛋一类农副产品，然后是肉类、水产品，最后是粮、棉、油等主要农产品，农产品流通市场经历了从计划到市场、从无序到有序的蜕变。[①] 围绕“保价格促生产，稳粮食保供给，促增收扩内需，增投入强基础”不断深入拓展，农产品市场体系日趋成熟。目前，已初步形成多层次、多主体、多类型的农产品市场流通新格局。

近年来新型交易方式和流通业态蓬勃兴起，超市逐渐成为大中城市的农产品重要零售渠道；随着信用系统、结算支付系统和验货配送系统的建立健全，农产品电子商务已开始向网上交易支付的高级形态发展；20 世纪 90 年代以来，我国的农产品期货市场规模不断扩大，市场运作日益规范，当前国内上市的 18 个期货品种中，农产品占了 12 个；农业经济的多元化发展，使农产品经纪人、个体运销户、农民合作经济组织和农业产业化龙头企业等逐渐成为农产品市场流通的主力。据不完全统计，目前从事农产品流通、科技、信息等中介服务活动的农村经纪人已达 600 万人以上；农民合作经济组织达到 15 万个；农业产业化龙头企业超过 4300 家，成为农产品市场流通中强大的新生力量。

北京物资学院商学院祝映莲、郭红莲、谢宏良等专家认为，当前我国农产品流通新模式有以下几种：

1. 以物流企业为核心的流通模式

通过建立农产品物流中心以实现流通系统整合，把农民生产的分散的农产品集中到物流中心，然后由物流中心再统一配送到各农产品零售企业。

---

① 寇平君，卢凤君，沈泽江. 对农产品市场流通模式的战略性思考. 中华商务网，2002-9-28

案例一:广东国通物流城

位于顺德陈村的广东国通物流城是全国第一家专业农业保税物流中心,这里已逐渐发展成为珠三角最大的农产品物流中心。货车来到国通物流城,只需20分钟,海关、检验检疫等各种手续就可办理完毕,直接送往香港。与以前的水路运输相比,出口时间缩短了,大大提高了水产品的成活率,同时这里的进出口一站式服务也降低了企业出口成本。现在,每天通过国通物流城到香港的顺德水产品超过30吨,每月都有近1500台货柜车的转运量,珠三角各地大量农产品从这里出口,涉及蔬菜、水果、水产、副食品、花卉等。国通物流城投资的广东第一个安全农产品进出口交易中心于2007年6月8日开始营业,农产品不仅能实现快速通关,还可以现场集中交易。这种模式具备完善的流通组织功能,通过快速的通关手续,快速集货,加快了流通速度,大大降低了农产品在物流环节的损耗,增加了农产品的附加价值。

【分析】 这种模式一是流通速度快,质量好。通过配送中心可以对农产品的数量、质量、品种进行管理,有一些生鲜农产品可以通过构建加工物流一体化的物流中心,实现农产品的快速高效配送,减少流通环节,延展农产品流通半径,提高其新鲜度与质量。二是具有规模效应。由于物流中心一般可以同时为多个上游环节及下游环节提供物流服务,所以降低了这些企业的平均物流成本。三是有利于提升各节点企业的竞争力。增加了物流中心,各节点企业均可以各司其职,全力培养自己的核心竞争力,而物流企业也可以充分发挥自己的专业优势,将供应链的信息流、物流充分整合,进行优化配送,增加农产品的产后价值,减少物流环节损耗。

这种模式可以有效地联系产销两地,适合于大宗专业化的农产品物流活动,以及产销两地相隔较远的情况。如福建等省正在拟建的台湾农产品物流配送中心、辽宁沈阳的农产品出口物流配送中心、云南花卉物流中心等。

完善的标准化体系仍然没有建立,尤其是农产品物流的标准化问题更为突出。农产品产地的物流基础设施和物流企业对于冷链运输的设施匮乏。目前,各企业之间还没有建立起相互信任和协作的战略合作伙伴关系,上下游企业缺少相互联系,物流企业很难掌控全局协调整条供应链。农产品的物流人才严重不足,尤其是精通企业管理的高级物流人才缺乏。

2.以连锁超市企业为核心的流通模式

由连锁超市(零售企业)对农产品进行配送并且对整条供应链进行信息流和物流的整合。

案例二:上海联华生鲜食品加工配送中心

上海联华生鲜食品加工配送中心是我国国内目前设备最先进、规模最大的生鲜食品加工配送中心。每天各门店的电脑终端会将当日的生鲜食品要货指令发送给配送中心的电脑系统加以处理,之后产生两条指令清单,一条指令会直接提示采购部门按具体的需求安排采购,另一条指令会即时发送给各加工车间中控制加工流水线的电脑控制系统,按照当日的需求进行食品加工。另外,这个系统还会根据门店的要货时间和前往各门店的送货路线远近自动安排生产次序，以保证生鲜食品当日加工、当日配送和当日销售，强化生鲜食品的新鲜度。在配送中心的加工车间内，只有不到10名工作人员，他们各自盯着眼前电子屏幕，屏幕上完整地显示出当前配送物品的各种信息，同时也在不断地接收最新的供货指令加工单。各种肉类的切片、切丝、切丁，甚至分切后成品的自动分盆、称重、分拣、贴标，都是由电脑系统控制完成。配送速度高、商品周转速度快、单位时间内货物配送总量的增加都使得配送的费率降低到2%以下。

【分析】 超市设在人口密集、消费集中的地区，更加接近消费者，能以顾客为导向，快速调节商品类型以满足消费者需要。核心企业更注重采用新的技术和管理方式，也更加注重供应链的整体效率优化，从而保证流通农产品的质量和消费者的满意度，供应链协调较好，可实现农产品的快速高效配送，流通成本低。通过超市配送中心可以对农产品尤其是对生鲜农产品进行更有效的加工包装，使其直接进入销售环节，大大减少了传统流通环节中的重复加工包装的问题。

以连锁超市企业为核心的流通模式，适应位于市中心区的大型超市，配送中心更加倾向于销地地区，配送农产品更多的是本地采购的产品，包括叶菜类（蔬菜基地）、鲜肉类（肉联厂）、鲜活水产（淡水养殖基地）、部分副食品（豆腐、豆浆、豆制品）、半成品凉菜、切配菜等。

由于这种模式下的超市大多设在市中心，因此超市和配送中心房租成本会很高。另外，由于地区消费者非常集中，这就要求配送中心提高配送速度和质量标准，所以配送中心物流基础设施、信息基础设施投入非常大，员工培训成本也较高。

3.以农业合作社为核心的流通模式

在整个流通链条中，由农业合作社发挥配送功能并且对整条供应链进行信息流和物流的整合。

案例三："康一品"农产品产销合作社

京郊顺义区北务镇"康一品"农产品产销合作社于2007年正式成立，对当地种植户的农产品进行统一收购、统一包装、统一配送，使农户每亩地的收入增加近千元。该合作社主要以生产、采购、配送为核心，进一步完善了基础设施建设，建成了加工车间、保鲜库、培训室、精品展厅、检测室、服务部等场所，采用农残速测仪、产品质量追溯系统等手段，从瓜菜的种植、采收、加工等环节进行监督把关。同时实施品牌战略，注册了"康一品"、"五谷天成"等品牌，并加大了"三证"认证力度，已有番茄、黄瓜、小型西瓜等10种主要瓜菜被国家权威部门认证为"无公害绿色农产品"，完成了1.2万亩无公害认证的土地面积。"康一品"农产品合作社以合作社为核心，通过"配送中心＋合作社＋农户"的方式，减少分散物流活动，从而降低物流成本，提高物流质量，提高农产品的流通速度，将流通半径覆盖到了整个北京市。

【分析】 增加农户收入，由于农业合作社更多的是为农户服务、推广农产品，而非营利性，因此可以大大提高农户的利益。增加农产品流通半径，由于合作社的配送中心在产地，因此可以更好地对农产品进行保鲜包装，在第一时间进行配送调度，更适合满足远途流通的需求，有利于农户建立属于自己的农产品品牌优势，以合作社为核心，对整条供应链进行整合。随着供应链的延伸交错,农产品流通半径的扩大,品牌将进入多区域、交叉状的流通网络,从而更好地得到推广。

由于配送中心属于农业合作社,所以适合于农民收入水平较低、农产品大规模专业化生产以及需要远途供应的地区。

目前农业合作社中介性质很强,淡化了流通主体地位,这就限制了自身的发展,难以做大做强。农业合作社内部各种专业人才极其缺乏,供应链管理观念不强。农业合作社发展缓慢,相对弱小,很难对整条供应链掌控,致使模式很难建立或者十分脆弱。

4. 以龙头企业为核心的流通模式

由龙头企业将分散经营的广大的农户通过“公司+基地+农户”的形式,建立契约机制,进行规划、指导、协调从而提高农户的组织化程度。

案例四:北京顺鑫农业股份有限公司

1998年11月4日,北京顺鑫农业股份在深圳证券交易所成功上市,推动了顺义农业由规模经营向资本经营转变,初步形成了以大型龙头企业带动千家万户农民进入市场的产业体系框架。目前,顺鑫农业经营的产品涉及种猪、猪肉制品、白酒、果蔬饮料、名优果品、花卉等多个系列,经营领域涵盖了农业的产前、产中、产后整个过程。顺鑫农业围绕“大农业”概念,打造知识、资本、技术三位一体的现代化农业优势产业,将农业产业化经营作为推进农业现代化的重要途径,通过“公司加农户”、“订单农业”等多种形式,大力推进农业产业化经营,与农户形成利益共享、风险共担的经营机制,同时极大地促进了区域经济的发展,增加农户收入,也在很大程度上解决了农户卖难的结构性产品过剩问题。在产地进行批发配送延展了物流半径,在超市和最终消费者心目中,利用其规模和品牌形成了信誉上的保证,能够打消终端消费市场上“信息不对称”的顾虑,使消费者购买信心得到提高,这样农产品增值大幅提升,并且通过规模效益,运输成本、运输消耗、运输时间都可以得到优化。

【分析】 通过协调供应链上的信息流,降低农产品流通环节的交易成本,使农业生产更有计划性,从而减少农民的市场风险,提高农民收入。通过对物流的协调管理,降低农产品流通过程中的损耗,使农产品在从田头到餐桌的这一过程中始终处于一种透明和可控制的状态,产品质量得到有效保障。核心企业通过农产品的品牌化经营,可以树立起该产品在消费者中的质量信誉,进一步拓展消费市场,为发展“订单农业”提供了物质基础,通过龙头企业带动区域经济。

该模式适合不同地区发展特色农产品的区域经济,将各地区农产品企业做大做强,开展农产品深加工,拉长产业链,带动行业水平的提高,培养进入国际市场与他人竞争的实力。

由于各区域内同行业同时培养多个龙头企业,并且都以最大规模建设,互相抢占资源,致使恶性循环,存在重复建设问题。地位的不平等问题可能导致垄断或核心企业谋求自身利益的最大化,通过价格上的打压等手段加深农户对龙头企业的依赖性,从而有可能会对本来就处在弱势地位的农户进行盘剥,独享模式优化带来的好处。

二、当前国内农产品市场格局※

当前我国农产品市场主体多元化格局已经形成，农产品市场体系逐步完善，农产品交易方式逐步多样化，市场基础设施建设逐步完善。

1. 农产品市场主体多元化格局已经形成

改革开放以来，我国农产品市场主体由过去计划经济体制下国营商业和供销合作社等商业组织一统天下的格局逐步向多元化格局转变，农产品市场主体多元化趋势日益明显。

国营商业和供销合作社等商业组织在农产品市场流通中的地位虽然下降，但仍然发挥着重要作用。近年来，众多的国营商业、供销合作社已经成功实现了企业转制、建立了新的经营方式、健全了法人治理结构、拓展了经营范围，使企业真正成为自主经营、自负盈亏的市场主体，为逐步盘活国有和集体资产、继续发挥国合商业组织在农产品市场体系中的主导作用打下了坚实基础。

农民个体运销户、经纪人日趋活跃。目前农村中活跃着大量农民个体运销户和经纪人，他们为搞活农产品流通、促进农产品市场发展、联结农产品生产和消费起到了积极作用。农民经纪人是在20世纪90年代初随着市场经济的发展应运而生的，迈入新世纪以后，农民经纪人队伍也进入了其发展的鼎盛时期。在各地，农民经纪人从事农产品流通、科技、信息等一系列的中介服务活动，在帮助农民解决“卖难”问题和助农增收方面发挥了重要作用。

农民合作经济组织、农业产业化龙头企业日显重要。近年来，各地农村多种形式的新型农民合作经济组织大量涌现，理论研究及实践发展都表明，农民合作经济组织在促进优势农业产业发展和农业产业化经营、提高农产品竞争力、提高农民的组织化程度、引导农民进入市场、促进农民增收、建设现代农业等方面都具有积极作用。近年来，随着专业化分工和规模经济的发展，已经涌现出大批专门从事农产品流通经营的农业产业化龙头企业。这些农业流通企业依靠其先进的经营理念、雄厚的资金和人才实力，不断攻城略地，迅速发展成为农产品市场体系中强大的新生力量，流通型龙头企业对于农产品流通的标准化、规模化、安全化、迅捷化起到了积极作用。

2. 农产品市场体系逐步完善

农产品批发市场逐步完善，它是进行农产品现货集中批量交易的场所。在农产品市场体系中，农产品批发市场具有集散、价格形成、信息中心、供求调节和综合服务等功能，在农产品市场体系中占有举足轻重的地位，对于农产品的生产、流通和供应发挥着重要的作用。农产品零售市场逐步规范，它是农产品转化为消费品的最后一个环节，是城乡消费者购买农产品的主要渠道，是农产品直接面对消费者的窗口。农产品期货市场的导向作用开始得到发挥，它是农产品市场体系中一个不可或缺的部分，对于农产品市场具有重要的导向性作用。目前，我国三家期货交易所中，大连商品交易所与郑州商品交易所以农产品期货交易为主。大连商品交易所批准交易的品种有大豆、玉米、豆粕等；郑州商品交易所批准交易的品种有小麦、棉花、绿豆等。虽然我国是世界农产品生产大国和消费大国，但农产品定价权却长期受制于人，由美国等发达国家所掌握。这非常不利于我国农产品市场的发育和农业的健康发展。近年来,随着我国农产品期货市场的发展,这种状况逐步有所好转。郑州商品交易所的小麦期货价格已逐步成为国际性的小麦价格,大连商品交易所的大豆价格也受到国际投资者的日益关注。我国农产品期货市场已逐渐开始对世界农产品价格拥有了发言权,这对于我国农产品应对国际和国内市场风险、农业生产经营者套期保值,进而对于农产品市场的综合发展都具有重要的导向作用。超市是一种新兴的农产品流通和零售渠道,我国自20世纪90年代初以来,超市得到快速发展,国内和国外资金纷纷涌入超市领域,到2004年,已经有33家大型外资超市进入我国市场,门店达到4282家,销售总额1383.2亿元。商务部开展的"万村千乡"市场工程将要培育出25万家左右的"农家店"。供销社系统利用自身优势,大力推进农村现代流通服务网络建设,积极发展连锁经营。目前,全系统有800多家企业开展了消费品连锁经营和配送,发展连锁配送网点5万多个,连锁经营实现的消费品零售额占到全系统消费品零售额的35%左右。

3.农产品交易方式逐步多样化

我国农产品市场交易方式已由集市贸易扩大到专业批发、跨区域贸易、"订单"购销、期货交易和拍卖交易等方式,流通配送、连锁经营、经纪人代理、电子商务、网上交易等营销方式发展比较迅速,一些条件成熟的农产品市场已经能较好地利用农副产品拍卖、代理、配送等国际通行的交易方式。多样化的农产品交易方式促进了农产品交易行为的现代化,极大地提高了农产品流通和交易的效率。我国农产品连锁经营发展迅速,据估计,在一些大城市中连锁经营的农产品销售已经占到总销售额的20%左右。

4.市场基础设施建设逐步完善

在政府部门的引导下,企业和社会资本也开始积极涉足农产品市场建设和管理,市场机制的作用在农产品市场建设中得到充分体现,企业办市场、企业管市场的农产品市场投资模式极大地改善了农产品市场基础设施,使农产品市场基础设施获得了稳定的、可持续的投资来源;市场服务体系全面加强,农产品市场服务体系是农产品市场流通的必要条件,是加快农产品市场发展的基本保障。近年来,我国农产品市场服务体系得到全面加强,农产品运销"绿色通道"逐步建立,农产品市场信息体系日趋完善,农业信息组织机构体系逐步建立,农业信息采集系统初步形成;国内外农产品市场逐步接轨,农产品市场开放程度不断提高。我国农产品市场对外开放程度不断提高,与世界农产品市场逐步接轨,与世界农产品市场的关联程度日益增强,农业贸易依存度逐年增加。

三、国内农产品市场发展中的问题※

1.市场组织化程度低

多数农民在市场上从事农产品交易、获取市场信息、应对市场风险等经济活动都处于身单影孤的状态,农民的市场参与能力较弱,制约了农产品市场体系的发展与农产品竞争力的提高。我国农民进入市场的组织化程度还比较低,而且其中有一半以上的农民专业合作经济组织属于是生产型或技术服务性合作组织,农产品运销合作组织较少,而且由于行政干预、组织内部治理混乱、外部法律法规不健全等原因,农产品运销合作组织的功能也难以得到很好的发挥,在农产品市场竞争中处于弱势地位。农民市场参与能力较弱,专业合作经济组织发展不成熟,制约了农产品市场体系的稳定发展与农产品竞争力的提高。

2. 市场布局不尽合理，尚未形成覆盖全国的市场网络

20世纪80年代以来，我国农产品市场逐步增多，农产品市场体系初步建立，为农产品流通提供了基本条件。但我国农产品市场体系仍然存在市场布局不尽合理的缺陷，尚未形成覆盖全国的市场网络。这主要体现在：其一，城市与乡村农产品市场之间布局不合理。城市农产品市场分布合理、设施完备、经营农产品品种齐全，而农村农产品市场一般比较简陋、经营品种单一。其二，农产品产地市场和销地市场之间布局不合理。这种现象不仅体现在农产品市场数量方面，而且体现在质量方面。城市销地市场的基础设施条件、公共服务水平、经营额与经营业绩等也都普遍优于农村产地市场。

3. 地区发展不平衡，经济欠发达地区和农产品主产区相对落后

从全国来看，农产品市场地区间分布极不平衡，东部地区与中西部地区之间差异明显。东部地区农产品市场体系相对发达，而中西部经济欠发达地区和农产品主产区则相对落后，这不仅表现在农产品市场的数量和质量方面，也表现在从事农产品流通的企业方面。

4. 交易方式较落后，农产品流通现代化程度较低

虽然农产品流通配送、连锁经营、期货交易、拍卖交易、电子商务和网上交易等新型农产品交易方式在我国已经得到一定程度的发展，但这些现代化的农产品交易方式仍处于起步阶段。整体来看，我国农产品交易方式仍比较落后，流通现代化程度还比较低。

5. 市场基础设施建设不足，影响了市场功能的充分发挥

农产品市场基础设施建设是农产品市场体系发展的重要内容。近年来，政府和企业都对农产品市场基础设施积极投入，农产品市场基础设施建设取得了一定进展，但农产品基础设施建设仍然存在不足，还不能很好地适应社会经济、农业发展和人们生活的新需要，影响了市场功能的充分发挥。

6. 地区封锁现象时有发生

许多地区仍然存在地区封锁的地方性法规、手段和行为，影响农产品的有效流通和农产品市场的健康发展，降低了经济效益，造成资源浪费，严重制约着全国统一的农产品市场的形成。地区封锁的形成有其深刻的政治、经济和社会背景。一个地区企业和市场的发展对于当地经济、财政、就业等方面都有相当的影响力。在激烈的市场竞争中，许多企业由于经营管理、资金、技术、销售等因素会难以生存，而这些企业对于当地的经济发展、财政税收、就业保障等都有积极的意义，而地方政府在面临这些压力的情况下，往往就会采用行政的、经济的、技术的手段来保护本地企业在本地市场的地位，因而地区封锁现象难以根除。

7. 市场法规不健全，交易秩序比较混乱

我国农产品市场法规体系的基本框架已见雏形，已陆续出台了《反不正当竞争法》、《拍卖法》、《商品市场登记管理办法》、《连锁店经营管理规范》、《关于制止低价倾销行为的规定》、《零售业态分类规范意见》等一系列完善市场机制、规范市场秩序的法律法规和规章制度。同时，其他一些关于市场中农产品质量安全的法规，如《食品卫生法》、《产品质量法》、《农业法》等也已颁布实施。但我国市场法律法规体系仍不健全，且现有法律法规体系的配套措施和贯彻执行情况不甚理想，农产品市场交易秩序比较混乱。

新闻链接

我国已有2600多家农产品经纪人协会

据统计,我国农产品经纪人协会目前已有2609家。各级协会及农产品经纪人每年直接收购和帮助农民推销农产品近万亿元,在搞活农产品流通、促进城乡市场繁荣发展上发挥了积极作用。

农产品经纪人又称为农民经纪人、农村经纪人,经过多年发展,农产品经纪人已成为农产品市场主体中的骨干力量和最活跃的群体。据中国农产品流通经纪人协会统计,目前全国已有农产品经纪人600多万人,加上季节性的从业者则高达1000多万人。

《国务院关于加快供销合作社改革发展的若干意见》指出,将进一步推进开放办社,广泛吸纳各类合作经济组织、龙头企业、专业大户,积极组建行业协会、农产品经纪人协会,为农民专业合作搭建服务平台。

我国农产品商品结构逐步实现了从鲜活品、初级加工品到精深加工品多元化并存的转变,通过搭建交流与合作的平台,推动与农产品流通相关的生态技术、加工保鲜技术、仓储物流技术的发展,创新农产品流通服务模式,实现农产品的大流通,对繁荣市场、促进农业发展和农民增收有重要意义。

思考与作业题

1. 案例分析

以文中的四个案例中的某一案例为样本,结合您所在地区的实际情况,分析本土的农产品流通属于哪种模式?这种模式有什么优点和不足之处?您有更好的建议吗?

2. 模拟实训

参观考察就近的农产品交易市场或批发市场,深入了解农产品交易模式,以学习小组为单位,就以下学习任务展开深入的探讨。

<table>
<tr><td>专业合作社名称</td><td colspan="3"></td></tr>
<tr><td>合作社负责人</td><td></td><td>工作人员</td><td></td></tr>
<tr><td colspan="4">参观考察时间:</td></tr>
<tr><td colspan="4">学习任务:
(1)了解该市场每年的农产品交易额,谁是市场的经营主体;
(2)深入分析讨论该农产品交易市场的优势和劣势,机会和风险;
(3)总结分析结果,以小组为单位提出该交易市场发展之策。</td></tr>
<tr><td colspan="4">任务完成要求:
(1)通过对农产品流通市场的深度剖析,认识农产品流通模式对经纪人经营活动的重要意义,提高农产品经纪人的市场意识;
(2)培养农产品经纪人的市场信息的搜集能力;
(3)树立以农产品流通为导向的经营理念。</td></tr>
</table>

第二节　浙江省农产品流通

一、以市场为导向的农产品流通格局

目前,浙江国有农产品经营企业已完成企业改制,注入了新的活力。中小型民营企业积极加入农产品流通行业,并涌现了一批利用外资规模较大的外向型企业。数万农产品经纪人大军活跃在农产品流通行业。农产品分销渠道形成了以各类农产品贸易市场为主体、贩销户为经营骨干的流通网络。到2008年,全省农产品批发及农贸市场达到了577个,交易额达到1040亿元,年交易额亿元以上的农产品批发市场35个,有80%的鲜活农产品通过市场集散。

在农产品进出口贸易领域,形成了以外贸公司为主体,农业龙头企业和外商投资企业等多渠道出口的格局。目前,浙江经营农产品出口的企业有1000多家,其中年出口额在1000万美元以上的企业占出口企业的4%左右。出口产品包括农、林、牧、渔几十大类数百品种,年出口额在100万美元以上的产品有冻牛肉、蜂蜜等40余种,上亿美元的有茶叶、冻鱼、食用菌等10余种。农业龙头企业是农产品出口的主力军。

近年来,随着新型业态的发展,特别是连锁超市、电子商务等的发展,为促进浙江省农产品销售作出了积极的贡献,逐步形成新兴的农产品流通网络。外资企业、外省商贸业在浙江省农产品采购的数量逐年增加。①

1.发展农业产业化经营,促进了农产品流通

通过优化农业产业结构,发展效益农业和农业产业化经营,实施品牌战略,积极发展名特优新农产品,初步形成了粮油、水产品、茧丝绸、果品、竹林、畜禽、蔬菜、茶叶、食用菌、花卉等主导产业。各类农业龙头企业、农村专业合作组织大量兴起,建成了一大批特色农业基地和农业示范园区,种植业结构发生了重大变化。随着效益农业和农业产业化经营的发展,提高了浙江省农产品在国内市场和国际市场上的占有额,提高了农业龙头企业的核心竞争力和带动力。效益农业以市场为导向,注重规模效益和农工贸一体化,专业性强,产品适销对路、附加值高,对浙江省农产品生产和流通将起到积极的促进作用。

2.构建"农产品营销管理体系"

浙江是一个特色农业大省,茶叶、食用菌、柑橘、蜂产品、花卉苗木、瓜果蔬菜等产量在国内均居前列,各类经济作物的种植总面积近2000万亩。统计数据显示,2011年,浙江产茶16.89万吨,水果712.36万吨,蔬菜1815.61万吨,水产品504.64万吨。自2007年12月,浙江第一个农产品营销管理中心在黄岩区挂牌,至目前,全省已有62个县(市、区)农产品营销管理机构。农产品营销管理中心的性质是事业单位,其职能是协调、管理与指导农产品营销。营销管理中心通过所配套组建的企业化运作的展示展销中心发挥企业的作用。

3.组建配送中心,培育农产品经纪人队伍

2004年,由农业厅负责牵线搭桥,提供各类服务;由"世纪联华"负责落实所有经营业

① 徐建伟,劳赐铭. 浙江农产品流通现状与提高国际竞争力的对策研究. 商业经济与管理,2002年12月

务,决定共同投资组建"农华",为全省 180 个"世纪联华"超市提供生鲜农产品。目前,"农华"已成为浙江最大的农产品配送中心,生鲜农产品不仅为"世纪联华"打造了特色品牌,更为"世纪联华"招徕客户和稳定客源立下汗马功劳。从 2004 年开始实施农产品经纪人培训工作,全省系统已形成较为完善的培训组织体系,已培训农产品经纪人 3 万余人,通过农产品经纪人或营销大户创办专业合作社,在提高农民组织化程度的同时,对当地农产品销售发挥了巨大作用。

4. 建立"农民信箱",打开营销新渠道

"农民信箱"采用实名制登记注册,与手机同步联网使用,因为信息的真实可靠和使用的快捷方便,"农民信箱"的注册用户 4 年间快速发展到 190 万户,许多农民都利用这个信箱进行了成功的交易。2008 年初,浙江利用"农民信箱"专门举办了首届网上农博会,设立摊位 5957 个,参展产品 33080 个,一周时间达成交易 2.7 亿元,平均每天交易额 3000 多万元。据初步统计,至 2008 年年底,利用"农民信箱"先后开展的杨梅、葡萄等 22 场产销对接活动,成交额达 51 亿元以上,减少营销成本 2.3 亿元。

农民利用"信箱"发布农产品买卖信息、信件回复和电话联络洽谈,减少产品营销成本。此外,通过该"信箱"发布自然灾害预警、预报信息,及时采取减灾措施,挽回农业经济损失。

在上海,很多市民都知道有个"市民信箱"。而在浙江,有个"农民信箱",已发展"农民信箱"实名制用户 140 万,这成为新农村信息化建设的一道独特风景线。

浙江自 2005 年 9 月开始在全省推广应用"农民信箱",供农民、农技人员、涉农企业等以实名制申请使用,确保网上信息真实有效。"农民信箱"可以和手机短信联动使用,具有网上推销、采购、咨询、调查等多种功能。

浙江"农民信箱"是在农业信息化建设发展到一定水平上探索出来的新生事物,横向各涉农部门都设有联络室,纵向省、市、县、乡、村五级都有联络站点,"农民信箱"以快捷、方便、真实和信息对接率高的特点,深受广大用户的欢迎,被形象地称为部门和个人联络的"邮递员"、农村公共信息的"情报员"、农产品买卖的"营销员"。

5. "连锁经营"建设流通新业态

连锁经营作为服务业中最具活力的一种流通新业态,具有流通成本低、流通环节少、流通效率高等特点,因此在世界上十分通行。但是连锁经营要求较高,实行统一采购、统一配送、统一标识、统一经营、统一服务,因此许多农业企业力不从心,望而生畏。为了打造这一流通新业态,2006 年 4 月,浙江发出《关于大力发展农产品连锁经营的意见》,要求对农产品连锁经营企业实行"三优先",即优先申报龙头企业、优先安排技改财政贴息、优先享受"绿色通道"政策。2007 年 5 月,浙江省确定了首批 25 家产销土鸡、鲢鱼等各种农产品的连锁经营企业进行试点,计划通过帮助建原料基地、举办产销对接活动等措施,加大扶持力度,争取两年后这批企业的经营规模和经济效益增长 30%以上。在政府推动下,连锁经营业态在浙江得到迅速推广。以往,农产品销售的途径是:产地—中间商—批发市场(集贸市场)—零售商—消费者。连锁经营走的则是产地—连锁店—消费者的路径,其交易环节、流通效率一目了然。

6. 打造"区域品牌",确立营销新目标

农产品营销中,品牌的意义与作用可谓人尽皆知。但是,农民专业合作社和农业龙头企业大多处在成长期，规模小、实力弱，要打造品牌，既缺资金，也缺人才，更缺经验。浙江省各级政府因势利导，引导企业采取了以"母子"商标为核心的区域公用品牌建设。目前，浙江省每一个规模较大的特色产业，基本上都有一个区域品牌。如"安吉白茶"、"仙居杨梅"、"临海蜜橘"、"慈溪蔬菜"、"庆元香菇"等。数据显示，浙江农产品地理标志证明商标注册总量达到68件，占全国的三分之一左右。而证明商标正是建设区域品牌不可或缺的基础。①

二、流通网络存在的问题

1. 缺乏农产品购销网络体系整体建设的规划

虽然各地在农产品购销网络建设上做了许多尝试，但基本上是各自为政，造成了重复建设与严重不足并存的局面。全社会对农产品营销主体公益性的认识严重不足，对农产品购销网络建设缺乏深度研究，市场升级改造滞缓，网络建设布局上有点无网。

2. 缺乏农产品流通营销人才和先进的经营方式

农产品从田间地头向农产品市场集聚、向超市配送的过程，需要营销人才来完成，然而，供销社人才队伍严重老化，农产品流通经营管理人员、营销人员素质普遍不高，难以适应流通的现代化发展趋势，制约了事业的发展。与国际上通行的农产品供应链模式相比较，我们连接生产与市场之间的流通主体和交易方式，依然是传统经营业态占主导地位。据相关调查，目前约42%农户的农产品是依靠自销，45%的农户是通过个体商贩和经纪人销售，仅2.7%的农户是通过订单销售。交易方式的落后导致农产品价格波动频繁，区域性、结构性的卖难问题不断出现。

3. 宏观调控措施不力，市场规范化程度低

农业是国民经济的基础，各级政府十分重视。但是，普遍存在着重生产轻流通的现象。现有农产品流通政策、法律、法规体系及市场体系、质量标准体系和市场信息体系不健全，没有为农产品流通创造一个良好的经营环境。政府缺乏对全省农产品流通长远的、整体的规划，对农产品流通企业的支持和扶持力度不够。农产品多渠道流通格局形成后，如何加强价格调控、风险规避、质量保证体系和农产品标准化体系建设等缺少行之有效的政策与措施，市场规范化程度低。

4. 农产品流通组织化程度低、渠道不畅

根据农业生产和经营的特点，农产品流通必须形成网络密布、分工有序、组织严密的营销体系，才能做到货畅其流，充分发挥农产品资源的效益。近年来，农产品卖难现象时有发生。同时，还有不少耕地撂荒，农产品生产资源没有得到充分的开发和利用，资源优势未能充分转化为商品优势。其根本原因是农产品流通渠道不畅，流通组织化程度低。除少数农产品外贸企业外，企业规模普遍较小，专业化程度低，缺乏深购远销能力，难以做到农产品"大进大出"，制约了农村商品生产的发展。全省各地有不少农贸市场销售规模很大，但基本上是由各自独立的经营户组成，没有形成合力，市场辐射功能有限。受传统体制的影响，农产品产销脱节，农、工、贸企业间缺乏有效的分工合作。现有农产品流通组

① 农产品营销的浙江道路．中国农产品销售网，2010－3－15

织化程度低,企业规模小、经济力量弱,没有规模优势。农产品流通,缺少龙头企业和组织严密的营销组织体系。

5.农产品营销方式落后、经营粗放

大量农产品靠贩销户自发组织,分散经营,盲目性大。各类农贸市场虽然有一定的数量和规模,但主要为经营户提供了一个经营场地,大多数设施简陋,脏乱现象普遍存在,经营档次较低,商品质量欠佳,交易方式传统。为数众多的中小企业及贩销户诚信度不高,经营不规范,商品质量难以保证,竞争无序的情况时有发生。农产品销售主要以鲜销为主,占生产量的75%以上,附加值不高,缺少深加工和精加工。现代营销方式,如电子商务、连锁经营、物流配送等没有得到很好的推广和运用。随着全球经济一体化的发展,新的营销观念和营销方式不断出现,绿色营销已经成为世界营销方式的主流,但多数农产品经营者绿色营销理念淡薄。

6.农产品流通基础设施薄弱、物流低效

农产品流通具有数量大、品种多、体积大、价值低、季节性强、技术要求高等特点。

各地农产品物流基础设施建设薄弱,社会化、专业化服务程度低,物流成本居高不下,严重制约了农产品的生产和流通。由于缺少快速高效的物流体系,不少农产品只能在产地销售。农产品运输难、储存难等问题普遍存在。虽然近年来交通设施建设有了飞速的发展,但边远地区、山区及村道路建设滞后,影响农产品的收购与调运;缺少专业运输工具,不少农产品,特别是生鲜农产品在运输过程中损耗大。农产品专用仓库、冷藏库、保鲜库严重不足;技术含量高、上规模的农产品仓储设施基本没有。农产品在流通过程中,流通企业检验检测技术落后,信息化管理水平低,缺乏信息管理和开发人才。①

第三节 农产品经纪方式的创新

一、我国农产品经纪人发展概况

农产品经纪人是活跃在农村经济领域以收取佣金为目的,为促成他人交易而对涉农商品及项目进行中介服务的公民、法人和其他经济组织。它是农村经济发展的必然产物,也是推动农民走向市场经济的重要力量。农产品经纪人活跃于农村和城市之间,在连接城乡的农产品购销方面大显身手,在搞活农产品流通、加强城乡联系、满足消费需求等方面发挥着巨大作用。

农产品经纪人是从20世纪90年代初期开始出现的,当时多以蔬菜、瓜果等农副产品购销为主。随着农业产业结构调整步伐的加快,农产品经纪人队伍有了较快的发展,经营手段已经逐步向现代化迈进。目前我国农产品经纪人数量众多,据中国农产品流通经纪人协会统计,全国已有农产品经纪人600多万人,加上季节性的从业者则高达1000多万人,一些农产品经纪人已从单个农户从事简单小规模的贩运、自产自销发展到购进、冷藏、加工、销售一体化经营,逐步向批量销售、订单销售转变,很多经纪人开始向股份合作制方

① 蒋一民,劳赐铭,徐建伟,陈庆根.浙江省农产品流通现状及应对国际竞争的策略,农博网,2005-12-6

向发展,在帮助农民解决“卖难”问题和助农增收方面发挥了重要作用。我国农产品经纪人的发展呈现如下特点:

(1)经纪人员数量迅速扩大,经纪组织形式、经纪业务方式已呈多样化,经纪的业务量越来越大,经纪科技含量日益增多,经纪效率明显提高。目前,农产品经纪人大致分为科技经纪人、营销经纪人、信息经纪人、储运经纪人、加工经纪人等,形成了自然人、公司、农民专业合作社等多种组织形式。

(2)经纪业务范围不断扩大。由从事粮食、蔬菜、水果、牲畜、苗木、水产品等经纪逐步发展到涉及经纪生产资料、日用工业品等诸多领域。

(3)推进了农业生产结构调整,保证了农民增收,促进了农村劳动力就业,在推动农村基层政府职能转变等方面发挥了重要作用。农产品经纪人信息灵,熟悉市场变化规律,将市场信息及时反馈给农民,引导农民去调整生产结构,使得农民生产出来的农产品和市场需求达到有机结合。在引导和调整农民生产的同时,利用自身的市场资源将农民的产品推销出去,使农民的生产活动能够持续有效地转变为现金,保证农民增收。由于农产品经纪人为农户提供生产信息和技术指导,帮助农户销售产品,保障了众多农村劳动力生产活动的连续性,有效地促进了农村劳动力的就业。农民在生产中遇到市场及技术困难时,一般都找农产品经纪人,不再找政府,这样一来,农村基层政府就可以腾出更多的时间和精力,履行社会管理和公共服务职能。

(4)促进农村产业规模的扩大。农产品经纪人自己的生产经营活动,以及农产品经纪人在市场与农民之间的中介作用,对农民起着重要的示范和引导作用。受他们的影响,很容易形成一村一品、一乡一业,甚至一县一业的格局。辽宁阜新农民康先生,在 2001 年率先将小尾寒羊从山东引到邢家屯,养一只基础母羊年纯收入能达到 500 多元,仅一年时间,他就从山东购进小尾寒羊 1500 只,为这个屯乃至河西镇带出了一个新产业。

(5)提高了农民的组织化程度,促进市场的规范和发展。农产品经纪人的出现,解决了单个农民在竞争中各自为战、相互压价、相互拆台的问题,同时依靠集体的力量摆脱了农民在竞争中的不利地位。

二、农产品经纪方式

(一)经纪方式概述

1. 经纪活动形式

(1)代购代销。农产品经纪人接受外地客户的委托设点收购农产品,再批发给客户,为外地客户提供信息、组织货源,协助客户与农民商谈价格,从中收取服务费。

(2)委托购销。本地农民生产的农产品,可以由本地的经纪人负责在目标市场设立销售点,然后与当地经纪人联手合作,由对方负责提供市场行情和销售渠道,由本方负责组织货源和运输。

(3)分购联销。这种方式是由多个农产品经纪人在农村设立不同的收购点,然后统一组织外销的一种经纪形式。

2. 经纪机构形式

(1)个体经营。个体经营是经纪人利用他自己掌握的知识和信息,在联系好市场后采取走村串寨、设点收购等方式,通过自己出资组织收购,或者运用自身信用将农户产品收集卖出后,再把获得的资金返还农户,从中获得一定的收益。

(2)松散型合作经营。松散型合作经营是以一个经纪人带头,其他经纪人分工协作,撮合交易或组织收购,并从交易中获得一定的经济收益。

(3)农产品经纪人协会。成立农产品经纪人协会。经纪人协会有一定的规章制度,有理事会等组织机构,抵御市场风险的能力比较强,组织交易的农产品规模和金额较大。

(4)具备一定农产品经纪人性质的农村专业合作经济组织。专业合作经济组织除具有农产品经纪人协会的功能外,还组织会员进行生产,培训会员使其掌握相应的生产知识,通过促进产品流通使会员增收。

(5)“公司+基地+农户”模式。“公司+基地+农户”模式,是农产品经纪人发展的高级模式,需要经纪人具有比较高的素质和管理水平。

(二)经纪方式的灵活运用

随着农产品经纪人队伍的壮大,越来越多的经纪人创新了经纪活动方式,涌现出诸多的灵活经纪形式。在一些地方,各类农产品经纪人大多依托农民专业合作经济组织,不少联合体通过“产销直挂”、“定点专供”、“超市专柜”、“院校配餐”、“观光采摘”等多种方式为居民提供丰富的特色产品,解决农民“卖难”的问题。

1. 产销直挂

产销直挂即“从菜园子到菜篮子”的蔬菜销售模式,是通过建立无公害蔬菜销售专营店,将农村菜园子直接搬到市民家门口,新鲜的无公害蔬菜从采摘到上市不超过三个小时,可以让更多的市民吃上物美价廉的新鲜农产品。这种做法的代表是天津市推出的“从菜园子到菜篮子”的蔬菜销售新模式,是把被喻为“京津蔬菜第一村”的天津市西青区辛口镇第六埠村的菜园子直接搬到了市民家门口,新鲜的无公害蔬菜从采摘到上市不超过三个小时。为让更多的市民吃上物美价廉的新鲜农产品,天津市进一步扩大专营店数量,到当年年底力争在市内六区建设4～5家。据了解,天津市西青区辛口镇是农业部命名的国家级万亩无公害蔬菜生产基地,目前已建成4500座智能化温室、节能温室和标准简易温室,年产各类无公害蔬菜4500万千克,累计开发培育出蔬菜新品百余种。为满足市民吃菜需求,该基地在天津市河西区建立无公害蔬菜销售专营店。通过减少中间周转环节,积极推进无公害蔬菜产销直挂,是改变农产品销售模式的初次尝试,这种模式不仅降低了经营成本,增加了农民收入,还能让市民买到当天新鲜的无公害蔬菜。据了解,进入专营店的蔬菜品种多达百余种,每天销量在300～400千克。为确保蔬菜品质,有关部门对该蔬菜生产基地进行土质、水质和周边环境等方面检验认定,在蔬菜种植过程中,严格按照本市及国家相关标准,完善田间管理档案记录,经检测合格才允许进入专营店销售。

2. 定点专供

定点专供是在农产品尚未成熟之前,由经纪人直接与农户签订收购合同,直接将农产品销往专供点。这种经纪方式,不仅需要经纪人洞察市场、经营权专营,更主要的是农产品要质量上乘、在市场上具有独占性和不可替代性。2008年4月,绿色的小梨才长到小枣大小,北京二商集团采购人员专程来到肃宁县梁村镇管中村,与当地果农签订购梨合同,管中村果品协会理事长介绍说,二商集团订购的“红国宝”、“大红喜”、“大红宝”三种梨将专供中南海和人民大会堂。这三种新品种梨被管中村通称为“大红梨”，是管中村果农协会在2004年从北京农科院郑州果品研究所引进的。这三种梨是郑州果品研究所的科研成果，是由荷兰红梨和新西兰红梨杂交后产生的新品种，果形如苹果，端正饱满，果皮红艳极富光泽，个体大，口感沙甜爽口，这让种梨多年的管中村果农们赞叹不已。管中村果品协会与郑州果品研究所签订科研成果转让合同，以每芽1.6元的价格独家买断这三个梨树新品种共计2.5万枚梨芽，并将独享这三种梨及梨芽的种植和销售权。以后，这三种梨只有管中村才有产出，要买梨芽也只能到管中村来买。2007年秋初见效果，少量的“大红梨”进入市场后深受欢迎，市场售价高达每市斤30～40元。2009年，管中村的“大红梨”种植面积已经从90亩扩大到300多亩，由于独家经营，市场上没有竞争对手，尽管“出厂价”比普通梨的市场零售价还要高出数倍，但“大红梨”却早早地被预订一空。管中村果农们敢于以高价买断新果品的经营权，是对于产品的准确判断，更是对市场的准确把握。他们的做法说明了一个道理：领先一步，吃透市场，就会成为市场上的赢家。

农村要发展，农民要致富，改变传统种植观念很重要。在一些地方，固守传统种植模式、传统种植观念，市场什么贵，我就种什么，被市场领着跑，往往是等你种出来了，市场已经饱和，于是出现了紧赶慢赶，总也赶不上的现象。对此，我们建议不妨借鉴一下管中村果农的做法，领先一步，天地广阔。

另外，除了产销直挂、定点专供方式，像“超市专柜”、“院校配餐”、“观光采摘”等，也是非常灵活的经纪方式，能够解决农民“卖难”的问题。目前，很多地方的农产品经纪已经步入产业化发挥促进农民增收的作用，以专业合作社(协会)、基地、市场为基本环节，以农户为终端的产业化链条，构建“龙头企业＋基地＋市场＋专业合作社(协会)＋农户”的产业化经营模式，与农民社员联利联心，建立农民增收的利益分配机制。

(三)农产品经纪方式改进※

1. 充分利用农业信息化工程

利用互联网技术和现代通信技术，通过实名制注册，让农民借助电脑和手机短信进行网上双向交流，快速、便捷地获得各类免费科技、市场、政策等信息，成为面向广大群众的信息服务平台。2006年9月，浙江省在全省范围内推广应用“农民信箱”，已经发展农民信箱实名制用户140万，发送私人信件5800万封，群发信件5600万封，发送短信8600万条，发布公共信息4万条，发送农产品买卖信息12万条。通过用户发布农产品买卖信息，信件答复和电话联络洽谈，已经达成生意业务额17.4亿元，减少产品营销支出6387万元。发布自然灾害预警、预报信息，及时采取减灾措施，挽回农业经济损失14.8亿元。农民信箱以快捷、方便、真实和信息对接率高等独特的地方，深受广大用户的欢迎。通过农业信息化重点工程的建设，最终达到农产品种养大户能利用互联网和发布信息，农业龙头企业、农民专业合作社与农业信息网站基本实现互联。

2. 提高经纪人素质，掌握推销技巧，占领市场

第一，运用农产品推销小技巧。

(1)贴标签。如桃子、梨子、西瓜等水果，贴上了印有产地、主人姓名以及电话号码的标签后，如果消费者觉得水果好，就会打电话联系购买。

(2)送名片。在农副产品交易过程中将事先准备好的名片送出去。名片上应该印上

姓名、住址、主产何种农副产品、电话号码和其他联系方法等。

(3)散发宣传资料。将农副产品的特色、优点、主要营养成分等编印成宣传资料,交易时分发给购买者。介绍产品上市时间、结束时间,方便消费者预订、了解产品的营养成分。

(4)介绍烹饪方法。方便购买者回家后如法烹制。例如在出售家禽、家畜、水产品、百合、竹笋等农副产品时,将烧制方法一道介绍给购买者的话,一定会受到欢迎。

另外,全国闻名的重庆綦江农民版画注册了商标;果农亮名片,鸡蛋贴商标等做法都是农副产品推销的妙招。

第二,让生鲜农产品搭乘邮政快车,快速进城。

在浙江省金华市,金华邮政局与36家农民合作社1200多户农户合作,走出一条集宣传推广、销售配送、资金回笼为一体的农产品专项营销新路子。兰溪枇杷、兰溪杨梅、浦江葡萄、浦江梨以及金东葡萄、磐安小番薯等生鲜农产品,都先后搭乘金华邮政快车,几个小时就从果园直达市民餐桌。2008年5月,金华市邮政局开发了遍布城乡的"大同城"速递业务。2012年6月,该局专门成立了"服务三农"办公室,利用"大同城"速递网络,在金华各地运输配送农产品。金华市民只要拨打农产品订购热线电话,就能在家里收到农产品。目前,金华市邮政局共配送各类农产品近万箱,实现销售收入143万多元。

3. 实行品牌兴农战略

浙江省高度重视农业品牌建设,农业品牌战略有效提升了农产品档次和市场竞争力。充分发挥农产品品牌在促农业发展、促农民增收方面的重要作用,积极引导农户进行商标注册,鼓励农民走品牌发展之路,帮助合作组织申请注册农产品商标,注册具有地方特色的农产品商标、集体商标和证明商标,鼓励证明商标管理组织大力推广"公司+农户+商标"的经营模式。目前全省涉农商标近7.4万件,占商标总数的11.2%;其中农产品驰名商标27件,省著名商标中有601件涉农商标,占总数的21.6%。已有389个农产品被认定为浙江名牌产品。农产品地理标志证明商标达到111件,位居全国前列。

除此之外,国外的先进经验也值得我们借鉴。目前发达国家农产品流通体系具有以下特点:组织化、规模化的农产品流通主体;农产品流通渠道日益缩短,批发市场作用依然突出;远期、远程、拍卖交易成为农产品批发市场交易的主体内容;连锁超市经营成为农产品零售终端的主要形式;物流配送系统和服务体系日渐完善。

随着我国经济的发展,大中城市农产品购销传统批发市场将日渐萎缩,但具备现代交易手段和完善服务功能的现代批发市场仍将蓬勃发展;农产品超市化经营将呈现持续发展态势,未来15～20年,与现代批发市场并驾齐驱、平分天下的格局将会形成;社区店、集贸市场、商贩等传统方式在某些地区仍有市场;农产品直销、电子商务、期货、拍卖等将会有良好的成长空间;具备现代供应链管理的农产品专业经营公司前景广阔,农产品经纪活动将有更大的发展空间。

思考与作业题

讨论分析:

以学习小组为单位,讨论本组学员所经营的专业合作社有哪些经纪方式?这些经纪方式(经营方式)对您有哪些有益的启示和启发?

第四节　国外农产品流通模式※

世界农产品流通渠道模式的形成，受各国社会体制、农业生产、经济发展水平等的影响。迄今为止，世界农产品流通渠道主要有三种模式：东亚模式、西欧模式与北美模式（见表 1.1）。

表 1.1　世界农产品流通渠道模式类型与特点

流通模式＼特点	代表国家	流通主体	流通成本	效率	渠道结构	法规建设	产品特性
东亚模式	日、韩	批发市场	较高	高	中心型	规范、健全	非标准化
西欧模式	法、德、英、意	合作社	低	高	上游型	规范、健全	标准化
北美模式	美、加、澳	超市、连锁店	低	高	两端型	规范、健全	非标准化

注：中心型指“以批发市场为主渠道”这个特点；上游型指“产前、产后相关企业建在农村”这个特点；两端型是指“产地市场集中和销地批发市场主要分布在大城市”这个特点。

一、东亚模式

以日本、韩国为主要代表，批发市场为农产品流通主渠道，比例高达 80%以上，交易方式以拍卖为主。农产品加工及质量标准化程度较高。农产品批发市场作为公益性设施主要由政府财政投资建设。

以东京都农产品市场体系模式为例

日本东京的总人口在 1100 万以上，它是发达国家首都中人口最多的城市。东京的农产品流通主要以“市场流通”为主，这是因为“市场外流通”（如产销直挂等的销售方式）难以将种类繁多的农产品集聚到一处，而影响交易速度与效率，并缺乏价格形成机制，所以实行起来困难较多。东京蔬果等的鲜活农产品经由批发市场流通的比例高达 80%，批发市场在农产品流通领域发挥主渠道作用。

日本的批发市场有中央批发市场、地方批发市场和不满法定规模的小型批发市场三种类型，第一种是由县级地方政府或具有 20 万人口以上的城市负责集资开设的中央级批发市场（目前全日 56 个城市设有中央批发市场）；第二种是半官半民或者是企业与公司开设的地方级批发市场；第三种是不满法定规模，由小公司或个人开设的小型批发市场。

东京都将农产品批发市场视为完善市场体系的基础设施，将中央批发市场作为地方政府的公益事业来建设。由于日本将谷物、大豆、饲料等耐储存、易规格化的农产品放在交易所或期货市场内交易，所以批发市场主要是用来交易蔬菜、果品、水产品等鲜活农产品。

东京都蔬菜、水果等农产品批发市场的现代化建设和 1923 年 9 月发生的关东大地震后的复兴工作同时起步。1935 年正式开设了东京中央批发市场，以后又陆续开设了分市场。目前东京都内共有中央批发市场 9 所，地方批发市场 20 所，这些批发市场是承担东京都农产品流通的主渠道，这与其他世界级城市相比东京都的批发市场数量多是其特点（而巴黎为 1 所、伦敦 4 所、纽约 3 所、洛杉矶 1 所）。

以东京为代表的农产品流通模式，是建立在日本农业生产规模较小、超级市场发展落后于欧美的基础上的，因此，这种以“多”为特点的农产品批发市场就能有效地解决小规模农业生产和大市场、大流通之间的矛盾，从而形成农产品经由批发市场的流通比率高的特征。在此，批发市场所具有的公开、公平、公正及高效的市场竞争规则被发挥得淋漓尽致，节约了农产品交易的时间和交易费用，使广大农业生产者和消费者都成为其受益者。东京的农产品流通模式比较适合本市的市情，值得在规划本市农产品物流模式和构建批发市场时引为借鉴。

日本是工业发达国，农产品依赖进口程度高，按照热量计算，日本每年所需60%左右的消费热量需进口。农产品流通渠道复杂，主要包括各类批发市场、供货组织、中间批发商和零售组织等。东京的农产品流通过程表现为“生产者一上市团体一批发商一中间批发商一零售店一消费者”，其流通体系特点如下。

1. 流通渠道环节多，流通成本较高

东京都农产品一般通过两级或两级以上批发渠道后，才能把农产品转移到零售商手中。日本《批发市场法》(1971年修订)规定禁止中间批发商从事一级批发业务，仅有少数批发商有资格接受产地上市组织等的委托从事一级批发业务，绝大多数农产品要经过多级批发市场的交易，致使农产品流通成本较高。

2. 利润分配不均

日本较早制定了《零售法》，对从事零售的组织的行为加以规范和给予经营利益保证。根据统计，参与农产品流通的各渠道成员利润的分配比重是批发商委托交易费占4%，中间批发商占10.9%，零售商占43%，农协等的上市组织占13.6%，生产者仅占28.5%。零售商为保证43%的高利润往往把终端价格抬得较高，因此，东京都农产品市场零售价格是世界农产品市场最高的价格之一。

3. 流通规范化、法制化、效率高

尽管流通环节多，但东京都农产品批发市场采用拍卖、投标、预售、样品交易，甚至同一产品两家机构同时拍卖，形成的价格公开、公正。日本《市场法实施规则》规定到达批发市场的农产品必须当天立即上市，以全量出售为原则，禁止批发商拒绝农产品委托交易，禁止中间商或零售商直接采购农产品，禁止场内批发商同场外的团体或个人展开批发业务等，保证了农产品批发市场流通高效率。同时，对收费作出规定，批发商除手续费以外不能接受其他任何报酬，因此在日本批发商被称为手续费商。

4. 形成了以批发为主导的市场功能

东京都农产品的市场流通体系其最显著的特点之一就是以批发市场为流通主渠道，并十分注意培育和完善批发市场的功能作用。如东京都的农产品批发市场都具有农产品集散、价格形成、服务、结算和信息功能。

(摘自俞菊生等《上海农业学报》2004年第2期)

二、西欧模式

以法国、德国、英国、荷兰等国为主要代表，通过农产品批发市场和面向零售终端直销的比例各占50%左右，且直销比例呈不断上升趋势。国家之间的农产品贸易十分活跃，进出口产品占较大比率。这些国家的大部分农产品批发市场仍然坚持公益性原则，以政府投资为主。

以巴黎农产品市场体系模式为例

1. 巴黎的农业与农副产品供应

巴黎的农业生产规模普遍大于法国平均水平，巴黎的农业生产与经营主要有两个特点，即大中型经营规模的农场占优势（约为巴黎农场总数的80%）；农业生产结构以谷物种植为主，鲜活副食品生产为次（鲜活副食品通过四通八达的高速公路由产地运入）。

2. 巴黎的农产品流通市场

法国政府于1953年9月制定了《为了国家公益，建设有组织的批发市场网络》的批发市场法。包括巴黎在内的23家批发市场被指定为国家公益市场，并设置了信息中心。全法的农产品流通网络由9个大规模公益性批发市场和其他中小规模的农产品批发市场组成。

法国的传统是在一个城市建一个批发市场，现在的巴黎汉吉斯国际批发市场是1969年建设投入运营的，占地达232万平方米，建筑面积达50万平方米，所有食品都在这里批发交易，是目前世界上面积最大的批发市场。

3. 巴黎农产品流通体系建设经验

鼓励发展产、加、销一体化，并将产前、产后相关企业建在农村，一方面可就地转移农业劳动力，扩大农业经营规模；另一方面，这些产前、产后企业通过农业的中间消费直接促进农业生产，组织与培养农民，实现农业生产标准化和商品化。目前，肥育牛、水果、蔬菜、谷物、奶类、花卉都实行这种纵向的一体化生产，从而降低了公司及农场的经营成本，也促进了流通领域的稳定发展。

建立完善的现代化大型农产品批发市场。巴黎郊外的汉吉斯国际批发市场，是一个以法国为中心，并把周边西欧诸国纳入商圈运销活动范围的食品流通据点，规模极大，流通范围涵盖了德国、西班牙、意大利、荷兰等国。该市场年交易农产品数量达200万吨，年交易金额达400亿法国法郎（French Franc，FF），驻场企业1400多家，工作人员12000人，每天进场的交易客户25000个。该市场由政府投资建设，建成后市场由事业法人代替国家进行管理，每年收取管理费4亿FF，其中租金3.4亿FF，车辆进场费0.6亿FF，收支基本平衡。汉吉斯国际批发市场的交易量1982年达到最高峰，以后由于大型超市的迅速崛起，该市场的交易量呈下降趋势，这种倾向在其他欧洲城市都可见到。

重视农产品的标准化生产。农产品标准化生产对商品流通至关重要。大流通实现了农产品数量不断增加，消费需求又进一步促进了农业生产的工业化。现在巴黎执行三种农产品标准，即法国国内市场标准、欧共体市场标准和其他国际市场标准。法国政府通过一系列文件立法，规定产品的规格要求，并设立专门处理违背标准化行为的“反诈骗处”。如烈性酒不能超过43°，水果不能喷有害于人体健康的农药，动物饲养不能使用雄性激素等。

农业合作社是巴黎农业生产与农产品流通的中坚力量。它按市场规律经营，其作用主要表现为：负责收购农副产品；在信息、科技、培训等方面积极为农户提供服务；提高农户组织化程度，保护农民利益；为农户取得贷款融资提供方便。

（摘自俞菊生等《上海农业学报》2004年第2期）

三、北美模式

美国、加拿大和澳大利亚是这种模式的主要代表。其特点是粮食类期货市场发达,大宗粮食类产品主要实行期货交易;由于这些国家拥有发达的高速公路和现代化运输保鲜设施,果蔬类产地与连锁零售网络间的直销比例高达80%,经由批发市场等批发环节销售的仅占20%左右。大型超市、连锁零售商左右着农产品交易。

以美国纽约农产品市场为例

美国农产品生产与市场流通的特点是,主产地集中在少数地区,在产区发展大规模企业化经营的农场,供应大批量农产商品,上市全美各地或出口海外。1930年为建立有序的农产品流通体系,美国议会通过了《鲜活农产品法》,以后几经修改,该法由联邦政府农业部水果蔬菜司负责执行。

从美国蔬菜、水果等农产品流通渠道看,其交易市场有三种:①产销地批发市场。一般位于产销地中心,生产者收获农产品后运往市场,利用产销地装卸企业的设备进行包装和发货。②车站批发市场。车站批发市场位于城里,基本功能是接收远方产地的蔬果等农产品,并由批发商和零售商通过面对面协商交易方式分货。③零售市场。1930年超级市场作为新的零售方式出现,并逐步发展连锁经营,同时进入批发领域,从产地和产地批发市场直接进货。新兴的超市连锁经营迅速淘汰了传统的零售商店。

纽约是蔬果等农产品的主产地,建有三个蔬果车站批发市场,建批发市场的土地由纽约市政府提供,建筑物由农业部设计建造。蔬果等农产品的市场经由率达61%,市场经由率高于全美平均水平,批发市场是纽约农产品流通的主渠道。零售环节主要是通过连锁超市经营,连锁超市农产品货源约1/3来自生产者和产地装卸企业及生产者合作社、1/3来自产地中间商、1/3来自车站批发市场。从其发展趋势看,连锁超市直接从产地采购的比例将越来越高,这自然会减少流通环节,将给消费者带来更多益处。

纽约农产品营销的特点是流通渠道短、环节少,而且相当部分是由产地直接出售给零售商,其农产品流通特征可归纳如下。

1. 产地市场集中

美国农产品生产区域化程度高,形成了玉米、小麦、大豆、蔬菜、水果等专业化生产区域,因而农产品产地市场比较集中,纽约、华盛顿和密歇根3个州的产量几乎占全美总产的70%。在整个农产品流通比例中,产地批发市场与零售商的交易量占绝大多数。

2. 销地批发市场分布在大城市

销地批发市场又称车站批发市场,主要是因为美国公路、铁路运输发达,农产品常能迅速运往大城市车站,形成城市农产品集散市场。纽约的农产品生产供应地并非集中在城郊附近,而是分布在遥远的专业化生产区域,因而纽约的车站批发市场较发达,对农产品价格形成具有主导作用。

3. 流通渠道短、环节少、效率高

全美农产品平均78.5%从产地经物流配送中心,直接到零售商,而车站批发商销量仅占20%左右,但纽约车站批发市场经由率明显高于上述比例。由于流通渠道短、环节少,农产品流通速度快,成本低,从而提高了流通效率。

4. 服务机构齐全

为使农产品流通高效、快捷，纽约州建有许多专为农产品交易服务的组织，如装卸运输公司、加工包装和分类配送中心以及银行、邮局等与之密切相关的机构。

5. 现货市场与期货市场并举，市场交易以对手交易为主

纽约不仅有发达的农产品批发市场，而且市场交易根据不同对象采取对手交易和代销为主的办法，以满足不同采购商的需求并使农产品价格充分反映市场供求变化。此外，美国期货市场世界领先，谷物类农产品的期货交易活跃，这不仅能有效地调节农产品生产计划，并能稳定市场供应。批发市场和期货市场形成的农产品价格信息及时传递给生产者和消费者，从而有效地起到指导生产和调节消费的作用。

6. 纽约蔬果批发市场的管理和运作体制完善

蔬果协会是介于政府和企业之间的一种行业组织。蔬果生产者、加工商、批发商、零售商、进出口商都是协会的会员，有关流通方面的政策和建议都由协会与政府沟通。协会的主要任务是协调组织蔬果的流通，并按市场发展的总体布局，组织建立批发市场（市场建设资金来自批发市场的批发商）；定期举办交易会、展示会，增进会员间的信息交流和供需衔接；开展国际交流与合作，促进进出口贸易；举办专题培训，向会员介绍最新流通政策与法规，与政府及国会保持经常性的联系，反映会员们的意见等。

批发市场的交易活动全部由批发商自己决定，进货对象、进货渠道、经营方式也都由批发商自由选择。市场一般在清晨3时至上午10时交易，前一天的成交价是当天交易的重要参考价。有时也采用电话预约，用户按所需产品的种类、数量、质量标准，通过电话向批发商询价、订货，成交后由批发商送货。

发达国家农产品流通的变化趋势：一是农产品深加工及标准化程度不断提高；二是不通过批发环节的产地直销形式越来越普遍；三是大型农产品物流中心或基地的建设开始兴起。日本流通渠道结构复杂致使流通成本高，这是我国应该引以为鉴的。而美国农产品流通环节少、渠道短，有效地降低了流通成本，这是可吸取的经验启示。中国农业既有与美国相类似的便于区域分工和专业化生产的条件，也具有与“日本人口众多、生产分散”相类似的特点，因此在农产品营销模式的选择上，对于它们的经验应根据我国国情予以斟酌和吸取。

思考与作业题

了解了国际上几种典型的农产品市场流通体系和它们的营销模式，对您有何启发？以此为基础，分析我国未来农产品市场流通体系的发展趋势。

第二讲 公共关系与沟通技巧

第一节 公共关系活动※

一、危机管理

“告诉家人和同事朋友暂时不要吃橘子，今年广元的橘子在剥了皮后的白须上发现小蛆状的病虫，四川埋了一大批，还撒了石灰。”一条短信几天间迅速传遍全国，这一消息让人们谈橘色变。于是全中国的柑橘滞销了，这是2008年发生在四川广元的橘子事件。

以上述案例为样本，先完成以下学习任务：

<table>
<tr><td>姓 名</td><td></td><td>经营的主要农产品</td><td></td></tr>
<tr><td colspan="4">1.你的农产品是否有产生危机事件的可能性？　A.有　　B.没有</td></tr>
<tr><td colspan="4">2.你所经营的农产品(或你周围的农产品经营者)中是否有类似的事件发生？
A.有　　B.无</td></tr>
<tr><td colspan="4">3.当时受影响的范围有多大？
A.就几个人　　B.当地　　C.全县市　　D.全省　　E.全国</td></tr>
<tr><td colspan="4">4.当时是如何解决该事件的？
提示：
①描述受害者情况、赔偿及处理过程。
②惊动了哪一级别的领导？有何指示？
③媒介的介入与报道情况如何？
④事件发生的原因如何？
⑤事件发生后，对经营的影响程度怎样？事件的波及时间有多久？
⑥在该事件的处理过程中，你认为哪些方面做得好？哪些方面做得不好？还有什么更好的做法？
⑦该事件的发生对你有何启示？</td></tr>
</table>

在市场经济高度发达、信息高速传播的今天，市场环境充斥着多种不确定性因素，使得农产品在种植、养殖及流通运转过程中危机四伏，如果农产品经纪人不能很好地适应环境的变化，那么一个小小的疏忽就可能引发危机。因此，农产品经纪人迫切需要掌握一套危机管理方法，以完善对农产品的动态管理。

(一)农产品危机的含义、特征及原因

农产品(服务)及其组织的自身缺失或外部不利因素以信息的形式传播于公众，从而引发公众对该产品的怀疑，降低好感甚至拒绝与敌视并付诸相应的行动，使得该产品面临严重损失威胁的突发性状态。危机事件的本身就是公众降低对该农产品的信任感，继而采取一系列的行动,威胁到产品和经营者的生存和发展。当公众觉得产品在“威胁”到他们自身时,公众就会反过来用怀疑、拒绝或敌视的态度来“威胁”产品。

一般情况下,农产品危机表现出如下特征:

1. 突发性

这是农产品危机最主要的特征。组织内部因素所导致的危机在爆发前都会有一些征兆,但由于人为疏忽,对这些事件习以为常,视而不见,因此危机的爆发经常出乎人们的意料之外,危机爆发的具体时间、实际规模、具体态势和影响深度是始料未及的。如开篇提到的“广元橘子事件”,就仅仅因为一条短信,谣言迅速蔓延,给农民和农产品经营者来了个措手不及。震惊全国的三株事件,使一个发展迅速的神话式的企业砰然倒塌。

2. 聚焦性

俗话说,“好事不出门,坏事传千里”。现代社会高度发达的信息技术为人们的信息交流提供了多种多样的途径,除了传统的电视、电台、报纸外,移动电话和网络等新兴通讯方式在生活中发挥着越来越重要的作用。尽管信息技术的发展和交通工具的更新,使我们能够更多地掌握全面而准确的资料,更多地深入市场前沿,但竞争的残酷性、市场的全球化等,使我们面临的环境更为复杂、信息更为庞杂、文化更为繁杂,而负面消息则更易于传播,影响也更大。这一切使得危机的信息以极快的速度蔓延和传播。

3. 危害性

危机具有强大的危害性。由于危机常具有“出其不意,攻其不备”的特点,不论什么性质和规模的危机,都必然不同程度地给农产品生产和经营者造成破坏、混乱和恐慌,而且由于决策的时间以及信息有限,往往会导致决策失误,从而带来无可估量的损失。尤其是农业行业,我国大多数的农产品都带有地域性特色,一旦一个地域产品产生问题,它将影响的不仅仅是一个小农户的销量和收入,而是整个农产品区域的销售量以及该农产品在人们心目中的形象。据统计,“广元橘子事件”对整个柑橘产业造成的损失不下百亿元,更为严重的是,人们“谈橘色变”,对橘子已经产生了一种恐惧感,人们转而寻找其他替代品,橘子市场一度无人问津。

4. 被动性

国人一直都缺乏危机忧患意识,有些农产品的生产农户在日常运营中一般都不愿意去设想不好的事情发生,人们一般认为设想危机的发生是不吉利的。于是,当危机突然发生时,经营者往往措手不及,仓促应战,带有较强的被动性。

5. 连带性

“城门失火,殃及池鱼”,危机的发生不是孤立的,当一个危机引起另一个危机时,就产生了危机的连带效应。因为这些危机就像一粒石子投进水中所引起的涟漪那样,对外部会产生一系列的影响,给农产品经纪人自身及外部环境带来不好的影响。“广元橘子事件”不仅仅严重影响了四川广元橘子的销量,同时也波及了全国的橘子、芦柑、蜜橘等相关产品的市场销售量。人们只要看到橘子,不管它产自哪里都不敢再轻易去尝试和购买。

(二)农产品危机产生的原因

正确地探寻危机产生的原因是预防危机发生的根本措施。

导致农产品危机的原因十分复杂,既有主观的也有客观的,既有内部的也有外部的,

综观起来有以下几个方面:

1. 农产品地域性特征固有的风险

目前,我国大多数的农产品都以地域命名,如浙江黄岩蜜橘、浙江奉化水蜜桃、新疆哈密瓜、浙江金华火腿等。地域性的农产品品牌存在所有人缺失的问题。知名地域品牌没有主人的好处是,谁都可以用这块牌子谋利,但大家都可以不对品牌负责任。有些人甚至通过损害品牌形象取得短期效益,没有人爱护地域性农产品品牌。因为大家使用同一品牌,因此“一荣俱荣,一损俱损”,这就是“公地悲剧”现象。由于“公地”没有主人,大家都想沾“公地”的光,搭车销售,鱼目混珠。“公地悲剧”发生的根源在于个人在决策时只考虑自身利益,而不考虑他们行动所造成的社会成本。

2. 政府监管不力导致鱼目混珠

大多数农产品经营者都会加入有关的行业协会,但由于行业协会是一个自愿参加的民间组织,无法对整个行业进行约束和监管,很多经营者都有搭便车的心理。如浙江金华市曾在1991年成立了金华市火腿行业协会,1995年4月,金华市被命名为“中国金华火腿之乡”。2003年金华当地被央视《每周质量报告》曝光后,成了媒体议论的焦点之一。“敌敌畏”引发的金华火腿“多米诺骨牌”式的信任危机,使金华打造了千年的城市名片瞬间蒙垢。消费者不禁要问:这些企业真的按照行业标准来做了吗?行业协会实施了有效的监管了吗?

工商管理、质量监督、卫生检验检疫等部门也都没有真正发挥应有的作用,尤其是个别职能部门中的腐败分子滥用职权,也给一些不法商贩和一些唯利是图的企业提供了机会,为某些农产品的危机发生留下了隐患。

3. 媒体的推波助澜

危机常常成为老百姓关注的焦点,更是目前资讯时代新闻媒体报道的最佳新闻素材,极具眼球效应。媒体希望通过“爆料”负面新闻来吸引受众的眼球,扩大影响力。在当今资讯高度发达的时代,传媒使整个社会几乎成为一个透明玻璃体,危机可以通过媒体迅速传播开来,尤其是危机可借助互联网的整个媒体,使它在世人面前几乎没有时空的差距,使人们能在同一时间知道危机。

4. 不正当竞争对手的恶意破坏

我们做农产品经营时不可能一帆风顺,在农产品销售顺利过程中难免会受到其他同业竞争者的恶意破坏,从而使农产品经营者面临一场没有预示的危机。

几年前,媒体的一篇“消费者喝娃哈哈果奶中毒”的虚假报道,让我国著名饮料品牌“娃哈哈”栽了一个大跟头:全国范围内销售几乎陷于停顿,正在美国出差的老总紧急回国应对危机……虽然事后查明与“娃哈哈”无关,但给“娃哈哈”造成了无法挽回的影响。巨大的经济损失且不说,单是企业声誉和形象受到的损害都是无法用金钱来衡量的。

(三)农产品品牌危机预防管理

在市场竞争日趋激烈的今天,危机时时刻刻在威胁着我们。近些年频频发生的农产品危机事件,使我们懂得危机管理的重点应放在危机发生前的预防,而不是危机发生后的处理。为此,建立一套规范、全面的危机管理防范措施是必要的。

1. 树立危机管理意识

危机意识是企业发展的原动力，是一种对企业环境时刻保持警觉并随时作出反应的意识。居安思危，未雨绸缪，在经营形势不好的时候，要看到危机的存在。而在经营如日中天的时候，也应有居安思危的理智，因为危机往往会在不经意的时候到来。农产品经纪人应该把危机预防作为日常工作的组成部分。只有防范危机于未然，才能扭转乾坤于旦夕。

2. 注重农产品生产经营的过程管理

农产品危机虽然不好避免，但是在农产品从生产到流通各环节中尽力去做好自己的各项工作，不为危机的产生提供温床应该是能够做到的。这就要求经营者无论是在农产品种植还是在农产品流通，在质量控制还是在产品营销等各个与经营相关的环节上做好功课。同时，还要加强公关管理，与社会团体和消费者保持良好的关系，树立良好的形象。也就是说，只有在各项管理工作都做到位后，才能在一定程度上降低危机出现的概率。

3. 制定科学的品牌使用策略

农产品企业在为自己的产品命名时既要善于借势，又要突出自己的品牌，尽量避免使用地域性品牌，要有商标意识，要为自己的产品注册一个好标识，要学会有效地保护自己。

4. 做好品牌危机的应对预案

凡事预则立，不预则废。在危机预警阶段，需要做好如下几个方面的工作：

第一，确定预防潜在危机的改进措施。建立危机自我诊断制度，从不同层面、不同角度进行检查、剖析和评价，找出薄弱环节，及时采取必要措施予以纠正，从根本上减少乃至消除发生危机的诱因。

第二，建立危机管理机构。由危机管理小组制定或审核危机管理指南及危机处理方案，清理危机险情。一旦危机发生，及时遏止，尽量减少危机对企业的危害。

第三，拟订危机管理计划。在事前对可能发生的潜在危机预先研究讨论，以拟定出应变的行动准则。

第四，加强对农民的危机管理培训和演习，开展危机管理教育和培训，增强农民及经营者危机管理的意识和技能。一旦发生危机，应具备较强的心理承受能力，同时提高管理小组的快速反应能力，并可以检测危机管理计划是否充实、可行。

第五，对危机进行监测和报告。建立高度灵敏、准确的信息检测系统，及时收集相关信息并加以分析、研究和处理，全面清晰地预测各种危机情况，捕捉危机征兆，为处理各项潜在危机制定对策方案，尽可能确保危机不发生。组织中应对危机作追踪并将所得的情报向危机管理部门报告，使其能够掌握可靠的信息以对危机情境作评估，并决定其所需采取的相应步骤。

(四)农产品品牌危机处理的公关策略

危机处理，是指为减少危机的危害，针对突发性的危机事件，根据危机处理计划和危机决策对危机直接采取处理措施，进行妥善处理，以维护自身良好形象的过程。危机处理应着眼于面对危机临危不乱，及时采取各种措施控制局势发展。

危机公关是指在危机发生的情况下农产品经纪人所进行的公关活动。危机公关之所以有特殊而重要的地位，就在于它可以使企业在危急关头力挽狂澜从而使不利影响降至最小。危机公关运用得恰当与否,关键是看农产品经纪人本身对问题的处理态度以及对公众忍受能力的测算正确与否,归根结底,关键在于经纪人是否体现“以人为本”的经营策略,是否真正从消费者的利益着想。

具体的危机管理的危机公关策略有以下几种:

(1)面对突如其来的危机,首要的就是临危不乱,分析出危机的实质。危机发生后,要沉着冷静、正确应对、诚意地表明自己的态度。农产品经纪人出错在所难免,失误也可以原谅,有时要的就是一个态度。首先,对待危机的处理态度一定要真诚、坦率。其次,要勇于承担自己该承担的社会责任,而不是一味地敷衍或推卸责任。

(2)危机发生后,农产品经纪人要在第一个24小时至48小时内快速地作出反应。危机处理的一个关键原则是要注重危机处理的及时性与时效性,对危机处理要敏感,一旦耽误了危机处理的最佳时间,那么以后即使再怎么努力可能都无法弥补造成的损害。

(3)危机事件发生后,要及时与消费者或受害者及亲属、社会大众、新闻媒体及政府部门等进行坦诚的沟通和交流,征得他们的理解和支持是重要的手段与措施之一。

①与消费者或受害者及亲属的沟通。与消费者或受害者及亲属的沟通应本着“以人为本”的原则。首先,必要时开通热线,来应对消费者的咨询,抚慰消费者愤怒的心情,并避免消费者进一步受损害。其次,也是最重要的就是把消费者的利益放在首位,拿出实际行动,如立即停止产品的销售、“召回”已售产品等,以表明解决危机的诚意,并尽量为受到危机影响的消费者弥补损失。最后,如果危机事件涉及人员的伤亡,一定要及时而真诚地与受害者亲属进行沟通,给他们以安慰,积极争取他们的配合。

②与社会大众的沟通。社会大众作为外部公众,是销售、公关的现有或潜在的对象。危机事件的发生会潜在地影响到所有社会大众,他们会据此重新判断产品或服务的价值问题。因此,要积极主动地做出某种表示或说明来挽救产品声誉,争取社会大众的理解、支持与信任,以防止社会信任的丧失。

③与新闻媒体的沟通。现代社会,新闻媒体在社会中的地位和作用日趋重要,他们对于事态的评判往往会左右着社会舆论,关系着农产品经纪人的声誉和品牌形象。因此,面对危机,首先要快速地作出自己的判断,确定媒体公关的原则、立场、方案与程序。

④与政府部门或权威机构的沟通。由于政府或权威机构在公众心目中具有良好的形象,容易赢得公众的信任,对企业危机的处理往往能够起到决定性的作用。因此,要特别重视政府机构的作用,尤其是某些行业管理部门的作用,他们的评价往往具有起死回生的力量。同时,要积极争取公证或权威性机构、完全独立的第三方等对危机处理的支持,他们的结论或判断往往是公正评判的最终依据。

(五)农产品经纪人如何转“危”为“机”

每一次农产品危机,客观上都产生了优胜劣汰的作用,淘汰了一些落后的产品经营者。让人深思的是,有的经营者在这些危机事件中受到了严重的打击,而有的虽然也有一些损失,但却能安然渡过。其实危机对任何组织而言,既是风险又是机会。危机管理的目的除化解危机外,还应借势,化危机为转机。只要危机事件处理得当,不仅能为组织赢得良好的口碑,让消费者更加信任产品,还可以提升经营者的管理水平,为企业的健康成长打下良好的基础。农产品危机也可检验当地政府的公关能力。通过化解危机,可提升当地政府的亲民形象，也可提高当地政府应对突发事件的能力。

在进行危机总结时，首先，要对引发危机的成因、预防和处理措施的执行情况进行系统的调查分析；其次，要对危机管理工作进行全面的评价，包括对预警系统的组织和工作程序、危机处理计划、危机决策等各方面的评价，要详尽地列出危机管理工作中存在的各种问题；再者，要对危机涉及的各种问题综合归类，分别提出修正措施，改进经营管理工作，并责成有关部门逐项落实，完善危机管理内容，并以此教育员工和农民，警示同行；最后，我们要认识到危机并非等同于企业失败，危急之中往往孕育着转机，应将危机产生的沉重压力转化为强大的动力，驱使自己不断谋求技术、市场、管理和组织制度等系列创新，最终实现企业的腾飞与发展。

如果危机来自于经营者自身内部，那么经营者必须做好以下两点：

(1)做好危机后形象的调研、分析和评价。一方面要了解危机给农产品及经营者形象造成了多大的影响，美誉度及忠诚度的受损程度及恢复情况如何，研究组织应该重新树立一个怎样的形象；另一方面要把危机来源及危机处理过程加以总结归纳，强化这方面的工作，必要时通过制度建设堵住危机发生的漏洞，使今后不再重蹈覆辙。

(2)加大力度，重塑新形象。危机处理对农产品和经营者会存在一定的负面效应，但如果处理得当，则反而可能因祸得福，至少会树立该经纪人负责任、讲求信誉的良好形象。这种与损失并行的收获对组织的后续发展极有好处。故在成功的危机处理案例中，农产品的品牌形象非但没有受到破坏，反而得到一定程度的提升。因此，危机后的农产品经纪人应积极采取措施，重塑自我形象。常用的措施有：切实落实兑现承诺；加大产品促销力度，强化产品形象；适应市场变化，进行品牌更新；等等。

另外，更重要的一点是，我们要充分把握市场机会，在他人品牌出现危机的时候，不是乘人之危，而是利用他人“危”，充分发挥自己的优势，形成本品牌的“机”。

2008年，受奶粉事件及金融危机等的影响，当诸多家电陷入销售沼泽的时候，豆浆机的销量却迅猛增长。为什么会这样呢？这是因为牛奶出现了危机，人们对奶制品行业的怀疑和望而生畏使人们开始转而寻找其他替代品，这个时候豆浆机厂商抓住了人们心里的焦虑和渴望，迅速推出大量广告，宣传喝豆浆的好处以及喝豆浆的简易。于是，豆浆机的销售走向了巅峰。

这个事件提醒我们：在其他产品出现危机时，我们不能只是看笑话，或者坐视不问，只知道埋头经营自己的生意。在这个时候我们要学会把握市场机会，自己主动创造机会。学会借势，在不伤害他人的基础上，做活做强自己的品牌。

危机既是经营者的天敌，也是升华的机遇，应对危机既是一门学问也是一门艺术，把握机遇，升华品牌，危机与机遇是同在的。

思考与作业题

1. 案例分析

假如你是一水果经纪人(或柑橘专业合作社领导)，面对2008年发生在四川广元的橘子事件，结合你自己的产品，谈谈你该采取哪些行动。

2. 模拟实训

参观考察就近的一家农民专业合作社(或者某学员介绍自己的专业合作社),了解农产品经营的基本情况,以学习小组为单位,就以下学习任务展开深入的探讨。

专业合作社名称			
合作社负责人		工作人员	
参观考察时间:			
学习任务: (1)了解合作社的产品和经营理念、经营模式; (2)分析讨论该专业合作社可能导致危机发生的因素; (3)针对以上因素,提出该合作社降低危机、消除危机以及解决问题的对策。			
任务完成要求: (1)通过对某专业合作社的深度剖析,认识危机存在的可能性,提高农产品经纪人的危机防范意识; (2)培养农产品经纪人的危机处理能力; (3)树立化"危"为"机"的经营理念。			

二、赞助活动

随着人民可支配收入的增加,人们对饮食的品味、质量要求也日益提高。在日常的家庭饮食和酒店餐饮消费中,人们经常存在着种种误区和信息的匮乏。众多的酒店、餐饮业也需要一个专门专业的传播形式对其进行充分的宣传。同时,地方的饮食文化也需要全面系统的宣传和推广。因此,电视台开办一档专门的饮食类栏目,是大众、市场和电视媒体的共同期待。

以上述背景,先完成以下学习任务:

姓 名		经营的主要农产品	
1. 你认为有必要加入到该节目中去吗? A. 有 B. 没有			
2. 有哪些方法可以参与到该节目中? A. 嘉宾 B. 广告 C. 赞助 D. 找熟人 E. 其他			
3. 你的产品的消费者与该节目的观众是否一致? A. 是 B. 不是 C. 不一定			
4. 请讨论与分析该如何参与到该节目中? **提示:** ①你的产品在该节目中有何优势、劣势、机会和风险; ②费用情况; ③产生的社会效益和经济效益,现实效益和潜在效益。			

赞助是指组织或团体通过提供资金、产品、设备、设施和免费服务的形式资助社会事业的活动。赞助的基本类型包括:体育活动、文化活动、教育事业、慈善事业。对于农产品经营者,适合的赞助活动有文化教育事业、慈善事业、食品安全、美食等事业。

赞助文化活动的内容有电影、电视节目、文艺表演、知识竞赛、艺术节等。其效果是因为有利于提高民族科学文化的素质,所以能培养公众的感情,提升组织在公众中的知名度。

赞助教育事业的内容有学校、图书馆、博物馆的软硬件建设。其效果是因为教育在国民心目中具有崇高的地位，所以赞助者可获得良好的声誉，能快速提升自己的知名度和美誉度。

赞助社会福利事业的内容有为贫困地区、残疾人、孤寡老人、荣誉军人等提供帮助。因其体现了组织高尚的品德和主动承担社会责任的精神，所以社会效果最好，能迅速提升组织知名度和美誉度。

(一) 赞助的原则

社会赞助是一种既可以赢得社会好感，又可以提高自己知名度的公共关系活动。赞助活动在现代社会中十分普遍，可以说，离开了商业赞助，当今许多大型的公益活动几乎很难进行。随着组织公共关系意识的提高，社会组织的赞助数量越来越多，金额也越来越大。有的组织为"希望工程"捐款，一掷千金；有的企业赞助体育事业，不遗余力。社会赞助的作用主要表现在：

- 通过赞助既可达到宣传的目的，又可增强说服力和影响；
- 制造新闻效果，扩大社会组织认知度，提高组织在公众中的美誉度；
- 通过赞助表明社会组织勇于承担社会责任，可以树立关心社会公益事业的良好形象；
- 通过赞助建立与公众的关系，增强社会组织与外界交流的和谐度。

但是，组织也不是随意提供任何赞助的，在实施赞助活动中，需要遵循以下原则：

(1)传播目标明确：即所赞助的项目必须适合本组织的特点和需要，有利于提高本组织的社会影响，或有利于扩大业务领域。如服装厂赞助文艺演出的服务，鞋厂赞助球赛，饮料厂赞助运动会的饮料，机械厂赞助某科技展览等。

(2)受资助者的声誉和影响：要认真研究和确认被赞助的组织、个人或社会活动本身是否具有良好的社会声誉，是否有积极广泛的社会影响，以保证赞助取得良好的社会效益。

(3)本组织的经济承受能力：要考虑赞助额是否合理、恰当，本组织能否承担，避免力不从心而勉强为之。

赞助活动事先应制订完整的计划，包括赞助的宗旨、赞助的范围、赞助的项目、赞助的形式、赞助的预期效果、赞助的经费预算等。实施中不应是简单地捐赠一些钱物就完事了，而是要具体落实活动安排。商务秘书要与赞助单位联系，签订赞助协议，商讨在赞助活动中如何扩大企业影响、如何举办赞助仪式等，这中间应周密策划，尽量扩大企业组织的知名度和美誉度。而每次赞助活动结束后，都要根据具体项目赞助计划逐项检查、确定若干指标，以量化方式测定赞助效果：如信息发送范围、公众知晓率、信息延续时间等。

(二)赞助活动中应注意的问题

在社会组织赞助活动中应注意以下问题：

(1)明确目的。组织开展赞助活动必须是有目的的，从原则上讲，组织赞助的目的与组织的总目的是紧密相连的，就是提高组织的声誉，增进公众的理解，塑造良好的组织形象。

(2)调查研究。为了取得良好的赞助效果，社会组织应事先组织调查研究工作。在明确赞助的情况下，从本组织的经营管理目标、政策等着手，调查外部需要赞助的公益事业情况,考察活动本身是否对公众有益,是否对组织有益,从而确定本组织的赞助方向和政策,以指导赞助活动。

(3)制订计划。在调查基础上,根据组织的赞助方向和政策制订出年度赞助计划,该计划一般包括赞助对象的范围、费用预算、赞助形式和宗旨等。

(4)审核评定。实施赞助前,应对某一个具体赞助项目进行详细的分析研究,结合年度赞助计划逐次审核评定,确定其可行性和赞助的具体方式、款项、时机等,从而最终确定赞助活动的具体实施方案。

(5)具体实施。组织应派专人负责各项具体赞助方案的落实。在实施过程中,应充分运用各种有效的公共关系技巧,使社会组织能尽量帮助该活动扩大其社会影响;应建立经常性的检查制度,使计划能保质、保量地完成,同时亦可避免费用超出预算。

(6)效果测定。赞助活动完成后,应对赞助效果进行调查测定,对照计划检查完成了哪些预定的目标,分析完成目标或未完成的原因,将效果测定成文入档,以备以后参考。

思考与作业题

1.分析

结合你自己的情况,分析可以向社会提供哪方面的赞助?并说明理由。

2.模拟实训

设计一份赞助方案。

<table>
<tr><td>专业合作社名称</td><td colspan="3"></td></tr>
<tr><td>负责人</td><td></td><td>参与人员</td><td></td></tr>
<tr><td colspan="4">赞助项目名称:</td></tr>
<tr><td colspan="4">学习任务:
(1)熟悉赞助项目情况;
(2)拟订一份详细的赞助计划书,包括活动流程、参与人员、经费预算等;
(3)拟邀相关领导和报道的媒体;
(4)总结活动成果。</td></tr>
<tr><td colspan="4">任务完成要求:
(1)了解赞助活动的流程;
(2)赞助活动策划与组织;
(3)活动过程中各方的协调。</td></tr>
</table>

三、庆典活动

庆典活动是组织利用自身或社会环境中的有关重大事件、纪念日、节日等所举办的各种仪式、庆祝会和纪念活动的总称,包括节庆活动、纪念活动、典礼仪式和其他活动。通过庆典活动,可以渲染气氛,强化组织的影响力;也可以广交朋友,广结良缘;成功的庆典活动还可能具有较高的新闻价值,从而进一步提高组织的知名度和美誉度。

(一)庆典活动的作用

庆典活动可引起三大效应,即引力效应、实力效应和合力效应。

(1)引力效应:指组织通过庆典活动吸引公众的注意力。

(2)实力效应:指通过举办大型庆典,显示组织强大的实力,以增加公众对组织的信任感。

(3)合力效应:开展大型庆典,能增强组织内部职工、股东的向心力和凝聚力,提高公众对组织的信任感。

(二)庆典活动的主要类型

1. 节庆活动

节庆是利用盛大节日或共同的喜事而举行的表示快乐或纪念的庆祝活动。不同国家甚至同一国家不同地区,都有自己独特的节日。节日又有官方节日和民间传统节日之分。常见的官方节日有元旦、妇女节、消费者权益保护日、国际劳动节、儿童节、国庆节、圣诞节、感恩节、复活节等,民间传统节日有春节、元宵节、清明节、端午节、中秋节等。还有些地方根据自身文化传统、风俗习惯、土特产等,组织举办一些具有地方特色的节庆活动,如北京地坛庙会、湖南龙舟节、山东潍坊风筝节、德国啤酒节等。

节庆日是公共关系部门特别是酒店、宾馆等接待服务单位开展公共关系活动的绝好时机。所以,每年 6 月 1 日前后,大小商店都会在小孩商品上绞尽脑汁;中秋节前,则会爆发一轮又一轮的月饼大战;“五一”和“十一”长假前夕,旅游胜地和饭店就会大张旗鼓地宣传和推介其优质的特色服务。

2. 纪念活动

纪念活动是利用社会上或本行业、本组织的具有纪念意义的日期而开展的公关活动。可供组织举办纪念活动的日期和时间有很多,如历史上的重要事件发生纪念日、本行业重大事件纪念日、社会名流和著名人士的诞辰或逝世纪念日;而本组织的周年纪念日、逢五逢十的纪念日及重大成就的纪念日,更是举办纪念活动的极好时机。通过举办这样的活动,可以传播组织的经营理念、经营哲学和价值观念,使社会公众了解、熟悉进而支持本组织。因此,举办纪念活动实际上是在做一次极好的公关广告。

3. 典礼仪式

典礼仪式包括各种典礼和仪式活动,如开幕典礼、开业典礼、项目竣工典礼、毕业典礼、颁奖典礼、就职仪式、授勋仪式、签字仪式、捐赠仪式等。在实际工作中,典礼仪式的形式多样,并无统一模式。有的仪式非常简单,如某个企业办公楼的开工典礼,放一挂鞭炮,企业老总喊一声“开工”,仪式便宣告结束;有的仪式非常隆重、庄严,如英国女王登基、国外皇室婚礼及葬礼等,甚至还有一套严格的程序和繁文缛节。

(三)庆典的组织程序

(1)庆典策划。确定来宾及发放请柬。来宾组成:政府官员、地方实力人物、知名人士、新闻记者、社区公众代表、客户代表或特殊人物等。总之,来宾要具有一定的代表性。发放请柬要求:请柬提前 7～10 天发放。重要来宾请柬发放后,组织者当天应电话致意。庆典前一天晚上再电话联系。

(2)设计庆典活动程序。一般程序:主持人宣布开典;介绍来宾;由组织的重要领导或来宾代表讲话;安排参观活动;安排座谈或宴会;邀请重要来宾留言或题字。

(3)落实致辞人和剪彩。致辞人和剪彩人分己方和客方。己方为组织最高负责人,客方为德高望重、社会地位较高的知名人士;选择致辞人和剪彩人应征得本人同意。

(4)编写宣传材料和新闻通讯材料。列出庆典主题、背景、活动内容等相关材料,将材料装在特制的包装袋内发给来宾。对记者,还应在其材料中添加较详细的资料,以方便记者写作新闻稿件。

(5)庆典活动的接待工作。设置接待室;对所有来宾,都应热情接待,耐心服务;对重要来宾,要由组织领导亲自接待;来宾的签到、留言、食、宿均应由专人负责。

(四)庆典注意事项

庆典活动既是社会组织面向社会和公众展现自身的机会,也是对自身的领导和组织能力、社交水平以及文化素养的检验。因此,举办庆典活动时,人员应做到准备充分,接待热情,头脑冷静,指挥有序。一般来说,庆典活动应注意以下事项:

(1)确定庆典活动主题,精心策划安排,并进行适当的宣传。

(2)拟定出席庆典仪式的宾客名单,一般包括政府要员、社区负责人代表、同行代表、员工代表、公众代表、知名人士、社团。

(3)拟定庆典程序,一般为:签到、宣布庆典开始、宣布来宾名单、致贺词、致答词、剪彩等。

(4)事先确定致贺词、答词的人员名单,并拟好贺词、答词,贺词、答词都应言简意赅。

(5)确定关键仪式人员,如剪彩、揭牌、托牌等;除本单位领导外,还应邀请德高望重的知名人士。

(6)安排各项接待事宜,事先确定签到、接待、剪彩、摄影、录像、扩音等有关服务礼仪人员。

(7)可在庆典活动中安排节目,如舞龙等;还可邀请来宾题词,以作为纪念。

(8)庆典结束后,可组织来宾参观本组织的设施、陈列等,增加宣传的机会。

(9)通过座谈、留言形式,广泛征求意见,并综合整理、总结经验。

上面讲的是举办庆典活动所要注意的一般事项。实际上,庆典活动中还有一些细节问题需要注意,下面仅举一例加以说明。

签字是一种常见仪式,作为组织中负责对外交往和礼宾的公关人员,应当熟悉签字仪式的程序。签字时,双方签字人的身份应大体相同。安排签字及签字仪式是一项细致的工作。第一,要做好文本的定稿、翻译、校对、印刷、装订、盖火漆印等工作;第二,准备好签字用的文具、国旗等物品;第三,与对方商定签字人员及参加签字仪式的人员,原则上是双方参加会谈的人员出席,或者是为表示重视,安排较高级别的领导人出席签字仪式。签字后,由双方签字人员互换文本,相互握手,有时还备有香槟酒,以示庆贺。

四、农展会

农展会是指农产品通过实物并辅以文字、图形或示范性的表演来展现成果,以提高组织形象、促进产品销售的专题活动。农展会是展览展销会的一种特殊形式,有大量的公共关系内容，是各社会组织力求塑造最佳组织形象的好机会。

农产品展览展销是一种十分直观、形象生动的复合型传播方式。展览展销会可为社会组织和公众提供直接的双向交流、沟通的机会。它可以同时用产品实物，配以说明书、宣传手册、活页广告等文字媒介，照片、幻灯片、录像片及电影等音像媒介，讲解、交谈和现场广播等声音媒介，现场表演、示范等动作语言媒介以及实物媒介等多种形式，进行全方位的宣传。

对于公众来讲，可以通过触摸、使用、品尝或其他方式对展览农产品加以检验，能形成较完整的感性认识；同时，由于展览展销会集中许多不同的产品，而且价格也较优惠，可以为公众节约大量的时间和费用。因此，很多公众都比较喜欢这种形式，新闻媒介也常对其追踪报道。

(一)农产品展览展销的特点

1. 综合运用多种传播手段，能给观众留下深刻印象

展览展销上既有面对面的交谈、讲解，也有文字材料，还有图片、幻灯片、录像带等影视资料。多种传播手段的结合，能给观众留下深刻的印象。

2. 沟通、宣传效果好

展览展销通过直观的实物、精致的艺术造型、亲切动人的解说、悦耳的背景音乐，营造出一种绝佳的宣传环境。在这种环境中，组织与公众最容易沟通和交流。

3. 效率高，省时省力

展览展销集中同一行业的不同产品，给公众提供了选择、比较的机会。这为组织的宣传促销节省了大量的时间和费用。

4. 深受新闻媒介关注

展览展销属于综合、大型的社会活动，是新闻媒介关注的焦点。因此，展览展销往往会成为传媒采访的热点，对提高展览组织的知名度和美誉度有很大的帮助。

(二)农产品展览展销的作用

1. 促进公众对组织的了解

展览展销上各个经营者对自己农产品特色、成就等的介绍，有利于公众对该农产品有深层次的了解。

2. 促进产品的销售

农产品展览展销也是一次农产品广告会，各经纪人届时都会展出自己最好的农产品，从而促进农产品的销售。

3. 促进信息的交流

农产品展览展销上，经纪人间通过信息交流，能够迅速掌握农业最新动态和公众心理，为制定政策提供依据。

(三)农产品展览展销的种类

1. 按场地可分为室内展览、露天展览

(1)室内展览。

优点：正规、隆重；不受天气的影响，展出时间可长可短。

缺点：受空间限制大，只能展出精品；布展费用较高。

(2)露天展览。

优点:不受空间限制,展品可大可小,可多可少;不需复杂的布展,费用低。

缺点:受天气制约大。

2. 按形式可分为固定展览、流动展览

(1)固定展览:地点固定。如农产品博览馆。

(2)流动展览:地点流动。如×××巡回展。

3. 按性质可分为商贸展览、宣传展览

(1)商贸展览:推销商品。如旅游线路、景点等。

(2)宣传展览:推销形象。组织形象宣传。

4. 按规模可分为大型、小型和微型展览

(1)大型展览:如西湖博览会期间的农产品交易分会、华东地区农交会等。

(2)小型展览:可以针对某个季节而推行的活动,如"桃花节"、"杨梅节"等。

(3)微型展览:如橱窗展览、流动车展览等。

5. 按内容可分为专题展览、综合展览

(1)专题展览:针对特定专题。如×××美食节。

(2)综合展览:针对一个主题做多方面的宣传。如法国与中国相互举行的文化节展览等。

(四)农产品展览展销的组织工作程序

1. 分析举办展览展销的必要性

展览展销将耗费大量人力、物力、财力,要对其可行性进行研究,若非必要就不举行。

2. 确定展览主题和子标题

在复杂的展览内容中,首先要明确一个基本的主题,作为全局的纲领。其他子题目,必须围绕主题进行,目的是给公众留下一个鲜明、深刻的印象。

3. 确定展览类型和参展单位

类型:室内或露天;大型或小型;专题类或综合类。

参展单位:同类或不同类。一般用广告的方式征集。

4. 明确参观者的类型

参观者有专业型和参观型之分。一般要准备两套解说词:对参观型参观者,解说词要通俗易懂;对专业型参观者,介绍的资料应详细和深入,学术性要强。

5. 建立新闻媒介联络机构

其主要工作是:①对外发布新闻;②与新闻界联络;③挖掘展览展销的新闻热点和亮点,写作新闻稿件。

6. 做好工作人员的培训

解说员、接待员、服务员的工作质量,直接影响到展览展销的质量和效果,必须对其进行现场培训,使其熟悉工作和环境,并能应付各种特殊情况。

7. 编制展览展销预算

一般情况下,展览展销预算包括 7 项,场地费、设计费、人工费、联络和交际费、宣传费、运输费、保险费。预算要留有余地,防止突发事件的产生。

（五）农产品展览展销会需要注意的事项

展览展销会特别是大型的展览展销会，是一项综合性的、多维的、立体式的传播活动。办好一个展览会需要精心的组织，需要有关部门的密切配合以及必要的展览费用。公共关系部门责无旁贷地担负着组织者的角色，为办好展览展销会需要注意以下几个环节。

1. 确定展览展销会的主题和目的

据此确定参展单位、参展项目与参展标准，然后采取广告和发邀请信的方式召集参展者。这时，还要根据交通条件、服务设施、天气情况以及时间长短等情况，确定展会的时间和地点。另外，预测参观人数和参观者的类型或层次，也是一项必须完成的工作。

2. 培训讲解及示范操作人员

展览展销会既是组织产品、服务的展示，也是组织员工精神面貌和综合素质的展示。展览展销会上，公众当然可以通过自己的眼、耳、口、鼻、舌、皮肤等直接感知展销物品，但如果辅之以人员讲解及操作示范，则效果无疑会更佳。这就要求在举办展览展销会之前，就精心挑选和训练工作人员，如讲解员、接待员、示范员等有关专业人员。培训内容包括：

- 各项目、内容的专业基础知识；
- 公关接待和公关礼仪方面的基本知识；
- 各自的职责、各种可能发生的突发性事件的处理原则和基本程序。

3. 成立专门对外发布新闻的机构

该机构的工作内容是：在展览展销日期、地点确定后，举办记者招待会发布消息，邀请新闻界人士参加开幕式，尽可能多地在报刊、广播、电视上报道开幕式的消息和实况。这样做既可以在展览展销开始之前就产生重要的宣传作用，也可以吸引更多的参观者。安排好新闻发布室，并准备新闻报道所需的各种辅助宣传材料。

在展览展销会期间，新闻发布室应自始至终开放，随时收集参观者及展览展销会的有关信息，并与新闻媒体保持密切联系。

展览展销会结束后，应注意收集新闻媒介对展览展销会的有关报道，总结经验教训，留档保存，作为下次举办展览展销会的参考依据。

思考与作业题

1. 分析题

对比这几种公共关系活动，分析它们各自的优缺点。

2. 实训题

以参加某次农产品交易会或农展会为例，总结参与展会的感受。

提示：可以从参加展会的收益（经济利益和社会效益），以及可以改进的方面，进行总结。

第二节　媒体应用

公关传播离不开媒体的应用，媒体是公共关系工作的功能放大器。因此，媒体的发展越来越快，媒体的种类与数量越来越多，信息越来越杂，人们由此也产生了资讯焦虑。

结合农产品经纪人的业务特点，先完成以下学习任务：

姓 名		经营的主要农产品	
1. 在你的工作经历中,有没有曾经用媒体做过宣传? A. 有 B. 没有			
2. 当时媒体的宣传是你主动联系还是被动宣传的? A. 主动 B. 被动			
3. 曾用过哪些媒体的宣传? A. 报纸 B. 电视 C. 广播 D. 互联网络 E. 手机传播			
4. 详述你当时使用媒体的情况。 **提示:** ①为什么选用该媒体?(主动宣传情况) ②怎么被媒体知道的?(被动接受媒介情况) ③面对记者,你是如何应对的? ④媒介的报道情况如何? ⑤媒体报道后对你业务的影响如何? ⑥该事件发生对你有何启示?			

公共关系活动过程,就是社会组织同公众之间进行传播和沟通的过程。传播是社会组织了解公众、公众认知组织的中介和桥梁。公共关系工作从本质上来说就是一种传播活动,要做好公关工作,必须了解传播的基本原理,掌握传播的一般规律和技巧,有效地利用各种传播媒介,努力营造一个良好的舆论环境和公众环境。

一、公共关系传播媒介的选择

公共关系传播是现代农产品经纪人利用各种媒介,将信息有计划地与公众进行交流与共享的活动过程。从传播理论发展过程来看,传播具有“共享”的意思,就是传播者与受传者之间的信息交流与共享的过程。

(一)公共关系传播的特点

公共关系传播有其自己的特点,具体表现在以下几个方面:

1. 传播行为的受制性

公共关系传播是一种重要的组织行为,是为实现组织目标服务的,因而要受到组织特性的制约。从时间上和空间上、内容上和形式上,都要受组织目标、组织制度、组织规范等的制约。

2. 传播内容的求实性

公共关系传播是组织的一种公共关系行为,其目的是为了沟通公众、服务公众,在社会公众心目中树立良好的社会形象,进而求得公众的理解与支持。因此,公共关系传播首先必须讲求其内容的真实性和态度的诚实性,要使公众感觉到组织的公共关系传播是客观的、实在的和公正的。

3. 传播渠道的多样性

公共关系传播的对象是公众,公众是一个类型复杂、层次多样的社会群体。他们当中有个人、有群体,也有组织;他们的年龄、性别、阅历、个性等都不尽相同,各自喜欢的信息渠道也就不同。因此,公共关系传播必须针对目标公众,采取多种传播渠道进行信息传播,保证公共关系传播的针对性和影响面。

4. 传播方式的策略性

公共关系是一门科学，也是一门艺术。公共关系传播在遵循传播规律和原则、确保传播内容真实和客观的前提下，还要掌握传播的技巧和谋略，创造性地运用各种传播的技术与方法，巧妙地向公众传播公共关系信息，从而有效地影响公众、服务公众、沟通公众、赢得公众，取得最佳的公共关系传播效果。

5. 传播活动的高效性

在公共关系传播中，可根据不同情况采取普遍性目标公众策略、选择性目标公众策略、集中性目标公众策略，确保公共关系传播的指向性和针对性。注重传播时机的选择，按组织发展的不同时期的特点来进行公共关系传播，注重选择传输通道，确保公共关系传播的高效性。公共关系传播要受到人们追求最佳效益的欲望所驱动，并以传播的最佳效益为原则。

(二)公共关系传播媒介的特点

公关工作是一种针对各类公众的全方位的沟通、说服工作，因此需要利用一切媒介来达到传播目的。公共关系传播媒介是指公共关系信息从发送者传递到接收者的过程中所运用的一切信息传输手段。公共关系传播媒介大致有五种类型，即人际传播、组织传播、大众传播、邮电传播、信息网络传播。从功能作用来看，各种类型的传播媒介各有各的特点，但可以彼此相互交叉使用。

1. 人际传播媒介

人际信息传播是指社会中人与人之间通过相互的交往所进行的信息传播。人们之间可以进行有关消息、经验、思想、感情、态度等内容的传播。

(1)人际传播媒介的特点。人际传播媒介的基本特点是：第一，个体对个体的传播，即在两个人之间进行的传播，如父子、夫妻、同事、朋友之间等；第二，传播范围狭窄，传播符号多样，除了语言、文字、图像、音响之外，还有眼神、表情、动作、姿态、服饰等；第三，反馈机制明显，人际信息传播具有一一对应关系，传播者可以及时获得反馈信息，及时调整自己的传播内容、方式和符号。

(2)人际传播媒介的运用。在公共关系传播中，有效地运用人际传播媒介传播信息，应注意以下几方面：

首先，掌握人际交往的知识。这是运用人际传播媒介传播公共关系信息的基础。在现代社会中，人与人之间特别注意情感的交流与沟通，人际交往有着特定的知识、理论和方法。掌握人际交往的知识，有利于公共关系工作的开展。

其次，善于处理各种人际关系。这是运用人际传播媒介传播公共关系信息的条件。善于处理各种人际关系，关键在于正确运用人际交往的方法和技巧，因人制宜，视环境场合与人们进行人际交往活动，并尽量去维持这种人际交往，以形成良好的人际关系，为开展公共关系工作铺路搭桥。

最后，运用人际关系网络。这是运用人际传播媒介进行公共关系信息扩散性传播的关键。人际传播的传播范围狭窄，这是从单纯的单级层次传播来讲，但可以通过建立广泛的人际关系网络，形成多级多层次的公共关系传播系统，可从以下几方面入手：第一，公共关系人员应交际广泛，“多个朋友多条路”，特别注重与那些人际关系好、人际交往频繁的人开展交际,并通过他们的介绍扩大交际圈;第二,在信息传播中,还可以争取各种关系网上的人充当信息传播的网点,利用他们的关系网进行扩散性的信息传播。这样,就可以克服单纯的单级传播狭窄的弊端。

2.组织传播媒介

组织传播媒介是指通过一定的组织形式而进行的组织内各成员之间、组织与组织之间、成员与组织之间的信息传播。

(1)组织信息传播的特点。组织传播的主体是社会组织;信息传播具有明确的目的性,即通过信息传播来疏通组织内外的沟通渠道,加强组织的内外关系,提高组织效率;信息传播具有明显的针对性;信息传播具有特定的反馈机制;最后,组织信息传播具有一定的规范和监督模式。

(2)组织信息传播通道的运用。组织传播通道是公共关系传播的基本通道。有效地运用组织传播媒介,要注意以下几点:

首先,掌握组织管理有关情况是利用组织传播公关信息的前提,包括组织类型、组织系统、组织目标、组织控制、组织协调、组织规范、组织制度等。只有掌握这些方面的具体情况,才能使公共关系信息的传播服从于组织系统的目标和规范,适应组织系统的结构与制度,也才能正确地借助于组织信息传播通道高效地传播公共关系信息。

其次,组织成员的积极参与,是有效运用组织传播公共关系信息的重要保证。组织传播是由组织的所有成员在一定的组织形式下构筑起来的。组织的每一位成员都是信息的传播者、接收者。因此,应充分调动组织中每个成员的积极性,使他们积极参与组织信息的传播。这样,组织信息传播就变得更加畅通和主动。

最后,合理选用信息传播方式,是有效运用组织传播媒介传播公关信息的重要条件。组织信息传播的方式多种多样,有口头语言传播方式、书面语言传播方式以及其他的传播方式。这些传播方式的特点及使用条件会在下一问题中阐述。

3.大众传播的媒介

大众传播媒介,是指通过专门社会机构复制大量信息,使之按一定目标传递给广大公众,从而达到众多的社会成员共享信息的目的。大众信息传播的媒介主要包括报纸、杂志、书籍、广播、电视、电影等。大众信息传播的有关情况,对于有效地运用大众信息传播通道传递公共关系信息具有极为重要的意义。

(1)大众传播媒介的特点。信息传播者高度专业化;信息传播对象高度大众化;传播的信息内容大众化;信息传播活动高效化;信息传播缺乏反馈机制;信息传播过程受到社会的监督与控制。

(2)大众传播媒介的运用。选用大众信息传播媒介传播公共关系信息,必须着重注意以下问题:

首先,根据公共关系传播的需要来选择大众传播媒介。根据公共关系传播的目标、对象、内容、空间范围、时间要求等,选用的媒介应有所不同。

其次,要考虑公共关系传播的经费问题。利用大众传播媒介传播公共关系信息,一般都要支付费用,各种媒介所需要的费用不同,一般来说,同一信息传播所花的费用中,电视媒介最高,但效果好;而广播媒介较低,但效果难测。这就要求我们从需要、可能、效果等方面综合分析，尽可能在组织具有的支付能力的情况下，以最少的花费去争取获得最佳的传播效益。

再次，全面了解各种大众传播媒介的基本特点和适用范围。大众信息传播媒介繁多，其特点和适用范围也不相同，因此必须全面了解，在选用时就考虑传播媒介的层次、性质、经验和水平、在社会公众心目中的印象等。

最后，努力搞好与大众传播媒介的关系。大众传播媒介是社会组织的非自控媒介，这就需要我们与其搞好关系，以求得广泛的支持与合作。与大众传播媒介的关系处理好，组织的一些具体要求就容易满足。媒介工作人员还可能帮助我们进行传播策划，帮助我们选择形式更佳、效果更好的传播媒介。

大众传播媒介主要有报纸、刊物、书籍、广播、电视、电影。其中，报纸、刊物、广播、电视被称为四大新闻媒介，与公关工作关系密切，可将它们归为印刷媒介与电子媒介两大类。

① 印刷媒介。印刷媒介是指将文字、图片等书面语言、符号印刷在纸张上以传播信息的大众传播媒介。信息容量较大，能对信息进行详尽、深入的报道，且易于保留、查找，便于读者选择阅读，但时效性较差；受读者文化水平的限制。报纸与刊物有综合性和专业性，报纸以刊载新闻为主，刊物则只有一部分是新闻性的，公关人员有广泛的选择余地。

② 电子媒介。电子媒介是使用电子技术，通过无线电波或导线发出声音、图像节目，接收者要借助接收器接收的大众传播媒介。电子媒介有电视、录像、计算机、电影等多种形式。

电子媒介的特点是：传播迅速，纪实性、生动性与感染力强，对信息接收者没有文化水平的限制。这里着重介绍一下广播和电视。

• 广播。广播以语言、音乐、音响等作为传播的符号来传播信息。其特点是：有较强的写实性与表现力，制作播出简便、快捷。在新闻报道中，广播是最迅速的传播媒介，而且很容易与电话等其他媒介连接，与听者双向交流。广播的频道多、容量大。它诉诸听觉的单通道传播可使受者注意力集中，并同时有较大的想象空间。广播电台有播出新闻、教育、服务、娱乐等各类节目的综合台，也有只主要播出一类节目的专业台，如新闻台、音乐台、教育台等。

• 电视。电视使用各类视听符号进行传播。其特点是：视听兼备，声画并茂，真实、生动，具有最强的写实性与表现力。在各类新闻媒介中，选择率最高的是电视。电视可以速报，可以深入分析新闻事件，其娱乐功能最强。目前电视与卫星结合，有线电视迅速发展，为电视发展开拓了广阔的空间。但是电视制作播出的设备、技术都复杂，节目制作费用较高。

总之，社会组织借助大众传播媒介进行公关传播，能迅速、广泛地提高组织的知名度，扩大社会影响。

4. 邮电传播媒介

邮电传播是指通过邮政电信机构将公共关系传播给特定公众的公共关系传播媒介。其特点是：传播信息准确及时、对象明确、形式轻便、制作简单、使用灵活，是一种有效传播公共关系信息的媒介。

(1)邮电传播的主要业务。邮电信息传播的主要业务可分为两大类,即邮政业务和电信业务。邮政业务是通过邮局借助于交通运输工具来传递有形的邮件为主的信息或实物传递业务。电信业务是通过电信部门借助于电信设备进行信息转换和传递的纯信息传递业务。电信的民用业务主要包括电话、电报、传真、数据传输等。

近年来,一个以数字处理技术为基础,融电话、电报、传真等通信技术为一体的综合性数字通信网络的加快建设与推广应用,已将电话、电报、传真、广播、电视以及联机信息检索推向一个崭新的发展阶段。

(2)邮电传播的运用。在我国邮电传播主要是作为一项事业由国家管理和经办的,任何组织、个人都可以利用它来传播信息。但要有效地运用,要注意以下问题:

首先,要根据邮电系统的业务范围以及各种业务的特点与作用有效地选择媒介。

其次,要对所传播的公关信息的内容、形式、数量以及传播的时间要求、质量要求、保密要求、保险要求等进行综合以便选择媒介。

最后,在保证迅速、方便、可靠地传播公共关系信息的同时,还要考虑到费用问题,即要注意遵循节约原则,以选用费用较低而效益较高的邮电传播媒介。

5.信息网络传播媒介

信息网络传播媒介是指借助社会上已建立的信息网络将信息传播给广大公众的公共关系传播媒介。20世纪以来,信息网络化都得到了蓬勃的发展,尤其是互联网和信息高速公路的建设与开通,使人们能够借助于计算机在网上进行各种信息的传播和交流,公共关系传播由此也开始进入网络传播时代。

(1)信息网络传播的特点。信息网络就是通过高速信息传输通道相互连接起来进行信息传递和交流的一种信息组织形式。信息网络传递信息有如下特点:信息传播超时空、高速度,有扩散性、共享性,且能增进组织社会关系。

(2)信息网络传播的运用。社会组织运用信息网络传播公共关系信息,主要有以下两种情况:

一是通过上网加入有关信息网站传播公共关系信息。目前,社会上建立的信息网站很多,有一些综合性的门户网站和专门性网站,如新闻信息网站、经济信息网站、供销信息网站、金融信息网站、产品信息网站、公关信息网站等。选择何种信息网站传播公共关系信息,要视网站的性质、类型、功能、作用,以及本组织所需传播的公共关系信息的内容、特点、传播范围、传播要求等而定。

二是通过建立开通本组织的网站传播公共关系信息。一般来说,建立开通本组织的信息网站,有利于搜集和传播公共关系信息,社会组织应努力创造条件,争取早日建立本组织的信息网站。建立开通本组织的信息网站,应考虑组织的需要,本组织建站的可能性(包括组织的实力、组织的威信、组织的吸引力等),网络人才问题、网络技术问题、网络费用问题、网络管理问题等。

(三)公共关系传播媒介的选择

正确选择传播媒体必须考虑以下因素:

1. 媒体本身的特点

不同的媒体特点不同，适用的传播类型也不相同，媒体选用得当，可取得事半功倍的效果。

2. 传播内容

不同的传播内容应该选择不同的传播媒体。一般来说，比较形象浅显的内容应选择电子传媒，反之则应选择印刷传媒。同样是电子媒体，如果内容能用丰富的声音来表现，广播更适宜。同是印刷传媒，如果内容相对简单而不系统，报纸是明智的选择。

3. 传播对象

传播对象不同，媒体的选择也不应相同。传播对象人数较少时，往往只借助于人际传播媒体；传播对象仅限于本组织员工时，内部报刊、有线广播、闭路电视、简报就能满足需要；传播对象人数众多，范围很广，公共传播媒体和大众传播媒体是必不可少的。

4. 组织经济实力与预期传播效果

使用任何传播媒体都必然要支付一定的费用。组织在进行公关传播时，必须同时考虑传播成本与预期传播效果两个方面。一般来说，大众传播媒体的传播范围广泛，传播的单位成本比较低廉，但总成本却会很高。没有雄厚经济实力的组织，不应为了追求声势而盲目选用大众传播媒体。选用非大众传播媒体，尽管单位传播成本较高，但从总成本考虑，是能够承受的。因此，传播范围不要求很大时，应考虑选用非大众传播媒体。

二、公共关系传播的要求与技巧

(一)公共关系传播的要求

公共关系传播过程要受到多种因素的影响，对公共关系传播的过程和行为必须遵守一定的原则要求，以使公共关系传播真正取得良好的效益。因此，公共关系传播必须遵循以下几项要求：

1. 保证公共关系信息的基本质量

公共关系信息的质量可由真实性、准确性、全面性、系统性四个主要指标来衡量。真实性是指所传播的公共关系信息必须是真实的、客观公正的、实事求是的。准确性是指所传播的公共关系信息的加工和处理应是准确的。公共关系信息不能被准确地传播，即使信息本身是真实的，也可能起不到良好的作用。全面性是指所传播的公共关系信息必须能全面反映组织的基本状况，喜忧兼报。公共关系之父艾维·李所说的“公众应该被告知”就是指的全面性。系统性是指从整体上来看，社会组织所传播的公共关系信息应具有系统性，不是零零散散、支离破碎的。零散的、破碎的公共关系传播，不利于公众形成对社会组织的整体形象，反而容易对社会组织产生怀疑、猜忌和不信任。因此，社会组织要经常地、定期地向公众传播各种公共关系信息，确保公共关系传播的质量。

2. 准确选择公共关系传播的目标公众

目标公众是指社会组织公共关系传播的主要对象，是信息的主要接收者。目标公众不是一成不变的，它会随着社会组织公共关系传播的内容、方式、时间、空间等的不同而不同。公共关系传播的目标公众选择得当，可使公共关系传播取得良好收效。社会组织可以采取如下策略来有效地选择目标公众：

(1)普遍性目标公众策略:指与社会组织有关联的公众,不论它与社会组织的关系是紧是松,是疏是密,是现实的还是潜在的,都作为公共关系传播的目标公众。这种策略适用于社会组织的一般的、日常的公共关系传播活动,也适用于以扩大影响,建立与公众的广泛联系为目的的公共关系传播活动中,但不适用于某些具有专门用途的公共关系传播活动。

(2)选择性目标公众策略:指从与社会组织有关联的公众中选择部分公众作为社会组织公共关系传播的目标公众。这种策略适用于处理社会组织面临的在较大范围内与公众有关的一般关系问题。比如:在处理消费者公众或社区公众的一般关系问题等,都可以采用选择性目标公众策略来传播公共关系信息。

(3)集中性目标公众策略:指确定某些具体公众作为社会组织公共关系传播的目标公众。这种目标公众具体明确、数量不多,但与社会组织的关系十分密切,向他们传播的信息应详细、深入、针对性强。

3.抓住公共关系传播的有利时机

公共关系传播应选择恰当的时机。同一公共关系信息的传播,在不同的时期就应有不同的传播内容、传播方式和传播范围。准确把握公关时机能够增强公共关系传播的针对性,提高传播的效果,并能调整、维持和改善社会组织的公共关系状态。但要注意,在社会组织发展的不同时期公共关系传播活动的侧重点不同。

社会组织的发展有五个发展时期:初创时期、稳步发展时期、重大创新时期、风险时期和低谷时期。

(1)在组织初创时期,公共关系传播的主要内容应该是向社会公众广泛地介绍组织的投资建设状况,组织的性质、规模、设想及风格,组织的创立对社会的意义和作用。其目的是为了扩大知名度,形成良好的第一印象,这是组织形象塑造的重要时期。

(2)在组织稳步发展时期,公共关系传播的主要内容是经常向广大公众介绍组织的生产经营方针和特色,组织的历史,组织对社会的贡献,组织在争取自身发展和维护广大公众利益方面所采取的各种措施等。目的是维护社会组织业已形成的良好形象和信誉,强化与公众的联系,这是组织形象巩固的时期。

(3)在组织重大创新时期,公共关系传播的主要内容是组织创新的目的,组织创新的艰难历程,创新的成果,创新给社会带来的效益等。其传播的方式应是开放性的,同时注意正确引导,让社会公众更多、更好、更深地了解社会组织,进一步扩大社会组织的影响,加强与社会公众的密切联系,这一时期要不失时机地进行传播。

(4)在组织风险时期,公共关系传播的内容应有区别地选择。如果是由于社会组织自身的产品和服务没有特色,或经营方针出现错误,就应将公共关系传播的重点放在改变组织的经营方针、革新组织的生产技术、转产适销对路的产品、改善组织的服务等方面。如果是由于社会的竞争产品和竞争组织的影响,则重点应突出社会组织及其产品的特色以及组织诚挚的服务态度。风险时期是社会组织公共关系传播难度最大的时期,也是关键时期,企业要进行危机公关。

(5)在组织低谷时期,公共关系传播的主要内容是向社会公众说明组织进入低谷的原因,走出低谷的措施。基本出发点是向社会有个交代,取得社会公众的理解。目的是尽快使社会组织走出低谷，获得新的发展。如果问题出在社会组织内部，就应说明情况，自我检查，提出补救方法，诚恳地求得社会公众的谅解。如果问题出在组织外部，就应多作解释，澄清事实，并提出相应的改变措施。

在现代社会中，公共关系传播的通道多种多样，选用得好，可以提高公共关系传播的效率，事半功倍；选用不当，则可能事倍功半，甚至一事无成。因此，选好公共关系传播的基本通道也是取得良好公共关系传播效果的重要要求之一。

选择好的公共关系传播通道，一是要考虑需要。要根据公共关系传播本身的需要来进行选择，包括所传播的公共关系信息的内容特点的需要、目标的需要、基本对象的特点的需要、影响范围的需要等。二是传播的可能。要根据现有公共关系传播通道的可能来进行选择，如果某种通道在一定范围内不存在，或根本没有利用的可能，一种原因是通道的传播容量已达到饱和，无法再行加入新的信息。如广播在一定时期传播的内容排满，报纸在一定时间没有版面，电话在一定时期占线，网络在一定时间阻塞等。另外的原因是通道可以传播，但组织的财力有限，利用不起。如有些企业确实想在 CCTV 上做广告，但由于财力有限，只得选择其他媒介。社会组织要综合考虑需要与可能两方面，才能选择好而可行的公共关系传播通道，以取得令人满意的传播效果。

4. 注意传播效果的分析

各类传播对目标受众都会产生一定的影响、作用，这就是效果。对于公关工作者来说，由于各类传播形式都要使用，更应该了解传播发生作用的不同层次。针对公共关系的目标和公关传播的目标评估，传播对于受者的影响可以达到四种程度，也就是四层次传播效果。

(1)信息层次。将信息传播给目标受众，使之完整、清晰地接收到，并且较少歧义、含混、缺漏，这是简单的传到、知晓层次，是任何传播行为首先应达到的传播效果层次。

(2)情感层次。传播者传出的信息从知晓进而产生情感，使目标受众在感情上与传播内容接近、认同，对这一传播活动感兴趣，从而与传播者接近，这是传播达到的较为理想的效果。但是需要注意的是，情感有正负之分，只有正面情感才是传播者所需要的，负面情感如反感、厌恶等，应予以避免。

(3)态度层次。态度是人对事物或现象认识的程度、情感表达和行为倾向的总和。它已从感性层次进入了理性层次，是在感性认识基础上经过分析判断、理性思维而产生的，一经形成就非常难以改变。传播如果能达到这一层次，对目标公众的影响就非常深入了。态度除有正负、肯定与否定之分以外，不一定与情感有必然的同方向联系。有些人在感性上同情，而在理智上则不赞成。

(4)行为层次。这是传播效果的最高层次。它是指目标公众在感性、理性认识之后，行为发生改变，做出与传播者要求目标一致的行为，从而完成从认识到实践的全过程，使传播者的目标不仅有了同情、肯定者，而且有了具体实施、执行者。实验研究证明，态度对行为的改变有着较密切的关系。

随着效果层次的提高，目标公众由于各种原因而逐渐减少，只有达到较高的效果层次，才能使哪怕是初级效果也得以较长时间的保持，否则公众很快淡忘，一个传播行为也就以无效告终。公关工作就是要让各界对组织知晓、同情，并获得他们的理解与支持。

5.把握影响传播效果的因素

在传播过程中，有很多因素同时作用于信息接收者，并对其产生强度不同的影响。了解主要的影响因素，并有针对性地加以引导和应用，会使传播效果得到改善、提高。影响传播效果的因素主要有以下四个：

(1)传播媒介。公众对传播媒介的要求一是要使用简便、易于掌握，易于得到；二是比较有效，即它的使用效果受到普遍的重视与承认，特别有效时，即使使用、驾驭上有一定难度，人们也会努力去得到或掌握它。

(2)信息的内容与表现方式。信息的内容即传播者传播的信息是否为公众所关心、感兴趣，是否重要、新鲜，是否可靠、可信，这是目标公众价值判断的中心点，也是决定传播效果的关键所在。公关人员在传播信息时要注意内容的趣味性，与目标公众的相关性以及信息来源的可靠性，内容的真实性，观点的客观性、科学性。

除去内容自身的要求外，内容的表现方式也非常重要。方式、方法不当，再好的内容也难以传播出去，可能还会引起误解甚至反感。表现方式包括从传播者的形象、权威性，内容的结构、节奏、变化，到遣词造句的方法、语气、语调等。

(3)信息的重复。人有适应性，一个人接触某一信息的次数越多，越容易接受它。同样的信息多次发出，目标公众会逐渐由生疏到熟悉、由漠然到亲切，甚至在长期接触后，会把这一特定的内容形式融入自己的生活。所以，同样的信息在相当长的时间里重复出现，是取得乃至增强传播效果的重要因素。

(4)目标公众接收信息的条件。时间和空间对目标公众的接收是否有利，对传播效果也有相当大的影响。目标公众接收环境存在各种干扰或没有足够的时间接收，这些因素都会影响信息接收者的接收，会使传播效果大打折扣。

从传播类型来说，不同种类的传播其效果也不相同，个人传播在各类传播形式中的传播效果最好，传通率最高，而其他传播形式的传播效果都还不及它的一半。但个人传播的影响非常有限，随着传播群体的增大，传播内容的针对性、具体性下降，反馈的质量、数量下降，群体传播与大众传播的效果就不太明显了。因而，传播学家提出这两类传播只是有“适度效果”，即一次具体的传播活动对某一个目标受众来说，效果是有限的。其中的影响因素一是信息接收者本人的逻辑思维能力，二是信息接收者周围团体、个人的影响。

(三)公共关系传播的技巧

1.建立良好的人际关系

人际关系是建立良好公共关系的重要手段，增强人际吸引力，善于同素不相识的人结成良好的人际关系是公关人员基本素质之一。

如何正确地认识他人，排除各种外在因素的干扰，尽快地接受公众，是公关人员在接待工作中要注意的问题。一般来讲，人际交往的误区有：以貌取人、主观判断、晕轮效应、个人状态产生认识偏差。公关人员应避免陷入这些误区，并且掌握以下建立良好的人际关系的技巧：

(1)利用邻近性因素。“近水楼台先得月”，如同学关系、老乡关系等。

(2)利用相似性因素。找到共同经验区，如社会经历、社会地位、籍贯、受教育程度、态度与价值观、生活环境等，产生自己人效果。

(3)利用需求互补效应。补偿性吸引力是最强的人际引力,可利用气质、性格、能力互补来吸引。

(4)利用仪表的魅力。“有礼走遍天下”,以卓越的仪表来打通人际关系。

(5)培养独特的人格魅力。多才多艺、诚信风趣、机智敏锐的人更具人格魅力。

(6)会说更会听。善于聆听、善于微笑,并善于交谈。

2.与新闻界联系建立良好的关系

与新闻记者联系,是公关人员的重要工作。在传播学上称记者为把关人,他们对传播的内容及传播的实际效果会有很大的影响。一般来说,记者报道新闻要具有正直、说真话的职业道德以及专业写作技巧,除此之外,记者本人的情绪、感觉、工作状态都会影响报道的内容。因此,要注意处理好与新闻界的关系,这可从以下几方面入手:

(1)对待记者要尽量提供基本情况,并给予热情周到的接待服务;

(2)对记者还要注意平等相待,一视同仁;

(3)要给记者提供真实素材;

(4)要持尊重与重视的态度。

3.做好会议组织与联系接待工作

(1)会议组织。会议是公共关系开展内外沟通的常用形式,组织召开会议是公关工作的内容之一。会议的种类很多,有报告会、讨论会、联谊会、新闻发布会、展览展销会等。形式较为正规,有组织、有规模。

(2)联系接待。接待工作一般包括接待来访者、拜访别人、写信、打电话等。做好接待工作,要求公关人员应具备良好的公关素质,要能够吸引对方,使之愿意与组织打交道,其次,在接待拜访中,应掌握一些特殊的沟通技巧,来达到建立联系的目的。

4.营造良好传播环境

公共关系传播是在一定的空间环境中进行的。不同的环境条件营造不同的传播氛围,影响传播效果。比如座位的设计布置、音响设备、灯光照明、色彩、室内湿度等,都要仔细选择,创造良好的环境效应。

5.正确选择公关语言

公共关系传播中常使用的公关语言包括以下几方面:

(1)自然语言,是信息传递的主要承担者,如口头语、书面语、广播语。

(2)非自然语言,如表情语言、动作语言、体态语言等。

(3)实物,如样品、商标、组织标志等。

在公关信息传播中,为取得较好的传播效果,要合理运用公关语言,充分发挥各种语言的优势,提高信息的传播速度,扩大信息的传播范围,提高信息的接收率。

6.利用名人效应

在选择人际传播方式进行公关信息传播时,常常与政界要员、影视明星、体育明星等“名人”结合起来,能起到比较好的传播效果。公关活动与名人结合在一起,通过名人引起公众的注意、兴趣与好感,从而达到对组织形象、组织产品的认可,这就是名人效应。

7.善于“制造新闻”

在媒介上刊播新闻是进行大众传播的有效方式,借助媒体来为组织宣传,可信度和有效性高,容易被人接受。什么样的事件才能成为新闻,组织在选择时主要看事件的新闻价值。新闻价值是指该事实本身所具有的重要性、新鲜性、接近性、及时性和趣味性。重要性是指事件后果重大,或当事人身份重要,发生事实的时间、地点重要,以及对社会影响巨大,等等。新鲜性是指社会上、自然界中各种前所未有的、奇异的新事物。接近性是指与公众的生活、思想接近,可以是地域空间接近,也可以是心理接近。例如,公众往往对身边发生的突发事件比国外或省外的更关注。及时性是指时间上的接近性,越及时获悉某一事变,其重要性、影响力越突出,新闻报道讲求时事追踪。趣味性是指事件本身具有某种使人动情、愉悦的因素。公关人员应具备相当的新闻素养、新闻敏感,善于发现有价值的事实进行及时报道。

8.合理运用公共关系广告

公共关系广告也叫组织形象广告,目的是建立组织信誉,促进公众对组织的了解,沟通公众与组织的感情,它有以下几种形式:

(1)组织广告。以组织自身作为宣传主体的广告,可以从以下四个方面开展:第一,宣传组织价值观念,如“海尔真诚到永远”。第二,介绍组织情况,如“TCL招聘2000名高级人才”。第三,贺谢广告,如“全球海尔人恭贺北京申奥成功”。第四,联姻广告,如“伊利杯我最喜爱的春节晚会节目”。

(2)征集广告。包括向社会广泛征集组织名称、产品名称、商标设计、组织口号等,吸引社会注意,吸引公众参与。

(3)竞猜广告。由组织刊登广告,组织有奖猜谜活动。猜谜内容多为有关组织及产品的知识,问题一般很简单。这种活动可多次见诸新闻媒介,如通告抽奖结果、采访获奖者等。

(4)服务广告。组织与本组织产品有关的社会服务活动,并通过广告向社会宣传,如化妆品企业举办美容培训班等。

(5)馈赠广告。为组织举办、赞助的社会公益性活动而做的广告,如四通集团的“四通之友世界名曲专场音乐会”等。

针对公众的心理,在策划公关广告时要注意:标新立异来抓住公众的眼球,通俗易懂与大众雅俗共赏,真挚坦诚以事实说话。此外,还需要很多专门化的知识与技巧,如语言的选择、组织,画面的构成、色彩,人物的选择和拍摄技巧等。

总之,公共关系传播既是一门学科,也是一门艺术,要求社会组织公关人员在传播活动中尊重客观规律,按公共关系总目标有步骤地进行;在传播交流信息活动中,使双方受益,实现最大限度取得理解,达成共识,这是公共关系人员的一种创造性劳动。

思考与作业题

1.案例分析

以某次公共关系活动为例,拟定媒体选择方案并说明理由。

2.模拟实训

结合你的产品情况,以学习小组为单位,策划一起新闻事件。

<table>
<tr><td>专业合作社名称</td><td colspan="3"></td></tr>
<tr><td>合作社负责人</td><td></td><td>参与人员</td><td></td></tr>
<tr><td colspan="4">拟策划的新闻事件：</td></tr>
<tr><td colspan="4">学习任务：
(1)了解新闻事件策划的过程；
(2)掌握新闻事件策划的时机和控制事件的发展。</td></tr>
<tr><td colspan="4">任务完成要求：
(1)通过新闻事件的策划，认识新闻对宣传组织及产品形象的独特作用；
(2)培养农产品经纪人的新闻策划能力；
(3)树立主动与媒体联系的理念。</td></tr>
</table>

第三节　沟通技巧

一、认识沟通障碍

由于各种原因，在沟通过程中有许多障碍，这些障碍不仅浪费财力，还会影响组织的团队精神和团队士气，影响组织良好形象的塑造。因此，有必要了解信息沟通的障碍及解决方法，并重视公共关系沟通应遵循的原则。

信息沟通障碍的形成因素是多种多样的，社会组织应充分了解沟通障碍，有的放矢，对症下药，消除障碍，以取得良好的传播效果。一般来讲，沟通中的障碍主要有主观障碍、客观障碍和沟通方式的障碍三个方面。

1. 主观障碍

信息的传播者与接收者由于自身条件、所处地位、在社会生活中扮演的角色等因素的影响，往往导致信息沟通联络出现障碍。其具体表现为以下几种情况：

(1)信息的传播者与信息的接收者在经验水平、知识结构上差距过大，就会产生沟通障碍。例如，一位年轻的、刚从大学毕业的学生安排在一个部门工作，而这一部门的经理是一个资历深厚且富有经验的人。由于个人原因，这位部门经理可能认为许多年轻人是自由主义的、自私自利或缺乏奉献精神的，结果他在评价这位年轻人所做的任何工作时总抱有成见，造成很难与这位年轻骨干进行交流。同时，这位年轻人也认为老一代是顽固不化的、呆板的和抵制新观念的。于是两代人的"代沟"直接导致了严重的沟通障碍。

(2)对信息的态度不同，或是认识水平有限，或是不感兴趣等，使一些员工和主管人员忽视对他们自己不重要的信息，造成传播沟通障碍。同一信息，不同公众所理解或掌握、记取的内容各不相同，公众总是乐于接受与他们原有的认识、态度、利益、需求相一致的信息。

(3)信息沟通中的角色障碍。在组织结构中，由于管理级别的不同而在员工中产生了一些地位、等级感。地位感指员工根据管理者的职位而产生的态度。如在公司总经理和部门经理之间、在部门经理和员工之间存在着地位差异，这种地位的差异就造成严重的沟通障碍。如果主管人员和下级之间相互不信任，下级人员的畏惧感等均会造成沟通障碍。

2.客观障碍

客观障碍主要有以下两点：

(1)信息的发布和信息的接收者如果在时间和空间上距离太远，容易造成沟通障碍。处在不同地理位置的传受双方会因社会文化背景不同、种族不同、接触机会太少而影响信息的沟通。

(2)组织机构庞大，中间部门太多，信息从最高层传达到基层，或从基层汇报到最高层容易出现失真现象，且需要较长的时间，从而影响信息的时效性。

3.沟通方式的障碍

(1)语言的阐述不同造成沟通障碍。做不同工作的人虽然都说一种语言如汉语或英语，但他们也说一些不同的“语言”，如财务部门的主管可能在与计划部门的主管进行交谈时用一些专业述评而使对方迷惑，这类沟通问题就是我们所说的“行话”。另一种语言障碍就是多义词，同一句话在不同的环境或对不同的人表示的意思不同，因此，在传递信息时，传播者必须将那些易引起误解的词句表达明白、清楚。一般情况下，应该运用一些朴实、直接的语言传播信息。

(2)传播方式选择不当造成沟通障碍。社会组织应根据公关目标、对象、内容等不同，选择适宜的传播方式，达到有效沟通的目的。如某商业企业要教育职工树立良好的工作态度、为顾客提供优质服务，应采用人际传播中的组织传播；如某企业在传播开幕仪式、开工典礼之类的信息时，最好选用大众传播方式，如用电视、广播来传播会取得良好的效果。

二、公共关系传播障碍的克服

公共关系传播是双向沟通过程，在这个过程中会遇到各种传播障碍，如果不能有效地克服，会极大地影响传播效果。一般情况下解决传播障碍的方法有以下几种：

1.做好沟通前的准备

社会组织在传播公关信息前，首先要确定被传播的信息未十分明确之前不要轻易进行传播。因在一个组织中，只有最高管理者本人能正确表达自己的意图。在信息传播之前，管理者应明白想要达到的目的，为此应该采取传播措施、方法等。其次，要想改善传播效果，重要的条件就是塑造良好的组织形象和声誉。实践证明，自身形象良好的社会组织传播信息效果较好，容易引起公众的关注。最后，要站在受众的立场来传播信息。可以缩小传收双方的距离，使受者容易接收传播的信息。通常传播者在传递信息时邀请与公众同类型的人，或在公众中有权威的人发表意见，传播效果会更好。

2.充分利用反馈技术

社会组织的公共关系传播是传收双方信息的双向流动，传播效果如何可通过反馈技术了解。在面对面的信息传播中通过观察接收者并通过非言词的线索如迷惑或明白的神态、脸部的表情或眼睛的活动等，来判断他的反应。对组织内部的信息传播、组织与组织之间信息的传播可以通过人际传播媒介如电话等方式了解传播效果。

3.重视传播气氛的影响

公共关系传播总是在一定的时空环境下进行的，营造良好的传播环境有利于增强传播效果，消除传播障碍。在组织内部，当管理者想与一员工进行交流时，而这位员工情绪非常低落，那么双方最好找个彼此心情都平静的时候交谈。对管理者而言，要想有个比较好的环境、气氛同员工进行交流，其中最好的办法之一是安排一个确定的时间，在一个安静的场所进行。大部分的日本企业采用过此方法，可以使信息交流双方能平静地、不受任何干扰地探讨一些问题。

4. 完善传播技巧

传播效果优劣与传播技巧有直接的关系。信息传播中的各种传播方式、传播途径组合情况等均会影响传播效果。一般情况下，传播者总是视当时哪种途径或媒体比较方便，就使用哪种。事实上，沟通途径和媒体的结合方式很多，仅就书面、语言、正式沟通与非正式沟通等加以组合就有16种之多。

5. 社会环境障碍的克服

由于政治制度、经济背景、意识形态、地理环境的差异，容易形成以下几种沟通障碍：

(1)文化障碍。由于文化传统、伦理道德的差异，造成思维方式、行为习惯、风俗礼节的沟通障碍。克服的方法是：学习了解不同国家、民族、地区以及宗教的基本常识，因地制宜，入乡随俗，适应环境，灵活变通。

(2)语言障碍。语言的复杂性和差异性造成了沟通中的词义不明、语义分歧、措辞不当、隔阂误会等障碍。克服的方法是：加强文化修养，提高掌握和运用语言的能力，使用本国标准语言，会常用外语。

(3)角色障碍。年龄、职业、社会地位的差异，会出现观念、行为方面的“代沟”或“隔行如隔山”的“行沟”障碍。克服的方法是：互相尊重，积极主动，互谅互让，取长补短。

(4)权威障碍。由于意见领袖或某一权威人物在群体成员中有较大的影响力，会使群体成员效仿权威人物的态度立场而导致沟通障碍。克服的方法是：转变意见领袖的态度，发掘群体成员的价值观。

6. 沟通因素障碍的克服

(1)沟通主体障碍的克服。沟通主体的文化知识结构、社会阅历经验、表达能力、工作态度、个人修养等都会影响沟通过程中的制约因素，造成传送过程中的沟通干扰，使沟通符号失真。要克服这些障碍，就必须使农产品经纪人具备相应的知识、经验，态度可亲、可信，声誉良好，权威性强，注重沟通内容，讲究沟通技巧。

(2)沟通内容障碍的克服。沟通内容是否符合沟通对象的利益、需要、兴趣、经验等，是形成或排除沟通障碍的重要因素。克服这些障碍的方法是：使沟通对象确信经纪人的期望是他们的利益所在，并且是在他们的经验范围之内，实行起来方便愉快。

(3)沟通对象障碍的克服。沟通对象的年龄、性别、职业、民族、文化程度、思想倾向、兴趣爱好、个人心理与群体心理等，都有不同程度的区别，这就使他们的经验范围、接收习惯、接收心理各不相同。如果选择适合他们的内容、媒介和方法，就能较准确地译码，排除沟通中的干扰障碍。

(4)沟通环境障碍的克服。社会环境、自然环境、场地环境、心理环境等，对沟通效果影响很大。要排除这方面的障碍，就要在沟通时，选择舒适的场地、恰当的时间，使沟通对象处于一种支持沟通者的社会氛围之中，引导他们参加某些活动进而形成一致意见，并得到一种愉快的体验。

(5)沟通媒介障碍的克服。沟通媒介是否适合沟通者、沟通内容、沟通环境、沟通对象,直接关系到沟通效果,克服媒介障碍的方法有:联系沟通目标、适应沟通对象、区别沟通对象、合乎沟通费用。

公共关系沟通的技巧和方法,在实际使用中不是孤立单一的,通常是综合运用,各显神通,还有很多的技巧和方法,需要在实践中进一步总结。

总之,在公共关系的信息传播中,存在着信息的沟通,也就必然存在沟通障碍。社会组织要正视这些障碍,采取一切可能的方法消除这些障碍,为有效的信息沟通创造条件。

欧美公共关系界总结实践经验,提出了改善组织沟通的十项建议,这些建议有助于我们改善传播技巧:

(1)沟通前做好准备,预备可能发生的事件及其应变措施;

(2)认真考虑本次沟通的真正目的,选择适当的沟通方式和沟通语言;

(3)全面审查环境和氛围因素;

(4)沟通的信息内容准确客观;

(5)善于利用最有利的沟通时间;

(6)重视沟通中的"体态语言";

(7)信息沟通中发送者的言行一致,讲究信用;

(8)克服不良的聆听习惯,学会做一个"好听众";

(9)重视沟通中信息接收者的反馈;

(10)在正确运用语言文字时,酌情使用图表、数据和实物资料以说服对方。

思考与作业题

1. 沟通障碍体现在哪些方面?

2. 如何克服沟通障碍?

实训:

以小组为单位,请学员们在一起模拟不同人际关系角色,体会传播障碍及其克服方法的运用。

第四节　社交礼仪

一、日常礼仪

在日常生活的各个方面,人们都必须遵守有关的礼仪规范。日常生活中的表现与作为,往往能够更加客观、准确地反映出每个人的品德与修养。最迫切需要了解和掌握的日常礼仪主要集中在衣、食、住、行、访等几个万古不变的人类日常生活的节点上。

对于农民朋友来说,不少人对礼仪认识存在着误区,主要表现在以下几方面:

(1)礼仪是一套刻板的规矩。礼貌举止的发展是与时代同步的,而且当今社会比过去任何时候都更加具有变通性。礼仪绝不是一套"要求人们的行为举止合乎礼教"的规矩,而仅仅是指导人们与他人相处时,让对方感到舒适的行为准则。

(2)礼仪只适用于富豪和上流社会。礼仪是适用于所有社会阶层、社会经济团体和所有年龄段的行为规范。任何人掌握良好的礼仪礼节后,都能够有效地提高生活质量。

(3)礼仪是过时的东西。虽然有时候看起来过去的行为标准早已远离人们,但是现代社会更加随意的处事方式只是外在表现的不同。从古到今,礼仪的基本原则从未发生过改变。

(4)礼仪是谄媚的表现。遵守礼仪其实意味着你尊重他人,在很多情况下,不遵守礼仪是自命不凡的另一种表现,看不起别人的人不可能通过这种方式达到显示自身优越性的目的,而只能让自己显得更渺小,因为他根本不懂得如何尊重他人或体谅他人。

(一)日常礼仪的准则

1.尊重

尊重他人意味着承认他人作为人类的价值,不论他的背景、种族及信仰如何。在日常生活中时刻做到尊重他人,不随意贬低他人的想法和意见,听到带有种族歧视或性别歧视的笑话时保持严肃,不带偏见,并拥有一颗宽容的心。自尊与尊重他人同等重要。无论自己的长相如何,无论自己是否具有个人才华,自信的人都会尊重自己,明白尊严和品格才是最重要的东西。

2.体谅

周到和亲切是体谅他人的表现。周到指切实地考虑自己怎样做才能使他人感到自在,而亲切则更多地体现在行为上。周到和亲切这两种品质促使人们对于危难中的朋友或陌生人伸出援助、促使人们表达对他人的感激之情,或者真诚地称赞他人。

3.诚实

这是一种道德品质,诚实保证人们不会对他人进行不必要的冒犯。

(二)服饰礼仪

着装时应注意以下几个问题:

1.着装应与自身条件相适应

选择服装首先应该与自己的年龄、身份、体型、肤色、性格和谐统一。年长者、身份地位高者,选择服装款式不宜太新潮,款式应简单,而面料质地则应讲究些才与身份年龄相吻合。青少年着装则着重体现青春气息,朴素、整洁为宜,清新、活泼最好,"青春自有三分俏",若以过分的服饰破坏了青春朝气实在得不偿失。体型条件对服装款式的选择也有很大的影响。身材矮胖、颈粗、圆脸形者,宜穿深色低"V"字型领,大"U"型领套装和浅色高领服装则不适合。而身材瘦长、颈细长、长脸形者宜穿浅色、高领或圆形领服装。方脸形者则宜穿小圆领或双翻领服装。身材匀称,体型条件好,肤色也好的人,着装范围则较广,可谓"淡妆浓抹总相宜"。

2.着装应与职业、场合、交往目的对象相协调

着装要与职业、场合相宜,这是不可忽视的原则。工作时间着装应遵循端庄、整洁、稳重、美观、和谐的原则,能给人以愉悦感和庄重感。从一个单位职业的着装和精神面貌,便能体现这个单位的工作作风和发展前景。现在越来越多的组织、企业、机关、学校开始重视统一着装,是很有积极意义的举措,这不仅给了着装者一份自豪,同时又多了一份自觉和约束 ,成为一个组织、一个单位的标志和象征。着装应与场合、环境相适应。正式社交

场合,着装宜庄重大方,不宜过于浮华。参加晚会或喜庆场合,服饰则可明亮、艳丽些。节假日休闲时间着装应随意、轻便些,西装革履则显得拘谨而不适宜。家庭生活中,着休闲装、便装更益于与家人之间沟通感情,营造轻松、愉悦、温馨的氛围,但不能穿睡衣、拖鞋去购物或散步,那是不雅和失礼的。着装应与交往对象、目的相适应。与外宾、少数民族人们相处,更要特别尊重他们的习俗禁忌。总之,着装最基本的原则是体现"和谐美",上下装呼应和谐,饰物与服装色彩相配和谐,与身份、年龄、职业、肤色、体型和谐,与时令、季节环境和谐等。

(三)仪态礼仪

仪态是指人在行为中的姿势和风度。姿势是指身体所呈现的样子,风度则属于内在气质的外化。在与人交往中,人们可以通过一个人的仪态来判断他的品格、学识、能力,以及其他方面的修养程度。仪态的美是一种综合的美、完善的美,是仪态礼仪所要求的。

1. 站姿

站姿是指人的双腿在直立静止状态下所呈现出的姿势。站姿是步态和坐姿的基础,一个人想要表现出得体雅致的姿态,首先要从规范站姿开始。得体的站姿的基本要点是:双腿基本并拢,双脚呈 45 度到 60 度夹角,身体直立,挺胸,抬头,收腹,平视。所谓"站如松",是指人的站立姿势要像松树一样直立挺拔,双腿均匀用力。得体的站姿给人以健康向上的感觉,不好的站姿如低头含胸、双肩歪斜、依靠墙壁、腿脚抖动等会给人以萎靡不振的感觉。

2. 坐姿

坐姿是指人在就座以后身体所保持的一种姿势。得体的坐姿的基本要点是:上身挺直,两肘自然弯曲或靠在椅背上,双脚接触地面(跷二郎腿时单脚接触地面),双腿适度并紧。所谓"坐如钟",是指坐姿要像钟一样端庄沉稳、镇定安详。一般情况下,要求女性的双腿并拢,而男性双腿之间可适度留有间隙。双腿自然弯曲,两脚平落地面,不宜前伸。在日常交往场合,男性可以跷腿,但不可跷得过高或抖动。女性大腿并拢,小腿交叉,但不宜向前伸直。如女性着裙装,应养成在就座前从后面抚顺一下再坐下的习惯。根据不同的场合和不同的座位,坐的位置可前可后,但上身一定要保持直立。

3. 步态

步态是指一个人在行走过程中的姿势,也可叫做走姿。它以人的站姿为基础,始终处于运动中。站姿体现的是一种动态的美。得体的步态的最基本要点是:抬头挺胸,上身直立,双肩端平,两臂与双腿成反相位自然交替甩动,手指自然弯曲,身体中心略微前倾。所谓"行如风",是指行走动作连贯,从容稳健。步幅、步速要以出行的目的、环境和身份等因素而定。协调和韵律感是步态的最基本要求。女士在较正式的场合中的行路轨迹应该是一条线,即行走时两脚内侧在一条直线上,两膝内侧相碰,收腰提臀,挺胸收腹,肩外展,头正颈直,收下颌。男士在较正式的场合中的行路轨迹应该是两条线,即行走时两脚的内侧应是在两条直线上。不雅的步态会给人留下很不好的印象,如左右摇晃、弯腰驼背、左顾右盼、鞋底蹭地、八字脚、碎步等。

(四)常见的不良举止

1.不当使用手机

手机是现代人们生活中不可缺少的通讯工具，如何通过使用这些现代化的通讯工具来展示现代文明，是生活中不可忽视的问题，如果事务繁忙，不得不将手机带到社交场合，那么你至少要做到以下几点：将铃声降低，以免惊动他人。铃响时，找安静、人少的地方接听，并控制自己说话的音量。如果在车里、餐桌上、会议室、电梯中等地方通话，尽量使你的谈话简短，以免干扰别人。如果下次你的手机在响起的时候，有人在你旁边，你必须道歉说“对不起，请原谅”，然后走到一个不会影响他人的地方，把话讲完再入座。如果有些场合不方便通话，就告知来电者过会回复电话，不要勉强接听而影响别人。

2.随便吐痰

吐痰是最容易直接传播细菌的途径。随地吐痰是非常没有礼貌而且绝对影响环境、影响人们的身体健康。如果你要吐痰，把痰抹在纸巾上，丢进垃圾箱，或去洗手间吐痰，但不要忘了清理痰迹和洗手。

3.随手扔垃圾

随手扔垃圾是应当受到谴责的最不文明的举止之一。

4.当众嚼口香糖

有些人必须嚼口香糖以保持口腔卫生，那么这时应当注意在别人面前的形象。咀嚼的时候闭上嘴，不能发出声音，并把嚼过的口香糖用纸包起来，扔到垃圾箱。

5.当众挖鼻孔或掏耳朵

有些人习惯用小指、钥匙、牙签、发夹等当众挖鼻孔或者掏耳朵，这是一个很不好的习惯。尤其是在餐厅或茶坊，别人正在进餐或喝茶，这种不雅的小动作往往令旁观者感到非常恶心。

6.当众挠头皮

有些头皮屑多的人，往往在公众场合忍不住头皮发痒而挠起头皮来，顿时皮屑飞扬四散，令旁人大感不快。特别是在那种庄重的场合，这种行为很难得到别人的谅解。

7.在公共场合抖腿

有些人坐着时会有意无意地双腿颤动不停，或者让跷起的腿像钟摆似地来回晃动，而且自我感觉良好以为无伤大雅。其实这种行为会令人觉得很不舒服。这不是文明的表现，也不是优雅的行为。

二、商务礼仪※

商务礼仪是在商务活动中体现相互尊重的行为准则。商务礼仪的核心是一种行为的准则，用来约束我们日常商务活动的方方面面。商务礼仪的核心作用是为了体现人与人之间的相互尊重。这样，我们学习商务礼仪就显得更为重要。我们可以用一种简单的方式来概括商务礼仪，它是商务活动中对人的仪容仪表和言谈举止的普遍要求。

1.商务交往中的介绍

商务交往中的介绍有自我介绍和介绍他人。

(1)自我介绍需要注意的事项。

① 最好是先递名片再介绍。交换名片时有个时机的问题,一见面就把名片递过去,再重复下自己的名字。

② 自我介绍时间要简短,越短越好。一般自我介绍半分钟以内就完全可以结束了,要训练有素。

③ 内容要全面。自我介绍一般包括四个内容:单位、部门、职务、姓名。介绍时要训练有素,一气呵成。

(2)在介绍别人时,比较重要的是谁当介绍人。社交场合的惯例,介绍人一般应该是女主人。在国际交往中介绍人一般分为三种:第一,专业对口人员;第二,公关礼宾人员;第三,如果对方是贵宾的话,礼仪上讲身份对等,介绍人就是在场的人里职务最高的。

介绍他人的先后顺序,以尊者优先知情的原则确定介绍的次序。如男女之间,应先介绍男方给女方认识;年长者优先知道年轻者的情况;职务高者优先知道职务低者的情况。

2. 名片的使用

名片的基本内容一般有姓名、工作单位、职务、职称、通讯地址等,也有把爱好、特长等情况写在上面,选择哪些内容,由需要而定,但无论繁、简,都要求信息新颖,形象定位独树一帜。

(1)出示名片的礼节。

① 出示名片的顺序:名片的递送先后虽说没有太严格的礼仪讲究,但是,也是有一定的顺序的。一般是地位低的人先向地位高的人递名片,男性先向女性递名片。当对方不止一人时,应先将名片递给职务较高或年龄较大者;或者由近至远处递,依次进行,切勿跳跃式地进行,以免对方误认为有厚此薄彼之感。

② 出示名片的礼节:向对方递送名片时,应面带微笑,稍欠身,注视对方,将名片正对着对方,用双手的拇指和食指分别持握名片上端的两角送给对方,如果是坐着的,应当起立或欠身递送,递送时可以说一些:“我是××,这是我的名片,请笑纳”,“我的名片,请你收下”,“这是我的名片,请多关照”之类的客气话。在递名片时,切忌目光游移或漫不经心。出示名片还应把握好时机。当初次相识,自我介绍或别人为你介绍时可出示名片;当双方谈得较融洽,表示愿意建立联系时就应出示名片;当双方告辞时,可顺手取出自己的名片递给对方,以示愿结识对方并希望能再次相见,这样可加深对方对你的印象。

(2)接受名片的礼节。接受他人递过来的名片时,应尽快起身或欠身,面带微笑,用双手的拇指和食指接住名片的下方两角,态度也要毕恭毕敬,使对方感到你对名片很感兴趣,接到名片时要认真地看一下,可以说:“谢谢!”、“能得到您的名片,真是十分荣幸”等,然后郑重地放入自己的口袋、名片夹或其他稳妥的地方。切忌接过对方的名片一眼不看就随手放在一边,也不要在手中随意玩弄,不要随便拎在手上,不要拿在手中搓来搓去,否则会伤害对方的自尊,影响彼此的交往。

(3)名片交换的注意点。当对方递给你名片之后,如果自己没有名片或没带名片,应当首先对对方表示歉意,再如实说明理由,如:“很抱歉,我没有名片”、“对不起,今天我带的名片用完了,过几天我会亲自寄一张给您的”。

向他人索要名片最好不要直来直去,可委婉索要。比较恰到好处地交换名片的方法大概有这么几个：

① 交易法。“将欲取之，必先予之”。比如我想要张经理名片，我把名片递给他了，“张经理，这是我的名片”。当然，在国际交往中，会有一些地位落差，有的人地位身份高，你把名片递给他，他跟你说声谢谢，然后就没下文了。当跟对方有较大落差的时候，不妨采用下一个方法。

② 激将法。“张经理，很高兴认识您，不知道能不能有幸跟您交换一下名片?”这话跟他说清楚了，他不想给你也得给你，如果对方还是不给，那么可以采取再下一种方法。

③ 联络法。“张经理，我认识您非常高兴，以后到浙江来希望还能够见到您，不知道以后怎么跟您联络比较方便?”他一般会给，如果他不给，意思就是他不会主动跟你联系，其深刻含义就是这辈子不跟你联系。

当接过名片时一定要看，这是对别人尊重、待人友善的表现。接过名片一定要认真看，并且通读一遍，这个是最重要的。如果你把人家的名字和姓氏搞错了，显而易见怠慢对方是不可以的。

三、与农民交往礼仪

俗话说，“进什么山唱什么歌，干啥吆喝啥”。与农民打交道，必须摸清农民的心理特点，运用适当的方法，掌握与农民沟通的技巧，才能达到在人格上互尊、在感情上互通、在思想上互融、在交流上互动、在效果上互赢的目标。

1. 与农民沟通的特点

(1)沟通地位的平等性。富兰克林在他起草的《独立宣言》中说，人人生而平等。作为独立的自然人，无论贫富贵贱，人与人在人格上都是独立的、平等的。农民群众生活在社会最基层，社会地位最低微，感情最脆弱，神经最敏感，最易受到外界触动，最怕受到外界刺激。在与农民沟通时，要学会换位思考，即心理换位、身份换位、角色换位、行为换位，站在农民的角度考虑问题，从衣着、穿戴、语言、举止等方面，拉近与农民群众的心理距离、感情距离和身份距离，让农民从感情上接受你、心理上相信你、行为上靠近你，愿意和你说知心话、掏心窝子的话，建立一种平等互信关系。切不可高高在上，趾高气扬，盛气凌人，如果这样，农民就会躲着你，疏远你，拒绝你，无法沟通。

(2)沟通方式的开放性。方法无定则，交流无定律，沟通无定式。与农民沟通，绝不能圈框子、定调子，要让农民选择适合自己的沟通方式和表达方式。一问一答提问式的沟通，有很强的针对性和可操作性，能够达到预期效果，但却忽略了农民的感受，给人以审问式的感觉，禁锢了农民思想的表达、感情的流露，不可能获得更多的有价值的信息。与农民沟通时，在确定沟通主题的前提下，适当加以思路的引导，让其沿着主体脉络，充分表达思想感情，并认真倾听，辅以微笑、点头等肢体语言，适时表达亲近感和认同感，增强其安全感、亲近感和信任感。在沟通过程中，切不可紧锁眉头，东张西望，低头看表，当农民面接打手机，表现出没耐心、不耐烦，给农民思想表达造成心理障碍，给人以不愿倾听的心里误解。

(3)沟通关系的互动性。沟通是一个思想感情双向互动的过程。既不能角色错位，不顾别人感受，只顾自己喋喋不休，高谈阔论，信马由缰，说个没完没了，淡忘角色，冲淡主题;又不能不加引导,任由沟通者海阔天空,漫无边际的神侃胡聊,抓不到主题,采撷不到有重要价值的信息,达不到沟通的预期效果。在沟通时要根据确定的目标、拟定的提纲、找准沟通的切入点和突破点,特别是对沟通对象感兴趣的话题,要加以适当引导,使其沿着主题道出心里话,挖掘出更深邃、更感性、更直接的信息,使其在心理上产生共鸣,在行为上实现共振,让自己想要了解和能够了解的信息充分展露出来,实现由心理上的互认、情感上的互信、思想上的互融到关系上的互动。

(4)沟通语言的通俗性。语言是沟通的重要载体,巧用语言沟通是一个人素质和能力的集中体现。与农民沟通,就要多用农民群众常用的语言,即大众化语言,绝不能语言晦涩,只有自己能懂,受众听不懂,弄不明白。在沟通前,要事先了解一下该地的风俗、民俗,交流时,要更多地使用当地农民经常使用的俗语、俚语和地方方言,给人以亲近感、亲切感,所用的语言,双方都能听得懂、听明白,不会在理解上产生歧义。如果当地人说的是地方话,不是普通话,最好找一个既会说普通话,又会说地方话的当地向导,作为双方语言沟通的桥梁,这样沟通起来就会更方便。

2.与农民沟通的方法

(1)直面交谈法。事先确定好谈话的主题,拟定好谈话的提纲,选择好谈话的主攻点和切入点,从被沟通者感兴趣的话题入手,先调解其情绪,激发其热情,然后再有意识地加以引导,使其沿着自己设计的主题思路延伸下去,使受众对象有被重视、被尊重的感觉,拉近双方的心理距离,消除戒备心理,产生信任感,能够获得大量的客观、真实、准确的第一手资料。

(2)调查问卷法。这是比较常用的一种沟通方法,事先设计好需要调查交流的内容,采用一问一答或做选项方法。这种方法的好处就在于,直接方便,省时省力,能够按照自己的思路获得想要得到的信息和资料;不利之处在于,被调查者可能随心所欲填写,很难获得真实、客观、准确的资料,违背调查的初衷。

(3)迂回调查法。由于各种主客观原因,被沟通者不愿接受调查,拒绝透漏任何信息。这时,不可盲动,要采用迂回战术,善于从被沟通对象最接近、最了解的人入手,从他们那里选择突破口,打开缺口,获得信息。这种方法的好处在于,避免调查碰壁,可以间接获取信息;不利之处在于,与被沟通者最熟悉人的主观好恶、个人成见有关,往往影响获得信息的质量。

3.与农民沟通的技巧

在与农民沟通方面,老一辈无产阶级革命家,毛泽东、周恩来、邓小平是这方面的典范,他们赢得了党心、民心,从农民群众最关心、最直接、最现实的土地问题入手,在农民中产生了共鸣,得到了群众支持,最终领导全国人民取得了革命胜利,有许多值得我们学习借鉴的地方。

(1)自降身价。与农民打交道,最重要的是诚信。沟通信为先,要想达到感情的共鸣,心灵的互通,必须建立在双方互信的基础上。要想取得对方信任,必须在身价上、人格上平等。善于站在农民的角度考虑问题,把自己首先当成农民,消除农民群众的心理隔阂,像当年毛泽东、周恩来、邓小平老一辈革命家一样,与农民同甘苦、共患难、心连心,官民不分,不摆架子,不做样子,不要面子,与农民交朋友、攀亲戚,与农民一起下地劳动,一同睡土炕，吃粗饭，农民并不会小瞧你，相反会亲近你、信任你，自抬身价，农民会说你是秧子货，中看不中用，疏远你，鄙视你，成为不受欢迎的人。

(2)自贬为民。爱民者民恒爱之，亲民者民恒近之，知民者民恒敬之。为官者先要为民，方知民苦，方想民安，方谋民富。忧民之所忧，乐民之所乐。在这方面，胡锦涛、温家宝、习近平等中央领导为我们做出了表率，深入群众，穿平民衣服，说平民语言，不造作，不作秀，不矫情，坐农家炕，访农家情，唠农家嗑，以感人的公仆形象生活在群众中，活跃在乡野里。

(3)自找苦吃。梅花香自苦寒来，宝剑锋从磨砺出。要想做个好官，必须首先当好农民。五谷不分，四体不勤，不可能对农民充满感情。如有些领导曾在农村插过队，下过乡，当过农村的大队长、支部书记，那里有他们的根、他们的魂，印烙着他们成长的足迹，正是那段难忘的历史，使他们充满了对农民深厚、真挚、热烈的感情，他们的苦没有白吃，累没有白累，汗没有白流，人民从他们身上看到了、感受到了我们优良的传统。把苦难当成财富的人会终身受益，要到农村去，深入到农民中去经受锻炼，接受考验，饱受磨炼，才能遇风雨而不变节，遇风霜而不折腰，才能活出人生的精彩，活出人生的意义。

思考与作业题

1. 学了这课程内容后，对照你自己，谈谈在哪些方面礼仪做得比较好？还有哪些方面不太好？如何改善？

2. 以某次与客户或与农民交往为例，说明礼仪的重要性。

第三讲　电子商务与网络营销

第一节　电子商务基础

一、电子商务概述

自 1994 年中国接入国际互联网以来，我国互联网已经历十五个年头。与此同时，作为互联网产业最重要、发展最健康的分支，电子商务也自 1997 年起，不经意间跨入了第十二个年头，也将圆满地落下第一个轮回的帷幕。

随着我国互联网普及率的逐年提高，互联网正在走进人们的工作与生活。据中国互联网信息中心(CNNIC) 发布的《第 26 次互联网络发展状况统计报告》调查结果显示，截至 2010 年 6 月，中国网民规模达到 4.2 亿，手机用户达 2.77 亿，互联网普及率进一步提高。在这十五年里，中国互联网产业经历了门户、SP、搜索、网游、WEB2.0、电子商务六大主流，互联网也渐由新闻娱乐应用向电子商务与生活服务应用为主转变。从 1995 年被看做中国最早的一家网络公司的瀛海威成立，中国的互联网企业经过十五年的发展，已经形成年直接营收逾百亿的庞大产业规模，而且也间接带动了 IT、信息产业、家电、物流、展会、金融、广告、包装等诸多行业的发展。

(一)电子商务的定义、特征

1. 电子商务的定义

电子商务虽然正在以难以置信的速度渗透到人们的日常生活，但是至今也没有一个统一的定义。世人众说纷纭，各国政府、学者、企业界人士都根据自己所处的地位和对电子商务的参与程度，给出了许多不同的表述。

总体而言，人们对电子商务的认识大致归为广义和狭义之分。狭义的电子商务也称为电子贸易(E-Commerce)，主要是指借助计算机网络进行网上的交易活动。广义的电子商务(E-Business)则包括电子交易在内的、通过 Internet 进行的各种商务活动，这些商务活动不仅仅局限于企业之间，也包含在企业内部、个人和企业之间发生的一切商务活动。

从企业角度出发，电子商务是基于计算机的软硬件、网络通信等基础上的经济活动。它以最新的 Internet、Intranet(企业内部网)和 Extranet(企业外部网)作为载体，使企业有效完成自身内部的各项经营管理活动(包括市场、生产、制造、产品服务等)，并解决企业之间的商业贸易和合作关系，发展和密切个体消费者与企业之间的联系，最终降低产、供、销的成本问题，增加企业利润，开辟新的市场。在这里，电子技术、网络手段、新的市场等汇合起来，形成一种崭新的商业机制，并逐步发展成与未来数字社会相适应的贸易形式。

针对个人而言，电子商务正在逐渐渗透到每个人的生存空间，其范围波及人们的生活、工作、学习及消费等广泛领域。网上购物、远程医疗、远程教学、网上炒股等，这些崭新的技术名词不仅越来越多地出现在新闻媒体上，同时也在逐步向每个人的生活中走来，使我们更加清晰地认识到：电子商务不再遥远！

对于工业企业，由于电子商务密切了企业和市场之间的联系，使得企业内部生产、管理等业务流程将彻底发生改变，要求企业从组织结构、基础设施、计划、生产到最终用户服务，必须相应提出一个完整策略，以使企业运作更加有效。

网上金融服务已经在世界范围内展开。网络金融服务包括网上银行、网上投资交易、网上保险等各项业务，数字化的支付与结算手段将是电子商务运作和发展中的关键节点。同时，网上业务作为金融业发展的主要方向，无疑将在很短时间内成为优化传递金融信息的极好渠道，并为拓宽金融业务范围提供有力支持。

此外，电子商务的兴起将逐步改变传统的教学、医疗、就业等服务方式，远程学校、远程诊所和咨询将为教育、医疗和培训带来更大的生机和活力。教育模式从原有学员的被动学习转向主动接受教育，先进的科学知识将根据需要传授到被教育者。医院远程会诊将会在广泛的地域上集众多专家的经验为一身，医疗诊断方式则更加灵活和多样化，不再受时间和空间的限制。而就业人员也可排除传统的人才招聘市场、报纸、杂志等就业信息获取的局限性，在网络空间中尽情挑选自己适合的职业。

2. 电子商务的特点

电子商务与传统的商务活动方式相比，具有以下几个特点：

(1)交易虚拟化。通过 Internet 为代表的计算机互联网络进行的贸易，贸易双方从贸易磋商、签订合同到支付等，无需当面进行，均通过计算机互联网完成，整个交易完全虚拟化。对卖方来说，可以到网络管理机构申请域名，制作自己的主页，组织产品信息上网。而虚拟现实、网上聊天等新技术的发展使买方能够根据自己的需求选择广告，并将信息反馈给卖方。通过信息的推拉互动，签订电子合同，完成交易并进行电子支付。整个交易都在网络这个虚拟的环境中进行。

(2)交易成本低。电子商务使得买卖双方的交易成本大大降低，具体表现在：

• 距离越远，网络上进行信息传递的成本相对于信件、电话、传真的成本而言就越低。此外，缩短时间及减少重复的数据录入也降低了信息成本。

• 买卖双方通过网络进行商务活动，无需中介者参与，减少了交易的有关环节。

• 卖方可通过互联网进行产品介绍、宣传，避免了在传统方式下做广告、发印刷产品等大量费用。

• 电子商务实行“无纸贸易”，可减少 90％的文件处理费用。

• 互联网通过买卖双方即时沟通供需信息，使无库存生产和无库存销售成为可能，从而使库存成本降为零。

• 企业利用内部网(Intranet)可实现“无纸办公”(OA)，提高内部信息传递的效率、节省时间，并降低管理成本。通过互联网把其公司总部、代理商，以及分布在其他国家的子公司、分公司联系在一起及时地对各地市场情况作出反应，即时生产，即时销售，降低存货费用，采用高效快捷的配送公司提供交货服务，从而降低产品成本。

• 传统的贸易平台是地面店铺，新的电子商务贸易平台只是网吧或办公室。

(3)交易效率高。由于互联网将贸易中的商业报文标准化，使商业报文能在世界各地瞬间完成传递与计算机自动处理，将原料采购、产品生产、需求与销售、银行汇兑、保险、货物托运及申报等过程在无需人员干预的最短时间内完成。在传统贸易方式中，用信件、电话和传真传递信息，必须有人的参与，每个环节都要花不少时间。有时由于人员合作和工作时间的问题，会延误传输时间，失去最佳商机。电子商务克服传统贸易方式费用高、易出错、处理速度慢等缺点，极大地缩短了交易时间，使整个交易非常快捷与方便。

(4)交易透明化。买卖双方交易的洽谈、签约以及货款的支付、交货通知等整个交易过程都在网络上进行。通畅、快捷的信息传输可以保证各种信息之间互相核对，可以防止伪造信息的流通。例如，在典型的许可证 EDI 系统中，由于加强了发证单位和验证单位的通信、核对，假的许可证就不易漏网。海关 EDI 也帮助杜绝边境的假出口、兜圈子、骗退税等行径。

(二)电子商务的类型

按参与电子商务交易涉及的对象分类，电子商务可以分为以下三种类型：

1. 企业与消费者之间的电子商务(Business to Customer，即 B2C)

这是消费者利用因特网直接参与经济活动的形式，类同于商业电子化的零售商务。随着万维网(WWW)的出现，网上销售迅速地发展起来。目前，在因特网上有各种类型的虚拟商店和虚拟企业，提供各种与商品销售有关的服务。通过网上商店买卖的商品可以是实体化的，如书籍、鲜花、服装、食品、汽车、电视等；也可以是数字化的，如新闻、音乐、电影、数据库、软件及各类基于知识的商品；还有提供的各类服务，有安排旅游、在线医疗诊断和远程教育等。

根据艾瑞咨询发布的 2010 年第二季度中国网络购物市场数据显示，2010 年第二季度中国网购市场延续高速增长态势。数据显示，京东网上商城市场份额占自主销售式 B2C 的 35.4%，当当、卓越则分别以 9.4%和 8.9%位列二、三位。这表明，京东网上商城以超过两家之和的份额继续保持一家独大的市场格局。

(1)京东商城(www.360buy.com)是以 3C 产品为主的中国最大的 B2C 电子商务公司，是中国电子商务领域最受欢迎和最具影响力的电子商务网站之一。京东商城在线销售商品包括家用电器、手机数码、电脑商品及日用百货四大类超过 3 万种商品。京东商城始终坚持以纯电子商务模式运营，缩减中间环节，为消费者在第一时间提供优质的产品及满意的服务。目前“京东价”已经成为 3C 销售领域的价格风向标。京东商城无论在访问量、点击率、销售量以及业内知名度和影响力上，都在国内 B2C 网购平台中首屈一指。2008 年优秀的业绩也为京东网上商城夺得了多项殊荣，“最具发展潜力企业”、“中国企业未来之星”、“2008 中国最具投资价值企业 50 强”、“年度最佳商业模式 10 强”。

(2)当当网(www.dangdang.com)是全球最大的中文网上图书音像商城，由国内著名出版机构科文公司、美国老虎基金、美国 IDG 集团、卢森堡剑桥集团、亚洲创业投资基金共同投资成立。1999 年 11 月，当当网正式开通。当当网的使命是坚持“更多选择、更多低价”，让越来越多的顾客享受网上购物带来的方便和实惠。自成立以来，当当网一直保持高速成长，每年成长率均超过 100%。当当网在线销售的商品包括了家居百货、化妆品、数码、图书、音像等几十个大类,近百万种商品,在库图书超过 40 万种。

(3)卓越网(www. joyo. com)于 2000 年 1 月由金山软件股份公司分拆,金山公司及联想投资公司共同投资组建,2003 年 9 月引入国际著名投资机构老虎基金成为第三大股东。卓越网发布于 2000 年 5 月,主营音像、图书、软件、游戏、礼品等流行时尚文化产品。卓越网诞生以来,凭借独创的"精选品种、全场库存、快捷配送"之"卓越模式",迅速成长为国内最有影响力和辐射力的电子商务网站,入选"中国 10 大互联网旗帜公司"和"最具投资价值网站 100 强"。

2. 企业与企业之间的电子商务(Business to Business,即 B2B)

B2B 方式是电子商务应用最重要和最受企业重视的形式,企业可以使用 Internet 或其他网络为每笔交易寻找最佳合作伙伴,完成从定购到结算的全部交易行为,包括向供应商订货、签约、接受发票和使用电子资金转移、信用证、银行托收等方式进行付款,以及在商贸过程中发生的其他问题,如索赔、商品发送管理和运输跟踪等。企业对企业的电子商务经营额大,所需的各种硬软件环境较复杂,但在 EDI 商务成功的基础上发展得最快。国内最有影响力的 B2B 电子商务平台有阿里巴巴和网盛生意宝等。

(1)阿里巴巴(http://www. alibaba. com. cn)成立于 1998 年年末,总部设在杭州。阿里巴巴是全球企业间(B2B)电子商务最好的品牌之一,是目前全球最大网上交易市场和商务交流社区之一。良好的定位、稳固的构成、优秀的服务使阿里巴巴成为全球首家拥有 220 万商人的电子商务网站,成为全球商人网络推广的第一网站,被商人们评为"最受欢迎的企业间网站"。目前,阿里巴巴旗下有两个核心服务:一个是诚信通,针对的是经营国内贸易的中小企业、私营业主;另一个是中国供应商,针对的是经营国际贸易的大中型企业、有实力的小企业、私营业主。平台上的中国供应商以中小企业为主。除了付费的中国供应商和诚信通会员,阿里巴巴上面还活动着免费的中国商户 480 万家,海外商户 1000 万家。以浙江永康地区为例(全球最大的滑板车供应地),当地企业有 70%通过阿里巴巴出口,其中有不少企业出口额超过千万美元。

(2)生意宝(http://china. toocle. com/)是由网盛生意宝携手国内近千家行业网站共建的"行业网站联盟",是以生意宝中心站为核心,3000 家联盟网站为圆周,辐射 1000 万会员的立体服务平台。内容涵盖企业、产品、商机、资讯行情、人才会议等企业经营的各个层面需求,日均内容数据更新量 40 多万条,接受来自全球 200 多个国家和地区 1200 多万的客户访问,是基于行业网站联盟的电子商务门户及生意搜索平台。网盛公司分别创建并运营中国化工网(www. chemnet. com. cn)、全球化工网(www. chemnet. com)、中国纺织网(www. texnet. com. cn)、中国医药网(www. pharmnet. com. cn)、中国服装网(www. efu. com. cn)、机械专家网(www. mechnet. com. cn)等多个国内外知名的专业电子商务网站,并推出了"基于行业网站联盟的电子商务门户及生意搜索平台——生意宝"(www. toocle. cn),开创了"小门户+联盟"的新一代 B2B 电子商务模式。

3. 消费者与消费者之间的电子商务(Customer to Customer,即 C2C)

C2C 形式又称为网上拍卖,代表形式就是网上拍卖或网上竞买。它是指网站搭建一个 24 小时的交易平台,供买卖双方在这个平台上自由交易,然后对每个交易收取一定的手续费。要参与网上拍卖或竞买的个人只要到拍卖网站注册为会员,便可以参与网上竞价交易。其最大特点在于网站本身不参与交易,既不接触商品也不参与货币结算,既不负责库存更不负担运费,不但可以降低网站的经营风险,而且还能获得较好的利润。

根据艾瑞咨询发布的2010年第二季度中国网络购物市场监测数据显示,中国C2C市场格局基本稳定,淘宝网一家独大,占据80%以上的市场份额;拍拍网次之,但考虑到QQ庞大的用户群体,从长期来看,拍拍网的交易规模将有较大突破。

(1)淘宝网(www.taobao.com)是目前中国最大的C2C电子商务交易平台和亚太最大的网络零售商圈,致力打造全球领先网络零售商圈。由全球最佳B2B公司——阿里巴巴在2003年5月10日依托其在B2B市场的成功经验和服务能力花巨资倾力打造的。淘宝网的使命是"没有淘不到的宝贝,没有卖不出的宝贝"。自成立以来,淘宝网基于诚信为本的准则,从零做起,在短短的半年时间,迅速占领了国内个人交易市场的领先位置,创造了互联网企业的一个发展奇迹,真正成为有志于网上交易的个人的最佳网络创业平台。

(2)拍拍网(www.paipai.com)是腾讯旗下电子商务交易平台。拍拍网于2005年9月12日上线发布,2006年3月13日宣布正式运营,是目前国内第二大电子商务平台。拍拍网目前主要有女人、男人、网游、数码、手机、生活、运动、学生、特惠、母婴、玩具、优品、酒店等几大频道,其中的QQ特区还包括QCC、QQ宠物、QQ秀、QQ公仔等腾讯特色产品及服务。拍拍网拥有功能强大的在线支付平台——财付通,为用户提供安全、便捷的在线交易服务。依托于腾讯QQ目前超过7亿的庞大用户群,以及3亿活跃用户的优势资源,拍拍网具备良好的发展基础。

(三)电子商务交易的流程

电子商务的交易过程大致可以分为以下三个阶段:交易前、交易中、交易后。

1.交易前

这一阶段主要是指买卖双方和参与交易各方在签约前的准备活动,包括在各种商务网络和因特网上寻找交易机会,通过交换信息来比较价格和条件、了解各方的贸易政策、选择交易对象等。

买方根据自己要买的商品,准备购货款,制订购货计划,进行资源市场调查和市场分析,反复进行市场查询,了解各个卖方国家的贸易政策,反复修改购货计划和进货计划,确定和审批购货计划,再按计划确定购买商品的种类、数量、规格、价格、购货地点和交易方式等,尤其要利用Internet和各种电子商务网络寻找自己满意的商品和商家。

卖方根据自己销售的商品,全面进行市场调查和市场分析,制定各种销售策略和销售方式,了解各个买方国家的贸易政策,利用Internet和各种电子商务网络发布商品信息,寻找贸易合作伙伴和交易机会,扩大贸易范围和商品所占市场的份额。

其他参加交易各方如中介、银行金融机构、信用卡公司、海关系统、商检系统、保险公司、税务系统、运输公司也都应为进行电子商务交易做好准备。

2.交易中

交易中包括交易谈判和签订合同和办理交易进行前的手续等。

(1)交易谈判和签订合同。主要是指买卖双方利用电子商务系统对所有交易细节进行网上谈判,将双方磋商的结果以文件的形式确定下来,以电子文件形式签订贸易合同。买卖双方明确在交易中的权利、所承担的义务,对所购买商品的种类、数量、价格、交货定点、交货器、交易方式和运输方式、违约和索赔等合同条款，合同双方可以利用电子数据交换EDI进行签约，也可以通过数字签字等方式签约。

(2)办理交易进行前的手续。主要是指买卖双方签订合同后到合同开始履行前办理各种手续的过程，也是双方贸易前交易准备过程。交易中要涉及有关各方，即可能要涉及中介方、银行金融机构、信用卡公司、海关系统、商检系统、保险公司、税务系统、运输公司等，买卖双方要利用 EDI 与有关各方进行各种电子票据和电子单证的交换，直到办理完可以将所购商品从卖方按合同规定开始向买方发货的一切手续为止。

3. 交易后

交易后包括交易合同的履行、服务和索赔等活动。这一阶段是买卖双方办完所有各种手续之后开始，卖方要备货、组货、发货，买卖双方可以通过电子商务服务器跟踪发出的货物，银行和金融机构也按照合同，处理双方收付款、进行结算，出具相应的银行单据等，直到买方收到自己所购商品，完成整个交易过程。索赔是在买卖双方交易过程中出现违约时，需要进行违约处理的工作，受损方要向违约方索赔。

不同类型的电子商务交易，虽然都包括上述三个阶段，但其流转程式是不同的。对于 Internet 商业来讲，基本上可以归纳为两种基本的流转程式：网络商品直销的流转程式和网络商品中介交易的流转程式。

一般来说，进行电子商务的步骤如下：

(1)信息的收集。通过网络收集信息，对于熟悉网络的人并不陌生，可能你已经习惯了网上“铺天盖地”的信息。通过网络收集商业信息，重点应该是要到哪里去寻找有用的信息。

(2)信息发布及客户支持服务。信息发布和客户支持服务都以网上公司的建设为基础。通过网上公司站点的建立，了解网上商务活动的基础。

(3)宣传与推广。准备好之后，最重要的工作就是宣传推广自己的公司了，树立起公司良好的商业形象是电子交易的基础。

(4)签订合同。

(5)在线交易。这里最重要的是电子银行的参与，怎样进行资金的流通和转换，是电子商务的关键环节。

(6)商品运输与售后服务。金融交易完成后，必须完成商品转移并提供相关的售后服务。

(四)中国电子商务的发展阶段

2009 年，中国 B2B 研究中心发布了《1997—2009：中国电子商务十二年调查报告》。报告认为，综观中国电子商务十二年发展史，按照或从国外引入或本土原创开始起步、遭遇互联网泡沫寒冬、“非典”后的回暖，以及随之而来的快速发展，到金融危机下的调整与转型，大致可分为以下五个发展阶段(如图 3.1、3.2 所示)。

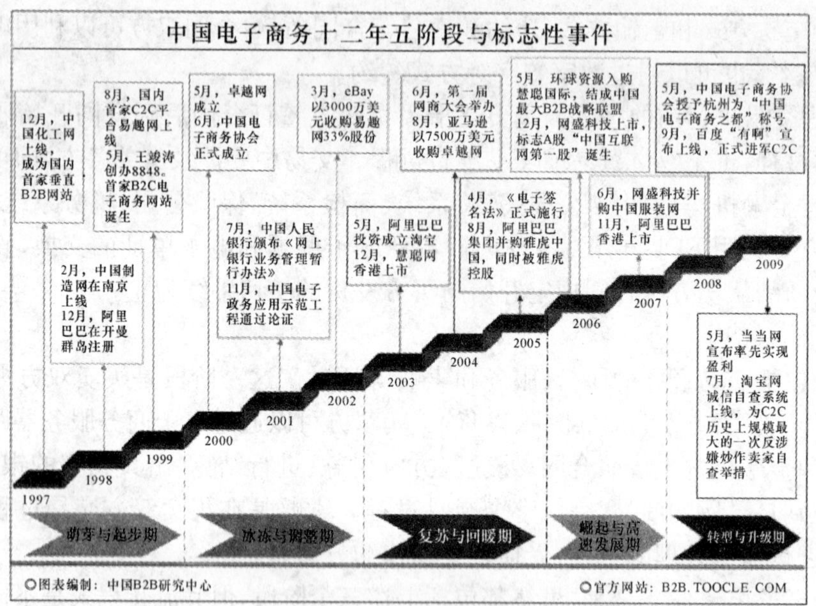

图 3.1 中国电子商务十二年五阶段与标志性事件图

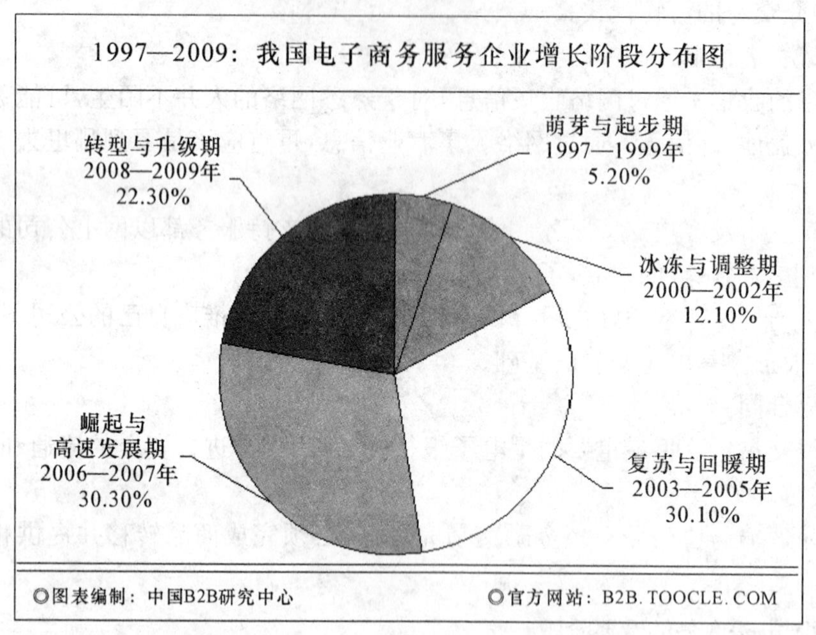

图 3.2 1997—2009：我国电子商务服务企业增长阶段分布图

1. 萌芽与起步期(1997—1999 年)

特征：业内公认的说法是，国内第一批电子商务网站的创办时期始于 1997 年起步的三年。当时互联网全新的引入概念鼓舞了第一批新经济的创业者，他们认为传统的贸易信息会借助互联网进行交流和传播，商机无限。于是，从 1997—1999 年，美商网、中国化工网、8848、阿里巴巴、易趣网、当当网等知名电子商务网站先后涌现。

数据：据中国 B2B 研究中心调查显示，在目前已经成立的电子商务网站当中，有 5.2%创办于 20 世纪 90 年代。该阶段无疑是我国电子商务的萌芽与起步时期。

2. 冰冻与调整期(2000—2002 年)

特征:2000—2002 年,在互联网泡沫破灭的大背景下,电子商务的发展也受到严重影响,创业者的信心经受了严峻的挑战,尤其是部分严重依靠外来投资“输血”,而自身尚未找到盈利模式具备“造血”功能的企业,经历了冰与火的严峻考验。于是,包括 8848、美商网、阿里巴巴在内的知名电子商务网站进入残酷的寒冬阶段,而依靠“会员+广告”模式的行业网站集群,则大都实现了集体盈利,安然度过了互联网最为艰难的“寒潮”时期。

数据:据中国 B2B 研究中心调查显示,在这三年间创建的电子商务网站不到现有网站总数的 12.1%。无疑,该阶段是我国电子商务的冰冻与调整期。

3. 复苏与回暖期(2003—2005 年)

特征:电子商务经历低谷后,在 2003 年一场突如其来的“非典”后,出现了快速复苏回暖,部分电子商务网站也在经历过泡沫破裂后,更加谨慎务实地对待盈利模式和低成本经营。

数据:据中国 B2B 研究中心调查显示,目前现有电子商务网站总数占现有网站总数的 30.1%,应用电子商务的企业会员数量开始明显增加,2003 年成为不少电子商务网站尤其是 B2B 网站的“营收平衡年”,该阶段无疑是我国电子商务的复苏与回暖期。

4. 崛起与高速发展期(2006—2007 年)

特征:互联网环境的改善、理念的普及给电子商务带来巨大的发展机遇,各类电子商务平台会员数量迅速增加,大部分 B2B 行业电子商务网站开始实现盈利。而专注 B2B 的网盛生意宝与阿里巴巴的先后上市成功引发的“财富效应”,更是大大激发了创业者与投资者对电子商务的热情。IPO 的梦想、行业良性竞争和创业投资热情高涨这“三驾马车”,大大推动了我国行业电子商务进入新一轮高速发展与商业模式创新阶段,衍生出更为丰富的服务形式与盈利模式,而电子商务网站数量也快速增加。

数据:据中国 B2B 研究中心调查显示,仅 2007 年,国内各类电子商务网站的创办数量就超过了现有网站总数的 30.3%。该阶段正是我国电子商务的崛起与高速发展期。

5. 转型与升级期(2008—2009 年)

特征:全球金融海啸的不期而至,全球经济环境迅速恶化,致使我国相当多的中小企业举步维艰,尤其是外贸出口企业随之受到极大阻碍。作为互联网产业中与传统产业关联度最高的电子商务,也难以独善其身。受产业链波及,外贸在线 B2B 首当其冲,以沱沱网、万国商业网、慧聪宁波网、阿里巴巴为代表的出口导向型电子商务服务商,纷纷或关闭、或裁员重组、或增长放缓。

而与此同时,在外贸转内销与扩大内需、降低销售成本的指引下,内贸在线 B2B 与垂直细分 B2C 却获得了新一轮高速发展,不少 B2C 服务商获得了数目可观的 VC 的资本青睐,传统厂商也纷纷涉水,B2C 由此取得了前所未有的发展与繁荣。而 C2C 领域,随着搜索引擎巨头百度的进入,使得网购用户获得了更多的选择空间,行业竞争更加激烈化。

数据:据中国 B2B 研究中心调查显示,仅在此两年不到时间内创建的电子商务网站占现有网站总数的 22.3%,且有 75.4%的电子商务网站专注于细分行业的 B2C。该时期电子商务行业优胜劣汰步伐加快,模式、产品、服务等创新层出不穷。无疑,该阶段是我国电子商务的转型与升级期。

二、农产品电子商务

农产品电子商务是在农产品的生产加工及配送销售过程中全面导入电子商务系统，利用信息网络技术，在网上进行信息的发布和收集，同时依托生产基地与物流配送系统，在网上完成产品或服务的购买、销售和电子支付等业务的过程。发展农产品电子商务实质是用现代信息技术服务于“三农”，促进农业增产、农民增收和农村全面进步，推动新农村建设。

(一)发展农产品电子商务的意义

1. 有利于减少流通环节，降低流通成本

传统农产品流通供应链较长，环节过多，导致农产品在储运、加工和销售环节中的成本过高，利益被中间环节截留，农产品增产不增收。通过电子商务平台，生产者直接和消费者交流，减少了流通环节，大大降低了农户广告宣传、信息搜寻、贸易洽谈等成本费用，能准确了解市场需求，生产出适销、适量的农产品，避免因过剩而导致超额的运输、储藏、加工及损耗成本。

2. 降低生产和交易风险，增加农民收入

农民在市场交易中处于弱势，既面临自然风险又面临巨大的市场风险。农产品电子商务把农民、供应商以及批发商零售终端、客户联结起来，实现对农产品物流各个环节的实时跟踪、有效控制和全程管理，达到资源共享、信息共用，能避免因信息不灵而导致的农产品结构性、季节性和区域性过剩。

3. 促进产业结构调整，提高农产品竞争力

网上交易公开、公平、透明，成交价格真实地反映了市场中的供求，以此引导广大农户科学安排生产，以销订产，减少了生产的盲目性。同时生产监管机构、检疫机构、市场监管机构可以通过信息平台对农产品的生产加工、市场准入、质量安全直接监管。消费者可以查询购买农产品的质量安全，追溯产地，保证消费者权益，有利于农产品品牌的创建和保护。

4. 扩大农产品市场，加快农产品流通

传统农产品交易以批发市场和集市贸易为主，网上交易平台的建立突破了时间和空间的限制，使交易主体多元化。网络的无界性决定了只要有网络，就可能成为农产品的需求市场。农户以及农产品企业可以迅速找到合适的贸易伙伴，加快农产品流通。

(二)农产品电子商务发展的特征

从我国农产品电子商务的实践看，农产品电子商务业务呈现三个层次的特点：

一是初级层次。主要是为农产品交易提供网络信息服务。如一些企业建立的农产品网上黄页，在网络平台上发布企业信息和产品信息。大型农业集团建立的超大现代农业网。小企业或是个体农户则依托各类农产品信息网发布信息。

二是中级层次。一些网站不仅提供农产品的供求信息，还提供了网上竞标、网上竞拍、委托买卖等在线交易形式，交易会员可以直接在网上与自己需要的运输公司洽谈，但尚未实现交易资金的网上支付。资金的支付还是依靠传统的邮局或银行实现。

三是高级层次。高级层次的农产品电子商务不仅实现了农产品电子商情的网上发布

和农产品在线交易，还实现了交易货款的网上支付，是完全意义上的电子商务。

(三)我国农产品电子商务的实施途径

目前农产品电子商务实施途径主要有以下特征：

(1)强调政府主导地位，加大财政投入，改善农业信息化基础设施建设，建立农产品电子商务平台，为农业服务，如中国农业信息网以及中国移动推出相关信息服务等。利用政府的力量来培养和引导这个市场。通过观察相关网站平台或服务，这种平台或服务的应用效果并不是很明显，整个运作机制动力不足。

(2)专业的电子商务公司积极渗透。如以阿里巴巴为代表的第三方电子商务平台，提供农产品相关的资讯以及供求信息服务。这种第三方的专业电子商务平台，既有专门针对农业中某一个特定行业的垂直性网站，如渔业网、龙虾网等；也有综合性的网站，比如阿里巴巴、慧聪等；同时还有针对外贸业务的网站，如阿里巴巴、环球资源网等。在这些平台上，试着输入一些农产品的相关关键词进行搜索，发现多以农业生产性公司和贸易性公司为主体，有的平台要成为其收费会员才可以更好地开展业务，其中，通过搜索结果以及相关沟通反馈，大部分农产品公司对第三方的专业电子商务平台的黏着度和在线率不是很高。

(3)以网上蔬菜超市为代表的 B2C 电子商务平台。这个在北京、上海、武汉等地都有出现。如武汉的绿时达农贸有限公司提供的以社区为目标群体的电子商务平台就是一个典型案例。对于这种类型的模式，关键问题是规模问题，如果运营方法不得当，持续发展的现金流压力会比较大。

(4)以淘宝为代表的土特农产品的 C2C 电子商务平台。这类模式的主体多是批发商或零售商，并且在产品方面多是加工产品，生鲜产品销售难度相对较大。由于直接面对消费者销售，其销售的规模不是很大。

(5)培养现代农民和农产品电子商务人才，提升其参与度和应用水平。这种观点认为培养掌握现代农业知识、商务知识和网络技术的现代农民，是农产品电子商务得以推广的前提。一方面，要逐步高农民的科学文化素质和农业技术水平，对农民进行信息技术和电子商务培训；另一方面，加强农产品电子商务人才培养，提高农村信息人员素质。对于这种路径，是一个长期的系统工程，对提高将来的农产品电子商务应用水平有战略意义。

(6)挖掘农业龙头企业电子商务能力。这种观点认为龙头企业开展电子商务建设可以促进农业产业化发展，提升竞争力，创造新的发展机遇。农业龙头企业向电子商务转型要加强企业内部信息化建设，建设企业内部网和通过国际互联网的外部网络基础设施，逐步实现主要业务向电子商务过渡，最终成为电子商务型企业。对于这种路径，需要农业龙头企业首先具备电子商务的相关意识和观念，然后还要求其投入一定的资金，在目前的状况下，这条路径表现得不是很突出。

(四)我国农产品电子商务存在的问题

我国农产品电子商务应用主要有两类：一是政府主办的供求信息服务型，以中国农业信息网为代表，包括各级政府组织的涉农网站；二是各种经济实体办的商务服务型，主要从事与农产品产、供、销等环节相关的企业商务电子化服务，主体客户为具备一定规模的企业，如深圳中农网多数以信息发布为主，只有少数能在网上真正实现联合供应销售。可

以说我国的农产品电子商务处于初级阶段,其发展面临以下问题:

1.农业信息化体系建设不健全

我国涉农网站虽然已经达到17822个,但仅占全国网站总数的1.2%。各地农业信息网络建设从形式到内容有很多雷同,缺乏专业水准,实用性差。农业信息服务不够全面,缺乏针对性,协助和指导农民生产的信息较少。此外,农村上网费用高,多数农民买不起电脑,阻碍了农产品电子商务的推广和应用。

2.农产品质量标准化体系不健全

农产品电子商务要求网上交易的农产品品质分级标准化、包装规格化以及产品编码化,为交易各方提供便利。我国的农业标准化体系由国家标准、行业标准、地方标准和企业标准构成,质量标准体系没有完全建立,与国际农产品质量体系脱节。

3.缺乏高素质的农产品电子商务人才

据统计,全国近7800多万网民中,与农业相关职业的网民所占比例不足1%,大部分是农业管理与技术人员,且高度集中于经济发达地区。而农产品电子商务网站的建设和维护,信息采集和发布,市场行情分析和反馈,都需要专门的人才。

4.交易主体电子商务观念滞后

交易主体包括农民、中介机构、农产品经营者和农业企业,其对电子商务的认知直接关系到农产品电子商务的迅速发展。农民文化素质普遍偏低,对计算机网络缺乏基本认识,认为产品卖出去就行;许多涉农企业没有充分认识到电子商务的巨大商机,认为风险大,投资周期长,维护难,持观望和怀疑态度。

5.农产品物流配送体系不健全

建设现代物流配送体系,是农业电子商务发展的关键环节。目前农产品电子商务真正实现现代化物流配送的很少。物流配送需要高质量的保鲜设备,一定规模的运输设备和人力,需要大量投资。农产品电子商务很多是以批发市场为基础发展起来的,亟待建设现代化的物流配送体系。

(五)我国农产品电子商务存在的发展对策

农产品流通是我国农业发展的“软肋”。发展农产品电子商务对我国农业现代化和农村全面实现小康具有重要的战略意义。我国发展农产品电子商务的对策如下:

(1)加强农村信息网络建设。当前我国农业生产水平差异较大,经济发展不均衡,因此,在农村信息网络建设上,应具有针对性。在经济发达、农民素质较高的地区,应积极发展互联网络,采取各种措施,鼓励和帮助农民上网,接受网络信息服务;在经济较不发达地区,农民素质较差,应依托目前较为普及的电话网、电视网、广播网,大力发展广播电视和通信工程,进行农村“三网”(计算机网、电话网、电视网)合一的研究与示范。在此基础上,开发依托于上述网络的农民适用的信息获取技术,搭建多种形式的信息服务平台,直接面对农民提供信息咨询服务,提高农民的信息应用能力。

(2)政府引导发展农产品电子商务示范体系。先进国家的经验表明,没有政府的参与和大力支持,农产品电子商务是难以顺利推进的。我国台湾省在21世纪初就制订了“一加五”计划。其中“一”是指构建包括花卉、蔬菜、水果、家禽、肉类和渔产品等六大类“农产品行情报道全球资讯网”。“五”是指选定台北农产运销公司网络批发交易系统、台北县

"农会超市联采系统"、"真情百宝乡"农产食品行销资讯网站系统、台湾观赏植物运销合作社网络交易系统和桃园县农会网络商城系统等五个系统，构建电子商务示范组织体系。通过示范体系建设，可以以点及面，逐渐改善农产品交易品质，建立分级标准化与商品化制度，促成现代化交易市场的形成。

(3)采取各种措施培养新一代"电农"。农民的素质，是实现我国农业现代化的关键，也是农产品电子商务发展的重要因素。首先，要从实现农业现代化的长远目标出发，制订详细的规划，采取具体措施，分步骤、分阶段，踏踏实实地提高农民的文化知识水平和农业技术水平。在此基础上，对农民进行信息技术和电子商务培训，教育农民使用和掌握检索网络信息和网上交易的方法和技术，提高农民的信息素质和技术水平，改善农产品电子商务应用的社会基础。

第二节　浙江农民信箱

一、浙江农民信箱简介

浙江农民信箱是通过研究开发方便、实用和可管理的系统应用软件，利用互联网技术，借助现有的农技服务体系和通信运营商的网络设备，以低成本构建的农民网上交互的信息化平台，使农民能够借助电脑和手机进行网上信息交流，快速、便捷、免费地获得各种技术信息、市场信息、农产品买卖信息和系统提供的其他服务。

农民信箱分系统信箱和普通电子信箱两部分。全省农民、专业合作社、农业龙头企业和其他人员都可申请注册。系统信箱是给注册用户开设的可管理信箱，用户可在任何有因特网接入地上网，收发信件；也可通过系统信箱发布产品供求信息、发送手机短信等。普通电子信箱是给注册用户开设的 POP3 电子信箱，主要用于对系统信箱以外的对象收发邮件。

农民信箱系统用户按从事专业、行业、主营品种列为 13 大类、280 个小类和买进、卖出两个方向。目前具有网上推销、网上采购、网上联系、信息获取、网上调查、统计考核等六大功能。今后将按照"以用促建"的原则，根据用户的需求不断完善农民信箱的使用功能。

浙江农民信箱由省农业厅和省移动公司为主承建，其他通信运营商参与建设，省、市、县三级农业部门负责信息内容的管理和维护(如图 3.3 所示)。到 2008 年，全省用户达到 100 万以上，成为一个覆盖全省的农技人员为农服务平台、企业与农民的对接平台、农民的电子商务平台、党和政府与广大农民群众的沟通联系平台，逐步构建起一个全省的"农民网上社会"。

图 3.3 浙江农民信箱网站

二、浙江农民信箱的意义

在浙江省全面实施“浙江农民信箱”，主要基于以下三个方面：

(1)当前互联网上信息爆炸现象日益加剧，涉农网站成千上万，但农民文化素质又相对较低，网络知识尚处在启蒙阶段，要他们选择、加工、处理纷繁复杂的信息，难度大，成效差。而农村交通不便，信息闭塞，农民又急需通过互联网这一低成本高效率的渠道来获取信息。

(2)随着农业结构调整的不断深入，农民对信息服务方式等需求发生了新的变化，特别是种养大户、购销大户、农民专业合作社、农业龙头企业等农业经济主体，急需通过网络来快速及时地获取有效的信息，提高生产经营效益。

(3)当前的网络信息，包括一些电子商务，不同程度地存在信息不真实、诚信度低等问题，一定程度上制约了网上农产品产销的对接，因此急需构建信息真实、诚信可靠的网上“产销市场”。

三、浙江农民信箱的功能

“浙江农民信箱”具有以下六大功能：

(1)网上推销功能，注册用户可通过信箱推销农产品。每个信箱内设有一个农产品买卖摊位，农民只要往上发布自己的农产品供求信息，其余则由政府和有关组织提供相应的服务。

(2)网上采购功能，注册用户可通过信箱采购农产品和其他产品。

(3)网上联系功能，注册用户可通过信箱进行远距离免费联络。

(4)网上信息获取功能，注册用户登录农民信箱，即可获得农业生产技术指导、气象消息、农产品市场信息等。

(5)网上统计考核功能,所有在农民信箱系统运行的数据都有记录,以便主管部门统计分析和考核。

(6)网上桥梁功能。一方面政府部门可以方便地发送相关信息;另一方面注册农户可通过信箱向政府部门反映民情民意,以便政府及时掌握农民的需求。

四、浙江农民信箱的特点

可信性:“农民信箱”采取实名制注册登录,对信息真伪可进行甄别核实,从而较好地解决困扰异地交易的诚信问题。

可靠性:在“农民信箱”系统上发送信件,每发必到,不用担心信件丢失或收不到。

实用性:“农民信箱”旨在给农民一件实用的工具,使分散居住的农民通过信箱,可以在网上虚拟地过上和城市居民一样的生活。

方便性:“农民信箱系统”设计要非常方便操作,使各级农技人员“一看就会,不学也会”,农民只要会用手机就会使用。

实惠性:申请使用信箱的农民和各类人员得到了一个网络平台的服务,而不是缴费,可长期无偿使用。

浙江农民信箱较好地解决了长期以来存在的信息不对称、供求双方难以对接等问题,同时由于它是实名制可管理的信箱,不同于任何互联网上的电子信箱系统,每一个用户在系统中发出的经济信息和其他信息,都有记录、可追溯,因此也有效解决了网上信息不真实、诚信危机等问题。

五、浙江农民信箱的发展目标

“农民信箱”系统由乡镇组织基层干部、农村工作指导员、农技人员等承担推广应用任务。在“农民信箱”系统运行的前两年,省政府对系统平台建设给予一定的补助,注册用户使用“农民信箱”接收、发送信件和手机短信全部免费。系统运行满两年后,农民群众使用“农民信箱”原则上仍免费,发送手机短信视情况实行优惠。

总体发展目标是:通过三年的努力,到 2008 年,使全省农民信箱用户达到 100 万户以上,具体是:

——到 2005 年年底,各县(市、区)都建立“农民信箱”系统,发展注册用户分别达到 1000 户以上,全省达到 10 万户以上。全省所有乡镇都通过“农民信箱”系统建成用于上下联络的子系统。

——到 2006 年年底,各县(市、区)发展注册用户分别达到 5000 户以上,全省达到 50 万户以上;结合村级信息服务点,60%的行政村建成用于上下联络的电子信箱。

——到 2008 年年底,各县(市、区)发展注册用户分别达到 10000 户以上,全省达到 100 万户以上;结合村级信息服务点,90%的行政村建成用于上下联络的电子信箱。

将农民信箱系统建设成为一个覆盖全省的农技人员为农服务平台、企业与农民的对接平台、农民的电子商务平台、党和政府与广大农民群众的沟通联系平台,逐步构建起一个全省的“农民网上社会”。

六、浙江农民信箱的使用说明

1.会员注册

(1)申请注册成为浙江农民信箱用户。

省、市、县(市、区)各级政府、涉农部门、乡镇基层政府领导和工作人员,各级农(林、牧、渔)技推广机构服务人员,各行政村班子全体人员,各涉农企业管理人员、农民专业合作组织人员,农村种养大户、农产品营销大户,普通农民,农贸市场经销摊点及超市、酒店、食堂等相关人员均可申请注册使用免费信箱。但申请者必须填写申请表并经本人签字,由各级农业部门系统管理员注册开户后,方可使用农民信箱。

根据不同类型设计了六张不同表式,按用户的类型选择相应表格填写,经各级系统管理员审核姓名、级别、身份证等后,交用户签名,发给初始用户名和密码。系统管理员根据申请表注册开户,用户初次使用时,打开农民信箱网站(www.zjnm.cn)输入初始用户名和初始密码(初始用户名和初始密码在申请农民信箱时告知),登录后,立即修改初始用户名和初始密码,即正式启用浙江农民信箱,可发送供求信息、邮件、短信等。修改后的用户名和密码将作为今后登录农民信箱的用户名和密码,要妥善保管。

(2)修改账号信息。

管理员开通用户账号后,其账号默认为用户的身份证号,为了增加安全性,希望用户初次登陆后必须修改用户名,可以用自己的汉字姓名,也可用姓名的拼音,也可输入任意的字母或数字,也建议用户修改管理员提供的初始密码,防止他人登陆,如图 3.4 所示。

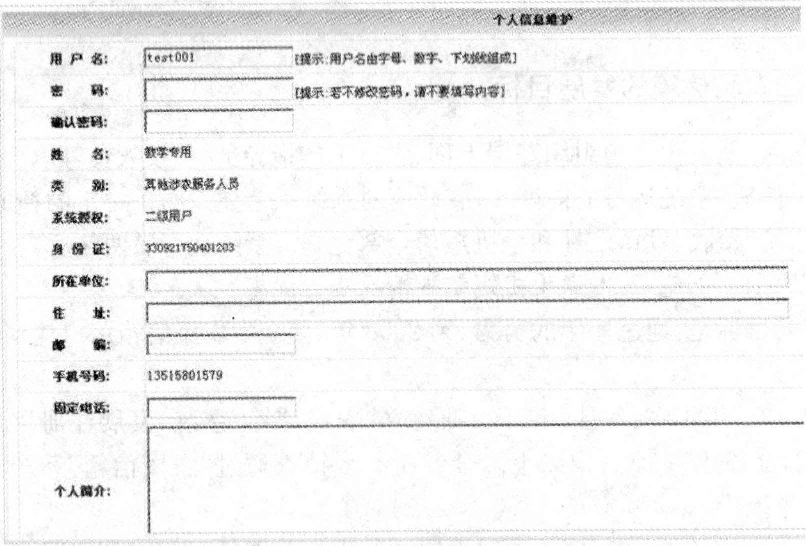

图 3.4　个人信息维护

2.个人信件操作

(1)发送个人信件。

1)点击系统中的“个人信件”,然后选择“写信”,进入到个人信件发送界面,并能看到“您现在正在发送个人信件”的提示,如图 3.5 所示。

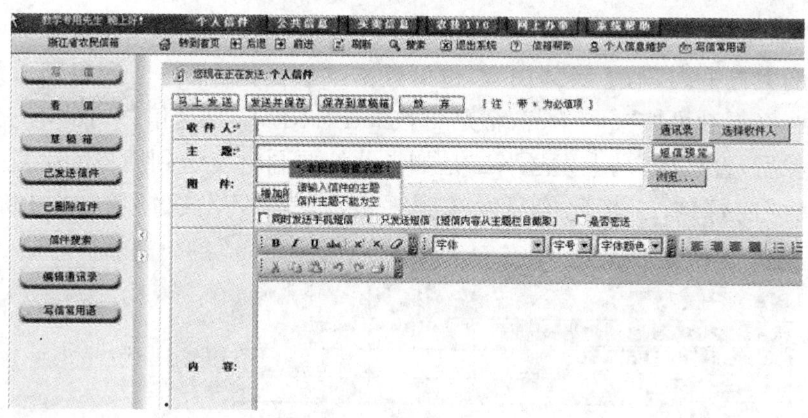

图 3.5　进入写信界面

2）点击“选择收件人”，页面跳出用户选择对话框，选择要发送的对象，点击单位前的文件夹图标，展开各单位的人员，选择具体要发送的人，点击“添加”，选中的人就会出现在右边的方框内，同一单位的人可多次选中“添加”或双击鼠标左键，如同时还要再发送给其他单位的人，点击此人单位前的文件夹，选中要发送的对象，点击“添加”。如果直接选择单位文件夹意为发送给此单位的所有人，如果选错了人，在右边框中选中选错的人，点击“删除”，直到选择完发送人后（普通用户一次发信限于 5 封以内），按“确定”。选中的人会出现在收件人方框内，如图 3.6 所示。

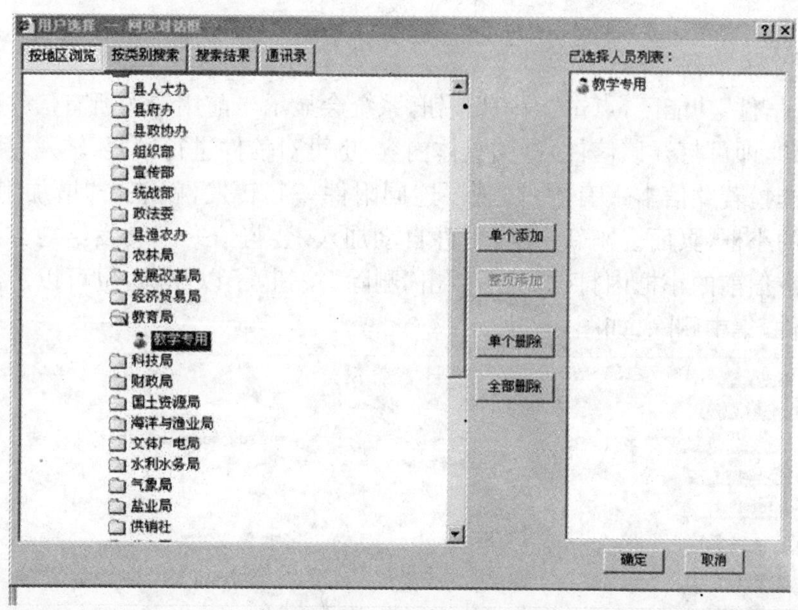

图 3.6　选择用户

3）在主题栏中写上要发送的主题，也可通过点击《“农民信箱”写信常用语》，复制合适的句子，粘贴到主题栏。在主题框下方的附件框中，可以加入附件，现一次发信附件最多能有 3 个，单个附件最大容量为 4 兆。添加第一个附件的方法为点击附件框右边的浏览，在本地机器上找到相应的文件双击，文件名会跳到附件框中，若还要添加第二个附件，点击附件框下方的“增加附件”按钮，页面会出现另一个输入框，点击框右边的“浏览”加入第二个附件,如还有第三个附件,同上操作。

在下面的大方框内,写上具体内容,也可点击《“农民信箱”写信常用语》,复制合适的句子,进行粘贴(复制可按“ctrl+c”,粘贴可按“ctrl+v”)。发送信件方式有三种:一是在完成上述步骤后,直接按“马上发送”;二是如果此信要同时发送到用户的手机上,在“是否同时发送手机”前打钩;三是此信只发送到手机上,在“只发送短信”前打钩,如图 3.7 所示。

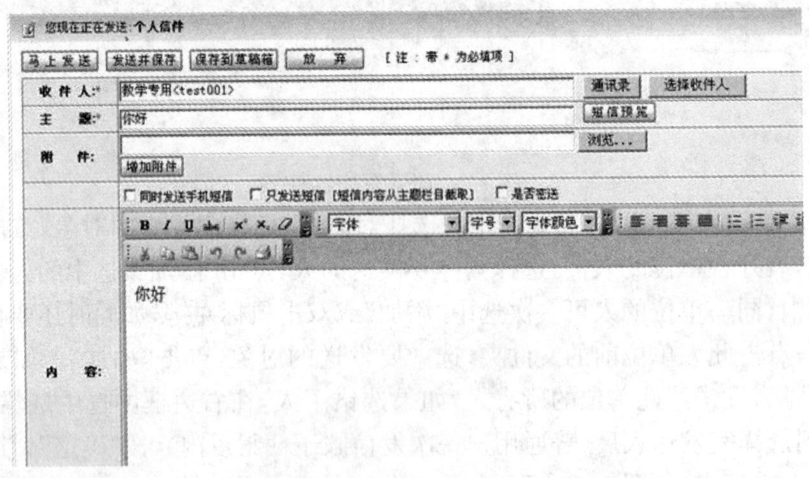

图 3.7 发送信件

(2)查看个人信件。

在“个人信件”功能区,点击“看信”按钮,系统会显示当前用户的所有信件。点击你要看的信件标题,即可打开该信件,查阅具体内容,也可对信件进行回复、转发、另存、打印等操作,在转发时,若此信本带有附件,现要连同附件一起转发,就点击“增加附件”下方的“原附件”前的小框,页面会刷新一下,附件自动加入,会与信一起转发给对方。对不需要的信件可以在信前的小框内打钩,然后点击“删除”按钮,予以删除,也可以一次选中多个要删除的信件,集中删除,如图 3.8 所示。

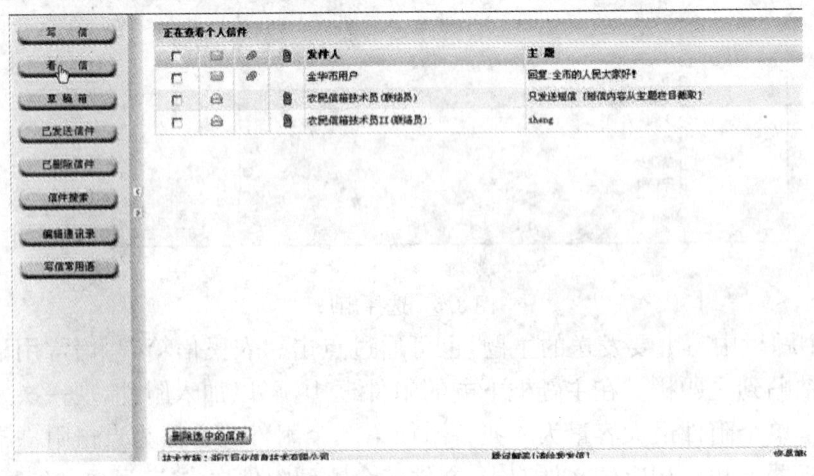

图 3.8 查看个人信件

3. 买卖信息操作

(1)申请个人摊位。

系统中所有注册用户都可以为自己申请一个摊位,并且可以自己管理摊位的资料,包括摊位的名称、说明、广告词等,还可为自己的摊位加一张最能代表摊位特点的图片。

每个摊位根据允许摆放的商品种类数量分为普通、大型和超大型三种规模,其中普通摊位允许摆放卖出和求购商品信息各 4 条,大型摊位允许摆放 20 条商品信息,超大型摊位允许摆放 40 条商品信息。

摊位界面中包括摊位名称、广告词、图片和说明等信息,摊位的名称上预置了当前用户的姓名,假设当前用户的姓名为“王根土”,则在名称输入前预置了“王根土的”字样,这样用户只需要输入摊位名称剩下的文字就可以了,例如输入“水果摊”,这样摊位的全名就是“王根土的水果摊”。

填写好这些信息后点击“发送申请”按钮就可以提交给管理员审核了,如图 3.9 所示。

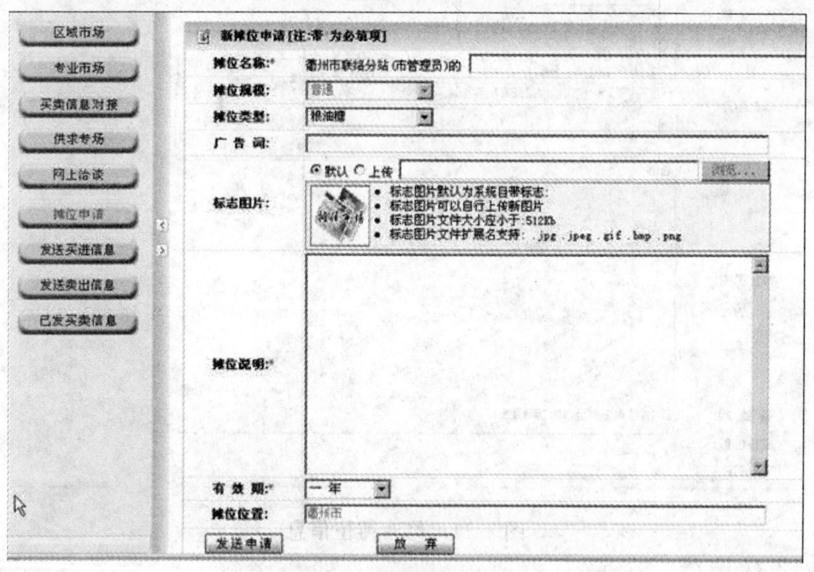

图 3.9　申请个人摊位

(2)管理个人摊位。

1) 点击“我的摊位”功能,摊主可以管理自己的摊位,包括修改摊位信息、把商品摆上摊位等操作。

在我的摊位页面上显示了摊主在申请摊位时填写的各项资料,如果在申请时上传了图片,同时也会将该图片显示出来。在页面的右边显示了摊主发布的卖出和买进信息,每条信息除了标题之外还显示了信息的状态,状态有“待审核”和“已上架”(求购信息为“已发布”)两种。点击信息标题,可以显示该信息的具体内容(显示界面与从货架上点击货物显示的界面一致),每条信息后面跟着一个删除按钮,点击该按钮将删除该信息,如图3.10 所示。

2) 在摊位上还放置了一个“修改摊位”的按钮,用于转到摊位的维护页面,这个按钮只有在摊主浏览时才出现,其他用户浏览时不可见。如果要修改摊位信息,可点击“修改摊位”按钮转到摊位信息修改页面。如果要查看摊位的对外效果,可点击“预览摊位”按钮

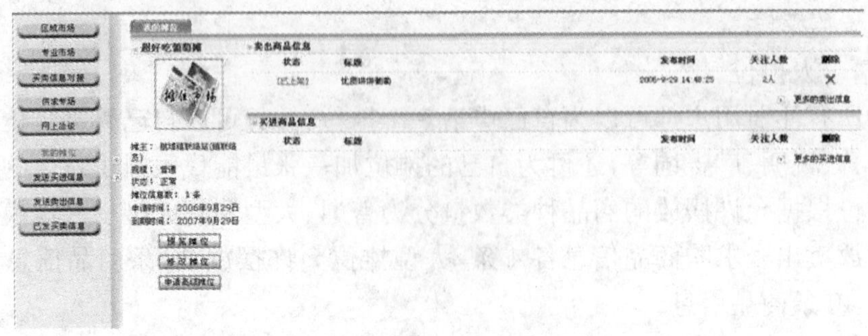

图 3.10 我的摊位界面

查看摊位的正式发布页面，如图 3.11 所示。

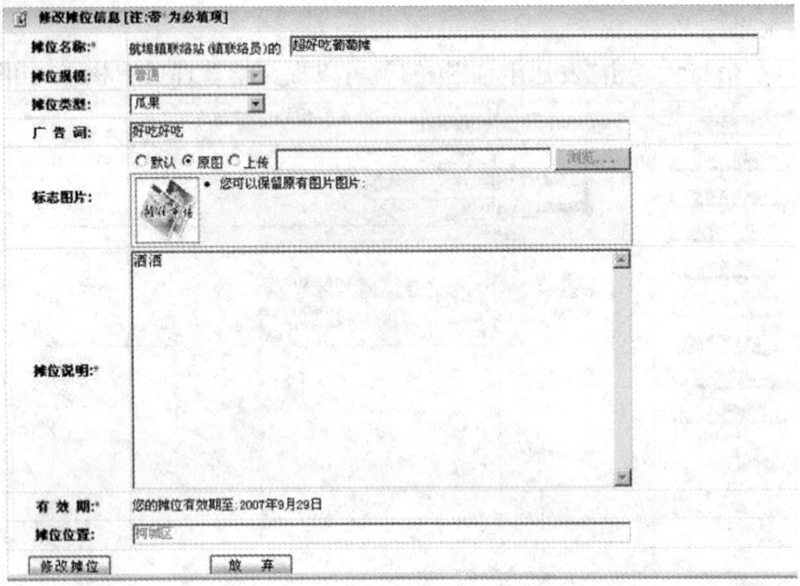

修改摊位信息 [注:带*为必填项]
摊位名称:* 航埠镇联络站(镇联络员)的 超好吃葡萄摊
摊位规模: 普通
摊位类型: 瓜果
广 告 词: 好吃好吃
标志图片: ○默认 ◉原图 ○上传 浏览…
• 您可以保留原有图片图片:
摊位说明:* 酒酒
有 效 期:* 您的摊位有效期至:2007年9月29日
摊位位置: 柯城区
修改摊位 放 弃

图 3.11 修改摊位信息

(3)查看个人摊位。

1）当用户需要按地区浏览网上摊位时，可点击左边导航条里的“区域市场”按钮。区域市场中可以逐级浏览各地区的摊位，鉴于摊主可将摊位设置在其他地区，因此浏览时并不是按摊主所在的地区分级，而是按照摊位设置的地区进行浏览。对于市级的地区采用地图导航的方式，而下层的地区采用表格导航的方式，如图 3.12 所示。

2）选择地区后，用户可以根据地区名称的导航，点击则显示该地区的摊位，用户可以选择摊位按列表还是按图标排列，系统还提供了“按时间顺序排列”、“按点击次数排列”、“按摊位名称排列”、“按摊位类别排列”等排列方式，用户也可以分别按照摊位名称、摊主姓名、摊位地区三种方式按关键字查找，也可以按摊位的专业类别进行过滤，更大程度方便了信息的对接，如图 3.13 所示。

3）摊位按照列表或图标方式显示，点击该摊位，则显示该摊位上具体的货物信息，如图 3.14 所示。

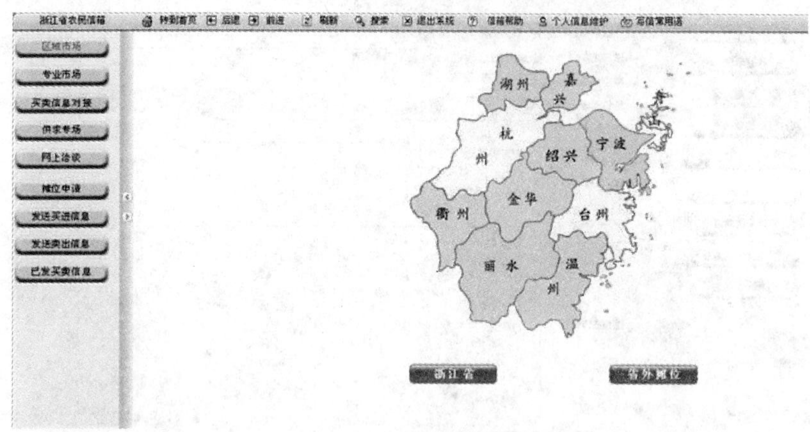

图 3.12　区域市场

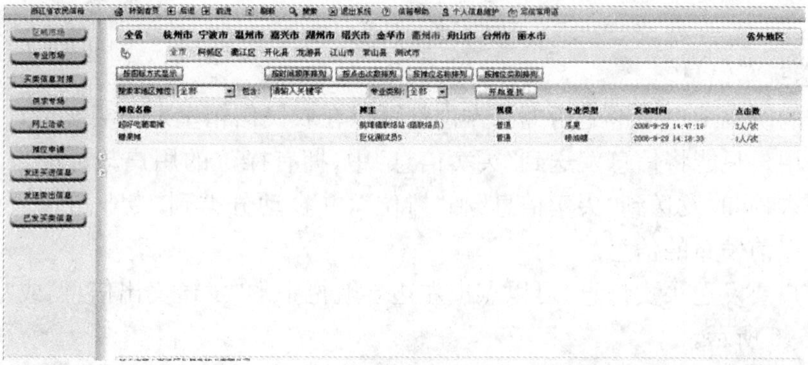

图 3.13　查找摊位

图 3.14　查看货物信息

(4)申请高级摊位。

系统提供把摊位设置在其他区域的功能,区域级别设置得越高,越方便其他用户查找。在“我的摊位”中点击“申请高级摊位”按钮即可进行高级摊位申请。

在申请高级摊位成功之前,摊位规模默认为“普通”,灰色不可更改;摊位位置显示所在地区,也是不可更改的。点击申请高级摊位,上述两项为可更改状态,用户选择后,点击“申请”按钮,即由系统管理员进行审核批准。一般由所在市、县(区)管理员审核批准,如图 3.15 所示。

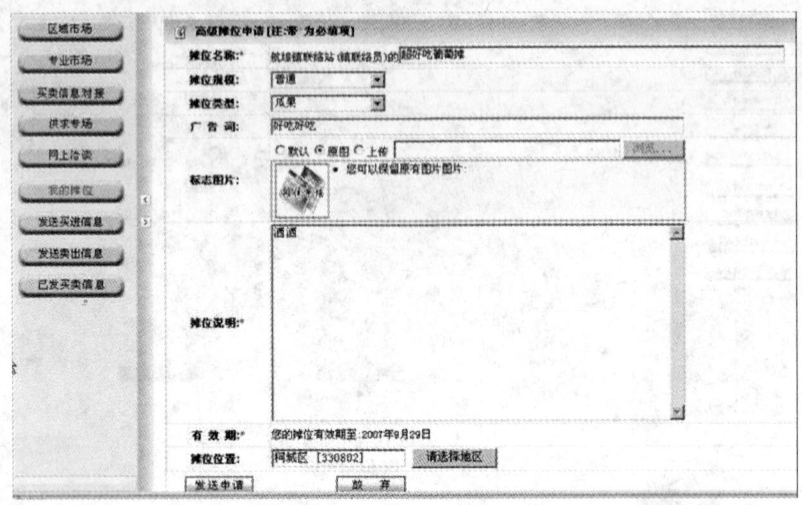

图 3.15　申请高级摊位

(5)发送买卖信息。

系统中的所有用户无论是否拥有摊位都可以在农民信箱里发布买卖信息,不同的是,没有摊位的用户只能将信息发送到“买卖信息”中;拥有摊位的用户却可以将自己的买卖信息一次输入,同时发送到“买卖信息”和“摊位”,并自动分类到“专业市场”,而且可以集中管理自己以前发布的信息。

如果用户要发送买卖信息,可以点击左边导航栏中的“发送卖出信息”或“发送买进信息”,如图 3.16 所示。

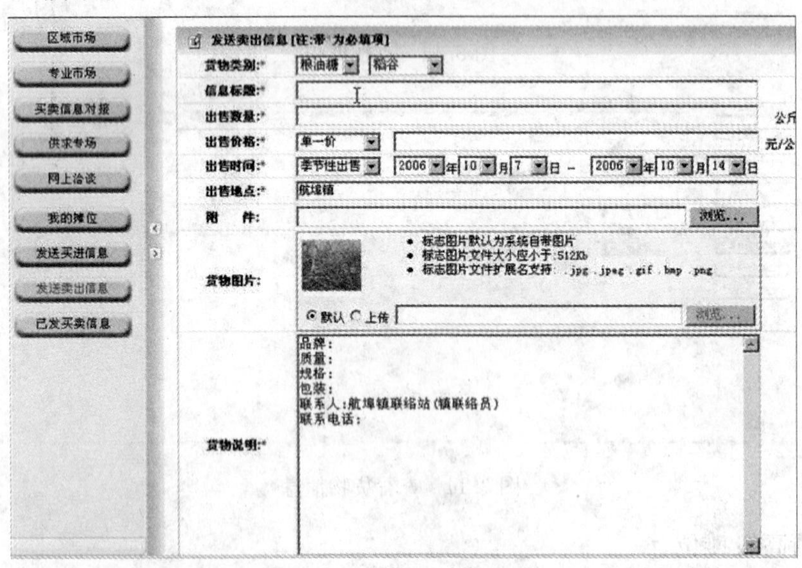

图 3.16　发送卖出信息

(6)查看买卖信息。

1) 用户需要查看买卖信息,可以点击买卖信息对接按钮进入买卖信息对接模块进行浏览,买卖信息对接模块以一览表的方式,汇集最大的信息量,从总览角度对买卖信息进行显示,可按商品分类或按行政区域进行等上述多种方式排列总览,最大限度地方便农民实现信息的对接。

买卖信息对接模块的缺省界面延续原来“买进卖出信息”功能的界面布局，采用买进卖出信息分左右列表的显示方式，并按照信息的审核时间倒排，最新发布的信息排得越靠前。一页显示买进卖出信息各 20 条，若显示不下，则点击“更多……”分页显示所有符合条件的信息，如图 3.17 所示。

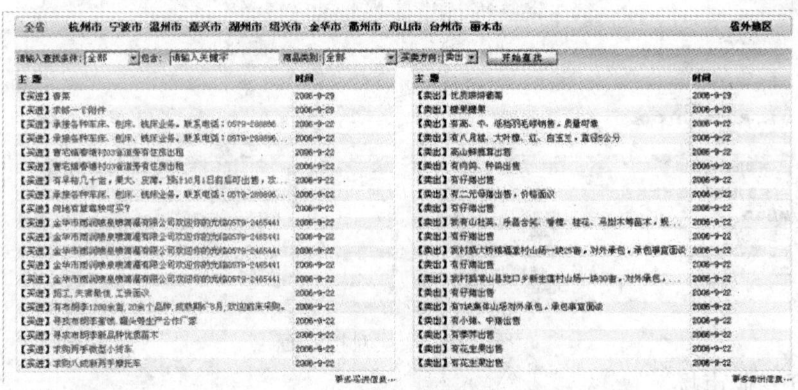

图 3.17　买卖信息界面

2) 用户可以根据地区名称的导航，点击则显示该地区的买卖信息，用户可以选择按列表还是按图标排列，系统还提供了“按时间顺序排列”、“按点击次数排列”、“按商品名称排列”、“按价格排列”等排列方式，用户也可以分别按照主题、发布人等方式按关键字查找，也可以按专业类别进行过滤，更大程度方便了信息的对接，如图 3.18 所示。

图 3.18　查看买卖信息

(7)进行买卖对接。

根据与传统信息发布逆向的全新思维方式，系统提供了用于查找潜在客户和分析竞争对手的匹配功能。在用户自己发布的买卖信息页面有两个“买卖对接”的按钮，分别是“在本地区范围对接”和“在全省范围对接”，点击此按钮后系统会根据自己发布的信息内容自动从其他摊位中搜索其他摊位的相关信息，例如出售苹果，点击“买卖对接”按钮，系统就会自动找出需要收购苹果的信息，并以列表的方式显示出来，如图 3.19 所示。

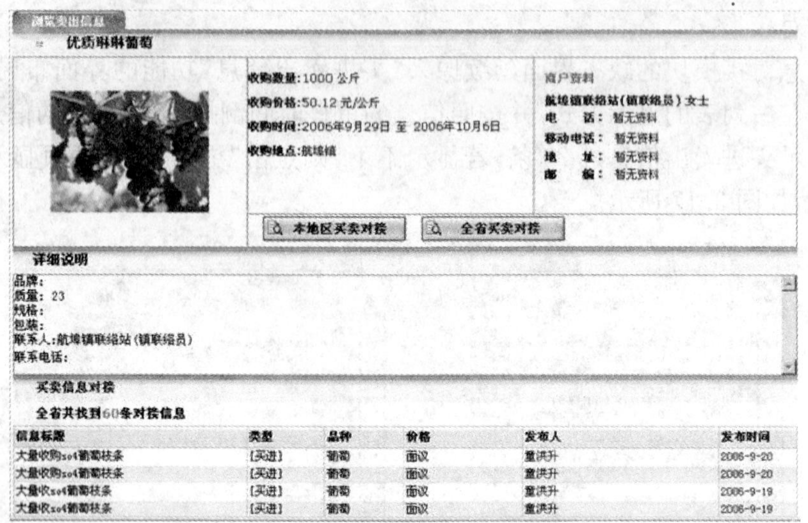

图 3.19　买卖对接界面

(8)浏览专业市场。

专业市场模块是按照专业分类展示农产品市场的表现,为了达到直观的效果和便于查找,系统提供一个图形界面,提供图形化导航,如图 3.20 所示。

图 3.20　专业市场界面

1) 根据所列的"主营产品"80 个小类,按传统习惯,归结为"粮油糖、蔬菜、瓜果、干货、苗木、蛋禽、牲畜、水产品、农资、其他"等 10 个专业大市场,每个专业市场对应一个图形表现形式的场馆。点击图中相应的展馆建筑即可进入相应的展馆,系统以图示的方式列出本展馆中的所有类别的商品的分类图片(代表农产品的子类),并显示相应类别的买、卖总数,如图 3.21 所示。

2) 点击相应的图示以后进入此类商品的买卖信息列表,分左右排列,左边为买进信息,右边为卖出信息。缺省的排列方式是按照信息的审核时间倒排,最新发布的信息排得越靠前。一页显示买进卖出信息各 20 条,若显示不下,则点击"更多……"分页显示所有符合条件的信息,如图 3.22 所示。

图 3.21　商品展示

图 3.22　买卖信息列表

第三节　农产品网络营销※

随着网络和通讯技术不断提高，互联网迅速向商业化、社会化发展，从事网络商贸活动已成为潮流，迎来了全球电子商务时代。而我国农产品市场大多数却处于初级现货市场阶段，农产品营销的渠道和时机不够畅通。其次，农产品市场信息服务差，信息的传递效率和共享度低，对信息的搜集、加工、处理、发布能力低下，容易造成信息的扭曲和失真。特别是近年来，人们对农产品的需求呈现出大量化、多样化、优质化和动态化的趋势，这与我国目前农产品生产规模小，生产有季节性、区域性、分散性等特点产生必然的供求矛盾。传统农产品营销管理体制越来越难以适应新的市场发展形势，农产品营销管理必须有效地运用现代信息技术和手段，才能在瞬息万变的市场中敏锐地捕捉到消费者的需求信息，以恰当的方式为消费者提供合适的农产品，在满足农产品消费者需求的同时实现自身的发展。

一、农产品网络营销的内涵

网络营销是营销战略的一个重要组成部分，是指为达到满足客户需求的目的，利用互联网技术进行营销活动的总称。它是基于网络技术发展的营销手段和方法的创新，其产生和发展适应了消费者需求特点的变化。农产品网络营销被称为“鼠标+大白菜”式营销,是新时代的农产品营销模式。利用互联网开展农产品的营销活动,包括网上农产品市场调查、宣传、促销、交易、洽谈、付款结算等活动。

一般来说,网络营销的功能主要有宣传功能(推广品牌、发布信息、收集信息、服务功能)和交易功能(实现在线交易洽谈、付款结算)。从农产品的特性来看,由于农产品一般数量较多、体积较大,在运输和储藏中不易保存、易损耗,而农产品的产销又都相当分散,使得农产品在线交易难度较大,物流要求提高,顾客对服务要求减少。因此,农产品网络营销主要还是定位在宣传层面上,在此基础上进一步定位在服务和交易功能上。农户可以通过互联网及时了解世界各地的市场需求信息和营销情况,从而制订种植、生产、加工、销售等计划;还可以通过互联网发布供求信息,拓宽产品销售渠道,部分深加工的土特产产品还可以建立店铺或通过网络营销平台实现在线销售;另外还可以利用网络具有全天候在线的特性,对产品品牌进行更加广泛的宣传等。

二、农产品网络营销的意义

1. 有利于获取市场信息,扩大产品网络营销市场时空范围

农业是季节性、时效性较强的行业,农产品市场的货源随农业生产季节而变动,特别是一些鲜活农产品,出现卖难现象,阶段性买方市场明显,许多地区存在着产量大与市场狭窄的尖锐矛盾。其原因是多方面的,而信息不灵、渠道不宽、流通不畅是主要原因。最典型的例子就是我国台湾地区盛产各种水果,果品旺季时,由于信息闭塞,果农往往为销路发愁,而一旦果品进入大陆市场则变成了畅销产品。有效农产品产业开展网络营销可以扩大市场时空范围,打破传统营销活动的地域局限,使农民不再只为一个地区或一群人而生产,而使农产品销售成为一种全球性活动,在全球范围内实现信息互动,每一个网民都可以成为目标顾客,扩大农产品市场空间。

2. 能够满足消费者的个性化需求

随着社会信息化的不断发展,消费者通过网络了解的信息越来越丰富,导致了他们在消费过程中更加具有主动性,他们的需求不再仅仅停留在过去的普通产品需求上,而是在消费过程中更加追求个性化特色,时尚、健康理念、礼品等个性化需求不断增多。人们已经不再满足于传统营销方式所带来的实惠。由于生活节奏的加快,人们在购物过程中需要得到休闲般的享受,导致了对购物乐趣和便利性的需求提高。网络营销能够很好地满足消费者的个性化需求,有效实现企业与消费者之间的互动,更好、更快、更实惠地满足消费者不断改变的需求。

3. 有利于分析产品网络营销市场需求,决定生产方向,化解交易风险

农产品生产周期长,但是农产品市场供求关系瞬息万变。在传统农业下,农产品的品种、产量的决策具有一定的盲目性与滞后性。而互联网销售市场几乎是一个完全竞争市场,信息的实时性和买卖双方之间的透明性,大大降低了经济主体之间信息不对称的程度。农产品生产商和销售商可以根据自已的需求发布信息,如农产品的品种、价格等,同时也可以通过互联网了解世界各地的市场信息和客户需求,根据市场信息和客户的需求情况来生产,制订种植、生产加工、销售等计划,为解决供求矛盾提供了依据。

4. 有利于降低农产品网络营销市场交易成本

由于行业特性，农业信息具有分散性、复杂性、综合性的特点。基于网络发布信息和销售商品不需要投资大额的固定资产，可利用“信息高速公路”，及时、准确、经济、全面地收集、发布相关信息，从而找准市场、降低成本、促使经济效益的提高。通过互联网，生产者能直接和消费者进行交流，自主地进行交易，可以减少中介环节及附加成本。此外，由于供求双方信息透明、实时和高度的互动性，使得农产品网络营销过程中信息搜寻、条件谈判（议价）与监督交易实施等各方面成本显著降低。

5. 有利于打造农产品网络营销品牌

网络营销所采用的网络媒介，拥有成本低廉、制作速度快、覆盖范围广、动感效果好等优点，导致其传播效果大大优于传统营销的宣传媒介，这使得通过网络营销所达到的传播效应更迅速、更准确、更广泛。尤其是在网络环境下进行的信息传递、与消费者之间的沟通和利用网络展示商品形象等都有利于产品品牌声誉的建立，培养产品品牌的潜在消费者，使之最终成为品牌忠诚者。

6. 有利于产品网络营销客户关系管理

互联网的出现和大规模应用，使经营管理模式开始了从以产品为核心向以客户为核心的重大转变。网络营销可以实现企业与消费者之间的信息交互，两者之间可以通过BBS、E-mail、MSN等网络工具进行交互式沟通。既有利于消费者表达个人消费意向，从而购买到自己需要的农产品，又有利于企业获得宝贵的建议，改进生产技术和工艺，提高农产品质量。企业与消费者进行交流时，可以要求消费者输入个人的相关特征、喜好、需求和对本企业产品的建议等，从而帮助企业建立相应的客户数据库。企业可以对客户数据库里的内容进行分析，了解特定顾客的需要和愿望，从而发现新的营销机会。通过客户数据库的建立，加强了企业与客户之间的不断互动，形成了一种特殊的关系纽带，为企业培养了一批关系良好的潜在消费者。美国的农产品营销为我们做出了示范：他们通过建立顾客数据库，详细了解每位顾客的地理位置、家庭人口统计和消费心理特点以及购买产品的历史等。这些数据为企业进行有效的售前、售中和售后服务，高效地帮助每个顾客解决问题提供了强有力的支援。我国的农业企业可以借鉴美国的经验，提高自身的服务层次。

三、我国农产品网络营销概况

1. 当前我国农业发展的特点

总体上看，我国已进入以工促农、以城带乡，加快改造传统农业、走中国特色农业现代化道路的关键时期。我国农业正处于从传统农业向现代农业、从计划经济向市场经济的转变之中，农业发展的突出问题是农户小生产和市场大流通之间的矛盾。

第一，从供应方看，农业生产经营以分散的小农户为主。

第二，从需求方看，农产品的供给不能满足城镇居民的消费需求。随着人民生活水平的提高，蔬菜、水果等生鲜农产品的消费需求已由数量的增长转变为对质量、口味、营养、安全的追求。目前农村的小规模生产、分散经营的粗放式生产方式无法满足城市对高质量农产品的需求，造成了严重的供需矛盾。

第三,从中介方看,以农产品批发市场为主的流通方式不能有效满足市场流通需求。

2.农产品网络营销是我国农业发展的重要方向

网络营销可以很好地解决我国农业“小农户与大市场”的矛盾,实现农业生产与市场需求的对接。开展农产品网络营销,能够改善农产品流通状况,促进农产品贸易,增加农民收入,加快农业和农村经济结构战略性调整,提高我国农业国际竞争力。

首先,网络营销可以实现农业生产与市场需求的对接;其次,农产品网络营销可以丰富城市居民菜篮子、便利和拉动消费;再次,农产品网络营销有利于促进农产品流通和农民增收。

3.农产品网络营销发展的特征

从我国农产品网络营销的实践看,农产品网络营销业务呈现三个层次的特点:

一是初级层次。主要是为农产品交易提供网络信息服务。如一些企业建立的农产品网上黄页,在网络平台上发布企业信息和产品信息。大型农业集团建立的超大现代农业网。小企业或是个体农户则依托各类农产品信息网发布信息。

二是中级层次。一些网站不仅提供农产品的供求信息,还提供了网上竞标、网上竞拍、委托买卖等在线交易形式,交易会员可以直接在网上与自己需要的运输公司洽谈,但尚未实现交易资金的网上支付。资金的支付还是依靠传统的邮局或银行实现。

三是高级层次。高级层次的农产品网络营销不仅实现了农产品电子商情的网上发布和农产品在线交易,还实现了交易货款的网上支付,是完全意义上的网络营销。

四、我国农产品网络营销的模式

目前我国农产品的电子商务模式主要存在以下几种:

(1)以政府为主导的农业信息服务网站。这些网站多为非盈利性的,也是目前我国农产品电子商务的主流形式。其主要功能是促进农业信息化建设,如中华果都网(www.chinadsh.com)。这种模式的特点是政府扶持力度大,但是网站自身难以发现盈利点,需要政府来不断提供资金的支持。其主要以农业相关信息服务为主,市场的针对性不强,服务对象主要是大量采购的中间商。其缺点是易受中央农业政策的影响,如果网站不能为地方政府带来政绩,很快就会失去来自政府的支持,网站将难以维系。

(2)以农产品龙头企业为主导的农业产品网站。这种网站主要功能是吸引潜在采购商通过网站采购企业农产品,如天马有限公司的中国秦椒网(www.qinjiao.net)。这种模式专门为龙头企业服务,企业可以直接从农民手中采购农产品,也可以自己种植、加工或者两者兼有。这种模式服务对象、盈利点清楚。其缺点是农民能否从这种模式中获益完全取决于龙头企业和市场行情。

(3)以非官方中介为主导的农产品 B2B 网站。这种模式由于受到第一种和第二种模式的挤压,生存比较困难,因此数量极少。这种模式要获得成功,需要找到好的盈利点。

(4)蚂蚁雄兵式的 C2C 网站直销,如淘宝网、拍拍网等的农产品店铺。大多数的个人网商会采用这种形式将农民的产品直接销售给终端消费者,这种模式具有中间环节少、成本低、利润高、销量小、销售频率高、受益面广等特点。由于网商直接向农民采购农产品,因单次采购量小,故采购价比大的采购商的价格高,农民因此受益。由于直接向农民采购，故进价比市场的批发价低，网商的成本就大大降低，网商因此受益。由于 C2C 普遍采用的低价策略，故通过网络直销给终端用户的价格会比市场的批发价低或相当于批发价，这样消费者从中受益，而网商也赚到了利润，这种模式显然是一种多赢的模式。如果网商就是农民自己，这就形成了从农民到终端消费者的直销模式，几乎消除了所有的中间环节，这种模式将极大地提高农民的收入和让消费者受益。

五、我国农产品网络营销发展现状

(一)农业信息网络初步形成

20 世纪 80 年代中期，我国开始着手农业信息网络建设，1986 年组建了农业部信息中心。1995 年，农业部建立了“中国农业信息网”，并通过 DDN 方式接入国际互联网。目前已经形成以 54 个精品频道、28 个专业网站以及各省(区、市)农业网站为一体的农业系统网站群，全国各级政府农业网站联网运行，成为具有权威性和广泛影响的国家农业综合门户网站。目前日均点击数 340 万次左右，访问量在国内农业网站居首位，全球农业网站第二位。

进入 21 世纪后，农业部更是把加强农业信息化建设作为提升农业系统服务能力的一件大事来抓，逐步开创了全国农业信息工作的良好局面：一是成功实施了“十五”农村市场信息服务行动计划，启动了旨在全面提升农业系统电子政务水平的“金农”工程，建立了较为完善的农业信息工作体系。二是建立了较为通畅的农业信息网络，农业部信息中心创建的“中国农业信息网”，现初具规模，全国 31 个省级农业部门、80%左右的地级和 40%多的县级农业部门建立了局域网和农业信息网站，发展农村信息员 22 万人。三是建立了较为稳定的信息采集渠道和信息共享机制，开展了主要农产品市场监测预警工作，从 2003 年开始按照《农业部经济信息发布日历》定期发布各行业信息。农业信息服务网络正加快向基层和农民延伸，全国已有 4 万个农业产业化龙头企业、17 万个农村合作中介组织、95 万个农业生产经营大户、240 万个农村经纪人，可以及时得到农业部门的信息服务。2005 年，农业部在总结部分地区实践经验的基础上，选择了具有一定基础的 6 个地级和 50 个县级农业部门，开始在全国进行电脑、电视、电话“三电合一”农业综合信息服务平台建设(简称“三电合一”)试点工作。几年来的实践表明，“三电合一”已成为解决面向“三农”信息服务“最后一公里”的一条有效途径，成为社会主义新农村信息化建设的一个重要手段。

到目前为止，国内网络市场出现了多个农产品交易的专业性网站。农产品的网络交易平台虽然还不多见，但也出现了一些较为成功的网站专门用于进行农产品的批发和直销，也出现了很多针对某种产品所建立的销售平台，如中国辣椒网、中国苹果网、中国农业网、中华粮网等，受到了网民的关注，提高了农产品的知名度，也拓展了农产品的流通渠道。农产品交易网站的出现开创了农业电子商务的先河，为其他农业企业和个人提供了宝贵的经验。

(二)农产品网络营销发展受到诸多因素制约

1.农村、农业网络基础设施薄弱

我国城乡之间的“信息不平等”和“数字鸿沟”非常明显,这几年农村的信息网络基础尽管有较大发展,但仍很薄弱,大多数农户甚至农业龙头企业在计算机和网络的配备水平上,跟农产品网络营销的顺畅实施有一定差距。

2.信息化建设的专门人才和农业产业信息领头人队伍尚未形成

目前,农户信息意识和利用信息的能力不高,缺乏信息化建设的高级人才,农户的生活习惯、工作方式、价值观念未能跟上全球信息化发展的趋势,对电脑、高科技通讯、网络的应用也十分有限,真正懂信息、懂科技和高水平应用能力的人并不多。

3.在产品网络营销领域人们存在安全性的质疑

一方面是技术安全质疑,如网上交易中的支付问题,有1/3的企业对网上交易的安全性表示担心。同样,消费者也面临着网络欺诈的危险。另一方面是信用安全问题,目前我国的信用体系还不健全,在商品交易过程中假冒伪劣商品屡禁不止,商业欺诈行为时有发生。这些也给农产品网络营销带来障碍。

4.农产品标准化程度不高

研究表明,有标准规格、易配送、为消费者所熟知的产品,在网络进行宣传和销售的效果会更明显,但我国农业生产和农产品的标准化程度都不高,在品质、无公害、绿色化和品牌化方面有待提高。

5.网络订单与产品配送问题

互联网在连接生产与消费方面有快捷、方便的优点,但在农产品网络营销中也存在着明显的不足,即受众在地域上的无边界性对产品配送带来了不便。一是农产品生产分散在千家万户,农业生产组织规模较小,不利于农产品的迅速集中;二是农产品大多具有生鲜的特点,尤其是鲜活农产品含水量高,保鲜期短,极易腐烂变质,因此对运输效率和流通保鲜条件提出了很高的要求。此外,在配送中不可避免地产生较多的附加成本,使得消费者既要承担产品本身的价格,还要支付一定数额的分摊费用,这可能使消费者丧失在网上购买的信心。

6.农产品营销网站的建设没有统一的规划

虽然我国建立了以农业部的农产品信息网为中心的营销网络,但是各地方政府建立的农产品的营销网基本上是以自我为中心,主要表现在以下方面:各级农业网站与农产品的生产部门、物流企业等机构的联系紧密度不够,造成了商品交易信息往往有滞后性,或者网上交易后的网下物流配送不及时;各级农业网站的建设进度不一,如全国现在绝大多数的省份建立了省级农业信息网,但少数边远地区尚未开通农业信息网;各级农业网站的名称不统一,如“农贸网”、“农业网”等,影响了农业信息网体系的严肃性和整体形象。

7.农产品的网络营销的配套措施、保障体系尚未完全建立

实施农产品的网络营销离不开产品、技术、资金、人才、农产品销售机构、农产品物流机构的支持与保障。但现在大多数的市、县一级的农业信息网站也仅是政府发布农业信息的一个窗口,与商业银行、销售单位、物流机构等其他市场主体的联系相当少。

六、我国农产品网络营销的发展对策

发达的农产品营销网络是发展现代农业的重要支撑。当前我国农产品市场体系不健全、流通组织发育不充分、流通效率低下的问题相当突出。对此，党的十七届三中全会提出，要加快形成流通成本低、运行效率高的农产品营销网络。

1. 推进农村流通现代化

统筹城乡流通设施建设，加快农村流通设施建设步伐，将其纳入国家基础设施建设范围给予支持。当前和今后一个时期，要重点建设“万村千乡市场”、“双百市场”、“新农村现代流通网络”和“农村商务信息服务”等工程，支持商贸、邮政、医药、文化等企业在农村投资兴业，鼓励和引导其他社会力量投资农村流通领域，形成促进农村现代流通产业发展合力。

2. 健全农产品市场体系

推进集贸市场、批发市场和期货市场建设，构建开放统一、竞争有序的市场体系。加强集贸市场管理，认真贯彻国务院关于停止收取个体工商户管理费和集贸市场管理费的政策。继续推进农产品批发市场建设和升级改造，落实农产品批发市场用地按工业用地对待的政策，加强农产品批发市场信息、检验检测系统、仓储和运输等设施建设和改造，健全市场交易规则，推广先进交易方式，特别要加大对中西部地区农产品批发市场建设支持力度，加快形成布局合理、设施先进、功能齐全、交易规范的全国性骨干农产品批发市场网络。

3. 积极培育农产品市场主体

培育壮大有竞争力的农产品流通主体，积极发展农产品批发商、代理商和农民经纪人队伍。大力培育具有法人资格的流通组织，确立流通主体的法人地位。鼓励发展农民购销合作组织。积极扶持流通型农业产业化龙头企业，带动农民进入市场。鼓励建立各种农产品专业协会和营销中介组织，协助农民搞好农产品销售。

4. 发展农产品现代流通方式

积极发展农产品连锁经营，建设一批跨区域的大型农产品现代物流配送中心，提高农产品集中采购、统一配送的能力，形成高效的农产品营销网络。建立农产品网上交易平台，完善信息查询、信用保证、网上签约、纠纷仲裁、网络结算、送货验货等制度，规范网上交易行为，促进农产品电子商务健康有序发展。

5. 完善农业信息收集和发布制度

加强农业信息体系建设，逐步形成连接国内外市场、覆盖生产和消费的信息网络，不断提高信息的科学性、准确性和及时性。健全农业信息的收集机制，做好农产品供求、价格等信息的采集、分析、筛选等工作。健全信息发布制度，通过互联网、广播电视、报纸杂志等渠道及时发布信息，不断扩大信息服务覆盖面，让信息进村入户。

6. 降低农产品流通费用

清理和整顿农产品运销环节收费，行政性收费能取消的尽快取消，经营性收费尽量降低。加大对农产品运输的扶持力度，继续落实好运输粮食、棉花等免交铁路运输建设基金政策。《决定》提出要长期实行绿色通道政策，认真贯彻这一重要决策，对于降低鲜活农产品运输成本、保障市场供应、稳定物价和促进农民增收必将起到重要作用。

7.提高农户信息意识

进行网络化农产品营销，提高农户信息意识和信息获取、分析和使用的能力尤为重要。针对这方面存在的问题，要积极采取有效的对策：一是积极开展网络信息知识的培训，采取网络信息科技入村教育、入户教育等形式，逐步在农户中形成信息第一位的意识，避免生产的盲目性；二是要尽快解决农村和农业生产、销售中关键信息技术队伍建设问题，培养高级农业信息化建设人才。

8.提高农产品网络营销站点质量

农业电子商务网站首先要及时更新信息，注重信息的增值服务，对信息进行深层次挖掘和加工；其次要不断提高网站制作水平，完善信息搜索功能，从而增加网站的吸引力；最后网站应该具有个性和行业特色。

第四节 农产品网上开店※

一、成功案例

受金融危机等因素影响，石家庄市部分农产品 2009 年以来的销售形势较为严峻。在大量鲜活农产品就要集中上市之际，为破解这一销售难题，经有关部门的支持与引导，网上开店销售和“农超对接”直入超市等新型销售渠道应运而生，广大农户和消费者因此而获得双赢。

眼下，核桃虽未成熟，可行唐县龙州镇西关村的农民王强已开始着手准备收购了。他高兴地说：“国内最大的网络销售平台淘宝网，有我开的网店，现在已有不少网店的回头客开始预订我们的行唐核桃。我卖的产品质量好、价格低，他们还介绍了不少朋友来买。”

自从 2010 年 3 月在淘宝网上开店，不到一年半的时间，王强在网上的销售量已达到了 3000 笔，仅仅行唐特产甲壳素红枣一项，他的网店销量就达到了 4 吨；黑花生这一河北特产在他网店的销量做到了全淘宝网第一名。说到网络销售的初衷，王强对记者说，自己在外地当兵，家乡的很多特产战友们都很喜欢，有的还通过他购买一些给老家的亲戚寄回去分享。退伍后，王强利用自己在部队学习的电脑知识谋得一份不错的工作，可是看到许多农户为红枣、红薯干等特色农产品的销路发愁，他动了通过网络将农产品卖出去的念头。网店开起来后，一开始虽是问得多买得少，可是随着第一笔、第二笔生意的成交，他也凭借所售农产品优良的质量赢得了越来越多的回头客。

“通过我的网店带动，保守估计至少有 500 户枣农从中获益。我的枣和核桃最远还卖到了法国，如果不通过网店销售，这是我想都不敢想的。”王强说。

就在前不久，高邑县秦留村支部书记秦增良也在网上联系到了大豆收购商，使本村大豆以每千克高于市场价 0.2 元的价格卖出。自从大豆销路问题顺利解决后，村民谁家有什么难事，都来找秦增良在网上发帖子，寻求销路。目前，秦留村共配有 3 台电脑，实行专人负责，每天都定时上网搜索致富信息，凡是对本村有用的，就及时通过喇叭在村里进行广播。

在高邑县，像秦留村一样通过网络交易受益的村庄还有很多，寺家庄村的大棚黄瓜、中韩村的早春小拱棚西葫芦、马村的嫁接西瓜等，都是通过网络引来了客商。据统计，该县已有千余农民通过互联网实现了地头交易，极大地促进了农民增收。

二、网上开店的优势

1. 投资少

与网下开店相比，网上开店成本较低，国内大型专业 C2C 网站都提供免费开店服务，不收取店铺租金、商品上架费与交易费。据易趣网礼品门类的负责人介绍，网上开店建店成本非常小。一般来说，筹办一家网上的商店投入很小，不用去办营业执照，不用去租门面，不用囤积货品，所需资金不过 1500 元。

2. 基本不需要占压资金

传统商店的进货资金少则几千元，多则数万元，而网上商店则不需要占压资金。网店经营者没有水、电、管理费等方面的支出，并且不需存货，待有顾客下单时再去供货商处补货，不会占用大量资金。

3. 营业时间不受限制

传统店铺的营业时间一般为 8～12 小时，网上商店则延长了商店的营业时间，可以一年 365 天、一天 24 小时不间断地运作。消费者可以在任何时间登录、购物。交易时间上的全天性和全年性，使得交易成功的机会大大提高。

4. 销售地点不受限制

经营者只需拥有一台能上网的电脑，就可以经营自己的网店。无论是在家里，还是在公司、路上，都可以得心应手地与买家交易。

5. 销售规模不受地盘限制

传统商店有多大就只能摆放多少商品，生意规模常常被小店面积限制。而在网上，即便在地面上只有一个小商店，或者干脆就没有门面，开店的生意却可以照样做得很大。

6. 广泛的客户群

由于网络的超时空性，全国甚至全球的只要能上网的网民都有可能访问网店，成为网店的潜在消费者。因此，相对于传统商店，网上商店的消费者范围更为广泛。

三、网上开店的方式

1. 大型网站上的个人开店

在专业的大型网站上注册会员，开设个人的网店。这种方式就是在提供网上开店服务的网站，按照网站的规定注册会员，获得网上商店的使用权与经营权。目前，国内比较专业的大型 C2C 网站是淘宝、易趣、拍拍和百度有啊，经营者只需在这些大型专业网站上注册为会员，通过卖家实名认证之后，上传需要出售商品的数码照片，就可正式开展网上销售。这种方式的好处是无需支付网店租金、网上广告费、商品交易费等相应费用，就可以建立自己的网上店铺。

2. 自立门户型的网上开店

这种方式是指经营者自行或委托他人设计独立的网站，该网站拥有自己的域名，无需依托大型的购物类网站,完全依靠经营者个人的宣传吸引浏览者,完成最终的销售。这种类型的网店的建设方式主要有两种:一是经营者自己建立网上店铺,经营者自己进行注册域名、租用或购买服务器、网店个性化设计等一系列工作;二是经营者将网店建设外包给第三方,委托他们建立网上店铺。可见,自立门户型的网店的优点是网站具有个性化特色,易吸引顾客,更可以自己设立网站论坛,及时收到买家的意见反馈。但投入的成本、精力和时间也相应地增多,建设需要投入大量资金与技术,并且需要足够的时间与资金进行网站的宣传和推广。对经营者来说,网站的推广工作非常重要,如何吸引更多消费者是首先要考虑的问题。

3. 同时经营前面两种方式

既在大型网站上建立网店,又拥有自立门户型的网店。这样,可以有效结合前两者的优点,但相比前两种方式,这种方式投入最多。

四、网上开店的步骤

以淘宝网个人店铺为例,网上开店的步骤主要有:

1. 选择适合网上销售的商品

在网上开店,首先要选择适合在网上店铺销售的商品,并非所有商品都适宜于个人网上开店销售。网上开店要遵守国家相关法律法规,不要销售法律法规禁止或限制销售的商品,更不要销售假冒伪劣商品。一般来说,适合网上开店销售的商品具备以下特点:价格合理;体积小,方便运输;附加值较高;具备独特性或新颖性。

另外,最好销售自己感兴趣或很熟悉的商品。选择在网上销售的商品,应结合自己的特长、兴趣和对产品的了解程度。若是连自己都不了解自己的商品,又怎样去说服顾客购买。所以无论销售什么商品都要成为该领域的专家,这就需要大家多多了解该领域,多跟该领域的前辈学习。等到顾客有购买欲望的时候,可以根据客户的需求,提供给客户最合适的商品或提供给客户相关的信息。

还有,最好是找网下不容易买到的东西拿来卖(例如,特别的工艺品、限量版的宝贝、名牌服装、电子产品等),这样,专门的发烧友就会找到你店里,如果你和他合作得好,那生意就细水长流了。

2. 选择合适的商品分类

在上架之前就要考虑好商品的分类,选择一个合适的分类有利于顾客快速从页面导购中找到你。先完整看看淘宝商品的所有分类,再仔细斟酌选择哪个最合适。如果商品有多种属性,比如十字绣的手机饰品,它即可属于刺绣类商品,又可以属于手机饰品,还可以算礼品。那么,除了添加主分类外还应该为其添加“从属分类”,每个商品最多可添加一个主分类(必选)和两个从属分类。这样,客户找到这个宝贝的可能性就大了三倍。

3. 确定店铺及商品名称

网上店铺要起一个吸引人的店名。店名是一个店的招牌,因为客人一进来会先看到,一个好的店名会让人记住你的小店。起名要注意以下原则:简单通俗,朗朗上口;别具一格,独具特色;与自己经营的商品相关;用字吉祥,给人美感。

4. 装饰店铺

首先要选择合理的店铺风格。C2C 电子商务网站提供了多种网店的模板样式,经营者可以随意选择，使网上店铺美观大方，宾至如归。建议根据产品性质选择适合的模板和颜色，这样将能更好地表现产品。其次，需要对店铺进行装修。如果有资金或者对前途充满信心，建议买个旺铺，然后好好地设计店招以及促销栏等。好的店铺装修会更加吸引人和更值得信赖，正如平时逛街的时候我们更青睐装潢漂亮的店铺一样。当然，不是旺铺也可以尽量装修得漂亮些，如自己设计一个个性化的宝贝描述模板，上传一个好的店标等。

5. 填写商品信息

(1)宝贝标题：设置吸引人的宝贝标题是增加宝贝点击率的关键。合理的宝贝标题也很重要。搜索的关键性不言而喻，自从淘宝屏蔽百度后，针对淘宝网站内的搜索设计标题则显得更为重要。如何给宝贝起个好标题？推荐使用的商品名称格式是：品牌＋商品名＋规格＋说明。

(2)宝贝描述的填写及要求：合适的宝贝描述是吸引买家的关键。请你在宝贝描述里详细说明宝贝的出厂地、尺寸、颜色等，与宝贝有关的传说和典故也可以详细说明，也可插入特色图片。网上出售商品，绝大部分时候买家是无法看到实物的，所以需要拍出清晰漂亮的商品照片，还要有详细的商品描述，这样才能对买家有更大的吸引力。如果你的网店里的商品照片不够清晰，描述也很简单，是很难得到买家青睐的。

6. 填写商品的物流信息

填写好宝贝的基本信息后，需要将宝贝物流信息和其他信息填写完整。宝贝的物流信息包括：买家所在地，具体的省份及城市；运费由卖家还是买家承担；选择平邮、快递还是 EMS 运送方式。

7. 填写商品的其他信息

(1)宝贝发布周期：目前淘宝将宝贝的发布周期分为 14 天或 7 天，请根据需要选择。

(2)宝贝自动重发：淘宝上发布宝贝是有发布周期的，如果你的宝贝没有在发布周期出售成功，宝贝会自动进入仓库。如果你发布宝贝时点选了“自动重发”，系统会帮你自动重发一次。

(3)设置推荐位：填写宝贝信息后请直接在推荐位前“打钩”，这样你的宝贝将称为“橱窗推荐”宝贝。

8. 营销推广

为了提升自己店铺的人气，在开店初期，应适当地进行营销推广，但只限于网络上是不够的，要网上网下多种渠道一起推广。例如，购买网站流量大的页面上的“热门商品推荐”的位置，将商品分类列表上的商品名称加粗、增加图片以吸引眼球。此外，也可以利用不花钱的广告，比如与其他店铺和网站交换链接。

9. 售中服务

买家在决定是否购买的时候，很可能需要很多卖家没有提供的信息，他们随时会在网上提出，卖家应及时并耐心地回复。但是需要注意，很多网站为了防止卖家私下交易以逃避交易费用，会禁止买卖双方在网上提供任何个人的联系方式，例如信箱、电话等，否则将予以处罚。

10. 交易

买家在下订单后，卖家处理订单。卖家按照买家要求的物流方式委托快递公司送货，买家收到商品并确认商品质量后,通知支付宝付款给卖家。

11. 评价或投诉

信用是网上交易中很重要的因素,为了共同建设信用环境,如果交易满意,最好给予对方好评,并且通过良好的服务获取对方的好评。如果交易失败,应给予差评,或者向网站投诉,以减少损失,并警示他人。如果对方投诉,应尽快处理,以免为自己的信用留下污点。

12. 售后服务

这一点不用多说了,完善周到的售后服务是生意保持经久不衰的非常重要的筹码,不时地与客户保持联系,做好客户管理工作。

五、网上开店的技巧

1. 良好的进货渠道和合理的商品价格

寻找货源是所有网上开店的创业者最关心的问题,关系到网上创业能否成功。一般选择网上购物的人大多数图的是方便和便宜,卖家找到好的货源,在保证商品质量的同时,有一个适中的价格,才会比较有竞争力。一般而言,卖家可以选择七大进货源头:批发市场进货;厂家货源;大批发商;刚刚起步的批发商;外贸产品或 OEM 产品;库存积压或清仓处理产品;寻找特别的进货渠道。

2. 商品数量合理

最初做网店的人容易走两个极端,一个就是产品单一,会让客户觉得产品不够丰富;一个就是产品包罗万象,什么都做,但由于精力有限,什么都顾不上,顾客感觉不专业,结果什么也卖不出去。

3. 讲究诚信

在网络上经营,最主要的就是诚信。网上购物本来就是虚拟的,诚信问题也给网上开店的商家带来很多困扰,只有让网友相信你和你的商品,生意才会越做越大。诚信第一,千万别为了拣芝麻似的小利,丢了发展的大西瓜。在网上,每个卖家都有一个关于诚信的记录,买家都可以看到卖家以前的销售状况以及别的买家对卖家的评价。网上记录了任何一个卖家的诚信记录,不诚信的人很难在网络上经营下去,即使诚信卖家的商品价格高一些都有人买。因此,产品一定要货真价实。网上开店靠的就是信誉,信誉主要取决于产品的质量和效果。如果产品好,自然回头客多,大家放心;如果产品是假的或者效果不怎么样的,那就算能做成第一笔生意,也再做不成第二笔。

4. 树立良好形象

在买家看中宝贝并下订单后,卖家应该最快速有效地处理订单,并提供良好的客户服务。不仅如此,买家很有可能为卖家带来意想不到的收获:口碑的宣传效果不可小视,它无须你大费口舌去取信于人,很有可能一次用心的付出换来长期的回报。

5. 产品设置利于搜索

对于没有知名度的新卖家而言,怎么样让买家们在搜索的时候很方便搜索到你的产品是再重要不过的。卖家在产品设置时需留意以下两点:①产品的有效期最好设置为最短的,一般为 7 天,因为买家在搜索产品的时候,有效期最短的产品就排在最前面;②产品的价格高低同样也是决定搜索时产品的排序的一个重要因素,价格低的排在前面,价格高的排在后面。如果买家用“价格从低到高”搜索产品的话,这点就显得尤其重要了。

6.灵活使用推荐位

当你有了一两个推荐位了,就要灵活运用,一定要挑一个在你这个分类里最有特色、价格最有优势的产品,放到推荐位上去,目的不光光是为了提高销售量,更是希望推荐的这个产品作为一个引子,吸引客人到你店里去参观,这样,又多了点成交的机会。

7.促销策略

采用一些有效的促销策略,定期有折扣,或者赠送。给予回头客一定的折扣,或者是购物满多少元,可以有礼物赠送,可以有折扣,可以免邮费等。配合活动,你要换上新的签名档,介绍活动,还要去其他地方发布这个“促销消息”,充分利用每一个资源来宣传网店。

8.掌握丰富有效的推广方法

为了提高网上店铺的浏览量,卖家可以使用的主要推广方法如下:

(1)旺旺群或QQ群发宣传。这个方法初期推广时会带来一定的流量,但是不会使流量突增,如果哪天不发,流量必然下降,同时现在很多群都是卖家在发广告,因此很多人都把消息屏蔽了。用这个方法不是长久之际。

(2)淘宝直通车。通过设置搜索关键字竞价排名,买家点击这个关键字到卖家店铺,卖家需要支付一定的佣金。新手卖家要慎用这个方法,在网店PV值不是很高、个人信用也不高的时候,即使能带来一定流量,但是不会带来很多的成交量,同时还要支付一笔费用。

(3)交换友情链接。新手卖家和其他卖家交换店铺的友情链接,一般是同级别的卖家能互换。如果能说服皇冠卖家,和皇冠卖家交换店铺的友情链接,那对提高店铺浏览量有很大的好处。

(4)阿里妈妈推广。这个是淘宝网推出的一种新的互联网广告模式,它的推出给google和baidu现有的点击广告模式带来了很大冲击,使之纷纷调整了广告点击的付费率。

9.售后服务要周到

卖出商品后,要在第一时间和买家取得联系,发货后尽快给你的买家发一封发货通知信,最好能附上包裹单的照片,让买家能看清楚上面的字迹和具体编号等信息,让买家更放心,也让买家感到亲切,这对吸引“回头率”很重要。

10.降低快递费用

卖家和快递公司议价,可以降低快递费用。现在快递的竞争也非常厉害,很多快递公司害怕失去稳定客户,往往就会给卖家优惠价格发货。有很多卖家直接选择淘宝推荐物流下单,或者是不习惯于快递讲价,快递要多少就给多少,造成的结果就是花了不菲的一笔快递费。其实,无论是淘宝推荐物流网上下单的快递,还是卖家自己联系的快递公司,都可以讲价的。不过卖家最好是固定一家或几家快递公司,成为快递公司的老客户或大客户,久而久之,卖家就可以根据自己的业务量向快递公司要求降价。

六、网上开店的流程

(一)注册淘宝及支付宝账号

(1)登录淘宝网,点击页面顶部“免费注册”(如图 3.23 所示)。

图 3.23

(2)进入注册页面,填写会员名和密码。

(3)输入一个您常用的电子邮件地址,用于激活您的会员名(如图 3.24 所示)。

以下均为必填项 香港用户按此註册

会员名:	gzex07 检查会员名是否可用	5-20个字符(包括小写字母、数字、下划线、中文),一个汉字为两个字符,推荐使用中文会员名。一旦注册成功会员名不能修改。怎样输入会员名? 该会员名可以使用
密码:	●●●●●●●●●●●	密码由6-16个字符组成,请使用英文字母加数字或符号的组合密码,不能单独使用英文字母、数字或符号作为您的密码。怎样设置安全性高的密码?
再输入一遍密码:	●●●●●●●●●●●	请再输入一遍您上面输入的密码。

请填写常用的电子邮件地址,淘宝需要您通过邮件完成注册。

电子邮件:	gzex07@yahoo.com.cn	没有电子邮件?推荐使用雅虎3.5G免费超大邮箱、搜狐邮箱和网易邮箱。
再输入一遍电子邮件:	gzex07@yahoo.com.cn	请再输入一遍上面输入的电子邮件地址。
校验码:	PVWY pvwy	请输入左侧字符,看不清楚?换个图片。怎样输入校验码?

同意以下服务条款,提交注册信息

(您注册使用淘宝须年满18岁)

图 3.24

(4)此时,淘宝将发送一封确认信到刚才你所填写的电子邮箱中(如图 3.25 所示)。

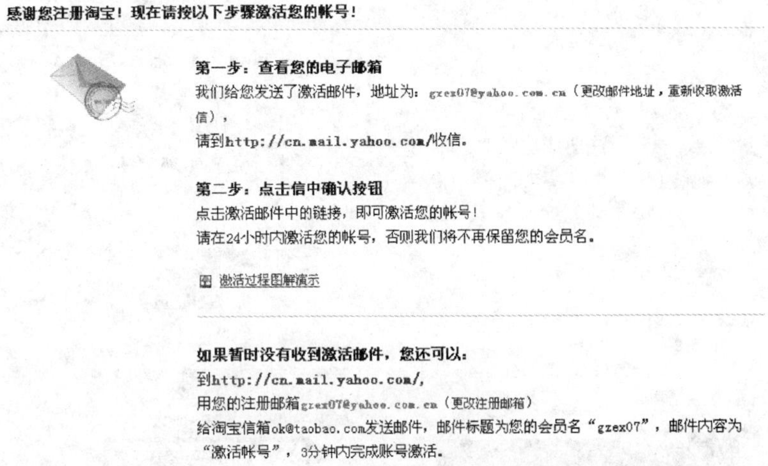

感谢您注册淘宝！现在请按以下步骤激活您的帐号！
第一步：查看您的电子邮箱
我们给您发送了激活邮件，地址为：gzex07@yahoo.com.cn（更改邮件地址，重新收取激活信），
请到http://cn.mail.yahoo.com/收信。
第二步：点击信中确认按钮
点击激活邮件中的链接，即可激活您的帐号！
请在24小时内激活您的帐号，否则我们将不再保留您的会员名。
激活过程图解演示
如果暂时没有收到激活邮件，您还可以：
到http://cn.mail.yahoo.com/,
用您的注册邮箱gzex07@yahoo.com.cn（更改注册邮箱）
给淘宝信箱ok@taobao.com发送邮件，邮件标题为您的会员名“gzex07”，邮件内容为“激活帐号”，3分钟内完成账号激活。

图 3.25

(5)请登录该邮箱,完成你的淘宝会员注册(如图 3.26 所示)。

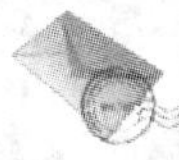

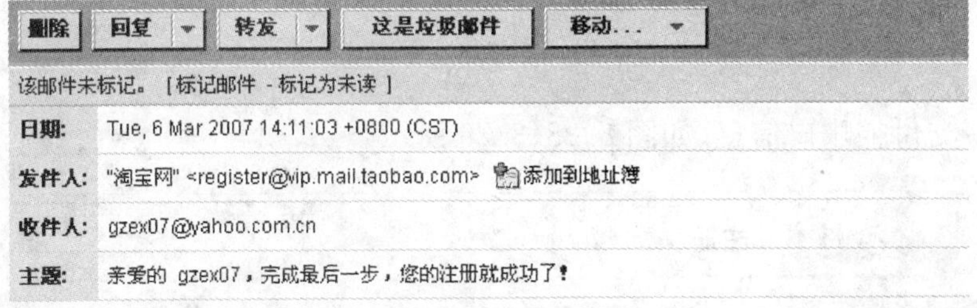

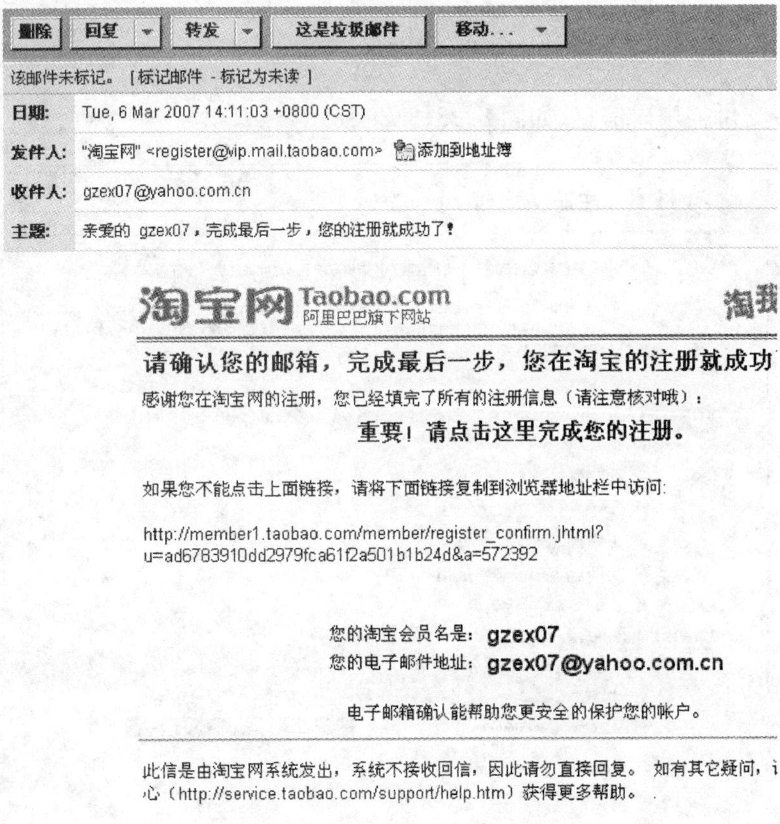

删除
回复
转发
这是垃圾邮件
移动...
该邮件未标记。[标记邮件 - 标记为未读]
日期: Tue, 6 Mar 2007 14:11:03 +0800 (CST)
发件人: "淘宝网" <register@vip.mail.taobao.com> 添加到地址簿
收件人: gzex07@yahoo.com.cn
主题: 亲爱的 gzex07，完成最后一步，您的注册就成功了！
淘宝网 Taobao.com 阿里巴巴旗下网站
请确认您的邮箱，完成最后一步，您在淘宝的注册就成功
感谢您在淘宝网的注册，您已经填完了所有的注册信息（请注意核对哦）：
重要！请点击这里完成您的注册。
如果您不能点击上面链接，请将下面链接复制到浏览器地址栏中访问:
http://member1.taobao.com/member/register_confirm.jhtml?u=ad6783910dd2979fca61f2a501b1b24d&a=572392
您的淘宝会员名是：gzex07
您的电子邮件地址：gzex07@yahoo.com.cn
电子邮箱确认能帮助您更安全的保护您的帐户。
此信是由淘宝网系统发出，系统不接收回信，因此请勿直接回复。如有其它疑问，
心（http://service.taobao.com/support/help.htm）获得更多帮助。

图 3.26

(6)激活支付宝账号(如图 3.27 所示)。

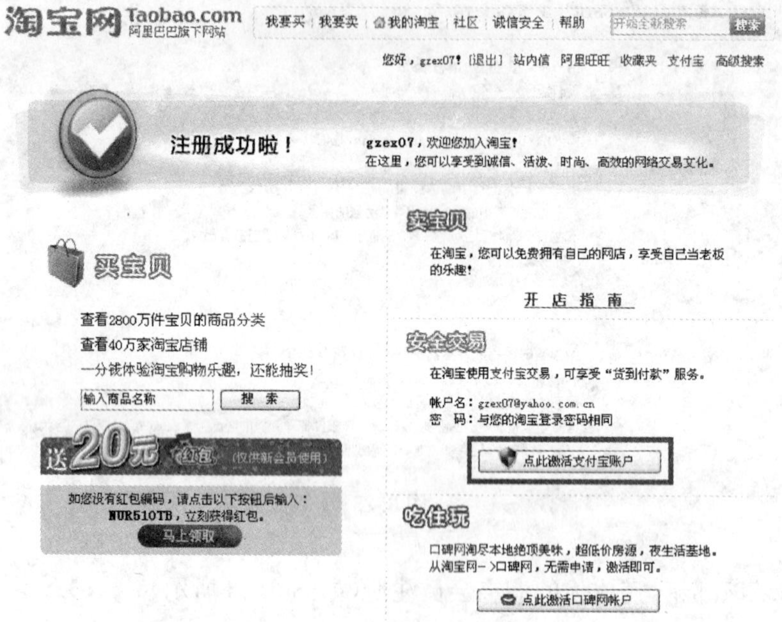

图 3.27

(7)填写支付宝账户信息(如图 3.28、3.29 所示)。

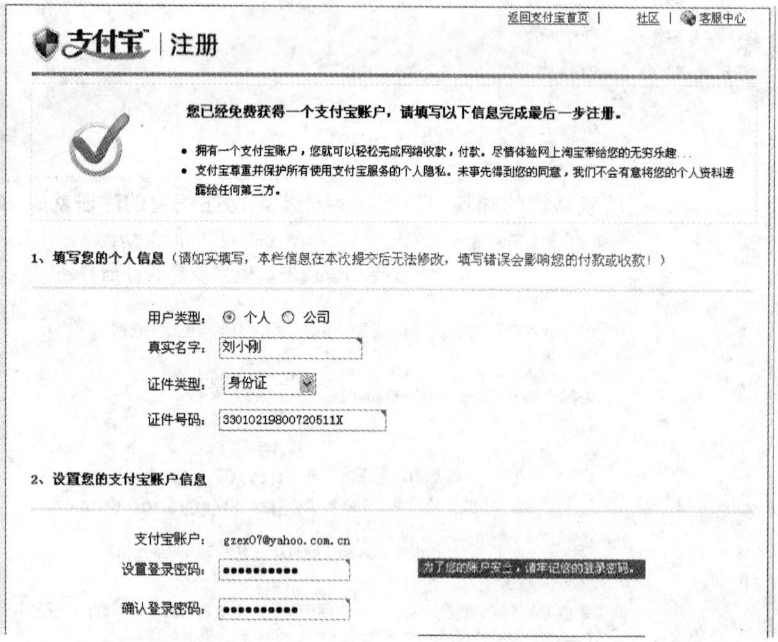

图 3.28

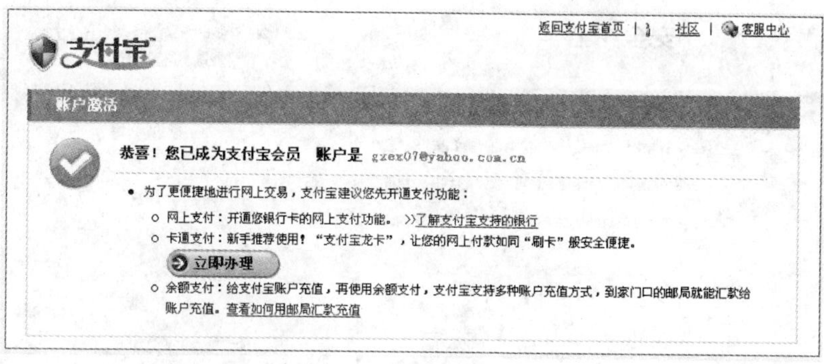

图 3.29

(二)安全措施

(1)修改登录密码(如图 3.30 所示)。

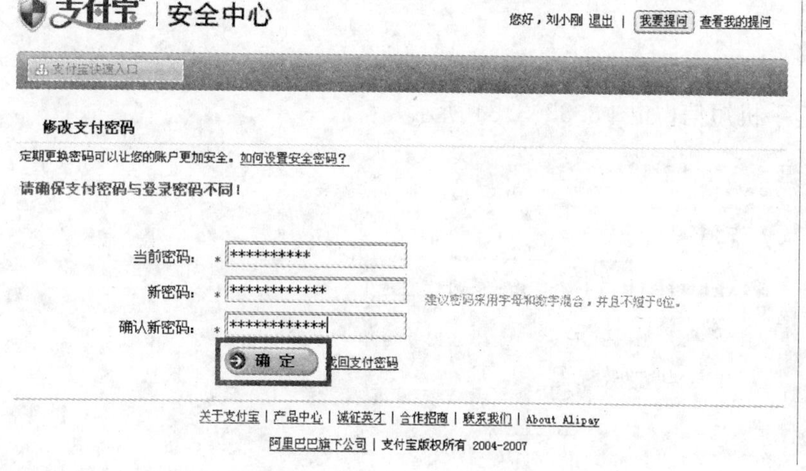

图 3.30

(2)设置安全问题(如图 3.31、3.32 所示)。

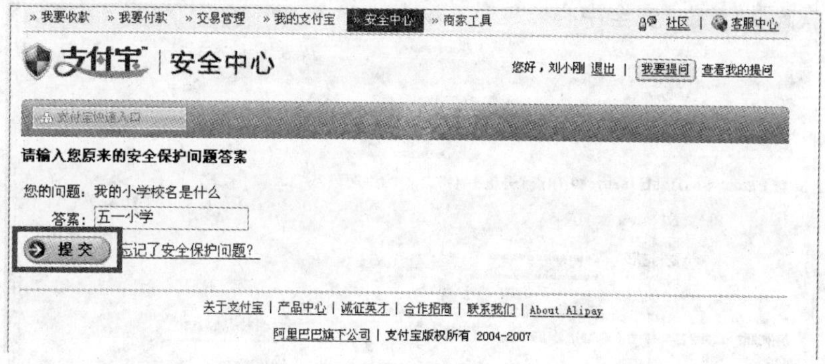

图 3.31

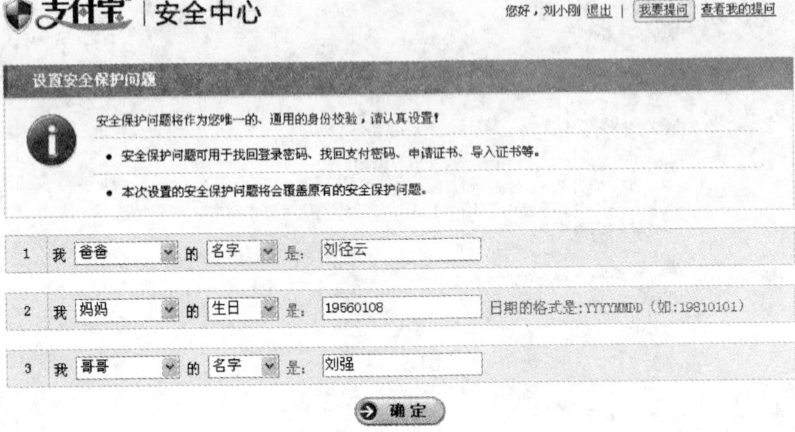

图 3.32

(3)绑定手机短信(如图 3.33、3.34 所示)。

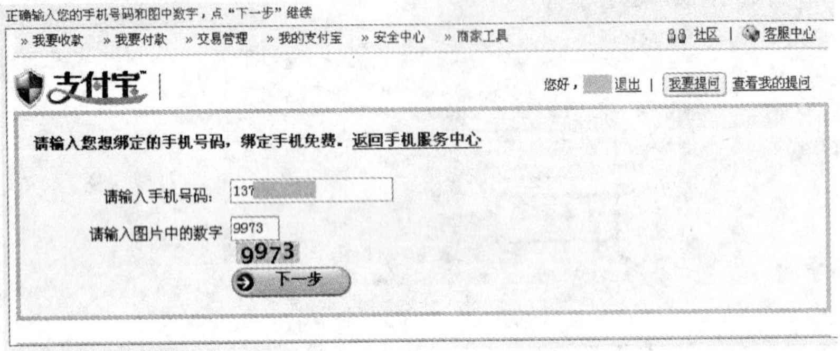

图 3.33

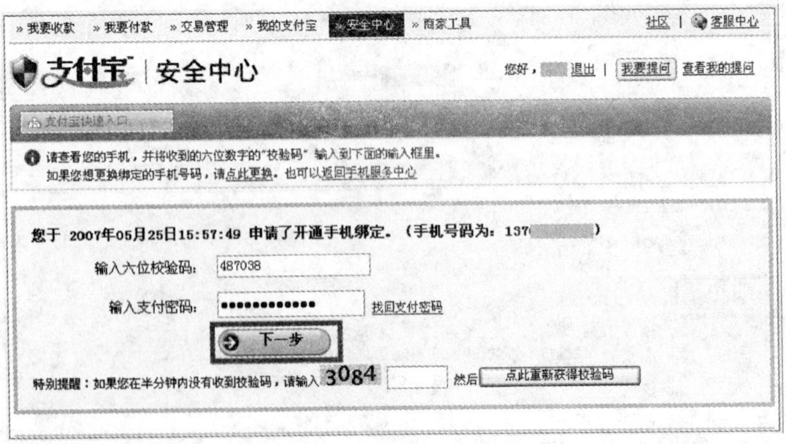

图 3.34

(三)申请支付宝实名认证

(1)申请实名认证(如图 3.35 所示)。

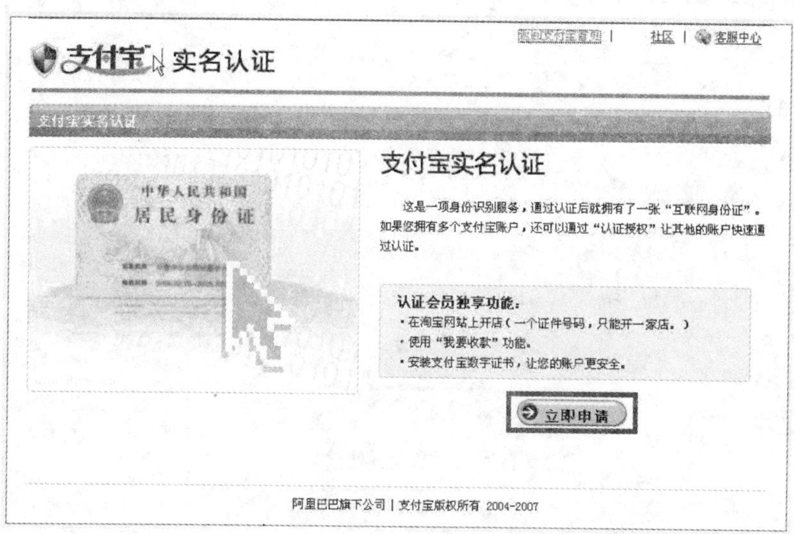

图 3.35

(2)同意协议(如图 3.36 所示)。

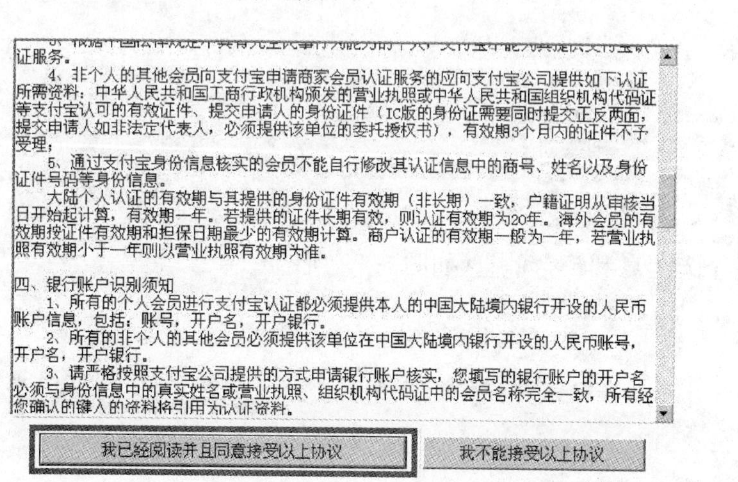

证服务。

4、非个人的其他会员向支付宝申请商家会员认证服务的应向支付宝公司提供如下认证所需资料：中华人民共和国工商行政机构颁发的营业执照或中华人民共和国组织机构代码证等支付宝认可的有效证件、提交申请人的身份证件（IC版的身份证需要同时提交正反两面，提交申请人如非法定代表人，必须提供该单位的委托授权书），有效期3个月内的证件不予受理；

5、通过支付宝身份信息核实的会员不能自行修改其认证信息中的商号、姓名以及身份证件号码等身份信息。

大陆个人认证的有效期与其提供的身份证件有效期（非长期）一致，户籍证明从审核当日开始起计算，有效期一年。若提供的证件长期有效，则认证有效期为20年。海外会员的有效期按证件有效期和担保日期最少的有效期计算。商户认证的有效期一般为一年，若营业执照有效期小于一年则以营业执照有效期为准。

四、银行账户识别须知

1、所有的个人会员进行支付宝认证都必须提供本人的中国大陆境内银行开设的人民币账户信息，包括：账号，开户名，开户银行。

2、所有的非个人的其他会员必须提供该单位在中国大陆境内银行开设的人民币账号，开户名，开户银行。

3、请严格按照支付宝公司提供的方式申请银行账户核实，您填写的银行账户的开户名必须与身份信息中的真实姓名或营业执照、组织机构代码证中的会员名称完全一致，所有经您确认的键入的资料将引用为认证资料。

图 3.36

(3)选择你身份证所在地区(如图 3.37 所示)。

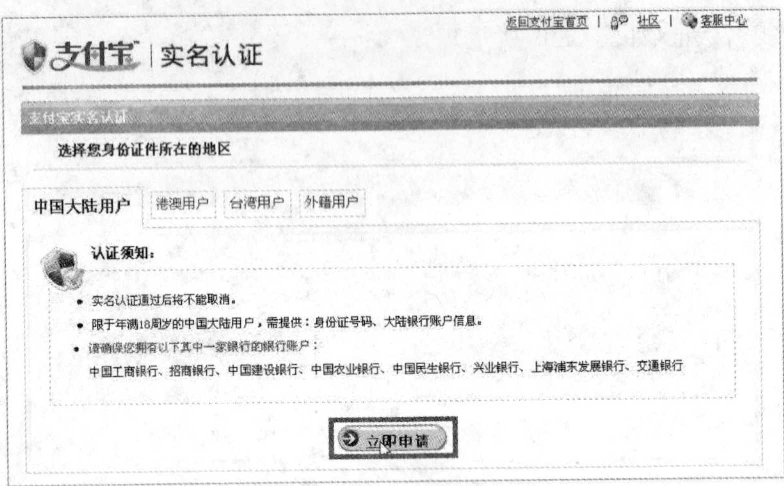

图 3.37

(4)填写身份证信息(如图 3.38 所示)。

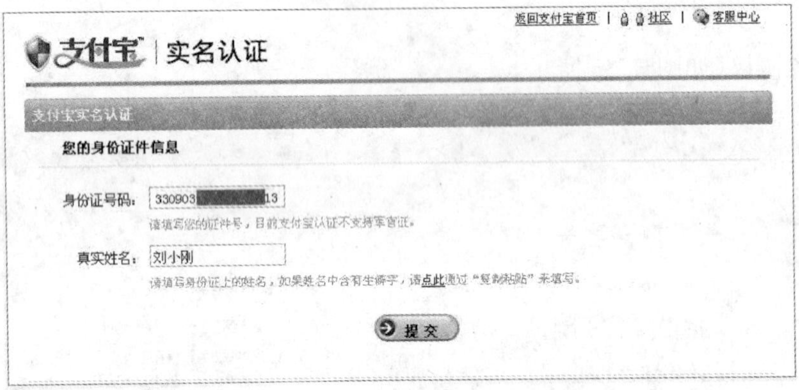

图 3.38

(5)填写个人信息和银行信息(如图 3.39 所示)。

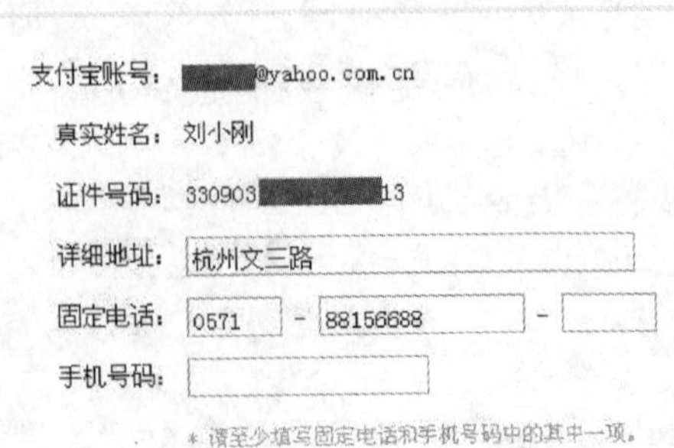

图 3.39

(6)认证申请提交成功，等待支付宝公司确认(如图 3.40 所示)。

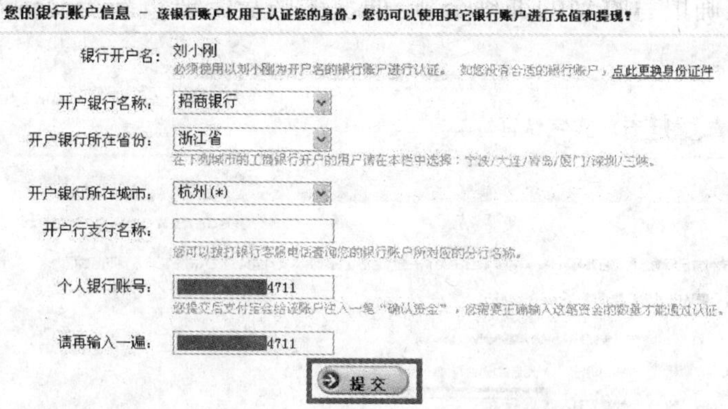

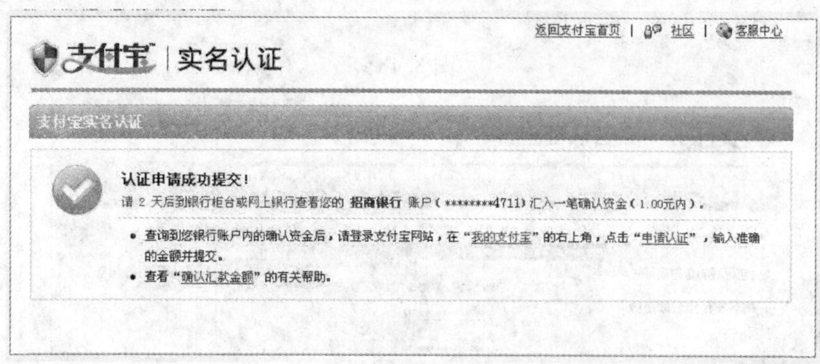

图 3.40

(7)向你提交的银行卡上打入一元以下的金额，并请在两天后查看银行账户所收到的准确金额，再登录支付宝账户，点击"申请认证"进入输入所收到的金额页面(如图 3.41 所示)。

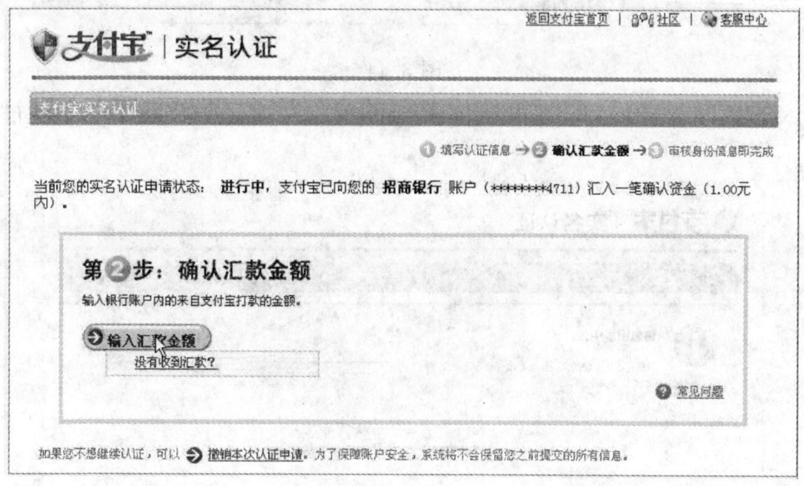

图 3.41

(8)输入汇款金额。

(9)请查看你填写的银行卡上收到的具体金额，点击"输入汇款金额"进入输入金额页面(如图 3.42 所示)。

图 3.42

(10)输入你收到的准确金额,点击“确定”继续完成确认(如图 3.43 所示)。你有两次输入的机会,请正确填写收到的准确金额,两次失败后需要重新提交银行账户进行审核(如图 3.44 所示)。

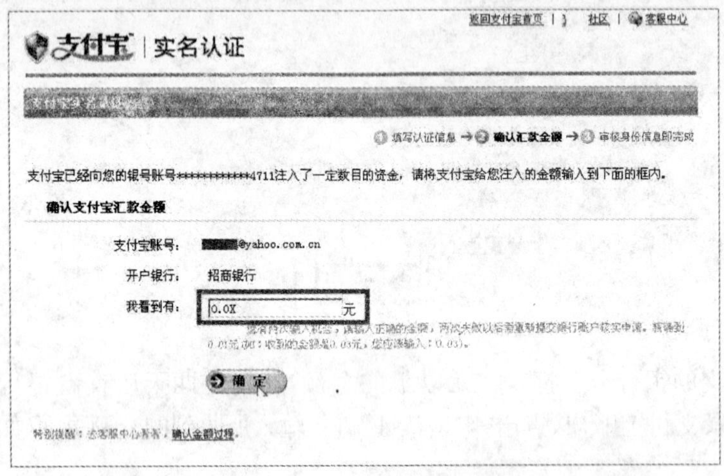

图 3.43

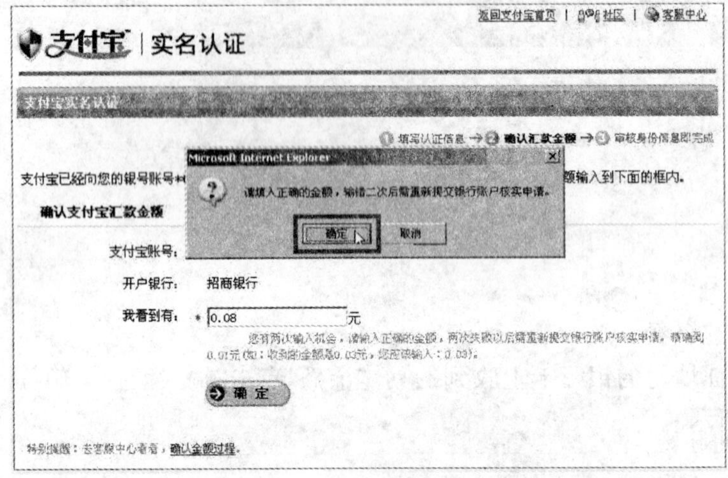

图 3.44

(11)输入的金额正确后,即时审核你填写的身份信息,请耐心等待 2 秒钟(如图 3.45 所示)。

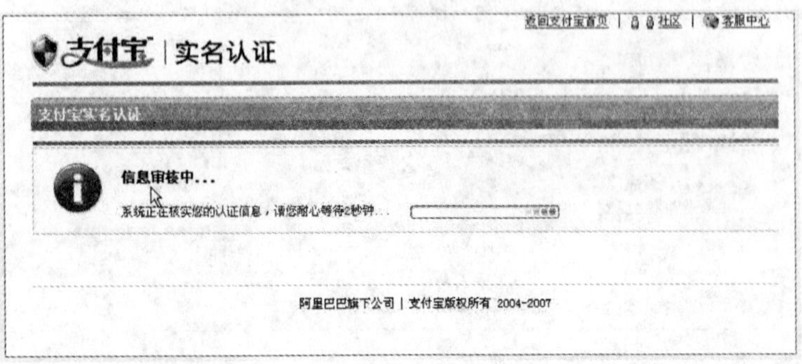

图 3.45

(12)审核通过，即通过支付宝实名认证(如图 3.46 所示)。

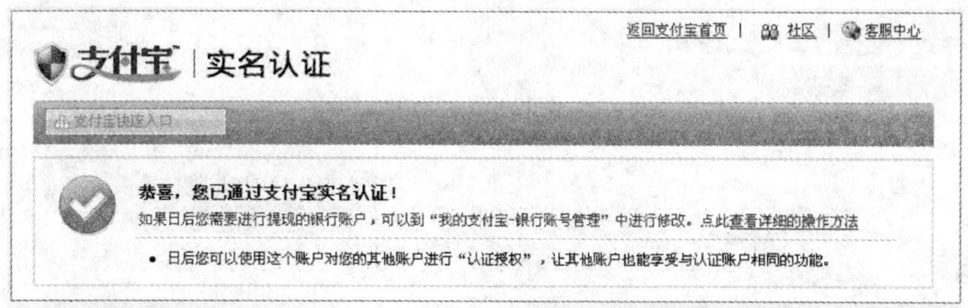

图 3.46

(四)申请数字证书

(1)输入身份证号码(如图 3.47 所示)。

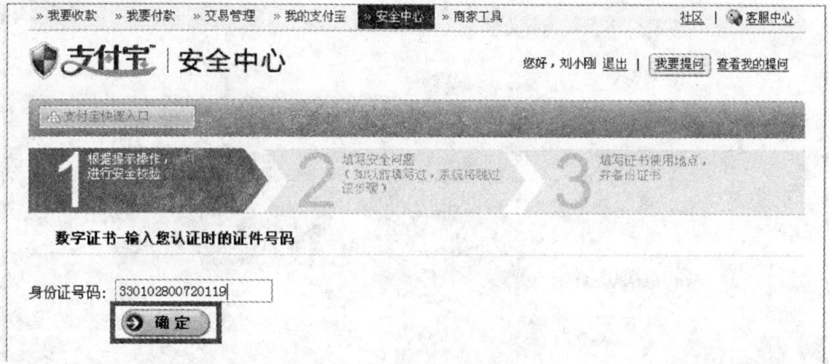

图 3.47

(2)查看数字证书申请说明(如图 3.48 所示)。

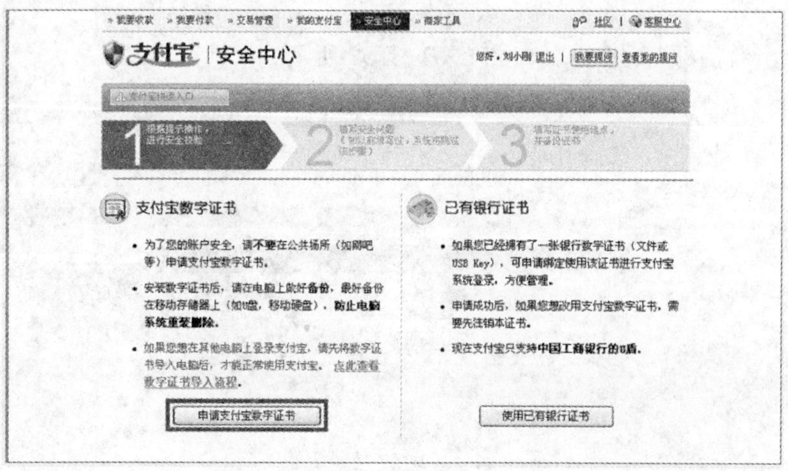

图 3.48

(3)输入使用地点(如图 3.49 所示)。

图 3.49

(4)确认个人信息(如图 3.50 所示)。

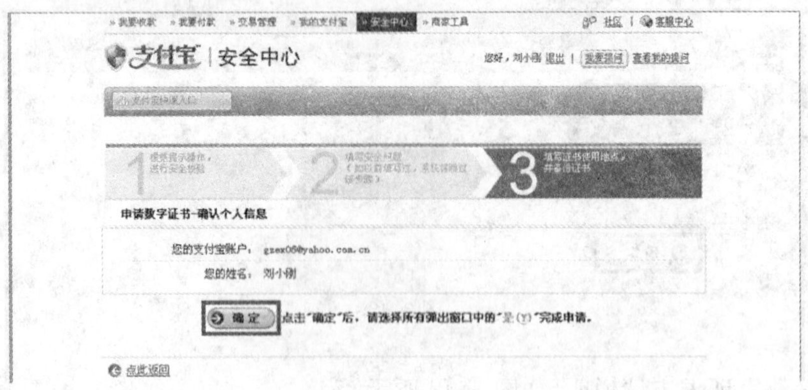

图 3.50

(5)对弹出对话框都点“是”(如图 3.51、3.52 所示)。

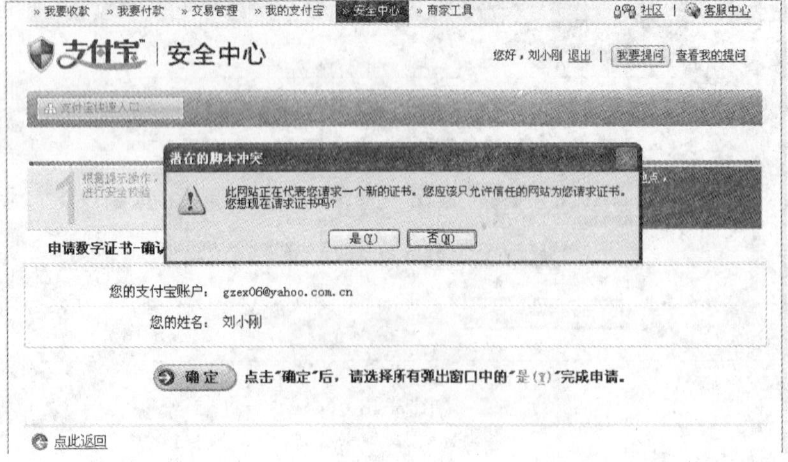

图 3.51

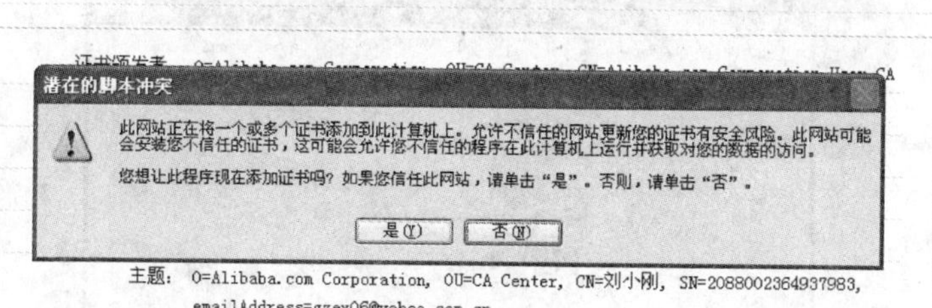

图 3.52

(6)数字证书申请后，请进行备份(如图 3.53 所示)。

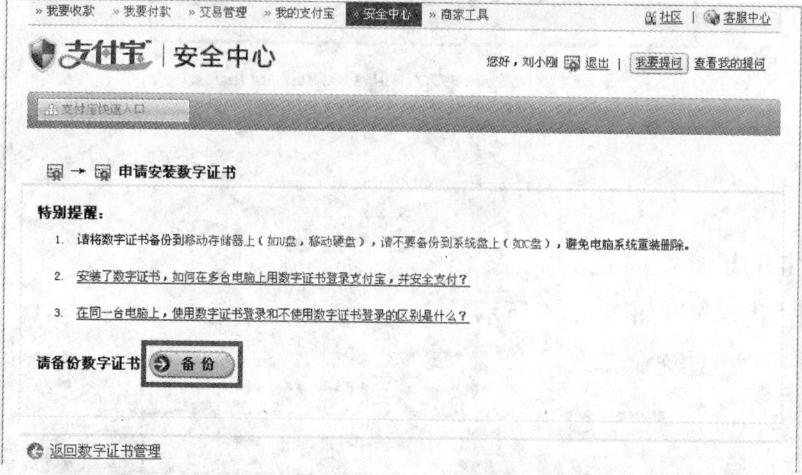

图 3.53

(7)设定备份密码(如图 3.54 所示)。

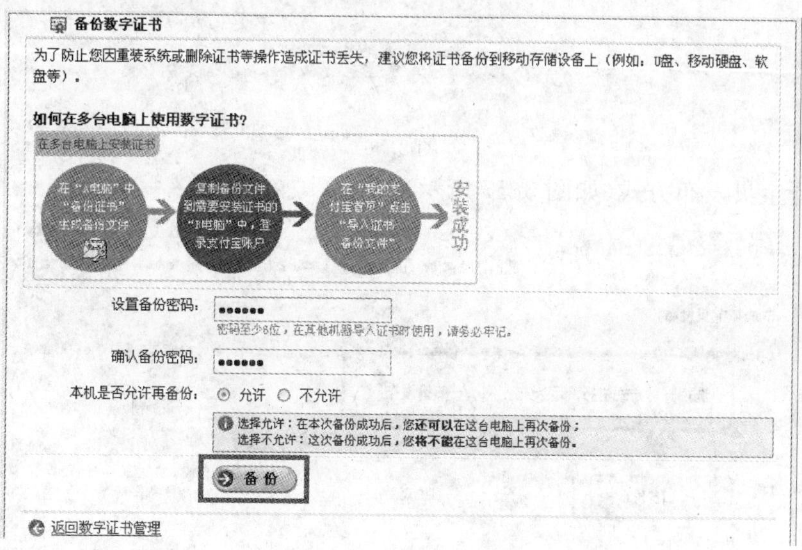

图 3.54

(8)保存在非系统盘,或U盘、移动硬盘中(如图3.55所示)。

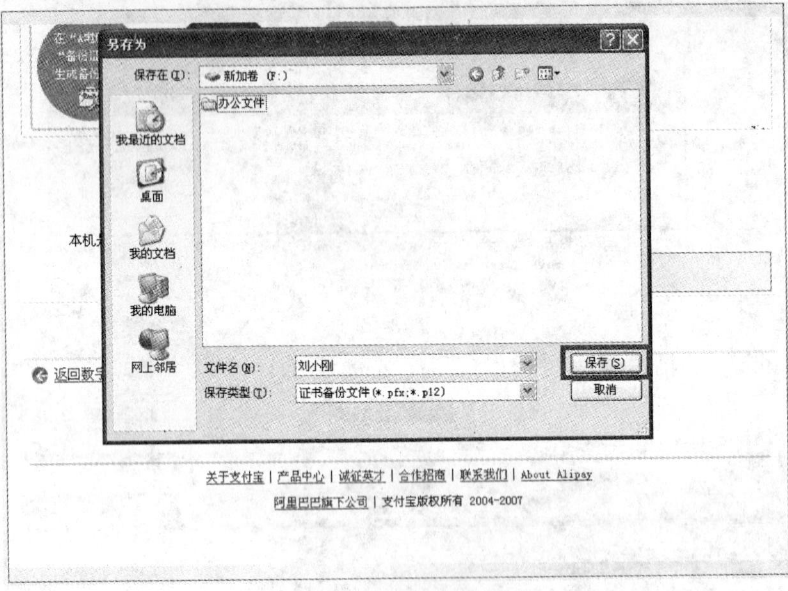

图3.55

(五)淘宝开店

(1)点击“我要卖”(如图3.56所示)。

图3.56

(2)选择宝贝发布方式(如图3.57所示)。

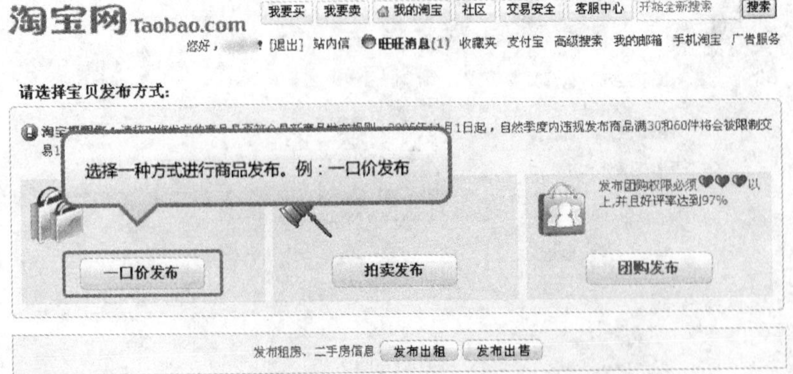

图3.57

(3)在“一口价发布”中,选择商品种类(如图 3.58 所示)。

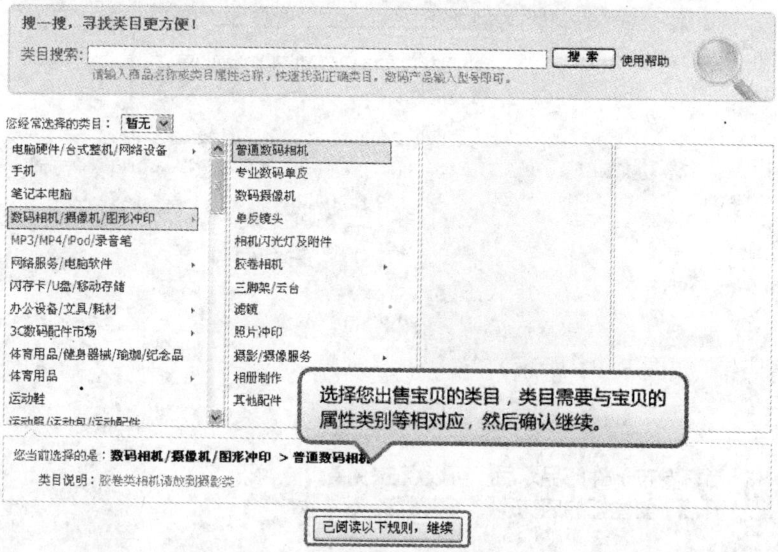

图 3.58

(4)填写宝贝信息(如图 3.59 所示)。

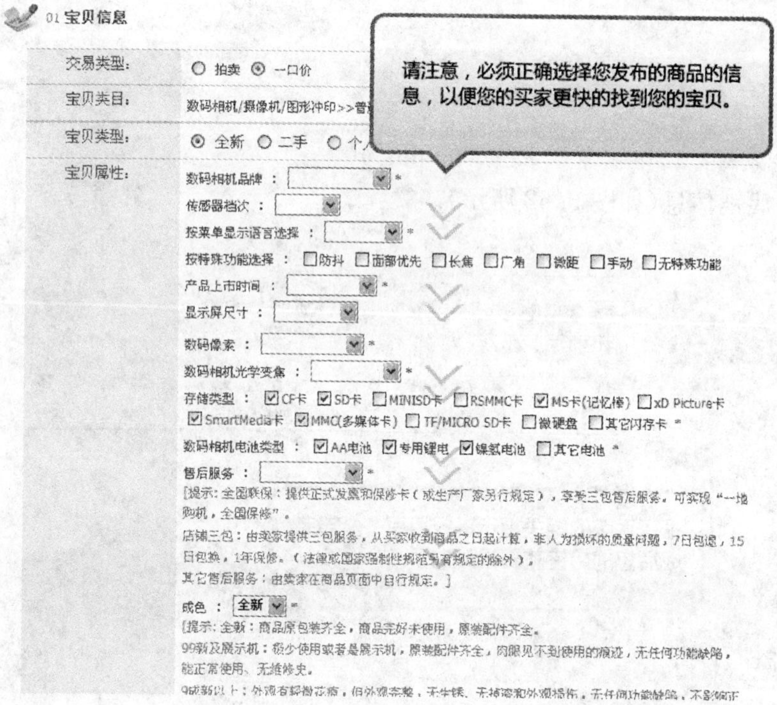

图 3.59

(5)继续上传 10 件宝贝后,即可开店(如图 3.60 所示)。

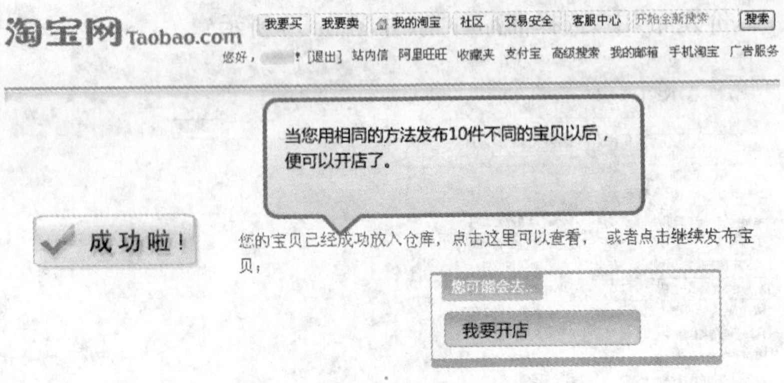

图 3.60

(6)创建店铺(如图 3.61 所示)。

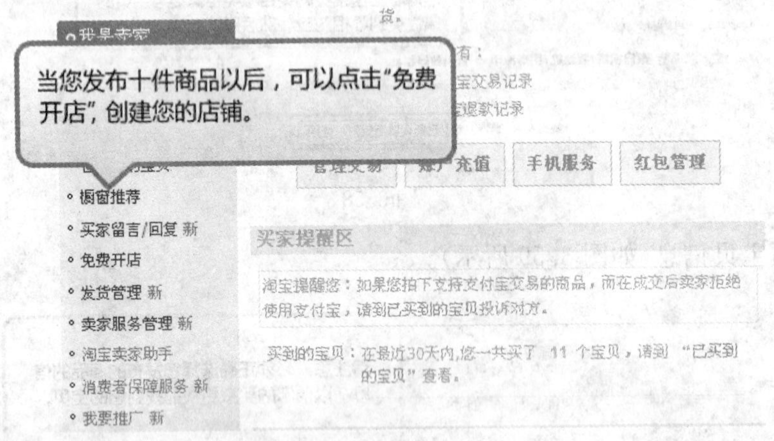

图 3.61

(7)填写店铺信息(如图 3.62 所示)。

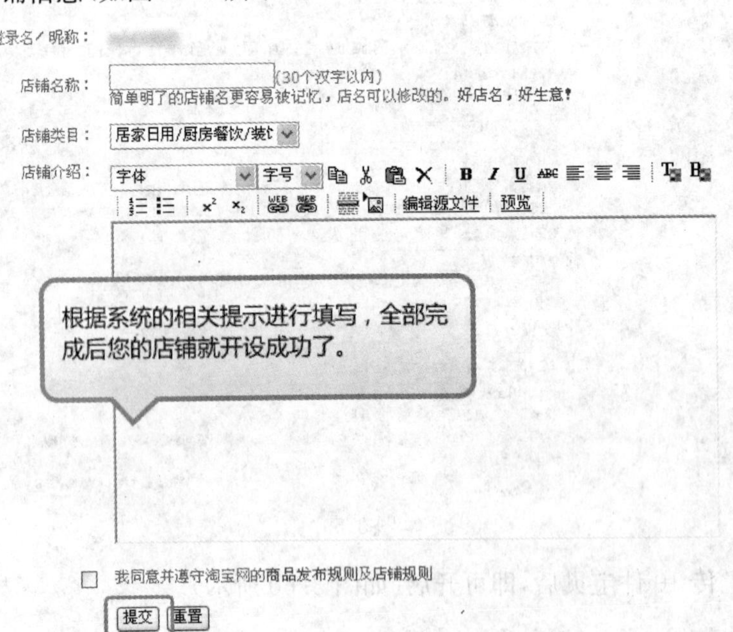

图 3.62

(8)记录店铺地址(如图 3.63 所示)。

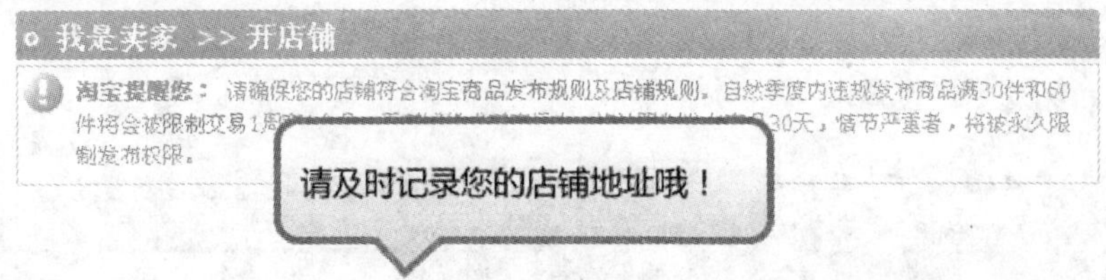

图 3.63

(六)发货操作

(1)进入发货界面(如图 3.64 所示)。

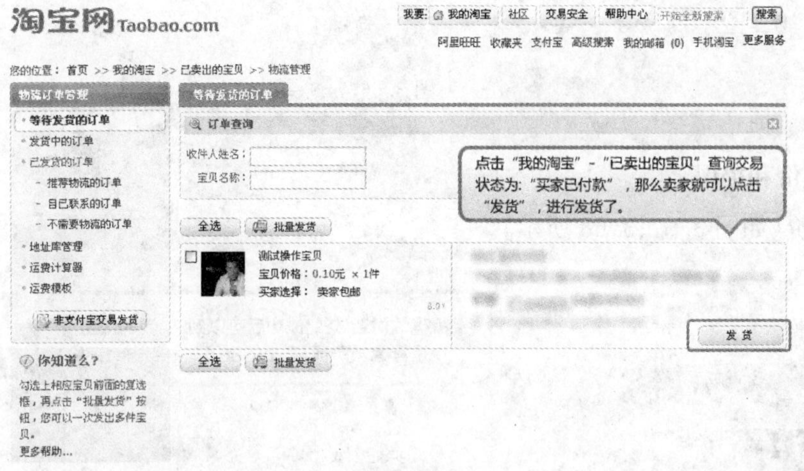

图 3.64

(2)填写发货通知(如图 3.65、3.66 所示)。

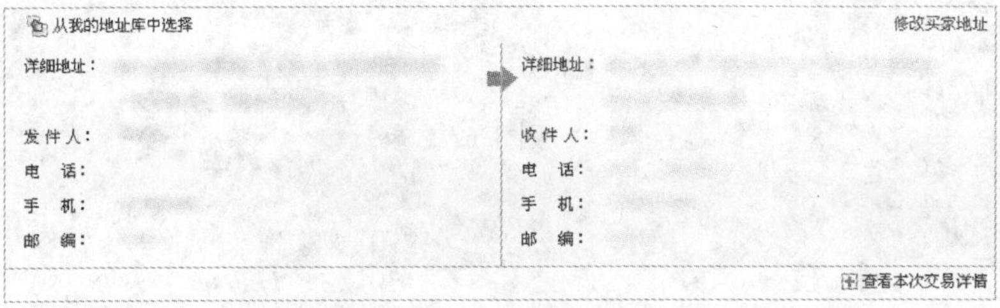

从我的地址库中选择　　修改买家地址
详细地址：　　详细地址：
发件人：　　收件人：
电　话：　　电　话：
手　机：　　手　机：
邮　编：　　邮　编：
查看本次交易详情

图 3.65

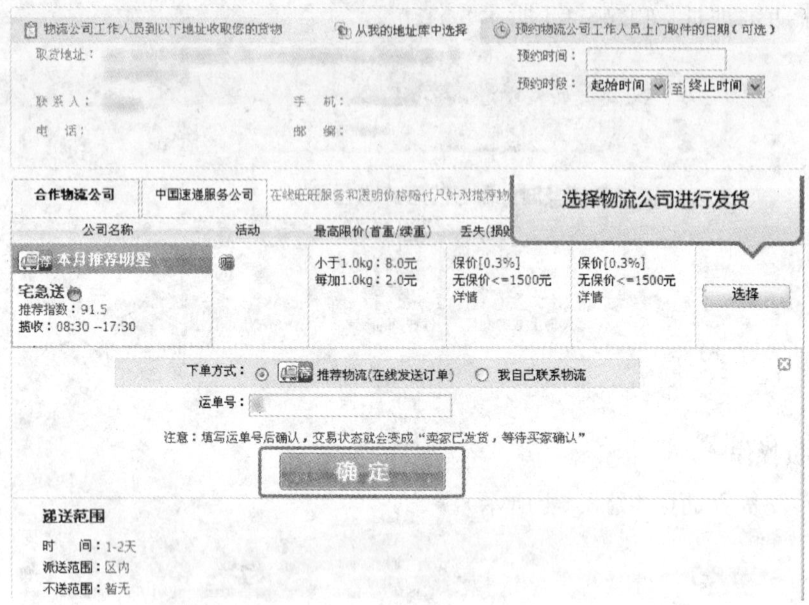

图 3.66

(七)评价和提现

(1)评价(如图 3.67、3.68 所示)。

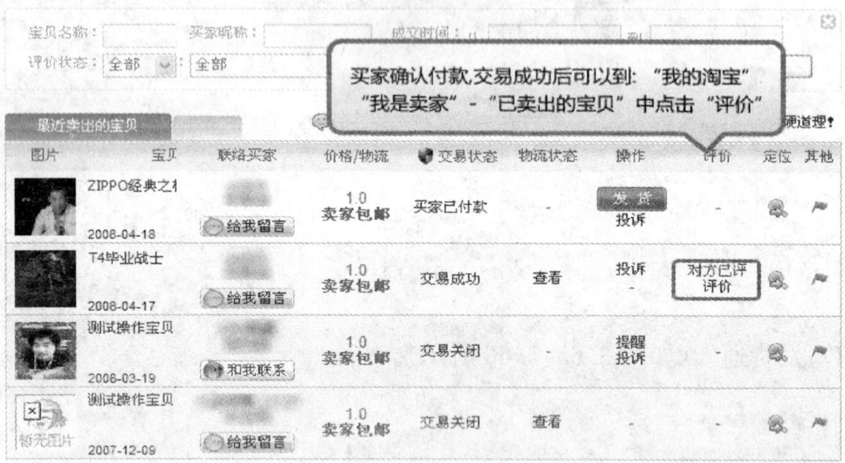

图 3.67

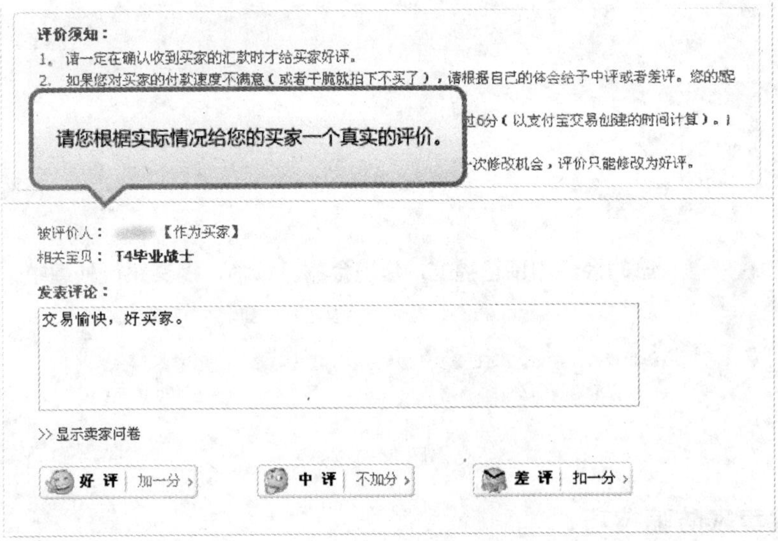

评价须知：

1. 请一定在确认收到买家的汇款时才给买家好评。

2. 如果您对买家的付款速度不满意（或者干脆就拍下不买了），请根据自己的体会给予中评或者差评。您的昵

请您根据实际情况给您的买家一个真实的评价。

过6分（以支付宝交易创建的时间计算）。

一次修改机会，评价只能修改为好评。

被评价人：【作为买家】

相关宝贝：T4毕业战士

发表评论：

交易愉快，好买家。

>>显示卖家问卷

好评 加一分　中评 不加分　差评 扣一分

图 3.68

(2)提现(如图 3.69、3.70 和 3.71 所示)。

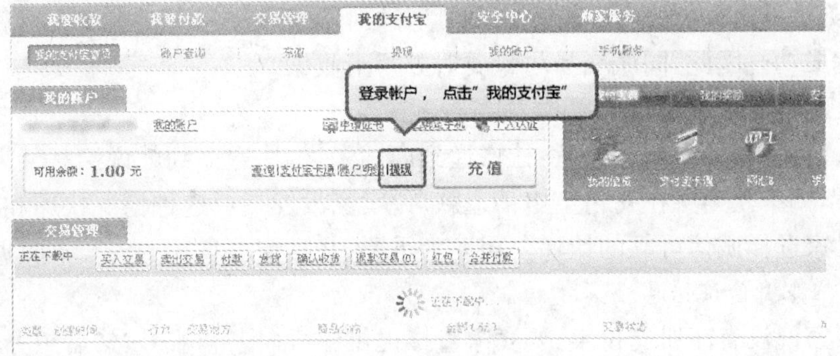

图 3.69

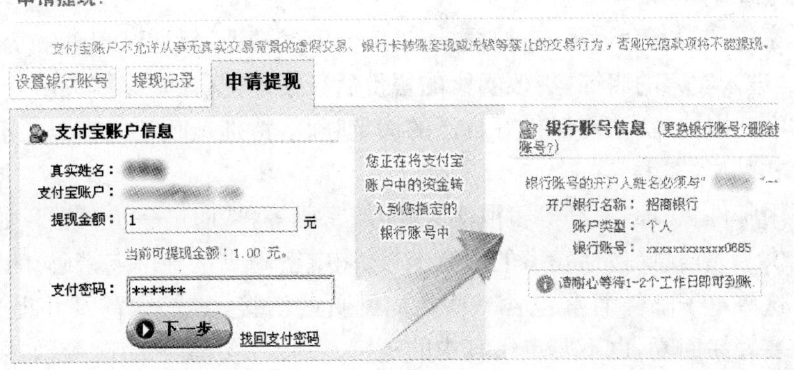

图 3.70

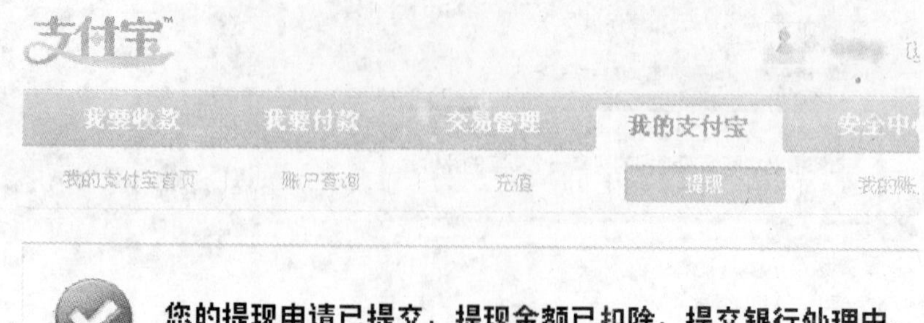

图 3.71

七、淘宝卖家防骗技巧

1. 同城交易留收据

骗子买家先用支付宝付款，然后提出和卖家见面交易，当卖家在同城交易将货交给他后，买家立刻申请退款，理由是“没有收到货”，这时卖家没法向淘宝提交发货凭证，骗子买家得以行骗成功。因此，同城交易尽量要对方写下收据。

2. 选择诚信的快递公司

骗子买家用支付宝，但急要货，让快递到店铺来拿，快递一到就说给某某来取件的，等拿到商品后，骗子立刻就在支付宝申请退款，说卖家没发货。这种情况快递和骗子往往是一家的。卖家选择诚信可靠的快递公司尤为重要，并且要求拿货的人写下收据。

3. 不要泄露身份证信息

骗子买家说没有注册支付宝，要卖家直接提供银行户名和账号，然后想办法查出卖家的身份证号码和身份证复印件，接着卖家的银行账户上的钱就莫名其妙地消失了。对卖家来说，一定不能把自己的身份证号码告诉陌生人。

4. 保护淘宝旺旺的密码

骗子买家先和卖家套近乎，东拉西扯，了解卖家的情况，然后试着破解卖家的密码，等卖家下线后，进入卖家的店铺，更改卖家的售价后狂买一把，让卖家损失惨重，再大摇大摆地付款给卖家。因此，卖家要保护好自己的淘宝旺旺，特别是旺旺的密码要不容易破解。

5. 尽量不要点击链接

买家利用邮件、病毒、木马等骗取卖家账号、密码等，从而进一步行骗。如果卖家收到一些要求提供个人信息(包括卖家的银行卡号、淘宝密码或是支付宝密码)的电子邮件，请提高警惕！这些电子邮件通常包含一些指向网页的链接，要求你登录并提交个人信息。卖家千万不要轻易回复，也不要点击其中的链接。别人发给卖家的链接，如果没有绿色认证“√ ”，一定不要点击。

6. 开通“支付宝卡通”业务

一笔交易成功，系统会把钱打入卖家店铺的支付宝账号。这个时候卖家的钱在“支付宝余额”里面，而不是卖家的“银行卡账户”里。也就是说，卖家的钱现在在“网上”，而没打到“卡里”。如果开通“支付宝卡通”业务,可通过提现操作将钱打进卖家的银行卡里。否则账号一旦被盗,盗窃分子会随时把卖家“支付宝余额”的钱转走。

7. 谨防“空城计”

骗子买家拍下商品,卖家发货后,买家唱起空城计,长时间不上线,或不联系。等卖家一不提防,买家来个申请退款,等时限一到,钱自动打回买家账户。遇到这种情况,卖家要积极联系,实在不行就以“收货不付款”投诉,拿回该得的。如果卖家想冷处理,也要及时拒绝买家的退款请求。

8. 注意买家 ID

注意买家在旺旺上跟你要货的 ID、付款的 ID 是不是完全相同,这是新卖家不容易注意的问题。买家用一个 ID 和卖家联系,达成协议后却用另一个 ID 拍下商品,两个 ID 有时很相似。卖家检查付款情况,肯定是付款成功,等待发货的。当卖家发了货,该买家又用拍下商品的 ID 找卖家,要求卖家发货,收货的地址一定和前面的不同。这样卖家就面临被骗,要发两次货,但又不得不发的境地。建议卖家朋友们,一定要查看清楚 ID 再发货,要求买家把收货地址填写清楚,这样就能有效防骗。当然要求的时候,语言要尽量客气,不要指责。

9. 注意买家信用度

查看买家信用度,特别是高价值商品一定要详查对方的信用度和信用的真实度,对于没有身份证认证的初级用户,尽量不要提供货到付款的业务,一定要通过支付宝进行安全交易。

思考与作业题

1. 案例分析

假如你是一名水果农产品经纪人,请结合当地水果的销售行情,分析水果网络营销的可行性,并制定该水果的网络营销策划书。

2. 模拟实训

参观考察就近的一家农民专业合作社(或者某学员介绍自己的专业合作社),了解农产品经营的基本情况,以学习小组为单位,就以下学习任务展开深入的探讨。

<table>
<tr><td>专业合作社名称</td><td colspan="3"></td></tr>
<tr><td>合作社负责人</td><td></td><td>参与人员</td><td></td></tr>
<tr><td colspan="4">参观考察时间:</td></tr>
<tr><td colspan="4">学习任务:
(1)了解合作社的产品和经营理念、经营模式;
(2)了解合作社产品的网络营销情况;
(3)了解该类产品在淘宝网上的销售情况。</td></tr>
<tr><td colspan="4">任务完成要求:
(1)利用 SWOT 分析法,分析合作社的产品开展网络营销的优势、劣势、机遇和挑战;
(2)统计并分析该类产品在淘宝网上的销售情况,撰写调查报告;
(3)在淘宝网上为该合作社建立一个店铺。</td></tr>
</table>

第四讲　国际农产品市场营销

第一节　农产品国际市场

阿根廷：玉米的报价为芝加哥期货＋68 美分，7 月份的船期，比巴西的略低，但市场平静。

巴西：伊朗和哥伦比亚显示对巴西玉米感兴趣，然而，政府刚通过了玉米出口补贴项目来研究玉米情况。贸易公司抱怨农民没有按照给他们补贴的价格出售玉米，所以出口商们的报价高于国际市场。出口商在试图与日本和马来西亚的买主密谋，报价为 171 美元/吨，7 月份船期。

加拿大：该国统计 6 月份的预测报告实际上是下跌的，显示大麦的播种面积为 805 万英亩，减少了 7%，燕麦为 374 万英亩，比去年略高。但是，连该机构都没有看中该报告，因为他们的下次报告将有更多的改变。

中国：继续购买美国玉米的谣传在继续，有些人预测已经购买了 120 万吨，总购买量可能达到了 200 万吨。政府在上周的拍卖中卖了 100 万吨中的 58.7 万吨国储玉米。

以色列：该国购买了 2 万吨大麦(139 美元/吨)，6 万吨饲料小麦(158 美元/吨)，这比标准的船运费低了 5 美元/吨，因为用的是俄罗斯亚述海海岸货船。

俄罗斯：大麦价格估计比 2009 年的低 10～16 美元/吨，或大约 145 美元/吨离岸价。

乌克兰：饲料大麦价格跌到 135～136 美元/吨，但黑海港口的玉米价格涨了 1 美元，为 174～176 美元/吨。然而，估计玉米市场会稳定，不会再涨了。同时，谷物行业已经请求政府给出口商退增值税。

上述案例为 2010 年 7 月 1 日发布的国际农产品市场行情，根据上述信息，先完成以下学习任务：

姓 名		经营的主要农产品	
1. 你的农产品是否有国际营销的可能性？　A. 有　　B. 没有			
2. 你所经营的农产品(或你周围的农产品经营者)中是否有国际营销？ A. 有　B. 无			
3. 你认为农产品国际营销就是进出口贸易吗？ A. 是　B. 不全是　　C. 不是			
4. 从上述发布的国际农产品市场信息中，你获取了何种信息？			
5. 从上述的国际农产品市场信息中，你认为国际农产品市场与国内农产品市场有何不同？			

进入21世纪以来，全球经济一体化趋势明显，各国企业纷纷把注意力转向国际市场，到国际市场寻求发展机会。国际市场作为国内市场的一个延伸，已经成为各国跨国企业营销的重要目标。我国作为一个农产品进出口大国，受国际市场的影响和干预也越来越明显。

一、国际农产品市场

所谓农产品国际市场就是指一个国家或地区与其他国家或地区进行农产品交易的场所及领域。其内涵非常丰富，从内容上，有广义与狭义之分：广义的农产品国际市场既包括商品农产品的国际贸易市场，也包括与农业领域有关的科技、劳务、外汇和信贷资本等的国际流通市场；狭义的国际农产品市场仅指各个国家或地区之间的各种农产品商品交换关系的总和；从地域上，既包括大国，也包括小国或地区。世界上任何一个国家或地区的农产品市场，都可被看做是世界农产品市场的组成部分。但从业务上，不论是广义的或狭义的农产品国际市场，都是包括进口与出口两大业务。

进口贸易就是指从国外输入商品、科技与劳务等；出口贸易就是指向别国或地区输出商品、科技与劳务等。在进出口业务中，农产品一般由进口国直接向出口国购买，这种形式叫直接贸易(或称直接出口)；有时为了避免外国对本国农产品贸易施加某种压力，出口国先把农产品输入第三国，再由第三国转卖给进口国，这种贸易形式称为转口贸易或过境贸易，也成为农产品间接贸易。这是农产品国际贸易中的两种最基本形式。

任何种类的国际市场都是国内市场的延伸和扩展，对外贸易是组成国际市场的纽带，扩大进口与出口业务是拓展国际市场的核心。

二、国际市场的特点

对于企业的国际市场营销活动来说，营销的原理和方法基本是相同的，所不同的是营销环境不同。针对不同的营销环境所应采取的营销策略也不相同。因此，国际市场营销是指超越国界的市场营销活动。和国内市场相比，国际市场具有一定的特殊性。

1.经营的国际性

国际市场营销的产品要跨越国界，使市场、产品、销售等具有国际性。而且跨国营销就要受双方国家海关的管理和两国贸易政策的限制，造成不同的销售环境，这就是“经营的国际性”。

进行国际性经营，自然面对的就是国际市场。国际市场粗看起来像一个统一的市场，实质不然，不同的国家和地区，不同的市场类型往往存在着本质上的区别，因而可以将国际市场进行区分。

(1)经济发达程度不同，使得发达国家市场和发展中国家市场不同。

(2)政治法律环境不同，决定了各国采取不同的经济体制和经济政策，有的国家实行闭关锁国政策，有的国家实行开放政策；有的鼓励投资，有的限制投资。

(3)经济环境不同，决定了采取不同的贸易政策。如自给自足经济、原料出口经济、工业化中的经济和高等工业化经济，会导致实行不同的对外贸易政策，从而影响市场经营。

(4)文化环境不同，决定了不同消费习惯、偏好和方式。如日本人谈生意很耐心，很少会说“不”,总是千方百计做成生意;而美国人喜欢开门见山,缺乏耐性。这也是不同习惯所致。

2. 需求的异国性

即不同国家、不同民族、不同地区的消费者有不同的消费需求和不同的消费习惯。

(1)宗教信仰不同,产品需求各异。不同国家有不同的宗教信仰,同一国家不同民族也会因宗教信仰的不同造成不同的需求。如穆斯林禁忌含酒精的饮料,却为可口可乐进入市场大开方便之门;印度人禁吃牛肉,而且有不少人奉行素食主义,为奶制品提供了市场。因而,不同的宗教信仰也会形成不同的市场。

(2)语言不同。在使用多语言的地方,商品应当用多种语言说明。同时,不同产品常使用最有信誉国家的语言进行说明:工艺品使用汉语,香水、食品使用法语,牛仔裤使用英语。

(3)文化水平高低的不同。在美国,广告推销对企业起举足轻重的作用,而在土耳其一般人则看不懂广告。非洲人识字率低,人们对许多商品不会使用,广告和说明书对营销作用就小,而要靠当场表演才能使人们明白。

(4)审美观点不同。各个民族对颜色的不同理解导致对商品的需求就不同。日本人忌讳绿色,认为绿色是不幸的。埃及人不喜欢蓝色,认为蓝色是恶魔的象征。

(5)地理位置、气候等自然条件造成对产品的需求也会不同。

3. 竞争的多国性

国际市场包括一百多个国家和地区,成千上万个公司参加竞争,因而竞争十分激烈。

像葡萄酒市场,有许多国家的葡萄酒市场竞争。其中法国葡萄酒进口量最多,其次是意大利、罗马尼亚、澳大利亚、智利等国际知名葡萄酒产区的纯正葡萄酒佳酿。这种多国性竞争,造成各公司采取各种促销手段,如广告、人员推销,批发商给零售商回扣,有奖销售等。

4. 内容的广泛性

由于前述原因,使得国际市场营销的复杂性、多边性和不确定性大大增加。相对于一般市场营销,其决策内容也相对增多:

(1)评估国际市场营销环境。

(2)决定是否向国外市场发展。

(3)决定进入哪个市场。

(4)如何进入国际市场。

(5)制定营销方案。

(6)选择营销组织。

三、农产品国际市场分析

在分析农产品国际市场中,为了让大家能更好地理解主要农产品的市场状况,我们按照农产品的类别进行分析。

1. 谷物产品

谷物产品主要包括稻谷、玉米、小麦等产品及其制品。20 世纪 80 年代以来,世界谷物贸易发展比较快，1980—2002 年，谷物的贸易量增长很快，总量从 4.4 亿吨增加到 5.6 亿吨，增长了 25.7%，年均增长 1.2%，其中，进出口基本平衡。从谷物出口的国别看，美国长期居世界谷物出口的首位。2002 年，美国谷物出口量几乎占世界总出口量的 1/3。此外，谷物的出口大国还有法国、澳大利亚和中国等。世界谷物进口国相对于谷物出口国比较分散，但是进口量较多的国家有日本、墨西哥、韩国等，西班牙成为新近谷物进口大国。

总的看来，谷物进出口的格局近几年变化不大。中国在 1996 年以后，由于粮食产量大幅上升，进口量迅速下降，由 1990 年进口世界排名第三，下降为世界第七。2004 年以前，进口量大约维持在 200～350 万吨，占国内产量的 0.5%～0.88%。但是到 2004 年，由于国内粮食供需形式发生变化，我国谷物进口大幅度增加。2004 年，谷物总共进口达 975.3 万吨，同比增长 3.7 倍。

世界谷物贸易品种主要是稻谷、玉米、小麦及其制品。2000 年，世界三大粮食作物总出口量为 2.4 亿吨，比 1990 年增加了 0.4 亿吨，增长 21.8%。从主要谷物品种贸易量的变化看，从 1980—2002 年，小麦是三大粮食品种中贸易量最大的，年进出口增长率几乎保持了同步增长的态势，为 1.9%左右。小麦的出口大国分别为美国、法国、澳大利亚和加拿大等。而进口方面，格局变化比较大，目前主要有意大利、巴西、西班牙和日本等。

2. 大豆产品

随着大豆产量的不断增长，贸易量也随之增长。从 1980—2002 年，大豆贸易总量的年增长率为 4.9%，进口增长率要高于出口增长率。目前，世界大豆贸易主要集中在北美发达国家、南美、欧洲和亚洲，1980—2002 年，北美发达国家大豆出口量占世界总出口量的比重一直保持在 51%以上。但是，近年呈逐年下降的趋势。目前，世界大豆出口大国分别为美国、巴西、巴拉圭和荷兰。2002 年，美国的出口量为 0.27 亿吨，占世界总出口量的 50%左右，但呈明显的下降趋势。从 1980 年的占世界 81%，下降到 2001 年的 51%。巴西大豆出口量占世界大豆总出口量的比重逐年递增，从 1980 年的 6%，增加到 2001 年的 28%。阿根廷大豆出口量占世界总出口量比重，在 2001 年也达到了 13%。此外，巴拉圭和荷兰的大豆出口量也比较大。而进出口国，主要有日本、荷兰、中国和墨西哥等。中国在 1996 年以后，成为大豆净进口国，进口数量迅速增加。从 1996 年的111.4万吨，激增到 2003 年的 2074.1 万吨，年增长 252%，远远高于我国国内生产增长幅度。2002 年，中国大豆进口量，占世界总进口量的 24%，而 2003 年，所占比例更大。中国国产大豆面临的形式非常严峻。

3. 棉花产品

目前来看，棉花出口大国有美国、澳大利亚、印度和巴基斯坦等国，而进口国主要有日本、韩国和欧盟等国家和地区。其中，中国是棉花消费大国，在国际贸易总量上，中国属于棉花净进口国。据中国海关资料显示，我国在 1950—2001 年，共进口棉花 1064.4 万吨，平均年进口 2.87 万吨，平均每年净进口约 10.43 万吨。新中国成立后，我国棉花贸易经历了大起大落的过程，从出口方面看，最高峰曾经达到 75.50 万吨，而最谷底仅仅为 0.60 万吨；在进口方面，同样是大起大落，一直处于波动之中。还有一个特点，就是中国棉花贸易量的波动和生产的关系不大，主要是受政策的影响。1983—2003 年，中国棉花进口增长率为5%,出口增长率为16%,出口增长率大于进口增长率。这就表明,我国的棉花是处于净进口的状态。

4.糖产品

从国际市场看,巴西为世界食糖第一大出口国。2001年,其出国量占世界总出口量的27%,是中国食糖出口量的37倍。进口量极少,或者基本上就不进口,而其他的出口大国,包括古巴、泰国、法国和澳大利亚等国家。从进口来看,俄联邦为世界食糖第一大进口国,进口量占世界食糖进口总量的10%以上。中国也是食糖进口大国,进口量在国际市场上占有很大的份额,1995年曾经达到9.4%,2001年为4.1%,仅次于俄联邦。

此外,像美国、日本、韩国等,都是世界食糖进口大国,只是美国、日本近些年食糖的进口量有所下降。中国基本上是糖净进口国家。1983—2003年,大部分年份都是进口大于出口,而且贸易量波动很大。从出口来看,1983—2003年,中国食糖经历了大起大落的过程,出口量曾经达到185.3万吨,2003年又下降到77.5万吨,因此波动比较大,而且中国食糖的贸易波动趋势和生产关联性不大,那么它的贸易波动受到政策的影响。

5.肉类产品

过去20多年,世界肉类产品生产,主要集中在亚洲发展中国家、欧盟15国、北美发达国家和南美,世界肉类产品产量的90%以上是猪肉、禽肉、牛肉和羊肉。1980—2002年,世界肉类贸易量一路攀升,贸易总量的年增长率达到8%,进出口基本上处于平衡状态,世界平均肉类产量的10%左右参与国际贸易。一些主要的生产国和出口国,如丹麦、新西兰、荷兰等国,肉类产量的40%以上参与国际贸易。而法国、加拿大、英国、美国等国家的肉类产品出口量也都超过其产量的10%以上。2002年,主要的出口国家为美国、巴西、荷兰和澳大利亚等。美国2002年的出口量占世界总出口量的17%。而肉类产品进口大国分别为日本、俄罗斯、中国和美国等。在1990年以后,日本逐渐取代美国,成为世界第一大肉类进口国。

6.蔬菜产品

世界蔬菜产品贸易,主要包括初级蔬菜产品、保险蔬菜、冷冻蔬菜、脱水蔬菜,以及加工蔬菜。在初级蔬菜产品中,世界和中国贸易量比较大的品种,有番茄、甘蓝、干制蘑菇、干豌豆、大蒜,以及干洋葱等产品。蔬菜的贸易量也是随着产量的增长呈现稳定上升的趋势。目前来看,世界蔬菜出口大国,分别为中国、意大利、西班牙和美国等,而进口大国分别为德国、美国、英国和法国等。其中,中国是世界蔬菜出口第一大国,只有少量的进口。

随着中国农业经济结构的进一步优化调整,农产品质量的进一步提高,这一格局还将有所加强。此外,我们从世界蔬菜进出口的格局可以看到,由于发达国家劳动力成本较高,在蔬菜生产上具有相对的劣势。

7.水果产品

参与世界贸易的水果产品,品种比较繁多,但是产量和贸易量比较大的品种,主要包括柑橘、苹果、梨、芒果、葡萄,以及香蕉等产品。20世纪90年代以来,世界水果出口格局变化不大,世界水果贸易主要集中在欧盟国家、南美、亚洲发展中国家和北美发达国家,分别为意大利、美国、西班牙和中国等。而世界水果进口格局变化就比较大。20世纪90年代以前,苏联是世界第一大进口国,2002年以后,进口格局变为德国、美国、法国以及中国。此外，世界水果的进出口格局比较分散，有较大优势的国家不太多。中国水果的贸易量在1990年以后迅速增长。1990—2003年，总贸易量年增长60%以上，进口增长率为135%，远远快于49%的出口增长率。与中国水果产量相比，中国水果的出口量很小。2002年，中国水果进出口量都排名世界第四。那么，中国水果和世界水果相比，它具有一定的价格和成本的优势。制约中国水果出口的因素，也同样是产品和质量因素。

8.禽蛋产品

世界禽蛋的贸易量在波动中前进，从1980—2002年，禽蛋的总贸易量年增长2.2%，进口增长率略低于出口增长率。2002年，世界禽蛋的贸易量约占产量的4.4%。因此，禽蛋的贸易量相对产量来说，是比较小的。2002年，世界禽蛋出口国的排名为荷兰、马来西亚、美国和比利时等，世界禽蛋的出口量基本上一直处于上升，其中荷兰的出口比重一直居世界第一，虽然年度间有所波动，但是仍然占有很大的份额。马来西亚、白俄罗斯、沙特阿拉伯王国，禽蛋的出口量增长都相当快。世界禽蛋进口较多的国家和地区，有德国、中国香港、法国和荷兰等，其中德国是世界第一大禽蛋进口国家，但是近几年进口比重明显下降。中国禽蛋的总贸易量，一直在波动徘徊，变化不大，其中进口不多。

9.奶制品

世界奶制品的贸易量一直在稳步增长，这个和整个世界生产水平、整个世界人民生产水平的增长有相对的关系。奶制品的出口国从20世纪80年代以来变化不大，主要有荷兰、意大利、德国、法国等。澳大利亚正在成为奶制品的出口大国。其中荷兰不仅是奶制品的出口大国，同时还是进口大国。近二十年来，世界奶制品的出口大国前四名就在荷兰、意大利、德国、法国这几个国家之间转换。很显然，奶制品的产量、贸易量与各国的气候条件、草场资源关系密切。奶制品的进口大国有新西兰、法国、德国和荷兰等。20多年来，中国奶产品产量占世界总产量的比重有较大的提高，但是参与国际贸易的比例很小。2003年，中国奶制品贸易量仅为产量的1.97%，不仅低于主要的出口国，还低于世界平均水平。其中鲜奶出口量占世界鲜奶总出口量的比重，一直在1%以上，而近几年上升趋势也不太明显。尽管中国奶产品的贸易量比较小，但是它的增长速度很快。从1988—2003年，奶制品的贸易总额以年均30%的速度增长，进口增长率为40%，远远大于9%的出口增长率，一直是奶制品净进口国家。随着我国人民生活水平的不断提高，结合我国草场资源短缺、环境恶化的现状，这一贸易格局在将来还会有所加强。

10.水产品

世界水产品的贸易量和禽蛋产品一样，都比较小。水产品出口国家的变化顺利比较大，20世纪90年代以前，主要是美国、英国、中国和挪威等国家，而90年代以后，变成了挪威、英国、丹麦和中国。北欧国家由于地理资源条件优越，而成为水产品的出口大国。水产品的进口国家，目前主要有日本、丹麦、法国和西班牙等。无论进口增长率还是出口增长率，我国都超过世界平均水平，而且从水产品的贸易优势来看，未来我国在水产品上具有极大的出口潜力。

思考与作业题

1. 案例分析

试分析目前国际农产品营销中最热门的话题,你认为我国农民跟上这一步伐困难吗?差距在哪里?如何解决?

2. 模拟实训

通过网络查阅农产品国际市场情况,与我国农产品市场比较,并做出评述。

第二节　国际营销环境

案例一:瓷器和兔肉出口难

瓷器是我国传统的出口商品,尤其是江西景德镇瓷器,多年来是国际上公认的上乘佳品,但近年来对日本出口却越来越困难。景德镇瓷器经日本一家保健所检验,产品含铅量高达30%,不符合日本食品卫生法安全标准。由于我们的产品质量不稳定,含铅量高低不一,1983年日本厚生省已指定有关机构严格检查。日本一家经营景德镇瓷器的商店已将销售品收回,连同库存货物一并退回给香港出口商。

我国对瑞士出口兔肉在这方面也出过问题。瑞士每年进口2000吨兔肉,其中有300吨来自中国。1981年1月,瑞士卫生当局没收了5吨从中国进口的兔肉,原因是经检验,我国出口兔肉中农药含量太高。瑞士联邦检验局宣称,要加强对进口兔肉的控制。

案例二:敬烟就表示尊敬吗

在我国敬烟是向客人表示友好的礼貌,然而在国外不少人是反对吸烟的,向这类人敬烟反倒是一种不礼貌的表现。1985年我国某烟草公司赴美国参加一大型展销会,带去大量香烟准备在开幕式做招待用,并进行促销性质的免费散发,结果遭到抵制,再加上香烟不适应美国人的口味,结果在这次展销会上遭到惨败。

请分析总结上述两个案例,讨论环境在营销中的重要性。

产品欲进入海外市场,必须深入了解国际市场环境。

国际市场环境是指影响和制约经营者国际营销活动的一切外部因素,具体包括各国的经济、社会文化、政治法律、竞争等因素。这些因素对产品的影响,或是提供发展机会,或是构成威胁。农产品经营者是否从事国际营销活动,必须审慎地分析,恰当地把真正的市场机会变成发展机会。农产品经营者面临威胁,要善于选用适当对策:反抗、减轻、避免和转移,时刻注意提高应变能力,及时调整市场营销策略,以达到经营目标。

因此,与国内市场营销环境相比,国际市场环境更具有复杂性、多变件和不可控性。我们不企求覆盖国际市场营销环境的全部内容,介绍其主要的几个方面,以求农产品经纪人对进入国际市场、开展国际营销的企业,能有所帮助。

一、国际政治环境

政治与经济是不可分的,农产品能否进入国外市场,许可权完全掌握在东道国政府手中，东道国可以允许、不允许，或者鼓励、支持、限制、禁止外国企业在其境内开展各项营销活动，尤其在当今贸易保护主义盛行、政府干预加强的情况下，政府就成了国际企业的一个控制力很强的、隐名的合伙人。因此，农产品经纪人在开展国际市场营销之前，必须尽可能地估量要进入的那个国家占支配地位的政治气候和法律，了解所在国政府实现国家目标的方针、对外商的基本态度和政策，避免与其法律相抵触。

(一)政治因素

1.政府与政党体制

(1)政府类型。政府类型取决于公民形成和表达他们意愿的程序及其意愿对政府构成和政策的影响程度。多数国家的政府可分为两类：议会制政府和专制政府。

对农产品经纪人说，最重要的是了解现政府的构成及其对经营和外商的基本政策。政府是保守的、中立的还是极“左”的？目前的政治气候是鼓励自由经营体制还是鼓励占行业优势的国家所有制？而这些都取决于执政党的主张。

(2)政党。不同的政党有不同的政治主张，政府的政策深受执政党的影响。政党可以影响政府对经营的态度，更重要的是政党对外商在其国家经济中的地位具有决定作用。同时，政党之间力量的改变是造成国际政治经济格局变更的最主要原因。

总之，一个企业要研究目标市场政府的政治气候，就必须了解现政府的主张，并尽可能了解其政治发展的长远方向。

2.政府政策的长期性和稳定性

判别政府政策稳定与否，对于农产品经纪人是至关重要的，因为政策的稳定性直接影响营销政策的长期性。

政策的不稳定性主要是由于政府结构的变化以及政府首脑在各党派中的更换而引起的。这些更换必然导致包括重新调整对外商政策在内的经济工作指导思想的变化。而政府与企业关系的巨大变化也都发生在政府的更换时候。在许多情况下，为转移社会的不满和激发民族信心，“剥夺外国企业”会成为新政权的政治口号，从而使外国企业成为替罪羊。虽然如此，但只要有长期稳定性和预见性，国际营销仍可在任何类型的政府统管的国家获利。但是，在政府政策急剧变化和不可预测的情况下就不能贸然行事。

3.民族主义

据专家预测，在本世纪末，影响国际营销最关键的政治因素将是强烈的经济民族主义。也就是说，无论哪一个民族国家，都不会容忍外国企业对其市场和经济的无限渗透，特别是当东道国认为外商的经营决策没有顾及甚至威胁本国的社会或经济利益时，更为如此。例如，美国国内正在开展抵制购买“日本车”的运动，以保护正受到日本汽车冲击的美国汽车工业。民族主义对国际营销的影响，无论是在发达国家还是在发展中国家都是一样的，只是程度不同而已。

4.对政治阻力的评估

有些农产品由于其特殊性而会受到当地政府的特别关注，遇到更大或较小的政治阻力。如能因此而得到政府的赞赏，就会获得政治保护(诸如减免税、取消或减少限额、控制竞争及其他特权)。当农产品被认为不重要或不需要时，政治阻力也会导致劳资关系紧张、价格限制、限额分配、征用甚至没收财产等。

目标国家或地区有多少政治主张和经济、文化差别，就至少有多少种原因使产品受到阻力。遗憾的是，要预测和评估来自各方阻力尚无具有权威性的规范可循。

(二)国际营销中常见的政治风险※

1.没收和征用

没收是东道国政府无偿接管外国人投资的企业；征用是东道国政府以某种补偿形式接管外国企业，这种补偿与被征用企业财产的价值并不相等，甚至有的只是象征性的。这两种都是东道国政府常用的手段，也是外国企业遇到的最严重的政治风险。

2.蚕食

蚕食就是逐渐侵吞，指东道国政府以各种手段迫使外商逐渐失去对所属公司的控制(包括所有权的控制)的整个过程。它不是完全没收和征用，而是更巧妙地逐渐剥夺外国企业的经营自主权。其手段包括：将部分或全部所有权转移到其国民手中；派大批国民参与高层管理，使之拥有更大的决策权；规定更多的产品要由当地生产，不得进口零配件；制定专门的、符合政府目标的出口规定；等等。

3.关税壁垒

这是东道国政府用提高关税的办法，阻止、限制外国商品进口，削弱其产品竞争力，用高税收来迅速获取资金和保护国内同行企业。例如，在发展中国家，大都凭借高关税来阻挠外货进口，如墨西哥抽取纺织品进口税50%，巴西征收外国酒类及香肠的进口税105%。

4.非关税壁垒

在贸易保护主义浪潮席卷全球之际，非关税壁垒亦即进口限制，被越来越多的国家采用。进口限制就是在法律上和行政上限制进口的各种措施，如进口许可证，进口配额，复杂的海关手续，过严的卫生、安全、技术质量标准，特定的包装装潢条例等，名目繁多，不胜枚举。据统计，世界上非关税壁垒的种类已达近千种之多，已影响到世界贸易总额的40%左右。与关税相比，它的保护作用具有更稳定、针对性强、机动性大、隐蔽性明显、遭到报复的可能性小的特点。例如，我国输往美国的一些食品，如咸蛋曾被美国食品进出口检验机构发现咸鸭蛋壳上有虫，便宣布严禁我国咸鸭蛋、咸鱼、糯米制品等进口。我国输往美国的大量此类物品过不了关，被美国海关判处“毁灭”(即用大型压碎机或垃圾粉碎机压碎)。

5.外汇管制

一些国家由于国际收支逆差严重，外汇黄金储备短缺，本国货币对外比价不能维护，政府就对外汇买卖、国际结算和外汇汇率实行管制。如外汇短缺，就会控制所有资本转移，或有选择地控制那些政治上不受欢迎的公司的外汇，以保证对那些最重要的产业的外汇供给。外汇控制有时也视产品而定，即把产品分为必需品和奢侈品，使用一套复杂的汇率对其经营实施控制，对必需品使用低汇率，对奢侈品采用高汇率，这对外商很不利。

(三)减少政治风险的建议※

尽管我们不能直接控制或改变东道国的政治环境，但仍有一些办法可减少商业投资的政治风险，或将其减少到最低限度。诸如：

(1)不应该只求自己获得，还应兼顾当地雇员和东道国的利益。

(2)使产品尽可能适应当地消费环境。

(3)用当地顾客的语言流利地与之交流。

(4)应努力地对东道国的经济和文化发展作出贡献，资助那些值得花钱的公用项目。

(5)本企业管理人员及其家属在外国环境中应举止得当。

(6)最好不要只用本国管理人员，要用当地有能力的外国职工和管理人员。

(7)与当地公司或第三国的跨国公司联营，以增加本企业向东道国讨价还价的力量。

二、国际法律环境

1.国际商法

由于没有一个统一管理国际贸易的国际商法，而各国法律又不同，因此，农产品经纪人在多少个国家经营就面临多少种不同的法律制度。因此，在开展国际营销时，必须注意目标市场国家与绝大多数营销业务有关的法律问题，诸如各种经济立法，包括专利法、商标法、广告法、竞争法、投资法、商品检验法、环境保护法、海关税收法以及保护消费者的种种法令。例如，美国和中国香港为保护消费者，都有法令规定香烟包装上要印上关于吸烟危害健康的警告。

2.国际法律争议的裁判权

在国际营销中，发生争议时，决定由哪种法律裁决是一个很重要的问题。由于能够审理一切贸易纠纷的权威性国际司法机关是不存在的，因而纠纷发生时，必须要依据某一国的法律来解决。通常争议中最重要的就是要诉诸哪种法律。对企业方面国际法律争议的审判权通常用以下三种方法中的一种加以解决：一是根据合同中规定的裁判条款；二是按订立合同的所在地的法律；三是合同条款执行地方的法律，一般来说，在签订合同时，就应明确地说明受哪国法律审理，以免纠纷发生后再来决定。

3.解决国际纠纷的法定追索权

在国际贸易中，买卖双方发生争议时，处理争议的方式一般有：友好协商、调解、仲裁和诉讼等。一般来说，采用友好协商和通过第三者调解的方式，手续比较简便，费用较少，气氛也比较和缓、友好，因此都愿意采用。只有在这三种方式不能解决问题时，才采用仲裁或诉讼的方式。而诉讼的费用大，时间长，容易使事情更加恶化。所以，大多数商人宁可通过仲裁解决问题，而不愿起诉。

根据国际上的习惯作法和一些国家的法律规定，凡采用仲裁方式处理争议时，当事人双方必须订有仲裁协议，即双方当事人愿意将争议提交仲裁机构审理的表示。它是仲裁机构受理案件的法律依据。同时，当双方当事人订有仲裁协议时，一般就排除了法院对该争议案件的管辖权。

国际商事仲裁机构有两种形式：一是常设仲裁机构；二是临时仲裁机构。常设的仲裁机构可以分成三类：第一类是国际性的或区域性的仲裁机构，如国际商会仲裁院；第二类是全国性的仲裁机构，如英国伦敦仲裁院、美国仲裁协会、瑞典斯德哥尔摩商会仲裁院、日本国际商事仲裁协会等；第三类是附设在特定行业内的专业性仲裁机构，如伦敦油籽协会、伦敦谷物商业协会等行业组织内设立的仲裁机构。临时仲裁机构是为了解决特定的争执而组成的仲裁庭，争议处理完毕后，仲裁庭即告解散。

总之，不同的法律和法制会引起许多问题，在国际营销业务中，如遇到有关法律制度方面的知识必须咨询法律专家，最好是聘请一位精通国际法的律师。

三、社会文化环境

一个国家或一个地区人们的生活方式、思维习惯、企望满足的需求和欲望以及他们满足需求和欲望的方式,都是以其特有的文化为基础的。因此,任何一个从事国际市场营销的企业都必须使其营销活动中的任何一部分,诸如设计一种产品、推行一项促销措施等,能被当地的文化所接受。毫无疑问,企业的营销努力与社会文化相互作用的结果——被接受、阻挠或拒绝——决定着营销努力成功与失败的程度。

另外,一个成功的国际营销者,还必须能灵活运用当地的语言。其重要性不仅体现在表达意思,更重要的是体现一种亲切感。若不能克服语言上的障碍,纵有良好的营销策略,亦是枉然。对于外国营销者来说,所有必须学习的文化因素中,语言也许是最难掌握的。因此,绝不可过高估计自己运用别国语言的能力。一般来说,要充分理解一种语言的真实含义,必须在那种语言环境中生活一段时间。因为字典的释义与习惯语意不尽相同,没有哪本字典能把习惯语义注全。那些对商标和广告语言的粗心翻译不仅会词不达意,而且可能表达相反的意思,包括猥亵的、冒犯性的或荒谬可笑的意思。例如:“White Elephant Noodles”,本意表示白象牌方便面,但“White Elephant”是“无用而累赘”之意;“pansy”,本意是“三色紫罗兰”,但在俗语中“pansy”有同性恋者之意。因此,在通晓当地语言之前,应谋求在国外环境中的本国人的帮助,切不可马虎从事。

四、国际贸易体系

公司走向国外市场,必须先从研究国际贸易体系着手。公司要把产品销往另一个国家的市场,就会碰到各种贸易限制。最常见的贸易限制是关税,即外国政府对某些规定的进口商品征收的一种税收。征收关税的目的有两种:增加财政收入(财政关税)或保护国内企业(保护关税)。出口商也可能碰到配额,配额是进口国对某些进口商品所规定的数量限制。规定配额是为了防止外汇过度外流,保护国内市场和维持国内的就业水平。禁止进口是配额制度的一种最严厉形式,严厉到对规定类别的商品完全禁止进口。国际贸易还受到外汇管制的影响,外汇管理调节着外汇的数量和本国货币对其他货币的汇率。公司还可能遇到许多非关税壁垒,像对本公司报价的歧视性对待,针对本公司产品性能的歧视性产品规格标准。例如,荷兰政府禁止时速超过 10 英里的拖拉机的进口,实际上大多数美国生产的拖拉机都在被禁止进口之列。

此外,还有一些其他力量在寻求国际贸易的自由化和促进国家间,至少与某些国家间贸易的发展。世界贸易组织(原关税与贸易总协定)是一项国际协定,它已经通过若干轮谈判降低了世界的关税水平。一些国家还组成了经济共同体,其中最有影响的是欧洲联盟(原欧洲经济共同体,EEC 又称共同市场)。欧盟各成员国都是西欧的一些主要国家,他们都力图在欧盟内降低关税、降低商品价格、扩大就业、扩大投资。欧盟已经组成关税同盟,关税同盟是一个自由贸易区,成员国相互间免征关税,而对非成员国的贸易按统一的税率征收关税。欧盟的下一个目标是实现经济同盟,到那时候,各成员国将根据统一的贸易政策进行对外贸易。自从欧洲经济共同体建立以来,又陆续出现了一些其他的经济共同体,其中有拉丁美洲自由贸易协会(LAFTA)、中美洲共同市场(CACM)和北美自由贸易区(NAFTA)。

五、科技环境

科技环境是新技术、新工艺、新材料的研制发展情况以及三新的应用情况。分析科技环境目的在于判明某区域内生产力发展水平、工业化程度，并通过对技术装备条件的考察来具体了解某行业或某企业面向未来的能力；通过对三新的考察了解新旧产品的替换范围、程度及可能的时间，某产品的寿命周期以及需求发展的层次趋向。科技问题是营销人员进行市场分析时必须重点考虑的问题之一。

六、地理环境

地理环境也是企业营销所不能控制，但又容易忽视的环境因素。一个国家的自然条件，包括土地面积、地状、地貌、地形、气候、矿产资源、动植物状况、主要经济作物、主要农产品、水、光、热资源以及交通条件等，大体上决定了该国的社会特征及社会用以满足其需要的财富，决定了一个国家的经济和购买力状况及其指向。如哥伦比亚种植咖啡占其总耕地面积的 1/3，玻利维亚的锡占总生产的 30%，委内瑞拉和伊朗的石油分别占其总生产的 93%和 85%，它们的经济结构、生活水平和购买力等无不受其主要产品的影响。因此，研究地理对于评价营销及其环境是非常重要的。

七、各国商务惯例分析※

人们的经商方式是文化环境的组成部分。由于地方文化的支配作用，使得各国的商务惯例在接触级别、交谈的语言和手势特点、礼貌和效率以及谈判重点等方面都存在着极大的差异。对外国的商务惯例缺乏必要的了解，对开展国际贸易无疑是一个严重的障碍。但如果营销者还不承认对之缺乏了解和理解，并误以为其他商业文化与本国的相似而贸然行动，则会对国际市场营销构成更严重的威胁。尽管在国际市场营销的道路上布满障碍，但是了解商业文化、经营态度，以及做生意的方法，有助于排除许多障碍。如果一个营销者出访外国时，对诸如洗澡、食品口味、服装式样以及思维方式等方面的差异显得格格不入，态度生硬、不能接受或忍耐，那么他就很少有可能获得满意的谈判结果。事实上，经常可以看到，由于对方认为你了解他而接受谈判建议的情形。所以，在开展国际营销之前，营销者必须对目标市场国家的商业习俗应有所了解。这里，我们介绍几个主要贸易伙伴国家在商业习俗上的一些特点，以供参考。

(一)美国

美国人的商业文化特点是：坦率、自信、热情、真挚，性格外露，讲究效率，喜欢直截了当地进入谈话主题，并且喜欢不断地发表自己的见解，力图说服对方，注重实际，追求物质上的实际利益。这种商业文化的特点是受美国社会文化背景影响的，众所周知，美国是一个年轻的国家，同时也是一个移民的国家，国民的思想开放程度和民主意识都很高，此外，还有较强的创新意识、竞争意识和进取精神。这也使得美国人的好奇心极强，比较容易接受新事物。

美国人的法律意识很强，在商务谈判中非常注重法律、合同。对发生的纠纷，诉讼于法律对美国人来说是很正常的、司空见惯的。美国人的时间观念很强，工作节奏快，希望在最短的时间里达成交易，有时甚至直接拿一份早已拟好的合同让你签约成交。所以，在美国谈生意不必过多地问候握手，可直接进入谈话主题。

与美国人交谈，绝对不可指名批评、指责某人，或把竞争对手的缺点抖搂出来进行贬抑等，否则，会引起对方的反感和蔑视。因为美国人谈到第三者时，都会顾及避免损伤别人的人格。

美国人很注重商品的包装和装潢。因为包装和装潢直接关系到商品的销路，只有新奇、美观、符合国际潮流的包装与装潢，才能激起美国人的购买欲望，打开市场。

(二)加拿大

加拿大也是个移民国家，人种是多彩多姿的，有英国、法国、意大利和希腊等国的移民，而且每年人数也都有显著增加。各人种都带着强烈的本国气息，所以，做生意时，应该因人种而变换手法，否则，难免是要吃大亏的。例如，和英国系的人商谈时，从进入商谈到签订合同，是很艰苦的。一会儿，卡在这个问题上，一会儿又卡在那个问题上。所以，商谈的促成很费时间。但是，一旦签订了契约，就稳如泰山了。法国系的商人则恰恰相反，他们非常和蔼可亲，容易接近，对前来谈生意的人很亲切，有如款待远道而来的客人一样，无微不至，但是，一旦坐下来，正式进行商谈时，就判若两人，讲话慢吞吞的，难以捉摸。所以，要谈出一个结果来，是很费劲的。在签约之后，也仍会有一层不安。

加拿大的商人之中，百分之九十为英国系和法国系。大体而言，他们属于保守，不喜欢产品的价格上上下下，经常变动。其商业的特征是，稳扎稳打式的，而不做薄利多销。加拿大的企业家，都是偏重于国内生意，国际性的观念较薄。

(三)英国

也许，由于曾经一度是称霸过世界的大国意识在作祟的关系，英国人总带着一种悠然自得的样子。不过，在另一面，则仍有岛国的民族特性而显得保守。因此，对新事物总是裹足不前，而且生性又很怕羞。正因如此，英国人在与人交往时，开始总保持一段距离，然后才慢慢接近。

然而，在遇到必须有所主张的情况的时候，他们还是会不客气地当面主张。遇到有纠纷的时候，也不会轻易地道歉。

英国人的绅士风度使得英国人善于交往、讲究礼仪、对人比较友善，一般不喜欢介入他人的生活。英国人讲究绅士风度，对对手的修养与风度也很注重。英国人从事商务活动时多穿有背心的三件头式西装，喜欢传统保守领带，不系条纹的领带，总喜欢以貌取人。因此，赴英办事，仪容、态度尤须注意。英国人的时间观念很强，拜会或洽谈生意一定要先预约，并要准时到达，如果提前几分钟更好，这样会得到英国人的信任和敬重，因为严守时间、遵守诺言，是他们的相处之道。英国人的等级观念非常严格，是个很重视资格的国家，经过有资格人士介绍情况、联系业务，及人际往来，相当重要。英国的进出口商很善于处理复杂的对外贸易，对其经营的各种类型的产品都有长期经验。在业务上有点松散，对谈判往往准备不甚充分。在与英国商人来往函电、推销商品时，应主动向英国进口商提供报价、商品说明书以及寄送样品，以便使进口商掌握充分的资料、情况，了解所推销商品的级别或分类，来确定其支付的进口税费或作为申办有关进口的手续。

与英国人交谈，切记不要以王室的家事作为谈笑的资料；也不要把英国人简称为英国人，因为“英国人”的原意是英格兰人，而和你对话的人可能是苏格兰人、威尔士人、非爱尔兰人或爱尔兰人，而“不列颠人”这个称呼，则会使所有的英国人都感到满意。

（四）德国

关于德国商人的性格，长期驻在德国的人会这样说：“在从事商业活动的时候，印象最深刻的，要算他们对本国产品的信心了。因此，他们在商谈中，常常会用本国产品来作为衡量的标准。”

德国人的自信心很强，在谈判中会坚持己见。他们对权利和义务很明确，这不但表现在商业活动中，而且在日常生活中也是如此。这也就显露出德国人缺乏融通性，表现在商业活动中，即在交易中很少让步，讨价还价的余地不大，并且他们自己往往在签订合同的最后时刻想尽办法逼迫对方作最后的让步。德国人的思维很有系统性和逻辑性，因此在交易过程中往往准备得很充分、很周到、很具体。如果对手事先准备不足，谈判中思维混乱，很容易引起德国人的反感和不满。

德国人比较注重形式，在德国要以职衔相称。如德国对手的头衔是博士，那你必须记在心上，并要多次使用这个称呼，这样会引起对方的好感。商人们见面或离开总是互相把手握了又握。德国人在商业活动中，极度珍惜商权。在法律的条文里，关于保护商权也规定得很严格而明确。譬如，取消代理契约的时候，就必须付给五年期间中的平均年交易所得利益。因此，在未付给补偿金以前就不能取消代理契约。德国人很注重合同，对合同条文研究得很细，执行合同也很严格。因此，在签订合同之后，任何关于要求交货日期或付款日期的稍微宽延、变更或另作解释等都是不会被理会的。“礼貌是至关重要的”，故对礼物的选择要费心机，包装更要尽善尽美。

（五）法国

法兰西民族在其近代史上，其社会科学、文学、科学技术等方面都有卓越成就，民族自豪感很强。这表现在国际交往中，法国人往往会坚持使用法语。他们认为法语是世界上最高贵的语言，尽管他们的英语说得很好。法国人是传统性地充满着人情味的。所以，人际关系是用信赖维系的。譬如，在商谈的时候，德国人就会将所有细节完全研讨过，并经确认，感到满意之后才会签约。但是，法国的商人则谈妥约百分之五十的时候，就会在契约上签字了。不过，昨天才签约的契约，明天就又要变更了的情形，也在所难免。因为法国人认为，既然要点已谈妥了，细节的事以后再谈也无妨，反正填一下就行了。这就是“人情味”的体现。所以，法国人很珍惜人际关系，而这种性格也影响到商业上的交涉。据说，在尚未交成朋友以前，是不会跟你做大宗的商谈的。

在法国的中小企业之中，不懂得贸易业务的为数不少，因此，在商谈时要把他们当做连 CIF 和 FOB 都分不清，尽量把各个细节都弄清楚。

法国人的商业交易作风比较松垮，但其中又富有顽强的精神。与法国人的商谈常常因政府的介入而使贸易与外交关系联接在一起。这样，有时使问题复杂化，增加了谈判的困难；有时又能促使问题得到较顺利的解决。因此，要注意外交与经济的协调配合。

法国人大都早起早睡，工作强度也很高，工作期间态度极为认真，但时间观念并不是很强。法国商人在公余之暇的交际，几乎不会有在晚上被邀或邀请对方在外面举行宴会。

家庭宴会是最隆重的款待,在宴请招待时忌讳谈生意。

此外,在和法国人商谈的时候,假如只顾谈生意的话,是会被他们认为“多么干燥无味的人呀”,所以注意为妙。除了到最后做决定的阶段的时候,可以一本正经地只谈生意之外,在这之前的商谈中,应该多聊聊一些关于社会新闻或文化等话题,以制造富于情感的气氛,才能做到好生意。但要注意,不要对同你谈生意的商人过多地提及个人问题,法国人不喜欢涉及他人的家庭私事和生意秘密。

(六)日本

日本是个岛国,资源匮乏,人口密集,活动的市场有限。所以,日本人从儿童时代起,就懂得这样一个道理:必须使日本的经济持续增长和保护贸易顺差,这是一个自然资源贫乏但人力资源丰富的岛国谋求生存的唯一出路。日本人的文化受中国文化影响根深,儒家思想文化、道德观念已深深印在日本人的内心深处,并在此基础上创造出其独有的文化。日本人的慎重、规矩、礼貌、耐心、自信、刻苦、进取心、事业心都是举世公认的,具体表现在办事计划性特强,事前的准备工作充分,对任何一次会谈的时间、内容,都会列出详尽的计划表,一丝不苟地执行。日本只用了一个多世纪的时间就从封建性的农业社会演变成为一个现代化的工业强国。但是,古代村社结构中的某些成分却一直保留到今天,其中最重要、最基本的就是日本人对团体的责任感,进而使日本企业组织内部的统一性、协调性达到很高的水平。譬如,日本人对每次商业活动不但从它的内在价值和利润来加以考虑,而且还通过它对公司的形象和声誉的影响来加以考虑。

日本人在第一次见到别人时,就想尽快知道这个人在他自己的事情安排中会占有什么地位,想知道进行顺利的社会交往所必需的情报。他们认为给双方带来最少麻烦而又最简便的方法是实行交换名片的制度,因为绝大部分日本的成年人通常都有这种名片。呈递这种业务名片的方法有比较死板的规定,许多外国经营者因为没有这种名片而遭遇失败。这种名片最好是一面印有中文,另一面印有日文。印在名片上面的头衔应尽量表达出该人在公司中的显要身份。日本人把身份的细节看得非常重要,因为日本社会是个等级分明的社会。

日本人很注重在商务活动中建立和谐的人际关系。这样,往往在商务谈判过程中,有相当一部分精力和时间是花在人际关系中。例如,正式交谈的头几分钟,日本人颇有礼貌地询问客人的旅途、身体状况和日方见过的客人的同事的身体情况以及其他诸如此类的问题。所以,与日本人打交道必须具有耐心,并在谈判前对对手应有所了解,这对后面将要进行的谈判是有好处的。

除了社会交往以外,另一个同日本商人搞好关系的独特之处是送礼的习俗。送礼是向客人致意或是巩固已有良好关系的一种方式。当日本人到中国访问时,应该给他们送礼,以示尊重。送礼同其他事情一样,必须注意等级,按照等级来划分礼品。另一个重要方面是,商标牌号对日本人来说至关紧要。在日本人之间的业务送礼中,某些商标的商品最受欢迎。所以,在会见日本客人时,最好还是调查一下他们现在最喜欢什么。另一种最受欢迎的就是在国内最有代表性的礼物。礼物要在社会活动中赠送。

日本人的时间观念极强,生活节奏快,这是由日本人的生活充满竞争造成的,但同时他们工作又非常认真勤勉。日本人在谈判中有时不能坦率、明确地表态,有时报价中的水分极大，常使对手产生含糊不清、模棱两可的印象甚至误会。在签订合同之前，日本人一般很谨慎，习惯于对合同作详细审查并且在内部做好协调工作，这就需要一个较长的过程。但一旦做出决定，就会重视合同的履约，履约率很高。

(七)沙特阿拉伯

由于受地理、宗教、民族等问题的影响，沙特人具有沙漠人的特点，即以宗教划派，比较保守，性情比较固执，不轻易相信人；比较好客，但缺乏时间观念。沙特人喜欢用手势或其他身体语言来表达思想。

在沙特，想推销某一件产品而访问客户时，第一次和第二次是绝对不可以谈生意的，第三次可以稍微提一下。然后，再访问一两次之后，才可以进行商谈。否则，沙特人是不会理你的。这也就是说，要先建立朋友的关系，否则，不管条件多好，也都不会理你的。

在沙特，宗教即回教，控制着日常生活以及政治、经济等。因而，疏忽了宗教，就不能从事商业活动了。因此，在从事商业活动之前，就必须对回教有所了解。沙特阿拉伯是个多禁的国家，例如，禁露笑容，其主要原因是他们民间传统就视脸色不露笑容，才为对客人表示友好和对长辈表示尊敬。所以与沙特人交往时，必须板着面孔，否则，会被认为是不友好的行为。此外，沙特还禁女自由，禁下象棋，禁用左手与他人交往，禁止打听其妻子的情况，禁止拍照，禁止饮酒、吸烟，禁食猪肉。所有这些，对与之交往、进行贸易活动的人来说，稍有不慎，都将导致营销的失败。

在沙特的商业活动中，有一个常会出现的语句，即“IBM”。这取之阿拉伯语的头一个字母。其中I是“因夏拉”(神的意志)，B是“波库拉”(明天再谈)，M是“马列修”(不要介意)等意思。这是一个很方便的循词，譬如，在商谈中订立了合同，但后来情况有所变化，而对方想取消合同时，就可以名正言顺地说，这是“神的意志”，很简单地就取消了合同。又如，在商谈中，也会碰到这样的情形，好不容易谈出点名堂，正想进一步促使交易时，他们却忽视耸耸肩说：“明天再谈吧”，其结果往往是话头打断了，等下回再谈时，有利的情势已不复存在，必须从头再来。M就是在碰到前面I与B的情形，或者其他令人恼怒的事情，他们就会拍拍你的肩，说：“不要介意，不要介意”，使你生气不起来。所以，在沙特从事商业活动时，就必须记住“IBM”的原则，配合对方悠然的步伐，慢慢进行才是上策，绝对不可以急促从事。沙特人做生意有个习惯就是讨价还价。没有讨价还价就不是场“严肃的谈判”。不过，讨价还价时要注意两类不同做法的人，“漫天要价与追求利润”，前者可以就地还价，大刀阔斧；后者则应适度还价。

在沙特还必须注意：无论是同私人企业谈判，还是同政府有关部门谈判，在做生意时，都必须通过代理商。如果没有合适的中间商，就不可能在生意谈判中进展顺利。在涉及大笔代理生意时，代理商可以帮助你在政府中找到合适的关系，使你谈判的项目得到政府的支持而带来方便。另外，在沙特不要谈论中东政治问题，也不要谈国际石油政策。

思考与作业题

情境练习：

情人节之际，我国葡萄欲进入美国市场，请分析营销环境。

提示：

(1)政治环境:目前中美关系,美国政治局势等。

(2)法律环境:关税政策、是否有限制葡萄进口的政策、进口的卫生条件要求、农药残留量要求等。

(3)经济环境:美国经济发展水平,各阶层人们可支配收入,消费支出模式等。

(4)文化环境:情人节消费习惯,美国人对葡萄的看法,美国人对颜色、形状的喜好等。

第三节　农产品进入国际市场的途径

农民朋友们,如果你的农产品进入国际市场后,出现产品销量不佳的现象,你会怎么考虑?

根据上述问题,先完成以下学习任务:

姓 名		经营的主要农产品	
1.如果你的产品销量不佳,你应该考虑:包装是否合适?			
2.如果你的产品销量不佳,你应该考虑:销售渠道是否有问题?			
3.如果你的产品销量不佳,你应该考虑:定价是否合理?			
4.如果你的产品销量不佳,你应该考虑:产品促销是否适当?			

一、农产品进入国际市场

(一)农产品进入国际市场需了解的信息

国际农产品市场十分广阔而多变,各个市场需要什么样的产品,需求量有多大,什么时候需要,对农产品质量、规格有什么要求,农产品销售到哪些市场才能多创汇,出口创汇企业要了解这些问题,就必须充分掌握农产品国际市场的信息,掌握各个出口市场的特点以及对农产品的需求状况。只有这样才能选择合适的目标市场,使出口农产品适销对路,减少市场风险,提高出口创汇效益。因此,企业必须建立市场信息系统,为企业领导确定农产品出口市场策略提供依据。

农产品国际市场的信息应以各个具体的出口农产品为对象,了解市场供求状况、特点与变化趋势。基本内容包括农产品信息、市场信息和客户信息三个方面。

1.农产品信息

农产品信息主要包括:①适销农产品的市场潜力、需求品种、牌号、数量、品质、规格、包装等的要求;②进口国农产品的供货主要来源或消费对象及主要购买者;③在同类农产品中主要的竞争对手及其竞争潜力,竞争优势和产品的市场占有率;④农产品市场消费特点,包括消费者的消费心理、消费习惯和消费水平、销售季节;⑤同类农产品在不同国家或不同地区的销售价格水平以及当地消费者对农产品价格的反映,不同时期影响出口农产品价格变化的因素及其变动趋势;⑥进口农产品的销售渠道、经营方式、推销网点的分布以及有哪些合适的传媒可供选择;⑦哪些农产品可以进一步开拓市场,哪些需要缩减或淘汰,哪些要维持现状等。

2. 市场信息

为了从众多的出口市场中正确选择某一个或某几个具体的目标市场，必须掌握出口市场信息，主要内容包括：

(1)基本概况：包括市场所在国或地区的地理位置、土地面积、人口、气候、语言、宗教、政治制度、政局稳定程度、国民生产总值、经济增长速度、家庭及人均收入、同我国的关系等。其中人口因素影响农产品市场需求规模，收入水平影响人们对农产品的购买力，应作为调查的重点。

(2)农产品贸易情况：包括市场所在国或地区的农产品自给率、进口农产品种类、历年进口额及其商品结构；农产品进口贸易的主要国别和地区、农产品购买力、国际支付能力、主要港口及对我国农产品的贸易状况等。

(3)对外贸易政策法规：调查市场所在国和地区的有关政策法规，如税收、价格、外汇政策；商标法、商品检验法、食品卫生法、环境保护法、仲裁法；外汇管理条例、非关税进口限制措施条例等。

(4)社会文化：不同国家和地区有不同的社会文化特点，其中教育水平、宗教信仰、审美观念、价值观念等都会影响人们的农产品消费观念、消费行为与消费方式，直接关系到农产品进口国或地区对农产品的包装、装潢、色彩、图形、语言等方面的要求，因此，必须掌握这些信息。

3. 客户信息

(1)客户类型：国外客商有不同的经营方式(类型)和经营性质，要了解客户是代理商还是进口商，是零售商还是批发商，是专营商还是兼营商，是连锁商还是超级市场等。

(2)资信状况：资信是客户资本与信用的简称。资本状况包括客户的注册资本、实际资本、资产净值、财务状况、资产负债以及银行往来户头等。信用主要是指客户的经营品德、经营作风、履约守信程度等。资信状况是客户信息中最基本、最重要的内容。

(3)经营范围：指客户经营哪些农产品进出口业务，是专项经营还是综合经营。

(4)经营能力：指客户的经营规模、经营力量、经营技能、经营特长、经营效果等。

(5)业务往来：主要了解客户同我国外贸企业业务往来的状况及往来关系等。

上述可从实地考察获得，也可以从联合国资料、国际复兴开发银行、WTO、统计局以及行业记录等资料中寻找。

(二)农产品进入国际市场的时机

如果某种农产品具备了以下条件中的一个或几个，你就可以考虑进入国际市场了。

(1)具备比竞争者更好的产品或更低价格的产品。你就可以考虑打入竞争者的国内市场，以削弱其竞争能力。

(2)国外市场的机会利润高于国内市场。

(3)国内市场已经或即将萎缩。

(4)拟扩大销售量实现规模经济时。

(5)需要以降低对某个或某些市场的依赖来降低经营风险。

当然，即使农产品选择的机会是成熟的，进入国际市场的风险依然存在。

(三)农产品进入国际市场的渠道

在决定采用何种渠道进入国际市场时,经营者主要应考虑下述因素:

(1)渠道的可获性。不同的市场有不同的进入方法。比如在某些国家中建立独资企业是不可能的,但在另外一些国家则很受欢迎;在一些国家采用许可证贸易方式是不现实的,因为找不到合格的被许可人,而在另一些国家则是可行的。

(2)获利的可能性。对各种渠道所可能获得的销售额和发生的成本进行估测和比较。

(3)需要的投资。一般间接出口需要的资金较少,而国外独资经营所需资金较多。

(4)人员要求。一般来说,进入国际市场的方式愈直接,就愈需要更多的业务熟练的国际营销人员。

(5)风险。一般认为国外比国内的风险更大。

(6)经营者对其产品分销渠道的控制程度。如把产品卖给了出口商,让出口商去外销,这时对渠道就没有控制。

(7)灵活性。各种渠道所具有的灵活性是不同的,例如已在某国外建厂生产,再想改变渠道就不容易,而间接出口的方式较容易改变。

二、开拓国际市场的方式

经营者一旦发现某个市场颇具发展潜力,就该考虑如何进入国际市场,可采用的方式有:

1. 间接出口

间接出口是指企业将其产品卖给国内的中间商,由其负责出口。间接出口的渠道不少,有出口行、制造商的出口代理商、出口管理公司、国际贸易公司、合作出口以及利用国外驻国内销售机构将产品转售国外市场。

产品以间接出口方式进入国际市场,有这样一些优点:第一是进入国际市场快;第二是费用节省,既无需承担出口贸易资金上的负担,又不需要亲自去海外做市场调研、建立专门的销售网点以配备专门的人员;第三是风险小,不必承担外汇风险以及各种信贷风险;第四是灵活性大,长短期业务均可管理。

然而间接出口使企业不能获得国际经营的直接经验,对海外市场缺乏控制,所获市场信息反馈有限、利润亦有限。

因此,这一方式是进入国际市场最脆弱、最容易的方式,企业并非直接参与国际营销,它比较适用于小企业,大企业运用此方式,往往是作为诸多方式之一,主要是针对潜力不大而风险很大的市场。

2. 直接出口

直接出口是指企业把产品直接卖给国外的中间商或最终用户,其主要途径有:利用国外的经销商;利用国外的代理商,包括佣金代理商、存货代理商、提供零部件和服务设施的代理商等;设立驻外分支机构;直接供货于最终客户。

选择直接出口方式进入国际市场可以使企业摆脱中间商渠道与业务范围的限制,以对拟进入的海外市场进行选择;企业可以获得较快的市场信息反馈,据以制定更加切实可行的营销策略;企业拥有较大的海外营销控制权,可以建立自己的渠道网络,也有助于提高企业的国际营销业务水平。

当然这种方式也有其局限性，如成本比间接出口要高，需要大量的最初投资与持续的间接费用；需要增加专门人才；在海外建立自己的销售网络需要付出艰苦努力。

3. 国外生产※

选择出口方式进入海外市场可能由于运输成本过高、受关税与贸易配额限制等而使效益低下，同时外国政府可能限制某些产品的成品进口，而对外国企业在当地制造却持鼓励态度，所以如果当地市场潜力大，资源的比较优势大，可以选择国外生产方式，这也可以使产品设计、制造、销售与售后服务更能符合当地消费者要求。

国外生产的主要形式有以下几种：

(1)国外组装。它是指国际企业在母国生产出某种产品的全部或大部分零部件，运往东道国组装成成品，然后将成品就地销售或再予出口。这种方式具有明显的优点：运费低、关税低、投资少、制造成本降低、能为东道国提供一定的就业机会，易为当地政府所支持。

(2)合同制造。它是指国际企业与东道国企业签订某种产品的制造合同。东道国企业按合同要求生产出成品，再交由国际企业销售。这种方式的优点在于母国企业的资源优势可能在于技术、工艺和营销，而不在于制造；国外投资少、风险小；产品仍由母国企业负责营销，对市场控制权仍掌握在母国企业手中；产品在当地制造，有利于搞好与东道国的公共关系。但它也有局限，主要是难以找到有资格的制造商；质量难以控制；利润需与制造商分享；一旦制造合同终止，东道国制造商可能成为国际企业在当地的竞争者。

(3)许可证贸易。它是指国际企业与东道国企业签订许可协议，授权东道国企业使用国际企业的专利、商标、服务标记、商品名称、原产地名、专有技术等在一定条件下生产和销售某种产品，并向东道国企业收取许可费用。运用这一方式无需大量海外投资即可快速进入海外目标市场，而且可以避开关税、配额、交通运输费等不利因素，又易受当地政府欢迎，风险较小，不存在被没收、征用、国有化等风险，同时，产品在当地销售后，若需修改，无须支付修改费用。然而国际企业向被授权企业收取许可费时，被授权企业有一定的依赖性，对被授权企业控制力有限，特别是在产品质量、管理水准、营销努力等方面，当许可协议终止后，被许可方可能会成为国际企业潜在的竞争对手。

(4)合营企业。合营企业是指国际企业在东道国选择一个或若干个企业共同投资、共同经营、共负盈亏的企业。在我国，合营企业有股权式的中外合资企业和契约式的中外合作企业两种形式。合营企业与海外独资生产相比，可以减少投资与人力；由于有资本与技术投入易获得当地政府与社会的支持；也较容易获取当地的资源支持；特别是能更多、更快地获得当地市场信息，对生产和营销的控制程度较高。然而与许可生产和合同制造相比，它毕竟要求国际企业向海外市场投入更多资本、风险相应增大，同时，合营各方面经营目标、利益分配、目标市场以及管理思想与文化背景的矛盾冲突而需要花费大量努力予以协调。

(5)海外投资生产。它是指国际企业在国外市场上全资控制一个企业的生产和营销，国际企业既可选择收购当地现存企业的方法，也可投资设立一个新企业。海外独资生产可以使国际企业独享利润；避免与当地合作伙伴冲突而能将自己的经营目标与管理思想一以贯之;能更直接、更全面地积累国际营销经验,并将独资企业更有效地纳入其全球营销体系之中。但是由于这种方式投入的资本远较其他方式为多,风险亦大,相对合营企业较难取得当地资源支持与政府部门和社会公众的认同。

三、进入国际市场的营销组合策略※

进入国际市场的营销组合策略,其内容与国内的营销策略大体相同,也包括产品、定价、广告及人员推销、销售渠道及产品储运,以及这些策略之间的协同作用等。但由于国际市场比国内市场的市场环境复杂得多,所以,这些策略中又有一些新的内容、新的问题需要说明。

(一)国际产品策略

1. 国际产品标准化与差异化策略

国际产品标准化是指在世界各国市场上,都提供同一种产品;差异化则是指对不同国家或地区的市场,根据其需求差异,而提供经过改制的、略有不同的产品。如在全世界各地,我们可以喝到从包装、品牌、口味都相同的可口可乐,吃到肯德基炸鸡;我们也可以在各国买到一模一样的尼康照相机、柯达胶卷,但对于电视机来说,各个国家可能电视线路不同、电源电压不同,因此向不同国家供应的电视机就需略作修改而略有不同。

国际产品标准化可获得规模经济效益,节省研究开发费用和其他技术投入,也可以节省营销费用。它可使消费者在全世界各地都能享受到同样的产品,有助于树立企业及其母国的国际形象。然而面对有差异的市场,国际企业为了开拓市场,增加销量,可能不得不实施产品差异化策略,当然由此必须承担额外的成本与费用。

影响产品标准化或差异化的因素很多,要做出一项正确的决策,至少必须考虑这样一些方面:成本与利润的比较,产品的性质、市场需求特点、东道国的强制因素,等等。

2. 国际产品包装与品种

国际企业在不同的海外市场销售产品,其包装是否需改变,这将取决于各方面的环境因素。从包装所具有的两个方面基本作用——保护和促销来看,如果运输距离长,运输条件差,装卸次数多,气候过冷或过热或过于潮湿,则对包装质量要求就高,否则难以起到保护产品的作用。如果东道国顾客由于文化、购买力、购买习惯的不同而可能对包装形状、图案、颜色、材料、质地有偏好,则从促销角度看,应予重视并予调整以起到吸引与刺激顾客的作用。当今一些发达国家的消费者出于保护生态环境的强烈意识,重新倾向使用纸装包装,而在一些发展中国家,顾客仍普遍使用塑料袋包装,因为它较牢固且可重复使用。

就品牌而言,大多数国际企业当然喜欢采用统一的国际牌号,因为这可达到促销上的规模经济,因为一个国际名牌具有很强的号召力,本身就是一笔无形财富,而重新树立一个品牌却绝非易事,如日本的"索尼"、"东芝"、美国的"柯达"、"麦克唐纳"等,然而如果由于法律、文化等方面的原因,如在伊斯兰教地区,不能用猪、熊猫等图案作为商品内容,这样就需更改品牌名称。当然在不同国家和地区,对同一种产品采用不同品牌,有时也是细分市场和研究市场需求状况的需要。如日本"松下"有三个英文品牌,"National"、"Panasonic"和"Technic"。

3.农产品营销的新产品开发策略

农产品和任何事物一样，有着出生、成长、成熟以至衰亡的生命周期。因此，企业不能只顾经营现有的产品，而必须防患于未然，采取适当步骤和措施开发新产品。它是企业提高竞争力的重要因素，也是企业市场营销活动的主要任务。新产品开发过程一般包括新产品构想的形成、新产品构想的筛选、概念产品的形成与检验、经营分析、制出样品、市场试销、正式生产投放市场。新产品开发成功以后，还需上市成功，这意味着新产品被消费者采用并不断扩散。

新产品开发是从营销观念出发所采取的行动，因此首先必须是适应社会经济发展需要，试销对路的产品。没有市场的产品，对企业而言再新也没有意义。消费者对奇形异彩农产品需求，使一个产品多种式样成了新的消费动向，如乌骨鸡、七彩龟、黑小麦等农产品虽分别属鸡、龟、麦类，但因为其颜色特别，药用价值较高，不仅市场销路好，而且经济效益高。因此，新产品要有自己的特色以适应和满足消费者需求的新变化。

(二)国际渠道策略

我国农产品流通业的现代化水平、管理水平和组织化程度低，导致渠道效率较低，与市场经济成熟国家相比，存在着较大的差距。损耗严重使蔬菜等农产品在流通过程中由于缺乏有效的保鲜包装措施，容易腐烂变质，这使得农产品的采购量和实际销售量之间存在较大的缺口，据有关资料显示，蔬菜中毛菜到净菜一般有10%～20%的损耗，这也加大了农产品的成本。物流成本过高导致农产品价格抬高，势必影响农产品向外地市场的扩散。农产品是否能及时销售出去，在相当程度上取决于营销渠道是否畅通。营销渠道的畅通和高效可以有效保证农产品供求关系的基本平衡，保护生产者和消费者的利益，使我国农业生产保持稳定平衡。因此，农产品营销渠道的选择策略，不仅要求保证产品及时到达目标市场，而且要求选择的销售渠道销售效率高，销售费用少，能取得最佳的经济效益。

对于国际市场上分销渠道的决策，首先是选择如何进入某国外市场方式的决策，其次再进行在该国外市场上选择何种渠道模式的决策。

1.选择国外经销商

“宁愿要一个第一流的经销商、第二流的市场，也不要一个第一流的市场、第二流的经销商。”根据各个国家企业进入国际市场的经验，选择一个好的经销商，比选择一个好的市场更为重要。

2.传统渠道与新兴渠道模式

目前世界上流行的渠道模式大体上可分为两类：传统渠道模式和新兴渠道模式。

所谓传统渠道模式就是指产品由生产企业经批发商或代理商至零售商最后到达最终消费者手中的系统。在这种系统中，每个成员都完全独立，相互缺乏紧密合作与支持。

所谓新兴渠道模式是指渠道成员采取了不同程度的联合经营策略，具体有纵向联合和横向联合两种。纵向联合有三种系统：一是公司垂直一体化系统，主要为大制造商或大零售商牵头建立的控制批发、零售各个层次，直至控制整个销售渠道的系统，它往往集生产、批发、零售业务于一体；二是合同垂直一体化系统，它是由不同层次的相互关联的生产单位和销售单位，以契约形式联合起来的系统，它有特许经营系统、批发商自愿连锁系统和零售商合作社三种形式；三是管理一体化系统，制造企业通过与中间商协议，以控制其生产线产品在销售中的供应、促销、定价等工作。横向联合是指由中小批发商组成的自愿连锁,它较少涉及渠道结构中的其他层次,主要是中小批发商相互合作支持以抗衡大批发商的一种方式。

3. 国际分销模式的标准化与多样化

所谓分销模式标准化是指国际企业在海外市场上采用与母国相同的分销模式;多样化则是指根据各个国家或地区的不同情况,分别采用不同的分销模式。

采用标准化的分销模式可以使营销人员易以经验为基础来提高营销效率,实现规模经济。然而事实上即使产品采用标准化策略,分销模式要采用标准化策略却更加困难,难以可行。这主要是因为各国分销结构由于历史原因而相异殊多;各国消费者的特点不同,如购买数量、购买习惯、消费偏好、顾客地理分布等方面不可能完全相同;同时,国际企业还要考虑自身实力、竞争对手的渠道策略以及其他营销组合因素。所以,选择海外市场分销模式绝非国际企业一厢情愿而可为,国外企业在进入日本市场时,普遍对其高度集中与封闭的渠道结构感到无从入手,非得与综合商社、大的制造商或批发商合作,方可将产品推入其渠道系统。

(三)国际定价策略

农产品价格的制定可分为两大类:一类是政府定价,农产品生产经营者对所出售的农产品价格没有决策权,如我国曾长期实行过的酿粮棉油国家统购统销价;另一类是农产品经营者定价,依据农产品质量、市场供求状况等因素决定其价格。农产品定价目标与程序以农产品生产经营者对其产品是否具备定价权力为前提条件。在市场经济下,为了刺激顾客的消费行为,通常要对基本价格作适当的调整,如价格折扣与折让,即实行让利。抓住顾客的心理进行促销定价。通常利用节假日和换季时节进行所谓的“大甩卖”、“优惠酬宾大减价”和“买一送一”活动,把部分产品按原价打折出售,以促进销售。由于国际营销环境复杂多变,这给国际企业对在海外销售的产品定价增加了许多困难,其价格的构成更加复杂,影响其变动的因素也更多。

1. 国际市场价格的形成

在国际市场上,我们会发现这样一个事实,许多产品由产地卖到另外的国家和地区,其价格会上升很多,这就是所谓的国际价格的升降现象。这通常是由于该种产品在分销过程中渠道延长,被征收关税、需承担运输成本和保险费用以及汇率变动所致。仔细分析,不难看到影响国际定价的因素远比国内定价为多,除需求因素、成本因素、生产因素以外,还要考虑东道国关税税率、消费税税率、外汇汇率浮动、国外中间商毛利、国外信贷资金成本,即利率情况、运输与保险费用、国外通货膨胀率、母国与东道国政府的干预以及国际协定的约束。

2. 国际定价管理

国际企业作定价决策,也要先确定定价目标:是以获取最大利润为目标,还是以获取较高的投资回报为目标?是为了维持或提高市场份额,还是为了应付或防止市场竞争,抑或为了支持价格的稳定?一个有实力的跨国企业在进入一个新兴的富有潜力的海外市场时,大多会以获得较高的市场占有率为目标,因此在短期内,其价格或收益可能不能覆盖成本。

那么,国际企业定价决策应由谁负责？选择只有三个:母公司总部定价;东道国子公司独立定价;总部与子公司共同定价。最常见的方法是第三个选择,如此母公司既可对子公司的定价保持一定的控制,子公司又可有一定的自主权以使价格适应当地市场环境。

3. 定价基本方法与策略

国际企业在作价格决策时,其基本方法同国内定价是相同的。即有以成本为导向的定价法,包括成本加成法、边际成本法、目标利润法、损益平衡法;以需求为导向的定价法,包括理解价值法、区分需求法;以竞争为导向的定价法,包括随行就市法、密封投标法。

国际企业可选用的国际价格策略也有:用以新产品定价的撇脂法和渗透法;用以折让策略的数量折扣法、现金折扣法、职能折扣法和季节折扣法;用以地理定价的 FOB 法、CIF 法、区域运送法、补贴运费法;用以心理定价策略的非整数定价法、整数定价法、声望定价法、单位标价法。

4. 国际企业定价策略

国际企业对其产品在国际市场上销售,应保持其统一价格,还是针对不同国家市场制定差别价格,这是一个非常值得研究的问题。统一价格显然有助于国际企业及其产品在世界市场上建立统一形象,便于企业总部控制企业全球的营销活动;然而各国的制造成本、竞争价格、税率都不尽相同,消费水平更有差异,要在环境差别明显的各国市场的统一价格销售产品常常是不切实际的。波音飞机销往全世界各国的价格是统一的,这是因为它在各国市场上的竞争地位一致。香港是世界性消费城市,各国旅游者可在那里购到许多免税商品,烟、酒却不在其列,烟、酒制造商不得不将其产品价格定得很高以谋求盈利,因为香港政府对烟、酒课以重税。

无论如何,国际企业定价的最终目的还是为了寻求利润的最大化,长期的亏本买卖肯定是不做的。国际企业为了使其整个企业集团利润最大化,还经常采用转移价格策略,这是一种在母公司与各国子公司之间以及子公司相互之间转移产品和劳务时所采用的价格,定价的出发点是为了避税、避免资金在高通胀率、严外汇管制国家滞留。当然有些国家政府针对国际企业的这一策略,制定了相应的法律、法规,以要求国际企业制定内部转移价格时能遵守公平交易的原则,挽回或保护其正当的国家利益。

(四)国际促销策略

促销的主要任务是要在卖主与买主之间进行信息沟通,国际促销也不例外,它也是通过广告、营业推广、人员推销和公共关系活动来完成其任务的。

在国际市场上销售产品,也要通过广告及其他促销活动,来提高企业的声誉,增进顾客对产品的了解,以达到增加产品销售的目的。但由于国际市场的市场环境比较复杂,各个国家对促销策略也不一样,所以在制定促销策略时,要视不同国家的具体情况而定。

四、绿色贸易壁垒与国际绿色营销

(一)绿色贸易壁垒

进口国的关税贸易壁垒因其透明度高,易受到世界贸易组织(WTO)及出口国的关注,而不得不递减;关贸总协定(GATT)的“乌拉圭回合”的谈判又将矛头指向传统的非关税壁垒,如进口配额、“自动出口限额”、进口许可证、海关估价等,这些传统的非关税壁垒只能在特定的条件下采用。在这种形势下，一些国家开始寻求新的贸易壁垒，绿色贸易壁垒(Green Trade Barrier)就是最为盛行的一种。所谓绿色贸易壁垒，是指进口国以保护生态环境、自然资源、人类和动植物的健康为由限制进口的措施，这就为世界各国的产品或服务的出口构成了绿色壁垒。国际环境公约、WTO协议中的环境条款、国际环境管理体系系列标准(ISO14000)、绿色标志制度、进口国国内环境与贸易法规、进口国环境与技术标准等，一方面有利于环境保护和可持续发展，另一方面又可能构成绿色贸易壁垒的渊源。

(1)涉及环境保护问题的国际公约有《保护臭氧层维也纳公约》(1985年)，《关于破坏臭氧层物质的蒙特利尔议定书》(1987年)及其《伦敦修正案》(1990年)，《保护生物多样性公约》(1992年)，等等。

(2)WTO有关协议中的环境条款，如《关税与贸易总协定1994》第二十条规定：不得阻止缔约国采用或实施为保护人类、动植物的生命或健康所必需的措施和为有效保护可能用竭的自然资源的有关措施，但对情况相同的各国，实施的措施不致成为任意的或无理的歧视，或构成对国际贸易的变相限制。《建立世界贸易组织协议》指出：在符合可承受的发展速度的前提下允许缔约国合理地利用世界资源，以符合各国经济发展水平所决定的各自需求与利害关系的方式寻求环境得到保护，并提高这种保护的手段。《技术性贸易壁垒协定》指出：不应妨碍任何国家采取必要措施保护人类、动植物的生命和健康以及环境。《关于实施卫生与植物检疫措施的协定》和《服务贸易总协定》中也有类似的条款。

(3)国际标准化组织(ISO)在1993年6月组建了环境管理技术委员会(TC207)，负责制定环境管理体系系列标准，目前已起草的标准有24个。1996年9月TC207颁布了该系列标准中的5个，即ISO14001、ISO14004、ISO14010、ISO14011和ISO14012。

(4)绿色标志(Green Label)，也称为环境标志(Environment Label)，生态标志(Eco-Label)是由政府部门或其授权的部门按照一定的环境标准颁发的特定的图形，用以表示某种商品符合环境要求。绿色标志制度可以促进环境保护。

(5)进口国每一种环境与贸易法规的实施都可能会改变市场上的商品构成和消费者的消费行为，从而对外国商品的进口形成贸易壁垒。1994年7月，德国通过了新的《消费者保护法》，禁止使用和进口能分解成致癌芳香胺的118种偶氮染料及其染色的纺织品，禁止进口的最后期限是1996年3月31日，禁止销售的最后期限是1996年9月30日，欧盟也最终同意执行这一禁令，这一法规使得许多国家的纺织品出口受到打击，其中对我国和印度的冲击最大。

(6)许多国家，特别是发达国家制定了严格的环境与技术标准。由于各国环境与技术标准的指标水平和检测方法不同，以及对检验指标设计的任意性，使环境与技术标准可能成为绿色贸易壁垒。

(二)国际绿色营销※

以企业作为主体的国际绿色营销属于微观市场营销，是企业面对国际营销的宏观环境，特别是绿色贸易壁垒，采取相应的绿色营销因素组合，以满足国际目标市场对保护环境、生态资源和动植物健康的需求，在满足环保需求中取得经济利益。国际绿色营销的企业行为主要有树立国际绿色营销观念、开发国际绿色产品、实行国际绿色营销组合，以及适时申请 ISO14000 和绿色标志认证。

1. 树立国际绿色营销观念

面对全球生态环境的恶化、自然资源的短缺等生态危机，国际环境公约纷纷出台，各国环境与技术标准对产品及其生产过程的要求越来越高，环保法规越来越复杂和严格；许多消费者，特别是发达国家的消费者的绿色消费观念已经形成。种种迹象表明，国际市场的绿色消费的现实需求和潜在需求很大，符合环保要求的产品的现实市场和潜在市场对企业充满着诱惑力，不符合环保要求的产品将会失去国际市场，生产过程不符合环保标准和法规的企业将会被停产。

许多企业，特别是国际化经营的大企业，开始树立或已经树立国际绿色营销观念。青岛海尔股份有限公司、广东科龙集团、河南新飞电器有限公司等企业早在 20 世纪 80 年代就树立了国际绿色营销观念，着手开发绿色电器，对 ISO14000 认证也十分积极。国外的大企业，特别是跨国公司，其国际绿色营销观念更为强烈。松下电器产业株式会社要求松下集团在华的 31 家生产型企业在 1998 年底以前通过 ISO14001 认证；飞利浦集团要求在华的 11 家企业于 1999 年以前通过 ISO14001 认证；ABB 集团、日本电器公司（NEC）等要求在华的企业在近两年内通过 ISO14001 认证。欧盟也要求在华的企业于 2000 年以前通过 ISO14001 认证。

2. 开发国际绿色产品

与其他国际产品相比，国际绿色产品的基本要求是符合进口国和消费者的环保需求。1985 年全球开发的绿色产品仅占新产品总数的 0.5%，而到 20 世纪 90 年代上半叶已上升到 10%左右。在国际绿色营销中，绿色产品是关键性的环节。

（1）选择和调研国际目标市场：在全球市场细分的基础上，选择企业所要进入的国际目标市场，调查目标市场的供求及竞争者的策略，特别是环境标准、环保法规、ISO14000 推行情况、绿色标志制度、消费者的绿色消费意识等情况。

（2）实行“绿色设计”：在产品设计中优先考虑环境保护准则，即减少自然资源损耗、减少污染物产生、保护自然资源以及生态降解等，同时综合考虑费用准则、性能准则和美学准则。“我们不是生产垃圾”和“产品易于销毁和产品易于制造同等重要”，是绿色设计界行话。

（3）推行清洁生产：通过资源的综合利用、短缺资源的代用、二次资源的利用，以及节能、省料、节水，使产品的生产过程与环境保护相协调。

（4）实行绿色包装：产品包装要符合国际目标市场的环境标准和包装法规；尽可能地选用可再循环和再利用的包装材料；在产品包装上要设计出具有浓厚生态气息、美化环境之类的题材，突出绿色因素；密切关注绿色包装的信息，及时改进绿色包装。

3. 实行国际绿色营销组合

为了满足国际目标市场的绿色消费要求，以及冲破绿色贸易壁垒，企业应组合运用绿色营销因素。国际绿色营销因素大致有 6P，即产品（Product）、价格（Price）、渠道（Place）、促销（Promotion）、权力（Power）和公共关系（Public Relation），如何组合运用 6P 是国际绿色营销成功与否的关键。

（1）实行大市场营销（Mega Marketing）策略：大市场营销是针对企业进入具有贸易障

碍的市场而设计的,企业实行大市场营销时,在策略上要协调地运用经济、心理、社会、政治等手段,特别是权力和公共关系,以取得国际目标市场的各有关方面(如政府部门、国会、立法机构、政党、工会、宗教机构、民间社团、宣传媒介等)的合作与支持。

(2)实行绿色价格策略:将生态价值观贯穿于绿色产品定价体系,加强生态环境成本核算,把绿色产品的生态环境成本计入总成本,在同类产品价格的基础上确定一定的加价率,树立绿色产品优质高价的形象。

(3)实行绿色渠道和绿色促销策略:采用无污染的运输工具,合理设置供应配送中心和配送环节,选择绿色信誉好的中间商,以维护产品的绿色形象;在人员推销、广告、公共关系等促销中,强调绿色特征,把产品、企业与环境保护有机联系起来。

(4)实行企业绿色营销稽核与审查:企业 SWOT 分析是绿色稽核和审查的有效工具,即通过收集相关信息,特别是国际目标市场对企业绿色营销策略的要求,分析出公司内部的优势(Strength)与缺陷(Weakness)及所面对的外在机会(Opportunity)和威胁(Threat),改善企业的绿色营销策略。

4. 适时申请 ISO14000 和绿色标志认证

ISO14000 认证和绿色标志认证是企业进入国际市场和冲破绿色贸易壁垒的“绿色通行证”。同时,申请认证还能够推动企业的内部环境管理体系的建立,引导企业按照绿色要求改进产品种类、生态设计、生产工艺和生产过程,推动企业的管理走向标准化、规范化和国际化,促进企业经营由粗放经营向可持续经营的转变。申请认证对不同类型企业的影响是不同的,一般认为,对出口型企业、污染企业、股票上市企业和大企业的影响要大于非出口型企业、非污染企业、非上市公司和中小型企业。

ISO14000 认证程序是:企业首先建立 ISO14000 环境管理体系,如果有困难,可以请咨询公司帮助建立体系;然后,企业向 CCEMS 提交认证申请书,申请审核认证;CCEMS 对申请书进行评审,看其内容是否符合认证的基本条件;如果符合基本条件,CCEMS 对企业进行初访,审核方和委托方签订合同,按程序审核,审核合格后颁发认证证书,证书有效期 3 年。

思考与作业题

1. 案例分析

对虾案。2003 年 12 月,美国南部虾业联盟向美国商务部和国际贸易委员会递交了诉状,要求对来自我国、泰国、越南、印度、巴西和厄瓜多尔的进口虾实施反倾销措施。加入 WTO 后,我国水产行业遭受的国外反倾销逐渐增多,究其原因,既有外部的,也有内部的。作为世界第一水产品出口大国,我国出口市场集中,行业组织化程度低,对反倾销调查应诉的比例不高。面对越来越多的贸易壁垒,我国水产加工企业、行业协会、政府有关部门应从长计议,逐步建立应对反倾销的有效机制。

罐装蘑菇案。2003 年 10 月,美国国际贸易法院最终将我国德发贸易公司等原告所生产、出口和进口的蘑菇排除在对华罐装蘑菇反倾销税法令所调整的范围之外,从而奠定了我国罐装蘑菇在美诉讼的最后胜局。罐装蘑菇案前后历时 4 年之久,中间涉及我国众多的厂商。仅就该案原告而言,便经历了美国国际贸易法院的 3 次判决,其中不乏程序性和实体性的问题值得深思。对基本案情、推理理由、法院判决进行了归纳，并就我国企业如何利用美国反倾销司法审查的程序进行了简要的评述。不难发现，美国貌似公平、严密的反倾销调查和裁决制度，实际上也难免潜藏着这样或那样的错误，如果当事人不加以仔细审查、争辩，其正当利益很可能遭到损害。

你认为在上述反倾销案中，农产品经纪人应学会什么？

2.模拟实训：消毒牛奶如何打开日本市场

美味公司(Fresh Taste)是美国一家制造牛奶消毒设备的企业。该公司打算将其产品引进日本市场，但遇到了许多问题。消毒牛奶是最近的一项发明，与鲜牛奶相比，它有两大优点：一是在室内温度下可储存三个月；二是打开包装后，它可比冷藏的一般牛奶多保存一倍的时间。美味公司推出优质的牛奶消毒设备，用这种设备消毒后的牛奶没有一般消毒牛奶的副作用——指一种煮过的牛奶往往有烧焦的味道，有的喝下后口腔内不保留一层奶渍等副作用。

为了给这种设备寻找新市场，该公司把日本视为一个很好的销售目标。日本人口众多，牛奶的人均消费水平虽低但正在增长，而且鲜牛奶的来源不多。当美味公司开始向日本大牛奶场出售这种设备时，遇到了下述障碍：

(1)公司必须开展一场广告宣传运动，改变日本人的牛奶消费习惯，使日本消费者相信购买和喝消毒牛奶是有好处的。

(2)日本消费者联盟反对这种产品，因为他们所关心的是消毒牛奶的安全问题。

(3)靠近大城市的牛奶场主反对消毒牛奶的分销。他们害怕来自远方牛奶场的竞争，因为消毒牛奶有较长的储存寿命，并经得起长途运输。

(4)几家大零售商表示不愿意经营消毒牛奶，因为利益集团已施加了压力。那些靠国内送货而兴旺起来的牛奶专业商店也反对消毒牛奶的引进。

(5)日本厚生省和农林省表示，他们将首先等待并观察消费者是否能够接受消毒牛奶，然后再决定赞成还是反对消毒牛奶的广泛销售。

因此，美味公司必须针对每一种障碍分别制定出对策。公司必须要求卫生部的合作，争取得到一部分奶场、批发商和零售商的支持，还要对日本消费者进行消费指导。

针对这种情况你有什么好的见解吗？请为美味公司制定国际营销方案。

第五讲　农产品经纪人管理实务

管理广泛应用于社会的一切领域。凡有人群的地方，凡是需要组织生产要素进行生产、对商品进行流通和服务的活动，都需要管理。从远古文明，到现代社会；从工商企业，到政府机关、事业单位及其他一切组织；从治国安邦，到生产经营，无不存在管理，无不需要管理，无不依赖管理。因此，管理具有普遍性。

农产品经纪人对农产品的时间、空间转移进行了高效率的市场行为活动，这种市场行为活动其实就属于管理的范畴。拥有较好的管理学知识，对农产品的买卖活动进行良好的经营管理，能够实现农产品经纪活动的效益更大化和最大化。

生产要素的组织、商品的流通、劳动的服务都有其内在的规律和逻辑，所以包括农产品经纪活动在内的所有市场行为的管理，都要应用和遵循科学的管理原理与原则，进行规范的理性行为，如果不承认管理的科学性，不按规律办事，违背管理的原理与原则，随心所欲地进行管理，必然受到规律的惩罚，导致经营活动的失败；但在应用这种规范和原理时，要在千变万化的实际环境中，因人、因时、因地制宜，灵活多变地、创造性地运用管理技术与方法，解决实际问题，如果僵化、刻板地按管理原理与原则解决问题，就会处处碰壁，无法取得成功。

农产品经纪作为经济活动的一种类型，需要管理来提高效率和产生效益，因此农产品经纪人学习一定的管理学知识并在工作中实践十分必要，而研究与学习管理，最重要的就是管理的实践能力和创新能力。

管理能力是一种在实践中习得的心智技能。管理是一种思维力，是一种观察力，是一种决断力。管理是一种运用权威、利益机制与社会互动来影响他人与活动的运筹力、执行力。管理能力主要是心智性的技能，而非动作性技能。管理的灵魂是创新，管理的价值在于实践。管理技能只能在实践中习得，在实践中提高。管理理论的学习只能为管理技能的培养提供理论基础，离开管理的实际参与与运作，就不可能有效地培养管理者的技能。只有将理论应用于管理实践，在反复处理复杂管理问题的过程中，才能不断地提高管理者的管理技能。

第一节　农产品经纪的管理系统

案例：

“全国十强农产品经纪人”丁志用事迹

丁志用，江苏东台市民星蚕业专业合作社理事长，他不断适应蚕业生产发展的新形势，以搞好农产品经纪事业促进农民增收为己任，积极办好合作组织和龙头企业，推进产业化进程，为广大蚕农开展"八统一"社会化服务，取得了较好的效果。他始终坚持诚实守信、依法经营，创新的"蚕业合作社＋公司＋工厂＋农户"的产业化经营模式得到全国供销总社等四部委充分肯定，并在全国同行业中推广。合作社实现贸工农一体化、茧丝绸一条龙，龙头企业、13个加工企业、38个技术服务单位和55321个蚕农聚合组成了全国最大的蚕业合作组织，对蚕农开展"八统一"全程服务，推广新品种、新技术。对蚕农实行订单运作，保护价收购和二次分配，累计返利于农6380万元。实现桑园面积、蚕茧产量、茧丝质量、亩桑效益等多项全省第一、全国前茅，桑蚕干茧和白厂丝等产品供不应求，享誉国内外。茧丝绸成为江苏东台市的特色支柱产业，实现农民增收、企业增效、财政增税。合作社和公司被表彰为全国供销系统先进集体、全国科普惠农兴村先进单位。

以上述案例为样本，先完成以下学习任务：

<table>
<tr><td>姓 名</td><td></td><td>经营的主要农产品</td><td></td></tr>
<tr><td colspan="4">1. 您的专业合作社是否有明确的三年目标？　A. 有　　B. 没有</td></tr>
<tr><td colspan="4">2. 您的合作社的发展目标是否与员工或社员分享？　A. 是　　B. 不是</td></tr>
<tr><td colspan="4">3. 您的专业合作社要达到预期目标，目前面临的最大问题是什么？
A. 缺乏人才　　B. 缺乏资金　　C. 缺乏生产或加工技术　　D. 缺乏市场
E. 其他(请说明)：</td></tr>
<tr><td colspan="4">4. 随着合作社的发展，您认为自己的最大问题是什么？
A. 文化基础差　　B. 没有技术　　C. 沟通能力欠缺　　D. 不知怎样才能留住优秀人才
E. 其他(请说明)：</td></tr>
<tr><td colspan="4">5. 平常您用什么办法管理员工和社员？
提示：
①有的员工工作不安心，您了解他们不安心的原因吗？
②您了解员工或社员的需求是什么吗？
③员工的工作积极性是否让您满意？为什么？
④您的专业合作社的发展规划怎么和他们进行分享的？
⑤您的管理制度是否完备？</td></tr>
</table>

任何经济活动的管理，都是一个系统，管理者必须从系统的观念出发，整体地、联系地观察、分析和解决管理问题。而管理系统指由相互联系、相互作用的若干要素和子系统，按照管理的整体功能和目标结合而成的有机整体。农产品经纪人只有充分了解农产品经纪活动的各要素内容和规律，良好地理解和运用，充分发挥系统的非加和功能，产生$1+1>2$的效果。

一、管理系统的构成

管理系统一般由以下要素构成：

(一)管理目标

管理目标是管理系统建立与运行的出发点和归宿点，管理系统必须围绕目标建立与运行，所有的管理行为都是为了有效地实现目标。农产品经纪活动实现农产品的流通和增值，所以这种活动的管理目标主要归纳为四个子目标：

1. 贡献目标

以在一定时期内要为社会提供的农产品或相关劳务的数量和质量来表示。这是一个你好、我好、他好的相互关联的社会,农产品经纪人若要生存和发展,就必须要对社会作出某种贡献,否则就没有存在的必要。没有利它目标的经纪人,不可能生存,因此,农产品经纪人要根据自己在社会中所处的地位,确定其应对社会作出贡献的目标。

2. 收益目标

农产品经纪的生存发展,要以尽可能少的投入取得尽可能多的产出。收益目标是经济活动发展的内在动力,它关系到农产品经纪活动及相关人员的切身利益,主要表现为利润额和利润率。

3. 市场目标

农产品经纪活动的产出或劳务都有一个能否在市场中实现的问题,即其农产品及其劳务能否满足社会需求问题。贡献和收益目标都只有通过满足市场需求才能实现,因此,如何吸引更多的服务对象、提高市场占有率,是农产品经纪活动生存发展所必须要考虑的问题。

4. 发展目标

发展目标指在一定时期内量的扩大(如资金、产品、人员在数量上的增长)和质的提高(如人员素质的提高)。农产品组织或个人要不断发展,必须在质和量两个方面不断创新和提高。如没有创新和提高,就会停滞不前、脱离社会需求而被淘汰。

(二)管理主体

管理主体即管理者,是管理系统中最核心、最关键的要素。配置资源、组织活动、推动整个系统运行、促进目标实现,所有这些管理行为都要靠管理者去实施。管理者是整个系统的驾驭者,是发挥系统功能、实现系统目标最关键的力量。管理的主体,既表现为单个管理者,又表现为管理者群体及其所构成的管理机构。农产品经纪的管理主体主要是农产品经纪人或农产品经纪人组织的管理机构。

(三)管理对象

作为管理行为受作用的一方,对管理成效以及管理目标的实现,具有重要的影响作用。农产品经纪活动的对象,主要是包括各构成要素及职能活动,如包括农产品在内的相关人、财、物、信息等要素。

(四)管理媒介

管理媒介主要指管理机制与方法。管理机制与方法是管理主体作用于管理对象过程中的一些运用原理与实施方式、手段。管理机制在管理系统中具有极为关键的作用,它是决定管理功效最关键、最核心的因素。而管理方法则是管理机制的实现形式,是管理的直接实施手段,具有过河所必需的“桥”与“船”的作用,也是十分重要的。

(五)管理环境

管理环境是指实施管理过程中的各种内外部条件和因素的总和。管理行为依一定的环境存在,并受到管理环境的重要影响。管理环境是管理系统的有机组成部分。

二、管理主体——农产品经纪人

农产品经纪人作为管理者,在整个农产品经纪中起着最核心的作用,所以提高经纪人的素质和能力十分重要。

农产品经纪人是指从事农产品收购、储运、销售以及销售代理、信息传递、服务等中介活动而获取佣金或利润的经纪组织和个人。随着城乡经济的进一步繁荣和发展,农产品经纪人在促进地方经济发展、推动农业产业化进程、加快脱贫致富等多方面发挥着积极的作用:加快农产品商品化的速度,促进农村的资源优势快速转化为商品优势,改革开放后,农村经济得到极大的发展,一大批具有专业性质的农产品基地逐渐形成;调整农业产业的结构,加快农业产业化经营,农产品经纪人的经纪活动可以促进农业产业结构合理化;更新农民生产经营观念,加强农民的市场意识,农产品经纪人依赖市场生存,必须在具体经纪活动的过程中,了解经营,学会管理,掌握市场的变化形势;作为农产品经纪人,如果要在市场中生存,更好地服务于农村经济的发展,就应该掌握一定的知识,具备一定的从业素质。

(一)农产品经纪人应具备的技能

农产品经纪人要与农产品打交道,要在市场中求发展,要和交易双方进行沟通,还时常和其他的经纪人往来,这些方面的活动要求经纪人必须具备多方面的技能,包括技术技能、人际技能和概念技能三个方面。

1. 技术技能

技术技能是指使用某一专业领域内有关的工作程序、技术和知识完成组织任务的能力。对于农产品经纪人来说,主要是涉及农产品商品的基础知识、财务会计知识、经营管理知识、相关法律知识、信息收集及技术应用知识、公关知识、谈判知识等。

2. 人际技能

人际技能是指与处理人事关系有关的技能或者说是与组织内外的人打交道的能力。农产品经纪人需要与农民、营销者及经纪活动中的各种参与者产生市场关系,这种关系的处理效果直接决定经纪活动的效益,因此农产品经纪人应该具有良好的人际技能,包括需要了解别人的信念、思考方式、感情、个性以及每个人对自己、对工作的态度,掌握激励的一些技术和方法等。

3. 概念技能

概念技能是指能够洞察经纪活动与环境相互影响的复杂性,并在此基础上加以分析、判断、抽象、概括并迅速做出正确决断的能力。任何管理都会面临一些混乱而复杂的环境,管理者应能看到组织的全貌和整体,认清各种因素之间的相互联系,经过分析、判断、抽象、概括,抓住问题的实质,做出正确的决策。概念技能包含一系列的能力:能够把一个组织看成一个整体的能力,能够识别某一领域的决策对其他领域产生何种影响的能力,能够提出新想法和新思想的能力,以及能够进行抽象思维的能力等。如天气对农产品的影响、某一病菌对农产品需求量的影响、国际政策变化对农产品的影响等,这种影响后果和程度的判断能力就是概念技能。

(二)农产品经纪人应具备的素质

农产品经纪人的内在素质在很大程度上影响着经纪业绩。农产品经纪人必须不断提高自身的素质,使自己的经纪活动建立在更为合理和科学的基础之上。综合而言,农产品经纪人应具备以下基本素质:

1.政治思想素质

在社会主义市场经济体制下,农产品经纪人是为农村经济的发展、为提高农民的收入服务的。作为经纪人,必须有着比较高的政治思想觉悟,正确领会和贯彻党和国家的各项方针政策,有强烈的时代感和责任心,使自己成为一个有理想、有道德、有文化、有纪律的新型农产品经纪人。讲求职业道德,使经纪活动建立在良性发展的轨道之上。

良好的心理素质,是经纪人取得成功必备的条件之一。一般而言,农产品经纪人的心理素质包括以下几个方面:一是良好的性格,稳定的情绪。良好的性格有助于人际间的沟通;稳重的性格有利于增加客户的信任。积极向上而又饱满的情绪会激发人们的工作热情,推动经纪事业的开展。这就要求农产品经纪人在开展业务活动的过程中,面对复杂多变的情况,克服自己性格中不利的因素,善于控制自己的情绪,做到冷静而礼貌、耐心而果断;避免喜形于色,怒而变色,要经常保持较为平和的心态,使自己有比较好的心理承受能力。二是坚强的意志,坚定的信心。持之以恒、百折不挠的意志品质,遇败不馁、树立必胜的信心。

2.身体素质

农产品经纪人的经纪领域有很强的地域性,要经常走村串户,往返于城乡之间,旺盛的精力是农产品经纪人必须具备的身体素质。

3.身心素质

身心素质是指管理者本人的身体状况和心理条件,包括:健康的身体,坚强的意志,开朗、乐观的性格,广泛而健康的兴趣等。

4.创新素质

创新是现代管理者素质的核心,只有不断创新农产品经纪的方法、方式和手段,才能取得更好的效益。创新素质主要包括创新意识、创新精神、创新思维和创新能力。

三、管理机制

(一)管理机制的含义

所谓管理机制,是指管理系统的结构及其运行机理。我国国有企业改革的大方向就是“转机建制”,即转换企业经营机制,建立现代企业制度。可见,管理机制是个非常重要的问题。

(二)管理机制与管理方式

管理机制的作用机理是对管理行为内在本质与规律的揭示,研究与运用管理机制,反映了管理的成熟与深化,从根本上提升了管理方式的层次与水平。在经验管理时期,主要靠管理者的主观意志,由管理者个人发号施令,靠行政命令、指示等手段进行管理,即为“人治”的管理方式;到大工业化时期,随着科技的发展和生产的规程化,注重建立健全反映客观规律要求的制度规范与法律体系，靠具有一定客观性的（仍然是以主观性为主）的制度规范进行管理，即转为“法制”的管理方式；到了经济、社会与科技高度现代化的今天，对管理的客观规律揭示得更加深刻，最突出的表现就是注重机制的转换，靠管理机制进行管理，即转化为“机治”（靠机制治理）的管理方式。由于管理机制是客观规律要求的最直接的反映形式，与管理制度相比更具有客观性，其主观的作用是间接和很有限的，因此，靠机制进行管理会更科学、更有效。管理方式从“人治”到“法制”，再到“机治”，反映了管理的深化与科学化、现代化。

（三）管理机制的现实应用价值

（1）研究与运用管理机制是深化管理、提升管理方式、实现管理现代化的根本举措，可以从根本上提高管理的水平。有什么样的管理机制，就有什么样的管理行为，就有什么样的管理效果。

（2）管理机制是加强科学管理的依据。管理者在管理中面对何种管理关系，采取何种管理行动，达到的管理效果如何，归根结底，是由管理机制决定的。研究与改革管理机制，能为实行科学管理提供依据；利用管理机制进行管理，就能收到事半功倍的功效。

（3）管理机制的转换与创新是组织（企业）获得改革的核心。管理是决定管理功效的核心问题。管理机制不改，企业改革就不能获得成功。

（四）管理机制的构成

管理机制是以客观规律为依据，以组织的结构为基础，由若干子机构有机组合而成的。

1．运行机制

这是组织中最基础的管理机制，是管理机制的主体，在实践中存在各种各样的类型。运行机制主要指组织基本职能的活动方式、系统功能及其运行原理。运行机制的普遍性，任何组织，大到一个国家，小到一个企业、单位、部门，都有其特定的运行机制。例如，国家有政权运行机制，有国民经济运行机制，有社会活动运行机制等；工业企业有生产经营运行机制；商业企业有商品经营与服务活动的运行机制；农产品经纪活动也有其内在运行机制。

2．动力机制

动力机制是一种极为重要的管理机制，是为管理系统运行提供动力的机制。所谓动力机制，是指管理系统动力的产生与运作的机理。

为什么一个下级会服从上级的领导？员工的生产积极性从哪里来？一个科技工作者为什么会热衷于科研工作？一个系统的运行，一名组织成员的行为，都是在一定的动力机制作用下发生的。

动力机制主要由以下三方面构成：

（1）利益驱动：这是社会组织动力机构中最基本的力量，是由经济规律决定的。人们会在物质利益的吸引下，主动采取有助于组织功能实现的行动，从而有效推动整个系统的运行。

（2）政令推动：这是由社会规律决定的。管理者凭借行政权威，强制性地要求被管理者采取有助于组织功能实现的行动，以此推动整个系统的运行。

(3)社会心理推动:这是由社会与心理规律决定的。管理者利用各种管理手段或措施,对被管理者进行富有成效的教育和激励,以调动其积极性,使其自觉自愿地努力实现组织目标。

3. 约束机制

约束机制是对管理系统行为进行修正的机制,其功能是保证管理系统正确运行以实现管理目标。所谓约束机制,是指对管理系统行为进行限定于修正的功能与机理。任何社会组织,任何管理系统,如果失去约束,放任自流,就会失去控制,偏离目标,招致失败。有效的约束机制,对于保证系统顺利运行、有效实现目标,具有极为重要的作用。

约束机制主要包括以下几方面的约束因素:

(1)权力约束:即利用权力对系统运行进行约束。如下达保证实现目标的命令,对偏差行为采取有力处罚,从而凭借权力,保证系统的顺利运行。同时,也要对权力的拥有与运用进行约束,以保证正确地使用权力。失去约束的权力是危险的权力。

(2)利益约束:利益约束是约束机制极为有效的组成部分,故常被称为"硬约束"。利益约束以物质利益为手段,对运行过程施加影响,奖励有助目标实现的行为,惩罚偏离目标的行为,以实现对不合规定行为的限定与修正。

(3)责任约束:责任约束主要指通过明确相关系统及人员的责任,来限定或修正系统的行为。如明确规定企业法人代表对国有资产保值、增值负有的责任,并加以量化和指标化。

(4)社会心理约束:这主要是指运用教育、激励和社会舆论、道德与价值观等手段,对管理者及有关人员的行为进行约束。

四、管理方法

管理方法是管理机制的实现形式,管理机制的功能与作用是通过具体的方法实现的。尽管管理机制具有客观性,但选择和运用不同的管理方法则是具有主观性的。

(一)管理方法的含义与分类

1. 管理方法的含义

管理方法,是指管理者为实现组织目标,组织和协调管理要素的工作方式、途径或手段。管理方法,是管理者实施管理的工作方式,对于管理功效及目标实现,具有非常重要的意义。

2. 管理方法的分类

管理方法可以按以下标准分类:

(1)按作业的原理,可分为经济方法、行政方法、法律方法和社会心理学方法。

(2)按方法的定量化程度,可分为定性管理方法、定量管理方法。

(3)按所运用技术的性质,可分为管理的软方法(指主要靠管理者主观决断能力的方法)和硬方法(主要指靠计算机、数学模型等的数理方法)。

3. 企业管理方法的现代化

要提高管理方法的效能,就必须实现管理方法的现代化。

(1)实现管理方法的科学化。企业要按照客观经济规律和生产技术规律的要求进行组织和管理,正确指挥,科学决策。

(2)实现管理方法的最优化。管理方法尽可能实行量化,通过对多种方案的比较和优化,寻求最佳方案。

(3)实现管理方法的文明化。坚持以人为本,提升管理的文明程度。

(4)实现管理手段的现代化。要广泛采用计算机及各种信息、网络技术,努力实现管理和办公手段的现代化。

(二)管理方法的完善与效应性

在管理实践中,要不断促进管理方法的建设与完善,使管理方法更加科学有效。

加强管理方法的科学依据,最重要的就是要加强管理方法的科学依据,要使其符合相关客观规律的要求,更好地体现管理机制的功能作用。

要弄清管理方法的性质和特点,正确地使用管理方法。管理者若决定采用一种管理方法,必须弄清其作用的客观依据是什么,方法与被管理者的哪个方面,是否能产生明显效果,以及方法本身特点与局限,以便正确有效地加以运用。

研究管理者与管理对象的性质与特点,提高针对性。管理方法是管理者作用管理对象的方式或手段,其最后效果不但取决于方法本身的因素,还取决于管理双方的性质与特点。既要研究管理对象,又要研究管理者自身。这样,才能使管理方法即使用于管理对象,又有利于管理者优势的发挥,从而使管理方法针对性强、成效大。

了解与掌握管理环境因素,采取适宜的方法。由于管理环境是影响管理成效的重要因素,因此,管理者在选择与运用管理方法时,一定要认真了解与掌握环境变量,包括时机的把握,使管理方法与所处环境相协调,从而更有效地发挥其作用。

注意管理方法的综合运用。不同的管理方法,各有长处和局限,各自在不同领域发挥其优势,没有哪种方法是绝对适用于一切场合的,也没有哪种场合是可以只靠一种方法的。因此,要科学有效地运用管理方法,就必须依目标和实际需要,灵活地选择多种方法,综合地、系统地运用各种管理方法,以求实现管理方法的整体功效。

思考与作业题

1.案例分析

(1)具备什么素质的农产品经纪人才能获得更大的成功?

(2)管理对农产品经营会产生什么影响?

2.思考题

(1)管理系统由哪几个部分构成?

(2)农产品经纪人应具备哪些技能?

(3)农产品经纪人应具备哪些素质?

(4)你理解的管理机制是什么?

(5)举例说明几种主要的管理方法。

第二节 农产品经营环境分析与战略管理

案例:

大蒜、辣椒的"过山车"价格,有人欢喜有人忧

近几年大蒜价格一路攀升,2009年重庆市大蒜批发价最低才0.5元/千克,2010年"身价"一路暴涨到8元/千克。而2011年大蒜又"狠"了一把,新蒜上市未压低高价,反而推高到16元/千克最高位,比2010年同期上涨一倍。在"甲流"期间许多蒜商赚饱了。

继大蒜之后,辣椒也被贴上了"防甲流概念"。辣椒从2008年4元/千克到10元/千克、17元/千克,最高到24元/千克,让辣椒贩子怎么也想不到,2009年最高卖24元/千克的辣椒,现在身价掉落四成。2009年跟风加大进货量的椒贩,2010年做了蚀本买卖。2011年辣椒价格已跌破2010年的收购价,为13~14元/千克。盘溪的多数椒贩都折了本,甚至有人亏损达10万元。

在往年,绿豆的批发价不过每千克五六元。绿豆2011年三四月份价格最高,东北绿豆的批发价突破了20元/千克,缅甸绿豆批发价也达到了17元/千克。

"蒜你狠"、"豆你玩"……在过去的几年时间里,这些原不惹眼的农产品,却因为疯狂的价格,成为全社会关注的焦点。它们大起大落的价格曲线,看得人眼花缭乱又困惑不解。这些小种类的农产品到底经历了什么?农产品经销商如何在这个复杂的环境里立足呢?

以上述案例为样本,先完成以下学习任务:

姓 名		经营的主要农产品	
1.您的农产品有没有遭遇过类似案例中的价格波动? A.有 B.没有			
2.您认为农产品价格波动是否属于正常的市场现象? A.是 B.不是			
3.市场变化太快,没有规律可循,您认为是这样吗? A.是 B.不是			
4.该案例给您有什么启发?			

农产品种植与养殖有靠天吃饭的实际存在,但农产品经纪活动就不同,其属于第三产业的范畴,因此农产品经营必须充分分析内外部环境的要素,通过自身条件的优势、劣势和外部环境的机会、威胁作出合适的经营决策,市场行为也会存在时间的滞后性,所以做好战略管理也十分必要,否则盲目经营就会导致损失。

一、管理的环境分析

(一)管理环境的含义

管理环境,是指存在于社会组织内部与外部的,影响管理实施和管理效果的各种力量、条件和因素的总和。

(二)管理环境的分类

管理环境可以按不同的标准进行分类:①按存在于社会组织的内外范围划分,可分为内部环境和外部环境。内部环境主要指社会组织履行基本职能所需的各种内部的资源与条件,还包括人员的社会心理因素、组织文化等因素。外部环境是指组织外部的各种自然和社会条件与因素。②组织的外部环境还可以进一步划分为一般环境和任务环境。一般环境,也称宏观环境,是指各类组织都共同面临的整个社会的一些环境因素;任务环境也称微观环境,是指某个或某类社会组织在完成特定职能任务过程中所面临的特殊环境因素。

(三)组织管理与环境的关系

管理与所处的环境(主要指外部环境)存在着相互依存、相互影响的关系,具体表现为三种关系:

1.对应关系

组织的管理与环境之间存在着相互对应的关系。社会组织是整个社会的一个子系统,社会上的诸种因素总是不可以避免地在组织内部体现出来。以企业为例,社会上的环境可划分为经济、技术和社会三大环境,那么,与之相对应,企业内部就存在着经营、作业和人际关系三大管理领域。从这个意义上说,每一个社会组织都是一个微缩了的小社会。

2.交换关系

组织与环境之间不断地进行着物质、能量和信息的交换。例如,一家生产企业,从市场上搜集情报信息,并购进原材料;再将加工完的产品送到市场上销售,并通过广告等形式向社会广泛传递有关产品的信息,而组织、协调和控制这些活动的管理行为,也必然同环境之间存在交换关系。

3.影响关系

首先,组织的管理受外部环境的决定与制约;但同时,组织的管理也会反作用于外部环境。两者之间存在着极为密切的影响和制约关系。

(四)环境对组织管理的影响

1.经济环境的影响

经济环境与管理的关系是最为直接的,对管理的影响也是最大的。经济环境对组织管理的影响主要表现在以下几个方面:

(1)经济物质资源。一个组织所在地的经济资源状况对组织的生存与发展影响是巨大的,它关系资源取得的成本高低、利用资源进行生产与经营的方便条件、优势与效益等。

(2)国家的经济制度与经济体制。经济制度对整个管理生产有着重要影响;经济体制,如市场经济与计划经济,对组织管理的要求是明显不同的。

(3)社会的经济规模与发展水平。这直接决定着一些企业的经营状况,进而对管理提出不同的要求。例如,处于经济繁荣期与经济衰退期的企业,其管理思路、战略与方法将有根本性的差异。

(4)市场供求与竞争。经济环境中最直接、最明显影响组织的是市场。市场存在两种主要的力量,即供给与需求,并必然伴随着各种各样的竞争。代表市场需求一方的是顾客或客户,他们是决定企业经营管理的最重要力量,是企业的衣食父母。他们的需求及欲望决定着企业生产与经营的方向,"顾客是上帝"。涉及供给一方的有本企业的供应商、合作者和竞争者,他们的实力、决策、行为都对本企业的经营管理有重要的影响作用。同时,生产者竞争、消费者竞争,也都对企业产生重要影响。

(5)国民收入与消费水平。国民收入与消费水平的高低,对企业的产品结构、质量要求和销售数量都产生直接的影响,是企业经营状况的重要决定因素。

2. 技术环境的影响

社会组织的技术环境,主要指组织所在国家或地区的技术进步状况,以及相应的技术条件、技术政策和技术发展的动向与潜力等。在知识经济即将到来的今天,社会组织提高效益,寻求发展,将越来越依靠技术进步。当今无论是国内还是国际,获得突飞猛进的大企业,无不是靠先进技术取得优势的。技术环境已成为组织环境中的关键因素。技术环境对组织管理的影响是显著的,技术水平、技术条件、技术过程的变化,必然引发管理思想、管理方式和方法的创新。特别是计算机的广泛应用,全面地更新了生产过程管理方式,同时,对管理者的素质也提出了更高的要求。

3. 政治与法律环境的影响

政治与法律环境包括国际、国内及本地区的政治制度、政治形势、政策法规等。不同的政治制度对管理有着不同的要求;政治形势的状况及变动趋势,关系到社会的稳定及社会组织的运行与管理;国家的政策,关系到资源状况、居民的收入水平、消费与市场需要、企业内部制度与政策以及人员心理等;国家的法制建设关系到组织外部法律环境与内部的法制观念与管理。组织的管理者,如果对政治不关心,缺乏政治敏锐性,没有法制观念,就很难驾驭组织、捕捉机遇、谋取成功、促进发展。

4. 社会与心理环境的影响

社会与心理环境主要指组织所在地的人口、教育、生活习俗、风气、道德、价值观念,以及社区成员的各种心理状况等。由于社会组织是由人组成的,而且,人既是管理者又是管理对象,这就决定了社会组织及管理离不开人与人之间的关系,离不开人们的社会心理因素。人们受社会上的各种人文环境及心理环境的影响,并能主动地通过思想教育、激励与沟通,做好疏导、协调工作,因势利导,自觉地为实现组织目标服务。

二、环境的管理

环境对组织的生存发展及对管理起决定与制约作用,要求管理者必须抓好环境管理,能动地适应环境,谋求内部管理与外部环境的动态平衡。

(一)了解与认识环境

管理者要能动地适应环境,首先要了解、认识环境,这是环境管理的基础。管理者要把对环境的了解与掌握作为重要管理职责;要通过各种渠道搜集有关环境的信息,掌握关于环境的各种因素与变量,把握环境发展变化的趋势与规律;要对各种环境变量做到心中有数,始终保持对环境的动态监视与整体把握。

(二)分析与评估环境

在掌握组织环境大量信息的基础上要对各种环境因素进行深入的分析与评估,要划分与确定环境因素的类型,确定环境对组织与管理影响的领域、性质及程度的大小,发现机会。

(三)能动地适应环境

在对环境进行科学的分析与评估的基础上,为争取到更有利于本组织目标实现的环境,要主动适应或主动影响环境。

(1)要主动适应一般环境。一般环境即是各个组织共同面临的,同时也是组织不可控制的,只能主动适应。管理者要从组织环境既定条件与因素出发,千方百计地利用环境的有利条件,因势利导地寻求组织与环境的平衡,以获得组织的发展。

(2)要积极干预,主动影响任务环境。任务环境是本组织直接面临且影响巨大的环境,同时也是本组织可以在一定程度上施加影响的。管理者要积极干预,创造条件,影响环境朝向有利于本组织的方向发展。例如,企业通过组织绿色生产与营销,争取政府政策支持,引导社会绿色消费,从而营造有利于本企业经营的社会环境与市场环境。

(3)利用稳定环境快速持续发展。组织处于长期稳定的环境下,就可以制定快速、长期、持续发展的战略决策,可以减低风险,寻求组织长期利益最大化。

(4)以权变管理应对多变的动态环境。组织要建立灵敏的环境检测系统,并采取权变管理模式,灵活应变。例如,在职权配置上给基层以更大的自主权,或建立分权型组织,以便让其独立地、灵活地适应多变的外部环境。

三、SWOT 分析法※

(一)SWOT 分析的概念

所谓 SWOT 分析,即态势分析,就是将与研究对象密切相关的各种主要内部优势、劣势和外部的机会和威胁等,通过调查列举出来,并依照矩阵形式排列,然后用系统分析的思想,把各种因素相互匹配起来加以分析,从中得出一系列相应的结论,而结论通常带有一定的决策性。管理要通过组织内部的各种资源和条件来实现,因此,应对比分析外部环境中存在的机会和威胁与组织内部的优势和劣势,以便充分发挥管理组织的优势,把握住外部的机会,避开内部的劣势和外部的威胁。

SWOT 分析法是优势(Strengths)、劣势(Weakness)、机会(Opportunities)、威胁(Threats)分析法的简称。这种分析方法把环境分析结果归纳为机会、威胁、优势、劣势四部分,形成环境分析矩阵(如图 5.1 所示)。

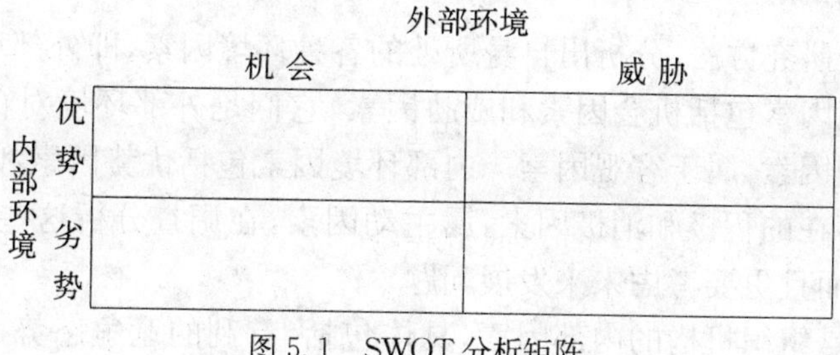

图 5.1　SWOT 分析矩阵

(二)SWOT 分析的应用规则

成功应用 SWOT 分析法的简单规则有:

(1)进行 SWOT 分析的时候必须对公司的优势与劣势有客观的认识。

(2)进行 SWOT 分析的时候必须区分公司的现状与前景。

(3)进行 SWOT 分析的时候必须考虑全面。

(4)进行 SWOT 分析的时候必须与竞争对手进行比较,比如优于或是劣于你的竞争对手。

(5)保持 SWOT 分析法的简洁化,避免复杂化与过度分析。

(6)SWOT 分析法因人而异。

(三)SWOT 分析的方法及运用

1. 优势与劣势分析(SW)

由于农产品经纪活动是一个整体,并且由于竞争优势来源的广泛性,所以,在做优劣势分析时必须从整个价值链的每个环节上,将自身与竞争对手做详细的对比。如农产品质量是否好,来源是否稳定,销售渠道是否畅通,以及价格是否具有竞争性等。如果一个企业在某一方面或几个方面的优势正是该行业企业应具备的关键成功要素,那么,该企业的综合竞争优势也许就强一些。需要指出的是,衡量一个企业及其产品是否具有竞争优势,只能站在现有潜在用户角度上,而不是站在企业的角度上。

2. 机会与威胁分析(OT)

比如当前社会上流行的盗版威胁:盗版替代品限定了公司产品的最高价,替代品对公司不仅有威胁,可能也带来机会。企业必须分析,替代品给公司的产品或服务带来的是"灭顶之灾",还是提供了更高的利润或价值;购买者转而购买替代品的转移成本;公司可以采取什么措施来降低成本或增加附加值来降低消费者购买盗版替代品的风险。

从整体上看,SWOT 可以分为两部分:第一部分为 SW,主要用来分析内部条件;第二部分为 OT,主要用来分析外部条件。利用这种方法可以从中找出对自己有利的、值得发扬的因素,以及对自己不利的、要避开的东西,发现存在的问题,找出解决办法,并明确以后的发展方向。根据这个分析,可以将问题按轻重缓急分类,明确哪些是目前急需解决的问题,哪些是可以稍微拖后一点儿的事情,哪些属于战略目标上的障碍,哪些属于战术上的问题,并将这些研究对象列举出来,依照矩阵形式排列,然后用系统分析的思想,把各种因素相互匹配起来加以分析,从中得出一系列相应的结论,而结论通常带有一定的决策性,有利于领导者和管理者做出较正确的决策和规划。

(四)分析环境因素

运用各种调查研究方法,分析出自身所处的各种环境因素,即外部环境因素和内部环境因素。外部环境因素包括机会因素和威胁因素,它们是外部环境对自身的发展直接有影响的有利和不利因素,属于客观因素。内部环境因素包括优势因素和弱点因素,它们是在其发展中自身存在的积极和消极因素,属主动因素,在调查分析这些因素时,不仅要考虑到历史与现状,而且更要考虑未来发展问题。

(1)优势。这是组织机构的内部因素,具体包括:有利的竞争态势,充足的财政来源,良好的自身形象,技术力量,规模经济,产品质量,市场份额,成本优势,广告攻势等。

(2)劣势。这也是组织机构的内部因素,具体包括:设备老化,管理混乱,缺少关键技术,研究开发落后,资金短缺,经营不善,产品积压,竞争力差等。

(3)机会。这是组织机构的外部因素,具体包括:新产品,新市场,新需求,外国市场壁垒解除，竞争对手失误等。

(4)威胁。这也是组织机构的外部因素，具体包括：新的竞争对手，替代产品增多，市场紧缩，行业政策变化，经济衰退，客户偏好改变，突发事件等。

SWOT 方法的优点在于考虑问题全面，是一种系统思维，而且可以把对问题的"诊断"和"开处方"紧密结合在一起，条理清楚，便于检验。

(五)构造 SWOT 矩阵

将调查得出的各种因素根据轻重缓急或影响程度等排序方式，构造 SWOT 矩阵。在此过程中，将那些对公司发展有直接的、重要的、大量的、迫切的、久远的影响因素优先排列出来，而将那些间接的、次要的、少许的、不急的、短暂的影响因素排列在后面。

(六)制订行动计划

在完成环境因素分析和 SWOT 矩阵的构造后，便可以制订出相应的行动计划。制订计划的基本思路是：发挥优势因素，克服弱点因素，利用机会因素，化解威胁因素；考虑过去，立足当前，着眼未来。运用系统分析的综合分析方法，将排列与考虑的各种环境因素相互匹配起来加以组合，得出一系列公司未来发展的可选择对策。

用 SWOT 分析模型进行管理环境分析，其意义是：①它把内、外部环境有机地结合起来，进而帮助人们认识和把握内、外部环境之间的动态关系，及时地调整企业的经营策略，谋求更好的发展机会。②它把错综复杂的内、外部环境关系用一个二维平面矩阵反映出来，直观而且简单。③它促使人们辩证地思考问题。优势、劣势、机会和威胁都是相对的，只有在对比分析中才能识别。例如，一般意义上讲，耐磨程度是衡量鞋的质量的重要指标，所以制鞋商会因自己生产的鞋经久耐用而骄傲，并将其看成是自身的优势。然而，随着收入水平的提高，顾客已不关心鞋的耐用性，而是更关心款式。在这样的环境下，这家制鞋商原有的优势便不再是优势。④SWOT 分析可以组成多种行动方案供人们选择。由于这些方案是在认真对比分析的基础上产生的，因此可以提高决策的质量。正因为如此，SWOT 分析矩阵被广泛地应用于各行各业的管理实践中，成为最常用的管理工具之一。

四、战略管理※

(一)企业战略的概念

企业战略是企业以未来为基点，为寻求和维持持久竞争优势而做出的有关全局的重大筹划和谋略。这个概念包含以下几个要点：

(1)企业应该把未来的生存和发展问题作为制定战略的出发点和归宿，即一个好的战略应有助于企业实现长期生存和发展的目标。而要做到这一点，企业不仅需要了解企业本身及所处行业的过去和现在，而且尤其需要关注行业内外环境因素将来发展变化的趋势，从而把握自身的未来。

(2)战略应为企业确定一个简单的、一致的和长期的目标。大量研究发现，无论对于个人、军队还是其他组织，成功者的一个重要特征就是始终不渝地追求一种目标，并为此付出不懈的努力。对于一个企业来说，这种目标不仅指明未来的发展方向和引导资源的配置，而且有助于协调不同部门和个人之间的活动，增强组织的凝聚力。需要特别强调的是,企业战略所限定的目标应表明企业存在的合法性,并与主要利益相关者的期望保持一致。

(3)为了在日益复杂和动荡的环境中生存和发展,企业应该未雨绸缪,主动地迎接和适应环境变化所带来的挑战。换句话说,企业战略应是在经营活动之前有目的有意识地制定的,应体现一种主动精神。没有这样一种事先的科学分析,战略的形成过程,尤其是在高层管理水平上可能就是混乱的。同时,某些关键决策可能变得易于受个别管理人员选择偏好和流行时尚的影响,而且,对直觉和经验的过分强调有可能使人们重新陷入新的神秘主义的泥潭。

(4)战略的实质是帮助企业建立和维持持久的竞争优势,即帮助企业保持一种强大而灵活的态势,这就意味着战略不仅有助于管理人员处理可预见的事件,也有助于他们处理突发和难以预见的事件。事实上,由于管理人员很难预料各种重要影响因素之间相互作用的方式和程度,也很难预料竞争对手的反应以及企业本身不得不调整战略的时机和方法,所以,战略应为企业提供若干个可以实现其目标的途径,以应付外部环境可能出现的例外情况。

(二)战略的特征

1. 全局性

在很多情况下,组织的总体利益和下层组织的局部利益并不完全一致,有时甚至产生矛盾,这就要求领导者善于运筹,做出适当的决策。研究发现,一个高明的企业家总是能在复杂的条件下把握全局,进而做出正确的战略部署。对于一个企业来说,不能"只见树木,不见森林",必须从全局出发审视问题、分析和处理问题并解决问题。

2. 长期性和相对稳定性

评价战略优劣的一个重要标准是看其是否有助于实现组织的长期目标和保证长期利益的最大化。换句话说,战略更关注长远利益,而不是关注短期利益,这是与一般战术和业务计划的显著区别。为了实现可持续发展,战略应具有相对稳定性。虽然战略需要根据环境的变化做适当调整,但这种调整不应过于频繁,若战略不能保持相对稳定,不仅难以实现长期目标,而且会使为此付出的努力付之东流,造成的损失无法弥补,尤其会使组织成员感到失望,进而会使组织的凝聚力和效率下降。

3. 适应性

战略不仅要有全局性、长期性和相对稳定性,而且要有较强的适应性。一个好的战略总是力求实现稳定性和适应性的统一,前者意味着战略在较长时期内保持相对稳定,能够稳定组织成员的情绪,增强他们的信心;而后者意味着所确定的战略目标既要简单明确,同时又不过分僵化和具体,保持适当的张力。换句话说,企业在制定战略时,应考虑建立资源缓冲地带,保证资源分配的灵活性,因而使本身具有一定的机动能力。这样当外部环境或内部因素发生变化时,就可以通过战术调整来适应这种变化,而不致做大的战略变更,保持整个组织的协调和行为的一致性。

(三)企业战略的构成要素

企业战略由经营范围、资源配置、战略目标、战略行动、竞争优势和协同作用等六个要素组成。

1. 经营范围

它是指企业从事生产经营活动的领域，反映出企业与其外部环境相互作用的程度，也反映出企业计划与外部环境发生作用的要求。企业应根据自己所处的行业、自己的产品和市场来确定自己的经营范围。

2. 资源配置

它是指企业过去和目前的资源和技能配置的水平和模式。资源配置的效率直接影响企业实现自己目标的程度。当企业根据外部环境的变化采取战略行动时，一般应对其现有的资源配置模式加以调整，以支持其战略实施。

3. 战略目标

它是指企业在经营领域里所期望达到的成果水平。衡量企业的成果水平有两类指标：一是绝对数，如销售收入或利润达到几亿元或几千万元等；二是相对数，这类指标通常有两个：一是企业在行业中所占的名次，如行业第一、第二或处于前列；二是企业的市场占有率，其中市场占有率指标最为重要，因为它是衡量企业实力强弱的主要标准。

4. 战略行动

它是指企业为实现战略目标所采取的重大战略措施。如一个企业要将自己的销售收入从1个亿增加到2个亿，它可能增加生产线，或者引进更先进的机器设备等，那么，增加生产线或引进更先进的机器设备就是企业的战略行动。

5. 竞争优势

它是指企业通过其资源配置模式与经营范围的决策，在市场上所形成的不同于其竞争对手的竞争地位。竞争优势既可以来自企业在产品和市场上的地位，也可以来自企业对特殊资源的正确运用。

6. 协同作用

它是指企业从资源配置和经营范围的决策中所能获得的综合效果。一般来说，企业的协同作用可以分为四类：

(1)投资协同作用。这种作用来源于企业各经营单位联合利用企业的设备、原材料、研发投入以及专用工具和专有技术。

(2)作业协同作用。这种作用产生于充分利用现有的人员和设备，共享由经验带来的优势。

(3)销售协同作用。这种作用产生于企业的产品使用共同的销售渠道、销售机构、促销手段和产品品牌。

(4)管理协同作用。这种作用来源于管理过程中的经验积累及规模效益等。如对企业的新业务，管理人员可以利用过去的经验减少管理成本。

(四)战略管理的概念

战略管理是指企业从长远利益和整体利益的角度出发，通过企业内外环境的动态分析，对涉及企业全局的战略问题进行决策、规划、实施和控制的过程。这一定义可以从下述几方面作进一步理解：

(1)注重长远利益和整体利益。战略管理把企业的长远利益和整体利益作为基本出发点，谋求的是企业未来的发展、全局的利益。

(2)注重环境的动态分析。战略管理对企业内外环境的分析不是静态的,而是力求以发展的眼光审时度势。它不仅要求对企业当前的内外部环境作出客观的分析,而且更要求对未来环境的发展变化作出准确的预测和判断。

(3)所涉及的内容都是关系企业生死存亡的重大问题。战略管理之所以考虑的均是直接影响企业全局的关键性问题,与“战略”本身的内在特性即全局性、长远性、纲领性等有关。

(4)战略管理过程。战略管理包括战略分析、战略制定、战略实施和战略评价四个阶段,各个阶段密切联系,环环相扣,缺一不可。

(五)企业战略分类

企业战略类型的划分标准主要有以下几种:

1.公司战略、事业战略和职能战略

(1)公司战略。这是由企业最高领导层对企业重大问题所制定的战略。它侧重于对企业从事经营的事业作出选择,并对公司的资源作出合理的分配。

(2)事业战略。在公司确定的事业范围内,确定每种事业经营的产品,以及在市场、地区范围内应追求的竞争优势(如质量、市场份额、声誉、产品特色等)上作出抉择。

(3)职能战略。这是各职能部门(如生产、销售、技术、人事、财务等)根据事业战略所规定的目标,为实现事业战略所制订的长期规划。它实际上反映实现事业战略的近期目标,如近3～5年在产品质量、降低成本、开发新产品方面应达到的水平。

2.产品战略、市场战略和技术战略

(1)产品战略。这是为了增强产品的市场竞争能力而制定的一系列战略,包括产品质量战略、产品品种战略、新产品开发战略、老产品整顿战略等。

(2)市场战略。这是企业在选择市场、适应市场方面的战略。在选择市场方面,包括无差异型、差异型、密集型三种战略;在适应市场方面,包括市场渗透型、市场开发型、产品开发型、混合型四种战略。

(3)技术战略。这是企业为提高生产技术水平而制定的战略,包括技术结构战略、技术改造战略和技术创新战略等。

3.密集型发展战略、一体化发展战略和多样化发展战略

(1)密集型发展战略。即集中生产一种(类)产品的战略。这种战略,企业以快于以往的增长速度增加现有产品的销售额、利润额或市场占有率。

(2)一体化发展战略。又称联合化战略,一体化有三种形式:向后的一体化,指生产加工企业向原材料生产的方向发展;向前的一体化,指生产企业向产品销售领域的方向发展;横向一体化,指企业兼并、收购同行企业。

(3)多样化发展战略。又称多角化战略,指企业经营几个领域或行业的产品,其经营领域超出了原有行业的范围,包括相关型多样化和非相关型多样化两种战略类型。

(六)战略管理过程

战略管理是一种过程,不仅决定组织将要采取的战略,还要涉及这一战略的选择过程以及如何加以评价和实施。换句话说,企业战略的制定、评价和实施过程需要一定的技术和技巧,而且由于战略涉及组织的长远方向和更大的决策影响范围,因而所需要的技术也

更加复杂,这正是战略管理所要解决的问题。企业战略管理过程一般包括四个阶段:战略分析、战略选择、战略实施和战略评价。

1. 战略分析

战略分析包括外部环境和内部条件分析两部分。企业外部环境分析可进一步分成社会环境分析和直接环境分析。社会环境指那些对企业活动没有直接作用但又经常发生影响的因素,如政治、经济、科技、文化等。直接环境指能够直接影响企业的因素,如股东、客户、供应商、竞争者、政府部门、金融机构等。企业内部条件是指企业本身在管理、营销、财务、生产、研究与开发等领域的主要优势和弱点。通过战略分析,企业判明内部优势、劣势和外部机会、威胁。战略分析的重点一般是市场细分分析、行业组织分析和竞争对手分析。

2. 战略选择

战略分析是为战略选择提供依据的。所谓战略选择,就是要确定企业应采取的战略类型。美国管理学家波特认为,在与五种竞争力量的抗争中,蕴涵着三类战略:即总成本领先战略、差别化战略和专业化战略。

(1)总成本领先战略。总成本领先战略的主导思想是以低成本取得行业中的领先地位,力求以尽可能低的成本击败竞争对手,求得企业的生存与发展。按照这一基本方针,要求坚决地建立起大规模的高效生产设施,利用经验曲线全力以赴降低成本,严格成本与管理费用的控制,以及最大限度地减少研究开发、服务、推销、广告等方面的成本费用。为了达到这些目标,就要在管理上对成本给予高度的重视。尽管质量、服务以及其他方面也不容忽视,但贯穿于整个战略之中的是使单位产品成本低于竞争对手。成本领先的优势有利于建立起行业壁垒,有利于企业采取灵活的定价策略,将竞争对手排挤出市场。为了成功地实施成本领先战略,所选择的市场必须对某类产品有稳定、持久和大量的需求,产品的设计要便于制造和生产,要广泛地推行标准化、通用化和系列化。只有这样,才能比较容易保持一个较宽的相关产品线以分散固定成本,以及为建立起批量而对所有主要顾客群进行服务。总成本领先地位非常吸引人。一旦公司赢得了这样的地位,所获得的较高的边际利润又可以重新对新设备、现代设施进行投资以维护成本上的领先地位,而这种再投资往往是保持低成本状态的先决条件。

(2)差别化战略。差别化战略就是使企业在行业中别具一格,具有独特性,并且利用有意识形成的差别化,建立起差别竞争优势,形成对“入侵者”的行业壁垒,并利用差别化带来的较高的边际利润补偿因追求差别化而增加的成本。实现差别化战略可以有许多方式:设计名牌形象、技术上的独特、性能特点、顾客服务、商业网络及其他方面的独特性。最理想的情况是公司在几个方面都有其差别化特点。推行差别化战略往往要求公司对于这一战略的排他性有思想准备。比如,推行差别化战略有时会与争取占有更大的市场份额的活动相矛盾,两者不可兼顾;实施差别化战略总是伴随着较高的成本代价,有时即便全产业范围的顾客都了解公司的独特优点,也并不是所有顾客都将愿意或有能力支付公司要求的高价格。不过应当强调,差别化战略并不意味着可以忽略成本,只是降低成本在此不是企业的根本战略目标。

(3)专业化战略。专业化战略是主攻某个特殊的顾客群、某产品线的一个细分区段或某一地区市场。正如差别化战略一样,专业化战略可以具有许多形式。虽然低成本与差别化战略都是要在全产业范围内实现其目标,专业化战略的整体却是围绕着很好地为某一特殊目标服务这一中心建立的,它所开发推行的每一项职能化方针都要考虑这一中心思想。这一战略依据的前提思想是:公司业务的专业化能够以更高的效率、更好的效果为某一狭窄的战略对象服务,从而超过在某一方面或某一点上超过有较宽业务范围的竞争对手。波特认为这样做的结果,是公司通过满足特殊对象的需要而实现了差别化,或者在为这一对象服务时实现了低成本,或者两者兼得。这样的公司可以使其盈利的潜力超过产业的普遍水平。这些优势保护公司抵御各种竞争力量的威胁。但专业化战略常常意味着限制了可以获取的整体市场份额。专业化战略必然地包含着利润率与销售额之间互以对方为代价的关系。

波特认为,这三种战略是每一个公司必须明确的,因为徘徊其间的公司处于极其糟糕的战略地位。这样的公司缺少市场占有率,缺少资本投资,从而削弱了打低成本牌的资本。全产业范围的差别化的必要条件是放弃对低成本的努力。而采用专业化战略,在更加有限的范围内建立起差别化或低成本优势,更会有同样的问题。徘徊其间的公司几乎注定是低利润的,所以它必须做出一种根本性战略决策,向三种通用战略靠拢。一旦公司处于徘徊状况,摆脱这种令人不快的状态往往要花费时间并经过一段持续的努力;而相继采用三个战略,波特认为注定会失败,因为它们要求的条件是不一致的。

专业化战略的思想是主攻某个特殊的细分市场或某一特殊的产品。这一战略依据的前提是:企业业务的单一化能够使企业以更高的效率、更好的效果为某一狭窄的顾客群服务,从而在某一方面或某一点上超过那些有较宽业务范围的竞争对手。

3.战略实施

战略实施需要抓好四个主要环节:

第一,制订实施计划和方案。这些计划是战略的具体化,是战略在某一时期、某一阶段或某一部分的具体体现,也是实现战略的具体要求。如中长期计划和年度计划等。

第二,分配资源。企业战略涉及企业全部资源,包括资金、人员、设备、原材料、时间、信息等的分配。战略需要从资源分配上得到体现,否则将无法得到落实,而资源的分配也将清楚地反映企业战略的重点。

第三,组织设计。“战略决定组织结构”应作为战略实施阶段所依据的原则,不同的战略要求不同的组织结构与之相适应。如总成本领先战略,一般要求一种集权化的按职能划分部门的专业化分工的体制;而差别化战略要求一种适应激发创新精神的项目管理,或是分权化的按产品或市场划分部门的组织体制。

第四,战略实施过程的控制。在实施战略过程中,必须有效地进行控制,包括不断地指挥、协调、监督、考核、反馈和调节。

4.战略评价

进行战略评价是十分必要的。通过战略评价可以使管理者确知战略的制定和战略的实施是否符合既定的宗旨和目标,管理者还可以掌握外部环境和内部条件的变化,以便及时修改战略,使企业不致落后于形势,造成损失。战略评价包括三项活动,即复查作为现行战略依据的那些外部因素和内部因素、测定企业的表现或绩效、采取整改行动。

思考与作业题

1. 案例分析

(1)为什么有人会逆势而进,最后导致亏损?

(2)外部环境变化会对农产品经营产生什么影响?

2. 模拟实训

选择一种农产品,收集相关资料,用 SWOT 分析法分析这种农产品面临的经营环境,根据自身的优势、劣势并结合外部环境的机遇与威胁,给出经营的决策和战略思考。

【实训目标】

(1)培养分析内部环境的能力。

(2)培养分析外部环境的能力。

(3)训练战略决策的程序和优化过程。

【标准与要求】

(1)标准:良好运用 SWOT 分析法和战略管理方法,形成农产品经营决策方案和发展计划。

(2)评估:①充分收集与该产品有关的内外部环境因素;②有正确的分析过程和论证逻辑;③经营决策方案科学合理,能产生良好的经济效益。

第三节　农产品经营的创新与运筹管理※

案例:

光明集团的全国首家蔬菜公园

【新民晚报】走 A4 高速,到星火公路,全国首家蔬菜公园就隐藏在茫茫田野之中。这个由光明食品集团兴建的上海都市菜园,占地面积 5000 亩,两旁道路种满了蔬菜,一块块牌子上标识着各种菜名。游客如有兴趣,甚至可以捋袖下地割菜……

走进以种植各种芳香蔬菜为主的馨香蔬园,薄荷、迷迭香、罗勒、熏衣草、马约兰花等,可看可闻。在奇异瓜果园里,突破常规重量、形状各异的蔬果从地里、空中冒出,甚至还有被绑在"树"上的"森林蔬菜"长势茂盛……

在蔬菜公园里,新奇特优、流光溢彩的 200 多种蔬菜,蔚为大观,让人心驰神往。如今蔬菜的颜色越来越丰富,艳丽直追花卉。这些蔬菜环绕在小桥流水亭榭的公园里被人观赏,最后成熟摘收送到市区。吃了新鲜蔬菜的市民,如果想知道这些漂亮蔬菜来自哪里,不妨到蔬菜公园走一趟。

优秀管理者的核心素质是创新,创新是生产力,创新能带给企业和经济活动机会和效益。农产品经纪人也要了解创新的含义和机理,通过创新,拿出有创意的"点子",并通过科学运筹,形成系统的、可操作性的工作方案,取得好的效果。

一、创造性思维与创意

(一)创造力的来源

管理中创新,靠的是创造力,而创造力的大小受很多因素的影响和制约。创造力来源模式如图 5.2 所示。

1. 创新精神

创新精神是创新的灵魂。没有创新精神,就没有创新实践。创新精神主要体现在以下三个方面:①强烈的创新欲望。即管理者出于事业心、责任心,或兴趣、好奇心等,产生出强烈的创新需求。②敢于创新的勇气。创新,在追求成功的同时,必然伴随着失败的风险。只有"敢"字当头,勇于创新,创新行为才可能发生。③创新意识、创新观念。只有具备现代、科学的创新观念、创新思想,才能有正确、有效的创新活动。

2. 知识、经验与技能

管理者所拥有的知识、经验与技能是创新的知识基础。创新就是对传统的突破,但不是在零起点飞跃。管理者的管理理论基础越扎实,实际管理经验越丰富,管理的技能越高超,他就越有条件进行管理上的创新。

3. 创造性思维与创造方法

创造性思维与创造方法是激发创造力最直接、最重要的途径与手段。管理者只有具有创造性思维,并能有效地运用创造方法,才能卓有成效地开展管理创新活动。

4. 勤奋工作

卓有成效的创新也依赖于勤奋工作。创新不是天上掉下来的,不是人们臆想出来的,而是通过脚踏实地、辛勤工作,在艰苦的实践中实现的。

以上四方面来自管理者自身,是创造力的直接来源。以下两方面则来自外部的影响因素,具有促进创造力形成的作用。

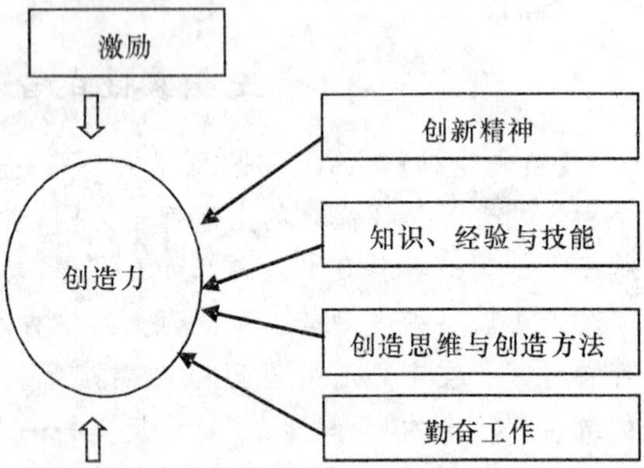

图 5.2 创造力来源模式

5. 激励

激励给创造者注入动力,作用于管理者的创新精神,促使其勤奋工作,并间接地促进知识、经验、技能与创造方法的运用。管理中的激励主要包括对创造者的精神鼓励,特别是激发他们的成就感和追求成功的欲望,同时也包括各种形式的物质奖励等。

6. 环境

环境是激发或抑制创新的重要条件,营造宽松而富有激励的环境能有效地促进创新。具体而言,包括放宽约束,鼓励自主决策,实行自我控制,指定宽松政策,允许犯错误,鼓励冒险精神,营造有利于创新的团体氛围等。

上述六方面因素的综合作用,将产生巨大的创造力。

(二)创造性思维的形式

1. 发散性思维

发散性思维是指为解决某一问题而最大限度地放开思路,从多视点、多方向、多途径寻求解决方法的一种开放性思维方式。其具体包括:①立体思维,即突破线性或平面思维定式,从多方位进行观察和思考;②想象思维,即在掌握大量信息的基础上,凭借丰富的想象力,产生全新的思路的一种思维方式;③联想思维,即指借助事物之间的某种共性而将它们联系起来,产生新的思维形式;④联结思维与反联结思维,联结思维指将相关的或表面看起来不相关的事物以某种方式组合起来加以认识,反联结思维则是指将整体分解或利用其中一部分的方式进行思维,两者的目的都在于寻求新事物;⑤替代思维,即通过局部替代或整体替代的方式,产生新的认识或方案;⑥求异思维,即打破常规,寻求变更和差异,建立新事物的一种思维方式;⑦逆向思维,即改变原有的思维方向,倒过来向相反方向思维的一种形式;⑧侧向思维,即从所研究领域以外的事物寻求启示,求得新的认识或创造的一种形式。

2. 收束性思维

收束性思维是指利用已有的知识和经验,将众多信息、经验进行分析、整理和综合,以便最终实现最优化和系统化的思维形式。它本身不产生创造性成果,但要靠它运用逻辑思维,将发散思维产生的各种思维成果逻辑化、系统化。

3. 灵感思维

灵感思维是创造性思维的重要形式。它是一种非自觉越轨思维。①灵感思维是人的意识在外部偶然机遇的作用下产生的,这种人的意识又是一种显意识与潜意识交互作用而产生的。即灵感是在偶然机遇的外部作用下,靠显意识与潜意识交互作用而形成的。②紧张后面的小憩是灵感产生的有利时机。由于长时间的紧张循规思考,造成连续的优势兴奋中心区,导致中心区外围皮层细胞兴奋,循规思维思路外围的潜在概念,灵感就有可能被激发出来,从而形成逆向越轨思维。③促进灵感思维激发的途径主要包括:要拥有广博的知识和信息;要积极深入地进行思索;要创造适时的松弛。

(三)管理中的创造技法

面对棘手的管理问题,要熟练地运用一些创造性技法,形成解决问题的全新创意。根据管理实践经验,有以下技法可供参考:

1. 寻异

这是指打破常规,突破思维定式,改变现状,求新寻异,以创造出全新的构想与实务。创新在本质上必须是一种变异,打破常规是创新的起点。敢于对约定俗成和司空见惯的事物质疑,寻求改进与创新,谋求出奇制胜。

例如,五彩特优米、彩色玉米、彩色蔬菜、彩色番薯等彩色农产品走俏市场,深受消费者的喜爱,就是人们对农产品的颜色、形状、品质、营养、成熟期、鲜活度等方面的要求越来越讲究,应运而生的彩色农产品有别于千百年来农产品固有的颜色和品味,集其特有的颜色、营养等多种功能于一体,给人们以耳目一新的感觉,大大地满足了广大消费者日益提高的生活、工作和交往等多方面的消费求新、求异的“猎奇”心理。

2. 综合

综合是指将各种要素或不同方案综合起来,从而形成新的构想或事物。管理者在进行重要决策时,应让参与者提出诸多备选方案。如无特别理想的方案,则可以将几种方案综合为一,取各自优点,去各自弊端。能实现几种方案的综合,本身就具有创造成分。

3. 分解

随着生活的多样化,科技水平的不断提高,大而全的整体产品概念已经不能满足消费者的个性化需求,这时候需要将产品的功能、色彩、品质等方面进行分解,以满足不同的消费者群体,实现良好的经济效益。分解也是一种变动或创新。例如,一家生产高档大米的企业,主攻开发糙米市场,因为糙米是联合国粮农组织推进的最佳营养食品之一,因此对该产品进行多样化包装,针对减肥美容的女性、孕妇、商务人士、中老年人开发,并结合深度的食用方法和调理教育,在北京的高端市场获得了意想不到的效果,消费者发现突然找到了多年来梦寐以求的健康食品,又没有毒副作用,销量获得了持续的攀升。

4. 折中

当几种意见对立,而又各有利弊,处于两难选择时,管理者应在深入分析的基础上,对几种方案进行折中处理,从而使各方都能接受。折中也是一种高难度的创新。

5. 换元

换元或称替代,是指用等效目标进行替代,以寻求新的构想或方案。换元,可以是一种方案行不通,用另一种方案进行替代;也可以对原方案中某些要素或环节进行替代。有时还要进行多轮替代,直至满足目标要求为止。换元是创新的重要手段。

6. 重组

按照新的思路,将原有的要素进行重新组合,就可能获得有价值的新事物。詹姆斯·韦伯·扬创意法就体现了这一思想。韦伯·扬最重要的观点是“新构想是不折不扣的老要素之新组合”。韦伯·扬生前曾任美国智威汤逊广告公司创意主任,并于1940年提出其产生的构想和概念。韦伯·扬创意法提出创意产生有五个特定步骤:①收集原始资料,②用心检查这些资料,③孵化阶段,④构想的产生,⑤最后形成与发展构想。

7. 移植

当将某一领域中的机制与办法引进新的领域,用来解决所要解决的管理问题时,就会产生一种全新的思路或办法,使某一领域传统的东西一下子变成了另一个领域全新的东西。

新疆的野生玫瑰花,从品质和色香味来说,也只有保加利亚玫瑰与之企及,但又有多少人知道她的美丽和芬芳呢,事实上完全可以通过民间传说和民间故事来进行移植传播,因为维吾尔族姑娘的名字都叫古丽,而它的意思就是玫瑰的含义,结合新疆独特的少数民族风情和歌舞,进行塑造,走出新疆是完全有可能的。

8. 逆寻

即运用逆向思维,在与原有的解决问题思路相反的方向上寻求解决方案。人们在思考或处理问题的过程中,经常存在一种思维惯性,沿着原有解决问题的思路走下去,直至碰壁。而逆向思维则是打破原有的思维惯性,从原有思路的相反方向突破,以寻求全新的解决问题的思路与方案。

英国一家乡间旅馆，地处荒凉地带，没有公路，不通汽车；没有电，不通电话。这些应该是办旅馆最不利的条件。但旅社的经营者却用逆向思维，在相反的方向上提出经营战略，在《泰晤士报》上登出如下广告：这家旅社没有公路，不通汽车；没有电，不通电话……这里什么都没有，你不必担心汽车的噪音和污染；不必担心有人打电话找你，你尽可以不受任何干扰地在这里休息。这对那些饱受现代污染和电话干扰，一心想寻觅幽静之处彻底放松、休息的老板们，真是个理想之所。结果这家旅店门庭若市，生意兴隆。

（四）创意及其形成过程

1.创意的含义

创意是创造性思维的成果，是创新在计划中的体现，是决定计划价值的核心要素。创意是指在创造性思维活动过程中所创造的、用以解决问题或谋划未来的独特设想与构思。它是以创造性思维活动为前提与基础的，对所谋划的事项提出全新、独特的设想与构思，或称“点子”、“高招”。这可能是关于所要解决事物的一个思路、一种对策、一条途径、一个主题、一种形式、一个方案等。

加拿大一家超市别出心裁，设置了一个大水池，养了许多鱼。凡想购买鱼的顾客，均持钓鱼竿去钓鱼。钓到之后再称量购买，从而将购物与休闲娱乐有机结合，招来大批顾客，不但卖鱼的生意红火，而且带动了整个商场的繁荣。

美国一家食品公司为了推销其有特色的面包，在底特律市竖立了一个80米高、100米长的巨型面包广告牌。这一面包模型不但特别高大，而且更加特别之处在于行人走近时，会闻到浓郁的面包香味，从而引起当地居民的极大兴趣与关注，这家食品公司的面包销售额也增加了两倍多。

2.创意的形成过程

创意作为创造性思维结果，其形成过程就是针对具体管理目标的创造性思维的活动过程。主要包括以下几个步骤：

(1)创意的准备。这是指管理者从管理目标与需要出发，大量搜集与处理信息资料，界定所要解决的问题与任务要求，明确客观环境与主观条件，理清创意的大致方向等。

(2)创意的酝酿。在前一阶段的基础上，管理者遵循管理目标与创意的大致方向，依据自身或群体的知识、经验、想象力、创造力，运用多种创造性思维形式，通过极度活跃的思维活动，多角度、全方位地分析判断，综合分解，替代重组，大胆设想，上下求索，以期产生大量各异的新奇想法和念头。

(3)创意的闪现。在创意酝酿到一定程度，会升华出某种具有灵感性质的新奇构想，这就是创意的雏形或内核。这一步是最具有决定意义的，将直接决定创意的生产及其价值的大小。

(4)创意的确定。上一阶段所闪现出的新奇的构想是否就是有价值的创意，还需要运用理智和逻辑思维，对其进行深入的思考、分析和论证。创意的确定有两条最重要的标准：一是必须有效地服务于管理目标；二是必须可行。

(5)创意的完善。创意的基本构想确定后，还必须通过各种有效形式，充分研讨，集思广益，加以补充、修改与完善，并最终要形成具有可操作性的活动项目、实现方式或工作方案。

二、管理方案的科学运筹

有创意之后,就需要进行科学运筹,拟订周密的方案。管理方案的科学运筹主要包括以下内容:

1. 科学安排计划要素

(1)目标与环境的互动。要使体现本组织的基本功能及任务要求的目标与不断变动着的组织的内外环境相互衔接与适应。

(2)对策与措施的创新性与可行性。这是管理方案的主体部分,要对如何实现目标提出科学、可行的方案、途径、程序、措施等。对策与措施应特别注意以下几点:①有效性。对策与措施一定要直接为实现目标服务,对实现目标是最有效的。②创造性。对策与措施要富有创意,有高超的艺术性,以出奇制胜。③可行性。管理方案必须切实可行,有很强的可操作性。④经济性。能有效实现目标而又节约的方案是最好的方案,要注意是管理行为成本最低。

(3)标准、时限、责任者与奖惩。要制定科学而尽可能量化的绩效标准,要准确地规定目标实现的时间界限,要明确执行主体,指定明确的责任制要制定对责任者的奖惩办法。

2. 合理配置资源

经济合理地配置资源,是科学运筹、周密设计方案的重要内容,也是预先控制的重要手段。

(1)按目标、任务分配资源。资源是为实现目标和任务服务的,必须坚持按目标任务的需要来分配资源,用资源保证目标的实现。

(2)正确处理重点与一般的关系。主要目标,必须以足够的、高质量的资源重点保证,绝不可平均分配,使资源分散使用。但同时,对于一般任务目标也要分配适当的资源,使一般任务目标得以完成。

(3)资源使用的有效性与经济性。注重资源使用效率,要以产出定投入,并比较投入与产出的效果,以最小的资源投入,获得尽可能大的管理产出,最大限度地提高资源的经济效益与社会效益。

3. 巧妙运筹时空与活动

(1)活动运筹。这既包括一项活动的运筹,又包括诸多活动的统一协调。

①一项活动的运筹。这包括活动题目、内容、形式、过程,以及相关工作,都要进行周密的计划、科学安排,以保证取得预期效果。

②当需要组织多项活动时,要合理安排,有机协调。多项活动在时间上一般存在三种关系:并行关系、交叉关系和先后关系。要按照这三种性质关系的内在要求,对各种活动科学运筹,合理安排,以提高效率,节省时间。存在相关或制约关系的几项活动,要注意先后次序、衔接问题;如果是相互争时间、争精力、争资源的活动,则要通过科学运筹,错开高峰,利用互补,协调发展;如果是本组织与上级同时安排一些紧迫任务时,应运用结合原则,尽可能将上级布置的任务与本单位正在开展或即将开展的工作结合起来,融为一体,统一运作。这样可以达到事半功倍的效果,尽可能不另开炉灶,顾此失彼。

(2)程序运筹。科学的程序是运筹的核心内容之一,实施程序对于工作的效率与效果具有重要意义。实施程序运筹的注意事项有以下几点:①要根据工作环节或阶段之间的关联或依存关系安排先后顺序,打基础的工作在先,后继性的工作在后,搞好衔接。②要注意各环节与阶段的连贯性,使各环节、阶段之间紧密衔接,形成工作链条。③注意关键线路法思想的运用,贯彻始终,而其他项目则按结合原则,交叉安排,从而可以保证整个工作项目在最短时间内完成。

(3)空间运筹。在筹划空间地点时,要注意地点对活动的适应程度;要充分利用地点、场所对活动效果的增强或放大作用;要注意空间上活动的并存与协调;要尽可能节约在地点场所上的开支。

宋代一场大火烧毁了皇宫。皇帝命大臣丁谓负责皇宫修复工程。该工程量相当大,用料多,且运输距离遥远,正常工期将长达 25 年。而丁谓经过巧妙运筹,制定了一个综合方案:将宫前的几条主要街道挖成渠道,从中取土就地烧成修建用的砖瓦;同时引水入渠,使用竹排木筏将远道而来的建筑材料直接运到施工现场;待皇宫竣工后,再将工程废料填入水渠中,修复道路。这样一举三得,不但节省了巨额资金,而且大大缩短了工期,大获成功。

4.弹性与应变

在对管理方案进行运筹时,一定要注意方案在实施中可能遇到的意外:或目标、任务变化;或主客观环境变化。这样,在运筹的过程中就应充分做好应变准备。

(1)弹性。为有效应付各种变化,要在运筹过程中预先保留相应的余地与运作空间,使活动方案具有较大的弹性,增强计划的灵活、适应程度。

(2)预案。对管理方案实施中遭遇的意外或突发事故,要事先做好充分准备,并拟订突发事故或意外出现时的基本对策或防范、处理措施。有时要准备几套备用方案。

思考与作业题

1.案例分析

(1)什么原因导致蔬菜概念的变化和效益的增加?

(2)这种理念的创新对你经营的农产品有什么启发?

2.模拟实训

选择一种最常见的农产品,以小组为单位,进行经营方式或管理方法的创新,设计该产品新的经营模式,并使经营模式能够实现该产品的效益大大提高,或者实现产品概念的更新。

【实训目标】

(1)培养创新能力。

(2)训练对创意与创新思维的策划能力。

【标准与要求】

(1)标准:良好运用创造性思维形式与技法,形成有创意的策划方案。

(2)评估:①小组成员都要提出一个创意点子,作为一次作业;②创意点子要有一份具体的策划方案;③能进行创意效果的论证评估。

第四节 农产品经纪人团队与激励管理

一、团队管理

团队是现代社会条件下最富活力的高绩效组织形式,团队管理带来管理者职能与方式的深刻变革。

(一)团队的含义与特征

从传统的垂直式管理组织到扁平式的团队管理组织。在大工业生产时期,企业很多都建立了传统的垂直式、功能化的组织模式。它是一种包含多层次的金字塔结构,实行一种高权威、高结构、逐级负责的纵向管理。每个员工都被严格定位在以功能为核心的部门,分工明晰,权责明确,在管理者的严格指挥与监督下进行工作,可以把这种组织模式称为“命令型”群体,相对应,可称之为“工作团队”或“团队”。

1. 团队的含义

团队是指有明确目标与个人角色定位,强调自主管理、自我控制、沟通良好、和谐合作的一种扁平型组织形式。

2. 团队的特征

“团队”与“命令型”组织相比,其本质差别与显著特征有:

(1)在组织形态上,团队属扁平型组织。实行团队模式的企业,管理层次较少,取消了许多中间管理层次,以保证员工可以直接面对顾客与公司的总目标。

(2)在目标定位上,团队有明确的目标,每个成员有明确的角色定位与分工。团队成员的角色主要有三种:以工作为导向的角色,主要任务是促进团队目标的实现;以关系为导向的角色,主要任务是促进团队各种关系的协调与发展;以自我为导向的角色,主要注重自我价值的实现。

(3)在控制上,强调自主管理,自我控制。在团队中,领导者逐步由监督者变为协调者,团队成员充分发挥主动性、创造性,为满足顾客的需要与现实企业的总目标而自觉奋斗。

(4)在功能上,形成一种跨部门、交叉功能的融合体系。来自不同部门的成员可以跨部门建立团队,淡化原有界限,实现功能交叉与融合。而且成员可以多种技能实现互补,实行一种高度融合的协同作战。

(5)在相互关系上,构建合作、协调的团体。团队成员有共同的价值观与理念,建立良好的沟通渠道,相互之间高度信任,团结合作,整体协调,形成强大的凝聚力与战斗力。

(二)团队的类型

按照不同的标准,可以将团队划分为多种类型。但是最基本的划分方法是:按照团队的基本功能,将团队划分为三种基本的类型,即工作团队、项目团队、管理团队。所有的高绩效组织都是由这三种团队所建立起来的。

1. 工作团队

这是最基本、最普通的团队形式。工作团队主要承担企业生产经营等基本工作任务,如设计、制造、储运和销售产品,或提供服务给其内外客户,并按这些工作任务组成团队。工作团队有组织明确定义其职能,属正式结构的一部分,并由全职稳定的成员所组成。

2. 项目团队

项目团队主要承担某个工作项目或解决特殊问题等专题性任务。如特别任务小组、流程改善小组、特定问题解决小组等就属于项目团队。项目团队的成员大多是从一两个工作团队中吸收而来。与工作团队不同的是,这种项目团队往往是暂时性的。其设立的目的主要是用来解决特定问题,或执行特别的计划,待任务完成后随即解散。该团队成员,一般具有专门知识与技能,可以发挥专业与技能整合优势。

3. 管理团队

管理团队主要负责对下属一些部门或人员进行指导与协调。管理团队依靠与传统的"命令型"组织的集权式的纵向管理不同的方式,管理下级或改善团队的绩效,促进团队的协调与整合,管理者从监督者变成协调者。管理团队,既包括组织最高层这样的专司管理职能的团队,又包括质量管理小组、稽核小组这样的由兼职人员组成的团队,还包括由组织的资深经理人及来自跨部门工作团队的领导者组成的管理团队。

(三)向自我管理团队发展的趋势

现代组织的发展趋势是由传统的工作群体向自我管理团队发展。团队是从工作群体发展而来的,其发展趋势是走向充分自主的自我管理团队。可以按照自主性的程度,将工作群体与团队划分为六种类型。

1. 六种团队类型的简要分析

(1)传统工作群体。该群体没有管理责任,由基层管理者对他们进行指挥与监督。

(2)质量小组。质量小组是从生产单位抽出来的员工组成的义务群体,对质量可以提建议,但没有决定权。

(3)高绩效工作团队。团队拥有较高的工作自主性,成员积极性很高,但权力不大。

(4)半自动工作团队。对主要的生产活动有权决策,但仍需要外部的质量控制和维护支持。

(5)自我管理团队。团队拥有控制与决策权,对生产经营的一部分负完全责任。

(6)自我设计团队。这是一种理想的团队形式。该团队不但拥有生产经营的权利,而且有权设计团队的职能,包括对团队成员的聘用权。

2. 管理者角色的演进

在从传统的群体领导转化为团队领导者的过程中,经历监督管理、参与管理、团队管理三个阶段,管理学者 J. 赞格提出管理者分别充当三种角色:

(1)监督型领导。监督型领导是指群体的管理者按照传统的监督控制方式,管理其群体成员。

(2)参与型领导。参与型领导是指群体的管理者鼓励其成员积极参加决策,发展个人业绩。

(3)团队型领导。团队型领导是指管理者以团队成员的平等身份,支持团队共同决策,实现团队精诚合作。

(四)团队管理的要素与手段

1. 团队管理的要素

团队管理有四个最基本的要素,只有牢牢把握这四大要素,才能真正实现现代意义上的团队管理。

(1)目标。团队必须有为所有成员共同认可的统一目标。这一目标是建立在组织需要与团队成员一致的价值观的基础上的,并通过一致的努力来实现。目标成为团队存在与发展的出发点与归宿。团队最主要的目标就是提高工作的绩效。

(2)分权。团队作为一种分权化的扁平组织,其上级要实行充实授权,团队必须有足够的权利进行决策;同时,团队的管理不断地从监督控制演化为共同决策,每个成员都享有充分的权利。

(3)自主。不但团队能独立自主地开展工作,而且,团队的每个成员都是平等的,都各有各的角色定位,都能自觉、自主地同他人默契配合,卓有成效地为实现目标作贡献。

(4)合作。团队必须有极强的凝聚力,良好的沟通,实现团队成员的通力合作,最大限度地发挥整体效益与集体战斗力。

2. 有效团队的标志

衡量团队建设是否成功,基本的标志有三条:

(1)工作的高绩效。这是最重要的标志。

(2)团队成员需要的满足与自身的成长。每个成员都有愉悦的心情,并不断取得进步。

(3)团队凝聚力的增强与团队发展。其成员有很强的继续合作的愿望,并形成新的更具诱惑力的共同愿景。

3. 团队管理的手段

在团队的管理中,垂直组织的传统手段,如行政命令、指示、监督、控制等,已为新的手段所取代。团队管理主要的手段有:

(1)沟通。这是最重要的手段,团队管理者及成员之间将大量地运用沟通来解决问题。

(2)激励。管理者与各成员将运用激励来相互鼓励,通过工作设计、目标激励、奖酬激励等多种方式,实现积极性的显著提高。

(3)社会互动。在团队中,垂直的作用力弱化了,横向的人与人之间的互相作用力将被强化。应发挥社会支持效应,消除社会虚度效应。前者是指个人与他人相处时受到群体的正面激励,受感染或受制约而努力工作;后者是指个人与他人相处时受到群体的消极影响,自己偷懒,让别人去工作。

(五)团队建设的阶段

团队建设一般包括四个阶段:

1. 探索阶段

工作团队建立伊始,管理阶层所任命的正式监督者,仍会在团队的各种活动中进行指挥与控制,按照现代团队的理念与模式进行教育与训练,逐渐地,这位监督者的职责会先被分派给某些团队成员,然后再分散至所有的成员身上。团队的成员必须解决属于自己团队中的问题，而监督者与团队领导者只负责提供技术方面的教授与训练，团队成员无法再依赖他们来解决问题。

2. 雏形阶段

团队逐步形成一些有关合作的基本规定或标准，团队工作人员的归属感越来越强，并以合作来取代竞争，沟通的职能强化，彼此之间的信任也逐渐加深。团队走出了相互敌对的状态，成员也开始注重彼此关系的维持，生产力也有了起色。随着团队成员必须担负起更多与团队每日运作管理有关的职责，团队领导者的角色也逐渐由监督者变为协调者。团队的成员开始接管一些较为重要的管理工作，发展团队意识，解决团体内部的冲突，在无监督者指示的情况下做决定，并且从事一些改革政策、流程与执行例行工作方法相关的活动。

3. 成长阶段

随着团队建设的深入，团队信心大增，成员们了解了自己的角色与他们必须完成的任务。团队开始发展，并且利用构建好的流程与方式来进行沟通、化解冲突、分配资源，处理与其他团队的关系。在这个阶段中，团队领导者（或称协调者）脱离了团队，不再直接地控制团队的活动，而团队成员则担负起制定例行决策的责任，根据不断积累起来的经验，他们能够正确地处理这些管理问题。

4. 成熟阶段

进入这一阶段，团队已经步入成熟。第一线的监督者角色也消失殆尽，团队成员完全负责团队的整个工作。除生产经营等基本工作职能外，他们还担负起那些较大范围的行政、财务、人事等工作，并且尽量在不让外力介入的情况下，解决他们在技术与其他方面所遭遇的问题。团队有很大的自主性，有较为完整的决策权，可以按照自己的意愿形式，高效地实现团队的目标。

（六）团队建设要领

要建设有效团队，应注意抓好以下工作：

1. 科学地设定目标

科学地确定团队的目标，是团队建设的首要任务。团队的目标，既是团队设立的出发点与归宿，又是凝聚团队成员，合作协调，团结奋战的纽带。制定团队的目标，要先进合理，既要可行，又要具有挑战性，以激励团队成员合作奋战，并尽可能使成员的个人目标与团队的目标紧密融合。

2. 打造团队文化

共同的价值观与文化是团队建设的灵魂。首先，要确立正确的价值观，并通过各种文化建设的途径，实现全体成员共同认可，进而塑造健康向上的团队精神，全面建设具有本团队特色的组织文化。

3. 促进跨部门整合与技能互补

要根据目标的要求，科学地设计不同部门之间成员的组合，注重成员技能的培养，促进不同技能间的互补，以形成团队的整合优势。

团队成员接受新的职责与角色，需要新的技能，主要包括以下四类技能：①技术技能。即团队成员必须具备某些方便的知识与技能，并注意各种知识和技能的交叉训练。②行政技能。由于团队成员承担了日常管理工作,因此必须具备相应的行政技能,包括制订计划与目标、指挥协调、联络沟通、主持会议、协商与交涉、财务审计、绩效评估等技能。③人际技能。沟通是维系团队的核心技能,特别是跨部门的团队沟通,因此,团队必须注重其成员沟通能力的培养,使其成员具备较强的人际能力。(4)决策与解决问题的技能。团队成员要担负起进行决策与解决各种矛盾的职责,必须拥有较强的决策能力。团队成员必须接受一些决策能力的训练和有系统地解决问题的策略。

4.维持小规模的团队

如果团队的规模过大,人数过多,就无法进行团队所需要的建设性沟通与互动,成员对管理与决策的参与程度低,而且对于共同面临的一些问题也不易达成共识。因此,要适当控制团队的规模,以保证有效地沟通与合作。

5.加强沟通与激励

逐步摒弃传统的行政命令与监督控制手段,主要倚重沟通、激励等现代管理手段,以平等的、相互信任的态度,充分协商,无边界沟通,并进行有效激励,营造和谐、向上的氛围,实现一种近乎“无畏而治”的管理境界。

6.重新设计信息系统

信息科技将员工们彼此联接在一起,电子计算机和互联网系统可以让团队成员在团队内与团队间彼此沟通,也可以与客户、供应商和企业伙伴取得联络。因此,要按照团队建设的要求重新设计与完善信息系统,实现团队内外信息的有效沟通,促进团队的合作与协调。

7.重新设计报酬系统

必须突破传统的奖酬理念与体系,采取一种以知识技能为中心的报酬系统。即把员工的技能与知识作为决定奖酬多少的主要依据,而不是以所处职位而定。同时,要把团队绩效与整个团队的奖酬挂钩,利益与风险共担,使团队真正成为利益共同体。

二、激励机制

(一)需要、动机与行为的关系

影响工作的效率一般有两方面的因素:一是自身的工作能力;二是激励工作的好坏。其公式为:

绩效=f(能力×激励)

以上公式说明,两个能力相同的人,如果激励不同,其工作绩效也就不同。现代心理学家提出了动机激发循环的概念,他们把需要、动机、目标三个互相依存的影响要素连接起来,构成了动机激发的完整过程。所谓需要,是指人们对某种目标的渴求和欲望,它可以是生理上的需要,也可以是精神上的需要;所谓动机,是指诱发、活跃、推动、指导和引导行为指向一定目标的心理过程,是促使自我努力去实现目标、满足需要的一种强有力的内在力量,如饥饿时就强烈要求寻找食物以满足需要等。目标是经过动机的驱动,努力实现的满足需要的目标。一般来说,当人产生某种需要而又未得到满足时,会产生一种不安和紧张的心理状态;在遇到能够满足需要的目标时,这种紧张的心理状态就转化为动机,推动人们去从事某种活动向目标前进;当人达到目标时,紧张的心理状态就会消除,需要得到满足;这时,人又会产生新的需要。这是一个周而复始、循环不息、激励不止的过程,使人不断地向新的目标前进。其原理如图 5.3 所示。

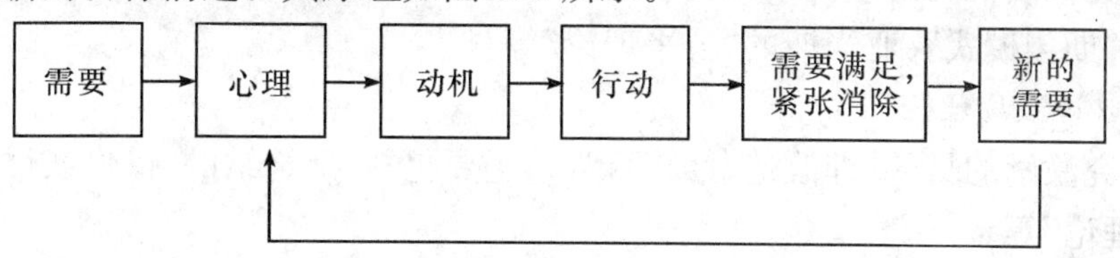

图 5.3 需要、动机、行为关系模型

(二)激励的作用与特点

1. 激励

激励的原意是指人在外部条件刺激下出现的心理紧张状态。管理中的激励,是指管理者运用各种管理手段,刺激被管理者的需要,激发起动机,使其朝向所期望的目标前进的心理过程。

2. 激励在管理中的作用

激励最主要的作用是通过动机的激发,调动被管理者工作的积极性和创造性,自觉自愿地为实现组织目标而努力。即其核心作用是调动人的积极性。

3. 激励的特点

激励作为一种领导手段,与前面所讲的凭借权威进行指挥相比,最显著的特点是内在驱动性和自觉自愿性。由于激励起源于人的需要,是被管理者追求个人需要满足的过程,因此,这种实现组织目标的过程,不带有强制性,而完全是靠被管理者内在动机驱使的、自觉自愿的过程。

(三)激励过程

从心理角度看,激励的实质过程就是在外界刺激变量(各种管理手段与环境因素)的作用下,使内在变量(需要、动机)产生持续不断的兴奋,从而引起主体(被管理者)积极的行为反应(为动机所驱使的、实现目标的努力)。

(四)激励的过程模式

激励的具体过程表现为:在各种管理手段与环境因素的刺激(诱因)下,被管理者未被满足的需要(驱力)被强化;由动机驱使,被管理者采取努力实现上述目标的行为;目标实现,需要满足,紧张心理消除,激励过程完结。当一种需要得到满足后,人们会随之产生新的需要,作为未被满足的需要,又开始了新的激励过程。

三、激励理论

(一)激励理论的类型

激励理论主要研究人动机激发的因素、机制与途径等问题。心理学家和管理学家进行了大量研究,形成一些著名理论。这些理论大致可划分为三类:

1. 内容型激励理论

重点研究激发动机的诱因,主要包括:马斯洛的“需要层次论”、赫茨伯格的“双因素论”、麦克莱兰德的“成就需要激励理论”等。

2. 过程型激励理论

重点研究从动机的产生到采取行动的心理过程，主要包括：弗鲁姆的“期望理论”、波特和劳勒的“期望模式”、亚当斯的“公平理论”等。

3. 行为改造激励理论

重点研究激励的目的(即改造、修正行为)，主要包括：斯金纳的“操作条件反射论”、海利的“归因理论”等。

(二)需要层次论

需要层次论是由美国心理学家亚伯拉罕·马斯洛于1943年提出来的。这一理论揭示了人的需要与动机的规律，受到管理学界的普遍重视。

1. 基本内容

马斯洛提出人的需要可分为五个层次，即生理需要、安全需要、社交需要、尊重需要和自我实现需要。这五种需要如图5.4所示。

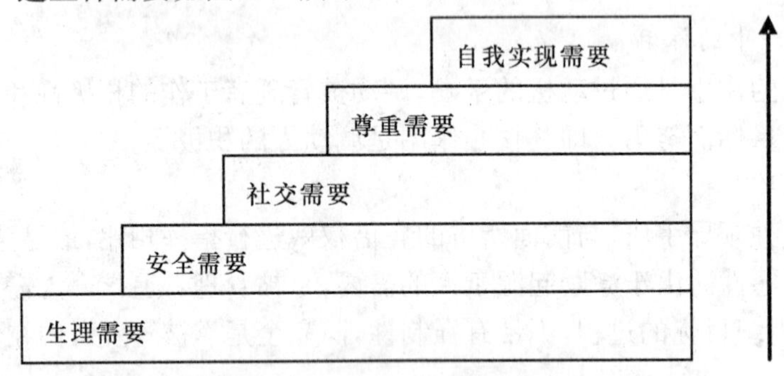

图5.4 马斯洛的需要层次理论

(1)生理需要。这是只维持人类自身生命的基本需要，如对衣、食、住、行的基本需要。他认为，在这些需要没有得到满足之前，其他需要都不能激励人的作用。

(2)安全需要。这是指人们希望与别人交往，避免人身危险和不受丧失职业、财务等威胁方面的需要。生理需要与安全需要均属物质需要。

(3)社交需要。这是指人们希望与别人交往，避免孤独，与同事和睦相处、关系融洽的欲望。

(4)尊重需要。当第三层次需要满足后，人们开始追求受到尊重，包括自尊与受人尊重两个方面。

(5)自我实现需要。这是一种最高层次需要。它是指使人能最大限度地发挥潜能，实现自我期望和抱负的欲望，即“想做成自己想做成的事，想成为自己想成为的人”。这种是需要突出表现为工作胜任感、成就感和对期望与理想的不断追求。他认为这一层次的需要是无止境的，一种自我实现需要满足以后，会产生更高的自我实现需要。后三个层次的需要属精神需要。

后来，在这五层次基础上，他又补充了求知的需要和求美的需要，从而形成了七个层次。

2. 基本形式

(1)不同层次的需要可同时并存，但只有第一层次需要得到基本满足之后，较高层次需要才发挥对人行为的推动作用。

(2)在同一时期内同时存在的几种需要中,总有一种需要占主导、支配地位,称之为优势需要,人的行为主要受优势需要所驱使。

(3)任何一种满足了的低层次需要并不因为高层次需要的发展而消失,只是不再成为主要的激励力量。

3.对管理实践的启示

(1)正确认识被管理者需要的多层次性。片面看待下属需要是不正确的,应进行科学分析,并区别对待。

(2)要努力将本组织的管理手段、管理条件同被管理者的各层次需要联系起来,不失时机地、最大限度地满足被管理者的需要。

(3)在科学分析的基础上,找出受时代、环境及个人条件差异影响的优势需要。然后,有针对性地进行激励,以收到"一把钥匙开一把锁"的激励效果。

(三)双因素论

双因素论是美国心理学家赫茨伯格于20世纪50年代提出来的。他将影响人的积极性的因素归结为激励因素与保健因素两大类,故简称"双因素论"。

1.基本内容

他通过大量的关于人们为什么愿意工作的调查,提出两大类影响人的工作积极性的因素:

(1)保健因素。这属于和工作环境或条件相关的因素,包括:管理政策与制度、监督系统、工作条件、人际关系、薪金、福利待遇、职务地位、工作安全等因素。当得不到这些方面的满足时,人们会产生不满,从而影响工作;但当人们得到这些方面的满足时,只是消除了不满,却不会调动人们的工作积极性,即不起明显的激励作用。因此,他们将这类因素称为保健因素。

(2)激励因素。这属于和工作本身相关的因素,包括:工作成就感、工作挑战性、工作中得到的认可与赞美、工作的发展前途、个人成才与晋升的机会等。当人们得不到这些方面满足时,工作缺乏积极性,但不会产生明显的不满情绪;当人们得到这些方面的满足时,会对工作产生浓厚的兴趣,产生很大的工作积极性,起到明显的激励作用。因此,他将这类因素称为激励因素。

2.对管理实践的启示

(1)善于区分管理实践中存在的两类因素,对于保健因素要给予基本的满足,以消除下级的不满。例如,工作条件、住房、福利等。

(2)要抓住激励因素,进行有针对性的激励。根据赫茨伯格的理论,对员工最有效的激励就是让员工对所有从事的工作本身满意。管理者应动用各种手段,如调整工作的分工,宣传工作的意义,增加工作的挑战性,实行工作内容丰富化等来增加员工对工作的兴趣,千方百计地使员工满意自己的工作,从而受到有效的激励效果。

(3)正确识别与挑战激励因素。能够对员工积极性产生重要影响作用的激励因素在管理实践中不是绝对的。它受到社会、阶层及个人的经济状况、社会身份、文化层次、价值观念、个性、心理等诸多因素的影响。因此,在不同国家、不同地区、不同时期、不同阶层、不同组织,乃至每个人,最敏感的激励因素是各不相同的,有时差别还很大。因此,必须在分析上述因素的基础上,灵活地加以确定。例如,工资在发达国家的一些企业员工中不构成激励因素,而在我国许多企业员工中仍是一个重要的激励因素。

(四)公平理论

公平理论是美国心理学家亚当斯于1965年提出来的。这一理论重点研究个人作出的贡献与所得报酬之间的比较及激励的影响。

1. 基本内容

公平理论认为,人的工作积极性不仅受其所得的绝对报酬的影响,更重要的是受其相对报酬的影响。各种相对报酬是指个人付出劳动与所得到的报酬的比较值。付出劳动包括:体力消耗、技术水平能力高低、工龄长短、工作态度等;报酬包括:工资、奖金、晋级、名誉、地位等。付出报酬的比较方式包括两种:①横比,即在同一时间内以自身同其他人相比较;②纵比,即拿自己不同时期的付出与报酬进行比较。前者可称为社会比较,后者可称为历史比较。

个人是否感到公平,所依据的就是付出与报酬之间比较出来的相对报酬。相对报酬如果合理,就会获得公平的感受,否则就是不公平感受。

当获得公平感受时,心情舒畅,工作努力;当得到不公平感受时,就会出现心理上的紧张、不安,从而使员工采取行动以消除或减轻这种心理紧张状态。其所采取的具体行为有:试图改变其所得报酬或付出;有意无意曲解自己或他人的报酬或付出;竭力改变他人的报酬;等等。

2. 对管理实践的启示

(1)在管理中要高度重视相对报酬问题。员工对自己的报酬进行横比、纵比这是必然的现象。管理者如果不加以重视,很可能出现员工"增收"的同时亦"增怨"的现象。自古就有"不患寡而患不均"这种普遍的社会现象。管理者必须始终将相对报酬作为有效激励的手段来加以运用。

(2)尽可能实现相对报酬的公平性。我国国企改革,打破大锅饭,实行"多劳多得,少劳少得",正是体现了对这种公平性的追求。

(3)当出现不公平现象时,要做好工作,积极引导,防止负面作用发生,并通过改革与管理的科学化,消除不公平,或将不公平产生的不安心理引导到正确行事的轨道上来。

四、激励方式与手段

有效的激励,必须通过适当的激励方式与手段来实现。按照激励中诱因的内容和性质,可将激励的方式与手段大致划分为两类:物质利益激励和社会心理激励。

(一)物质利益激励

物质利益激励是指以物质利益为诱因,通过刺激被管理者物质利益需要,以激发或强化努力实现组织目标的动机的方式手段。这主要包括以下具体形式:

1. 奖酬奖励

奖酬包括工资、奖金、各种形式的津贴及实物奖励等。虽然对于国外一些较高收入水平的人来说,工资、奖金已不成为主要的激励因素,但对于我国相当于一部分收入水平较低的人来说,工资、奖金仍是重要的激励因素。

(1)设计奖酬机制与体系要为实现工作目标服务。这是奖酬能否发挥激励作用及其作用大小最重要的问题。也就是说,奖酬的形式、奖酬与贡献挂钩的办法、奖酬发放的方式等,都要根据有助于促进工作目标实现来设计和实施。而其中的关键又是奖酬与贡献直接挂钩的科学化与定量化。管理者必须善于将奖惩的重点放在管理者关注的重点上,以引导下属为多得奖酬而多干工作,从而通过利益驱动实现组织目标。离开目标与贡献来发放奖酬,就不会产生激励作用,甚至会南辕北辙,起副作用。

(2)要确定适当的刺激量。用奖酬手段进行激励,必然涉及刺激量的确定。奖酬刺激量,一是表现为奖酬绝对量,即发工资、奖金的数量大小;二是表现为奖酬的相对量,即工资奖金同一时期不同人的差别以及同一个人不同时期的差别。奖酬激励作用主要取决于相对刺激量,即同一时期不同人之间的奖酬差别以及个人不同时期奖酬变化的幅度。这正体现了公平理论的要求。在实际工作中,既要有选择地实行重奖,以期引起轰动和奖励效应,又要防止不适当地扩大刺激量,引发员工产生新的不公平心理。

(3)奖酬要同思想政治工作有机结合。奖酬的作用是重要的,但也不能搞金钱万能,必须注意辅以必要的思想工作及其他激励形式,尽可能限制物质刺激的副作用。

2.关心照顾

管理者对下级在生活上给予关心照顾,是激励的有效形式。它不但使下级获得物质上的利益和帮助,而且能获得受尊重和归属感上的满足,从而可以产生巨大的激励作用。一个平时不关心下属的管理者,遇有紧急任务时,下属不会积极地给予合作与支持。日本企业经理重视给员工过生日,就是采用这种关怀激励的方式。对下属的关心照顾,包括员工集体福利,帮助解决员工各种生活困难,以及关心和帮助解决员工各种思想、工作及其他方面的困难。

3.处罚

在经济上对员工进行处罚,是一种管理上的负强化,属于一种特殊形式的激励。运用这种方式时要注意:必须有可靠的事实根据和政策依据,令其心服口服;处罚的方式与刺激量要适当,既要起到必要的教育与震慑作用,又不要激化矛盾;也要同深入细致的思想工作结合,注意疏导,化消极为积极,真正起到激励作用。

(二)社会心理激励

社会心理激励,是指管理者运用各种社会心理学方法,刺激被管理者的社会心理需要,以激发其动机的方式与手段。这类激励方式以人的社会心理因素作为激励的诱因,主要包括以下一些具体形式:

1.目标激励

即以目标为诱因,通过设置适当的目标,激发动机,调动积极性的方式。追求目标的实现是满足人的需要的重要途径,正是一个个目标,引导着员工去采取一个又一个的行动,目标成为管理激励中极为重要的诱因。可以激励的目标主要有三类:工作目标、个人成长目标和个人生活目标。管理者可通过对这三类目标的恰当选择与合理设置,有效调动员工的积极性,具体做法如下:

(1)尽可能增大目标的效价。根据弗鲁姆的期望理论,激发力量大小取决于效价及概率。管理者在设置目标时,一要选择下级感兴趣、高度重视的内容,使所选择的目标尽可能多地满足下级的需要;二要使目标的实现与奖酬或名誉、晋升挂钩,加大目标实现的效价;三要做好说明、宣传工作,使下级能真正认识到目标的社会心理价值及其实现所带来的各种利益。

(2)增加目标的可行性。只有通过努力能够实现的目标,才能真正起激励作用。目标水平要进行合理,要具备相应的实施条件,要具有可操作性,并做好必要的说明解释工作,使下级充分认识到实现目标的可能性。

2. 教育激励

这是只通过教育方式与手段,激发动机、调动下级积极性的形式。教育激励具体包括:①政治教育。如通过世界观教育、爱国主义教育、敬业爱岗教育等,提高员工的觉悟,激发他们的政治热情和工作积极性。②思想工作。要通过个别沟通、谈心等,以多种方式,做深入的思想工作,以收到预期的激励效果。做好思想工作的关键在于深入探索人的思想规律,提高思想工作的科学化程度,克服说做不一致的空洞的政治说教现象,以求实效。

3. 表扬与批评

表扬与批评是管理者经常运用的激励手段。要讲究表扬与批评的艺术,因为它将直接关系到表扬与批评的效果。表扬与批评要注意以下几点:

(1)坚持以表扬为主,批评为辅。表扬为主,能够满足人们受尊重的心理需要,易于为下级接受,效果较好;但必要的批评也必须有,放弃了批评,就是对违纪的放纵,就是对权力的放弃。

(2)必须以事实为依据。无论是表扬,还是批评,都必须尊重事实。如果失实,都会造成适得其反的不良后果。

(3)要讲究表扬与批评的方式、时机、地点,注重实际效果。例如,当众表扬与批评可能对别人的影响与威慑作用大,教育效果明显;但当众批评也会受批评者的强烈反感。管理者要根据问题的性质、表扬与批评对象的身份与心理特点,科学地选择适宜的方式。此外,还要注意时机与场合因素。

(4)批评要对事不对人。针对某人的过失批评,他会心服口服,而如果因一个过失,就批评这个人本身,指责其人格,甚至斥责在动机上是故意,则极易引起受批评者反感,从而引起对立与冲突,使批评失败。

(5)要限制批评的频次,尽量减少批评的次数,否则,会冲淡教育效果。同时,要一事一评,切不可批评一次,将过去发生的多个问题算总账,这样,不但重点不突出,而且还会引起受批评者的反感与抵触。

(6)批评与表扬的适当结合。当批评一个人的缺点时,应首先肯定其优点与成绩,这样,受批评者觉得受到公平对待,容易接受批评。有时,如有必要,在表扬一个人的时候,也可以提示一下其缺点,这样可使其心悦诚服地克服缺点。

4. 感情激励

即以感情作为激励的诱因,调动人的积极性。现代人对社会交往和感情的需要是强烈的,感情激励已成为现代管理中极为重要的调动人的积极性的手段。感情激励主要包括以下几方面内容:①在上下级之间建立融洽和谐的关系,管理者对下级的一个重要影响力来源是亲和力,这就要求管理者要高度重视与下级的个人关系,是关系融洽,或有较深的友谊,以增强亲和影响力。②促进下级之间关系的协调和融洽。组织中各成员之间的关系,会影响到组织目标的实现。管理者也应对非正式组织关系进行积极引导,尽可能满足各成员社会交往的需要。③营造健康、愉快的团体氛围,满足组织成员的归属感。管理者应注意以维系感情为中心,组织开展各种健康、丰富多彩的文化活动,营造愉快的团队氛围,使每个成员以置身于这一团体而感到满足和自豪,增强其归属感,令其自觉地、心情愉快地为实现组织目标而努力工作。

5. 尊重与信任激励

随着人类文明的发展,人们越来越重视尊重的需要。管理者应利用各种机会信任、鼓励、支持下级,努力满足其尊重的需要,以激励其工作积极性。其主要包括:①尊重下级的人格,上下级只是管理层次和职权的差别,彼此之间是平等的。管理者应努力尊重自己的下级,特别是尊重其人格,使下级始终获得受到尊重的体验。②尽力满足下级的成就感。要尊重下级自我实现的需要,创造条件鼓励和支持下级实现自己的工作目标,追求事业的成果,以满足其成就感。③支持下级自我管理、自我控制,管理者要授权于下级,充分信任他们,放手让下级实行自我管理、自我控制,以满足自主行事与受到信任的心理。

6. 参与激励

即以让下级参与管理为诱因,调动下级的积极性和创造性。下级参与管理,有利于集中群众意见,以防决策的失误;有利于满足下级受尊重的心理需要,从而受到激励;有利于下级对决策的认同,从而激励他们积极自觉地去推进决策的实施。支持下级参与管理或民主管理,主要注意以下几点:①增强民主管理意识,建立参与的机制。管理者与被管理者双方都要树立民主管理既是员工政治权利又是现代管理方式的意识,自觉地推进其实施。同时,要建立科学、可行的员工参与管理制度、结构、程序和方法,从制度方法体制上保证民主管理的实施。②真正授权于下级,使下级实实在在地参与决策和管理过程。绝不能把民主管理作为摆设,走过场,而必须充分发挥员工民主管理的作用。③有效利用多种参与形式,鼓励全员参与。采取措施鼓励全体员工在各个管理层次和各个管理环节上,全面参与管理活动,以最大限度地开发员工的潜能,调动其积极性和创造性。

7. 榜样激励

“榜样的力量是无穷的”,管理者应注意用先进典型来激发下级的积极性。榜样激励主要包括以下两方面:①先进典型的榜样激励。管理者要注意发现和总结先进事迹和先进人物,以他们的感人事迹来激励下级。应用中,要注意事迹的真实性、与下级人员工作的可比性、科学性等,真正令下级服气、感动并产生激励。②管理者自身的模范作用。即管理者号召和要求下级做到的,自己首先要做到,要身先士卒,率先垂范,以影响、带动下级。实践中,一定要做到实实在在,而不是做表面文章;始终如一,而不是一时心血来潮。

8. 竞赛(竞争)激励

人们普遍存在着争强好胜的心理,这是由于人谋求实现自我价值、重视自我实现需要所决定的。管理者结合工作任务,组织各种形式的竞赛,鼓励各种形式的竞争,就会极大地激发员工的热情、工作兴趣和克服困难的勇气与力量。在组织竞赛、鼓励竞争的过程中,应注意以下几个方面:①要有明确的目标和要求,并加以正确的引导。这样,确保竞赛与竞争能沿着正确的轨道进行,防止偏离组织目标。②竞争必须是公平的。竞争的基础、条件、起点、过程、成果衡量与对待,都必须是公平合理的。③竞赛与竞争的结果要有明确的评价和相应的奖励,并尽可能增加竞争结果评价或奖励的效价,以加大激励作用。

五、激励理论的应用原则※

(一)物质激励与精神激励相结合

人既有物质需要,也有精神需要,相应地,激励方式上就应该实行物质激励与精神激励相结合。要避免走极端,迷信物质激励则导致拜金主义,迷信精神激励又导致唯意志论或精神万能论。

(二)外激励与内激励相结合

内激励是通过启发诱导的方式,激发人的主动精神,使他们的工作热情建立在高度自觉的基础上,充分发挥内在的潜力。外激励则是运用环境条件来制约人们的动机,以此来强化或削弱有关行为,提高员工的工作意愿。内因的作用是根本的,外因必须通过内因起作用,领导者要善于将外激励和内激励相结合,并以内激励为主。

(三)正激励与负激励相结合

正激励是指表扬、奖励等正面激励的方法,负激励是指批评、惩罚等负面的激励方法。正激励和负激励各自针对不同的行为,在实际中,要将两者结合运用。但是,实验和实践都证明,正激励的激励作用更大,领导者在坚持正激励与负激励相结合的同时,应坚持以正激励为主。

(四)个人目标与企业目标相结合

一个人之所以愿意在企业中工作,主要是因为企业能帮助其实现个人目标。所以,只有将企业目标与个人目标结合好,使企业目标包含较多的个人目标,使个人目标的实现离不开为实现企业目标所作的努力,才能收到良好的激励效果。

(五)按需激励

激励的起点是满足职工的需要,但职工的需要存在着个体差异性和动态性,因人而异,因时而异,并且只有满足最迫切需要(即主导需要)的措施,其激励强度才大。因此,企业在进行激励时,必须进行深入的调查研究,了解职工的需求层次和需求结构的变化,然后采取有针对性的激励措施,这样才能事半功倍。

(六)民主公正

公正就是赏罚严明并且赏罚适度,其主要体现就是在物质激励上要贯彻按劳分配原则。民主是公正的保证,在制定激励制度、奖惩方案的过程中吸收职工参与和监督,可以有效地防止不正之风,最大限度地确保公正。

思考与作业题

1.案例分析

斯通先生是如何激励员工的？

1980年1月，在美国旧金山一家医院里的一间隔离病房外面，一位身体硬朗、步履生风、声若洪钟的老人，正在与护士死磨硬缠地要探望一名因痢疾住院治疗的女士。但是，护士却严守规章制度毫不退让。

这位真是“有眼不识泰山”，她怎么也不会想到，这位衣着朴素的老者，竟是通用电气公司总裁，一位曾被公认为世界电气业权威杂志——美国《电信》月刊选为“世界最佳经营家”的世界企业巨子斯通先生。护士也根本无从知晓，斯通探望的女士，并非斯通的家人，而是加利福尼亚州销售员哈桑的妻子。

哈桑后来知道了这件事，感激不已，每天工作达16小时，为的是以此报答斯通的关怀，加州的销售业绩一度在全美各地区评比中名列前茅。正是这种有效的感情激励管理，使得通用电气公司事业蒸蒸日上。

(1)为什么这种关心照顾也能成为良好的激励方法？

(2)针对本团队成员的特点和实际情况，寻找有效激励并能调动积极性的激励方法，设计一激励方案，并能达到良好效果。

2.思考题

(1)为什么个人在团队里更容易实现自我？

(2)一个有效的团队应该如何建设？

(3)需要、动机、行为之间有什么关系？怎样才能使人产生某种特定的行为？

(4)需要层次理论的主要观点是什么？双因素理论的主要观点是什么？

(5)为什么“干多干少一个样”会挫伤人们的工作积极性？

第六讲　农产品会计核算与财务管理

第一节　农产品成本核算

一、农产品成本核算的原则

（一）农产品成本核算的意义

2010年，大蒜和绿豆等农产品的炒作行为成了众矢之的，国务院相关部委明令严打哄抬农产品价格的行为。记者从农产品批发市场了解到，大蒜和绿豆的价格出现回落，很多经销商处于观望状态或者准备出货，还有一些经销商则看涨后市。

农业部官员表示，炒作不是农产品价格上涨的主要原因，大蒜和绿豆价格暴涨主要是因为产量减少和需求增加。专家认为，在大部分农产品供求关系良好的情况下，成本上升是近年来农产品价格轮番上涨的最基本原因。

以上述案例为样本，完成以下学习任务：

姓 名		经营的主要农产品	
1.你的农产品是否有成本上升的趋势？　A.有　　B.没有			
2.你所经营的农产品营销的覆盖范围？ A.当地　　B.全县市　　C.全省　　D.全国			
3.你所经营的农产品（或你周围的农产品经营者）成本构成有哪些项目？ **提示：** 成本包括生产资料（化肥、农药、农用柴油等）、劳动力、土地成本以及流通环节（收购环节、运输环节、储存环节、批发环节）成本等。			
4.你认为经纪人是否应加强经营农产品的成本核算和控制？如何加强？			
5.该事件对你有何启示？			

目前，我国农业生产正面临着内外部环境的深刻变化，其主要表现为农业产业结构调整、农业资源可持续利用、农业知识经济、农业国际化趋势以及农产品全球竞争。这一环境变化给我国农业生产带来了新的挑战和机遇，国内农产品正在走向更为广阔的国际市场，同时也存在来自国外农产品强有力的竞争。如何保持我国农产品在这种竞争环境中持续发展日益成为人们关注的问题。农业生产能否持续发展主要取决于农业生产经济效益和农产品竞争能力，以提高农业生产效益和增强农产品竞争能力为终极目标的农产品成本核算和控制，无疑成为保证农业持续发展的重要途径。

农产品成本核算是农业经济核算的组成部分，通过农产品成本核算，才能正确反映生产消耗和经营成果，寻求降低成本途径，从而有效地改善和加强经营管理，促进增产增收。

通过成本核算也可以为生产经营者合理安排生产布局，调整产业结构提供经济依据。

(二)生物资产与农产品

1. 生物资产的特征

生物资产是有生命的动物或植物，有生命的动物和植物具有能够进行生物转化的能力。生物转化，指导致生物资产质量或数量发生变化的生长、蜕化、生产和繁殖的过程。其中，生长是指动物或植物体积、重量的增加或者质量的提高，例如农作物从种植开始到收获前的过程；蜕化是指动物或植物产出量的减少或质量的退化，例如奶牛产奶能力的不断下降；生产是指动物或植物本身产出农产品，例如蛋鸡产蛋、奶牛产奶、果树产水果等；繁殖是指产生新的动物或植物，例如奶牛产牛犊、母猪生小猪等。

这种生物转化能力是其他资产(如存货、固定资产、无形资产等)所不具有的，也正是生物资产的特性。因此，生物资产的形态、价值以及产生经济利益的方式，都会随着自身的出生、成长、衰老、死亡等自然规律和生产经营活动不断变化，尽管其在所处生命周期中的不同阶段而具体有类似于不同资产类别(存货或固定资产)的特点，但是其会计处理与存货、固定资产等常规资产有所不同。

2. 农产品与生物资产的关系

农产品与生物资产密不可分，当其附着在生物资产上时，作为生物资产的一部分，不需要单独进行会计处理，而当其从生物资产上收获时开始，离开生物资产这一母体，一般具有鲜活、易腐的特点，因此应该区别于工业企业一般意义上的产品单独核算。基于此，财政部于 2006 年颁布了《具体准则——生物资产准则》，对收获后的农产品的会计处理进行了规范，即应该采用规定的方法，从消耗性生物资产或生产性生物资产生产成本中转出，确认为收获时点的农产品的成本；而收获时点之后的农产品的会计处理，应当适用《企业会计准则第 1 号——存货》。

《生物资产具体准则》中所称“农业”是广义的范畴，包括种植业、畜牧养殖业、林业和水产业等行业。企业或个人从事农业生产就是要增强生物转化能力，最终获得更多的符合市场需要的农产品。例如，种植业作物的生长和收获而获得稻谷、小麦等农产品的活动过程；畜牧养殖业试验和收获而获得仔猪、肉猪、鸡蛋、牛奶等畜产品的活动过程；林业中用材料的生产和管理获得林产品、经济林木的生产和管理获得水果等的活动过程；水产业中的养殖获得水产品等活动过程，都属于将生物资产转化为农产品的活动。

与农产品相关的生物资产包括消耗性生物资产和生产性生物资产。消耗性生物资产通常是一次性产出农产品，在收获农产品后该资产就不复存在，包括大田作物(棉花、水稻)、蔬菜、用材林、待售牲畜等。生产性生物资产在生产经营中长期、反复使用，在产出农产品后该资产仍然保留，并可以在未来期间继续产出农产品。生产性生物资产通常要生长到一定阶段才开始具备生产能力。根据其是否具备生产能力，可以将生物资产划分为未成熟和成熟两类，包括经济林(果树)、薪炭林、产畜、役畜。

(三)农产品成本核算的主要原则

农产品成本是农产品价值的一部分。生产一定种类、一定数量的农产品所消耗的生产资料和劳动报酬费用之和，一般用单位农产品成本表示。此外，种植业中还常计算单位面积成本或亩成本，畜牧业中计算饲养日成本等。单位农产品成本一般与单位面积成本或每头畜、禽饲养日成本成正比,而与农作物单位面积产量或畜、禽产品率成反比。农产品成本是衡量农业生产过程中劳动耗费和农业企业经营管理水平的尺度,正确核算农产品成本,应遵循以下基本原则:

1. 严格遵守成本开支范围

农产品成本一般由以下一些费用支出项目构成:①固定资产折旧费,如农机具、役畜、生产建筑物的折旧费等;②劳动对象和低值易耗品的费用,如种子、肥料、饲料、农药、燃料、电力、机耕的费用等;③劳动报酬开支;④生产管理费用。在实际核算中,严格按照国家规定,确定某些费用开支项目列入或不列入成本,是保证成本核算的真实性和可比性的前提。

2. 正确划分成本计算的时间界限

为了取得一定期间所生产产品的成本,必须将连续的农业生产活动按一定阶段(如月、季、年)划分为各个时期,分别计算各期农产品的成本。成本核算的分期,必须与会计年度的分月、分季、分年相一致,这样可以便于利润的计算。

3. 遵循成本计价原则

生产所耗用的各项生产资料要按实际耗用数量的实际单位成本计算、完工农产品成本的计算要按实际发生的成本计算。成本核算所采用的方法,前后各期必须一致,以使各期的成本资料有统一的口径,前后连贯,互相可比。对于成本有重大影响的项目应作为重点,力求精确。而对于那些不太重要的琐碎项目,则可以从简处理。

二、农产品成本核算的方法※

(一)农产品成本的归集和分配

1. 属于消耗性生物资产的农作物成本归集和分配

为这类农作物生产所发生的一切费用在“消耗性生物资产”科目的借方归集。收获的农产品成本从“消耗性生物资产”科目的贷方转到“农产品”科目的借方。

【例 1】 2008 年 3 月,某农业企业播种 60 公顷小麦和 40 公顷玉米。共播种小麦种子 6000 千克,每千克价格 4 元。共播种玉米种子 1200 千克,每千克价格 50 元。使用一台拖拉机翻耕土地,拖拉机原值 80500 元,预计净残值 500 元,按工作量法折旧,预计可翻耕土地 8000 公顷。租用小麦播种机的租金为 300 元,租用玉米播种机的租金为 360 元。为播种小麦的工人支付工资 800 元,为播种玉米的工人支付工资 600 元。

2008 年 7 月,收获小麦时“消耗性生物资产——小麦”科目的借方金额为 35500 元,获得的副产品——麦秸的价值为 4500 元。

2008 年 3 月编制的相关会计分录如下:

(1)小麦种子金额=4×6000=24000(元)

玉米种子金额=50×1200=60000(元)

	借	贷
借:消耗性生物资产——小麦	24000	
贷:原材料		24000
借:消耗性生物资产——玉米	60000	
贷:原材料		60000

(2)翻耕 1 公顷土地的拖拉机折旧额＝(80500－500)÷8000＝10(元)

小麦分摊的拖拉机折旧额＝10×60＝600(元)

玉米分摊的拖拉机折旧额＝10×40＝400(元)

借:消耗性生物资产——小麦　600

消耗性生物资产——玉米　400

贷:累计折旧　1000

(3)支付小麦播种机和玉米播种机的租金＝300＋360＝660(元)

借:消耗性生物资产——小麦　300

消耗性生物资产——玉米　360

贷:银行存款　660

(4)支付工人工资＝800＋600＝1400(元)

借:消耗性生物资产——小麦　800

消耗性生物资产——玉米　600

贷:银行存款　1400

2008 年 7 月编制的相关分录为:

借:农产品——小麦　31000

农产品——麦秸　4500

贷:消耗性生物资产——小麦　35500

2. 属于生产性生物资产的农作物成本归集和分配

“生产性生物资产”科目可按“未成熟生产性生物资产”和“成熟生产性生物资产”进行明细核算。“未成熟生产性生物资产”主要核算自行繁殖的产畜和役畜达到预定生产经营目的前发生的必要支出,未成熟生产性生物资产达到预定生产经营目的、能够连续生产农产品时,按其账面余额,借“生产性生物资产——成熟生产性生物资产”科目,贷“生产性生物资产——未成熟生产性生物资产”科目。

只有成熟生产性生物资产才能计提折旧(采用年限平均法、工作量法、产量法等,取消了年数总和法、双倍余额递减法等加速折旧的方法),是否达到预定生产经营目的是区分生产性生物资产成熟和未成熟的分界点,同时也是判断其相关费用停止资本化的时点,是区分是否计提折旧的分界点。成熟生产性生物资产每年计提折旧时,借记“农业生产成本”科目,贷记“生产性生物资产累计折旧”科目。成熟的生产性生物资产按成本减累计折旧及累计减值准备进行后续计量。

未成熟的生产性生物资产按成本减累计减值准备进行后续计量。

在成熟生产性生物资产连续生产农产品期间,为该农作物所发生的生产费用,记入“农业生产成本”科目的借方。

农产品收获过程中发生的费用,也记入“农业生产成本”科目的借方。

收获的农产品实际成本,从“农业生产成本”科目的贷方转入“农产品”科目的借方。

【例 2】　假如红富农场为一家养猪场,对公猪、母猪、仔猪等,按饲养的档次不同,实行分群核算,2008 年有关业务如下:

(1)2008 年 3 月,红富农场从市场上一次性购入 14 头种猪和 500 头仔猪,单价分别为

1500元和300元,共计171000元。此外,发生的运输费为4000元,保险费为2500元,装卸费为2050元,款项全部以银行存款支付。

A. 确定应分摊的运输费、保险费和装卸费:

分摊比例=(4000+2500+2050)÷171000=5%

14头种猪应分摊:14×1500×5%=1050(元)

500头仔猪应分摊:500×300×5%=7500(元)

B. 账务处理:

借:生产性生物资产——种猪	22050	
消耗性生物资产——仔猪	157500	
贷:银行存款		179550

(2)500头仔猪中有300头作为育肥猪分群核算,该300头仔猪相关资料如下:共喂养饲料费5万元,支付饲养人员工资3万元,猪舍折旧费1万元。2008年11月,红富农场遭受疫情,致使农场严重受灾,该300头育肥猪的可变现净值估计为120000元,12月将其中的200头育肥猪宰杀后冷冻入库准备出售,另外将剩余的100头直接出售,共收到银行存款110000元。

A. 在成本核算中,能分清批次的费用直接归集到核算对象中去。猪场投入的饲料、人员工资及猪舍折旧费等因实行分群管理,可以直接归集到"消耗性生物资产"科目中。期末,按一定的分配标准对上述共同负担的费用进行分配,借"农业生产成本——农产品"、"消耗性生物资产"、"生产性生物资产"、"公益性生物资产"等科目,贷"农业生产成本——共同费用"科目。

借:消耗性生物资产	90000	
贷:应付职工薪酬		30000
原材料		50000
累计折旧		10000

B. 计提消耗性生物资产跌价准备=(157500×300/500+90000)-120000=184500-120000=64500(元)

借:资产减值损失——消耗性生物资产	64500	
贷:消耗性生物资产跌价准备		64500

C. 200头育肥猪宰杀入库(300头归集的成本=157500×300/500+90000=184500)

借:农产品	80000	
消耗性生物资产跌价准备	43000(64500×200/300)	
贷:消耗性生物资产		123000(184500×200/300)

D. 100头直接出售:

借:银行存款	110000	
贷:主营业务收入		110000

E. 结转成本:

借:主营业务成本	40000	
消耗性生物资产跌价准备	21500	

　贷:消耗性生物资产　61500

(3)2008年3月,农场自行繁殖产畜150头,并实行分群核算,该产畜达到成熟期时共发生饲料费30000元,人员工资20000元,猪舍折旧费5000元,水电费3000元,并都以银行存款支付。

A."生产性生物资产"科目可按"未成熟生产性生物资产"和"成熟生产性生物资产"进行明细核算。"未成熟生产性生物资产"主要核算自行繁殖的产畜和役畜达到预定生产经营目的前发生的必要支出:

借:生产性生物资产——未成熟生产性生物资产　58000
　贷:原材料　30000
　　应付职工薪酬　20000
　　累计折旧　5000
　　银行存款　3000

B.未成熟生产性生物资产达到预定生产经营目的时,按其账面余额,借"生产性生物资产(成熟生产性生物资产)"科目,贷"生产性生物资产(未成熟生产性生物资产)"科目。假设不再发生其他费用,会计处理如下:

借:生产性生物资产——成熟生产性生物资产　58000
　贷:生产性生物资产——未成熟生产性生物资产　58000

(4)2008年11月,红富农场遭受疫情,致使农场严重受灾,以上150头产畜的可变现净值估计为40000元。

分析:生产性生物资产减值应参照《企业会计准则第8号——资产减值》有关减值迹象进行减值测试。消耗性生物资产的减值应当适用《企业会计准则第1号——存货》进行减值计提。

借:资产减值损失——生产性生物资产　18000
　贷:生产性生物资产减值准备　18000

(5)由于产畜会随着年龄的增长逐渐衰老,经场长办公会议同意,根据产畜的生育特点,以上150头产畜采用"产量法"计提折旧。已知该批产畜在孕仔过程中发生饲料费40000元,人员工资30000元,猪舍折旧费10000元,水电费5000元,该批产畜共计提生产性生物资产折旧费8000元,并都以银行存款支付。

分析:生产性生物资产在产出农产品过程中发生的各项费用,能分清对象的可以直接计入"农业生产成本"科目;农业生产过程中发生的应由农产品、消耗性生物资产、生产性生物资产和公益性生物资产共同负担的费用,借"农业生产成本——共同费用"科目。期(月)末,可按一定的分配标准对上述共同负担的费用进行分配,借"农业生产成本——农产品"、"消耗性生物资产"、"生产性生物资产"、"公益性生物资产"等科目,贷"农业生产成本——共同费用"科目。

另外,成熟生产性生物资产还需要计提折旧。

会计处理为:

借:农业生产成本　93000
　贷:原材料　40000

应付职工薪酬 30000
累计折旧 10000
银行存款 5000
生产性生物资产累计折旧 8000

(6)以上150头成熟期产畜有50头转为育肥畜,另30头进行处置,取得银行收入30000元。

A.转为育肥畜的会计处理:

借:消耗性生物资产 10666.66
生产性生物资产累计折旧 2666.67(8000÷150×50)
生产性生物资产减值准备 6000(18000÷150×50)
贷:生产性生物资产——成熟生产性生物资产 19333.33(58000÷150×50)

B.处置肥畜的会计处理:

借:银行存款 30000
生产性生物资产累计折旧 1600(8000÷150×30)
生产性生物资产减值准备 3600(18000÷150×30)
贷:生产性生物资产——成熟生产性生物资产 11600(58000÷150×30)
营业外收入——处置非流动资产利得 23600

(7)由于该农场地域特点,从而拥有并控制了一片天然起源的植物林。

分析:对于天然起源的生物资产,企业几乎没有投入,因此,其成本难以确定价格。在我国当前生物资产市场还不发达的情况下,天然起源生物资产公允价值的取得存在相当的困难。鉴于天然起源的生物资产的公允价值无法可靠地取得,应按名义金额确定生物资产的成本,同时计入当期损益,名义金额为1元人民币:

借:公益性生物资产 1
贷:营业外收入 1

(二)农产品成本的计算

1.种植业生产成本的核算

种植业农产品成本核算仅反映以土地为基本生产资料的农作物生产和经营的成本;通常以一个产品为一个核算对象;各个作物的成本计算期不同,需要以生产周期归集费用和计算产品成本。

(1)成本核算对象。

企业应根据种植业生产特点和成本管理要求,按照"主要从细,次要从简"的原则确定种植业成本核算对象。主要产品确定为小麦、水稻、大豆、玉米、棉花、糖料、烟叶、草、剑麻纤维等。对主要产品,应单独核算其生产成本;对其他农产品可合并核算其生产成本。

(2)成本计算期。

企业应与其生产周期相一致,在产品产出的月份计算成本。种植业产品生产成本计算的截止时间因农作物产品特点而异。

A.粮豆的成本,算至入仓、入库或能够销售为止。

B.不入库、入窖的鲜活产品的成本,算至销售为止;入库、入窖的鲜活产品的成本,算至入库、入窖为止。

C. 棉花的成本，算至加工成皮棉为止。

D. 纤维作物、香料作物、人参、啤酒花等的成本，算至纤维等初级产品加工完成为止。

E. 年度尚未脱粒的作物成本，应当包括脱粒费用。下年度实际发生的脱粒费用的差额，由下年度同一作物负担。

再如，育苗的成本计算截至出圃；采割阶段，林木采伐算至原木产品；橡胶算至加工成干胶或浓缩胶乳；茶的成本计算截至各种毛茶；水果等其他收获活动计算至产品能够销售等。

(3)成本项目。

企业应根据具体情况设置成本项目。一般情况下可设置以下成本项目：

A. 直接材料，指生产中耗用的自产或外购的种子、种苗、肥料、地膜、农药等。

B. 直接人工，指直接从事种植业生产人员的工资、工资性津贴、奖金、福利费。

C. 机械作业费，指生产过程中进行耕耙、播种、施肥、中耕除草、喷药、收割等机械作业所发生的费用支出。

D. 其他直接费，指除直接材料、直接人工和机械作业费以外的其他直接费用。

E. 制造费用，指应摊销、分配计入各产品的间接生产费用。

(4)成本计算参考公式。

某种作物单位面积(公顷)成本＝该种作物生产总成本/该种作物播种面积

某种作物主产品单位产量(千克)成本＝(该种作物生产总成本－副产品价值)/该种作物主产品产量

某种蔬菜应分配的温床(温室)费用＝[温床(温室)费用总额/实际使用的格日(平方米日)总数]×该种蔬菜占用的格日(平方米日)数

草场单位面积(公顷)成本＝种草生产总成本/种草总面积

干草单位产量(吨)成本＝种草生产总成本/干草总产量

多次收获的多年生作物，未提供产品前累计发生的费用，按规定比例摊入投产后各期的产品成本。

2. 畜牧养殖业生产成本的核算

(1)成本核算对象。

畜牧养殖业的成本核算对象是畜(禽)群及其产品。主要畜(禽)产品有牛奶、羊毛、肉类、禽蛋、蚕茧等。畜(禽)饲养可实行分群饲养，也可实行混群饲养。实行分群饲养的主要畜(禽)群别划分如下：

A. 养猪业：基本猪群(包括母猪、种公猪、检定母猪、2个月以内的未断奶仔猪)；2～4个月幼猪；4个月以上幼猪和育肥猪。

B. 养牛业：基本牛群(包括母牛和公牛)；6个月以内的犊牛；6个月以上的幼牛。

C. 养马业：基本马群(包括母马、种公马、未断奶的马驹)；当年生幼马；二年生幼马；三年生幼马。

D. 养羊业：基本羊群(包括母羊、种公羊、未断奶的羔羊)；当年生幼羊；往年生幼羊；去势羊和非种用公羊。

E. 养禽业:基本禽群(包括成龄禽);幼禽和育肥禽;人工孵化群。

(2)成本项目。

A. 直接材料,指畜牧养殖业生产耗用的饲料、燃料、动力、畜禽医药费等。

B. 直接人工,指直接从事畜牧养殖业生产人员的工资、工资性津贴、奖金、福利费。

C. 其他直接费,指除直接材料、直接人工以外的其他直接费用。

D. 制造费用,指应摊销、分配计入各群别的间接生产费用,如产役畜折旧等。

(3)成本计算参考公式。

A. 混群核算的成本计算参考公式。

某类畜(禽)本期生产总成本(元)=期初存栏价值+本期饲养费用+本期购入畜(禽)价值+本期无偿调入畜(禽)价值-期末存栏价值-本期无偿调出畜(禽)价值

某类畜(禽)主产品单位成本(元)=(某类畜(禽)生产总成本-副产品价值)/该类畜(禽)主产品总产量

B. 分群核算的成本计算参考公式。

畜(禽)饲养日成本(元/头(只)日)=该群本期饲养费用/该群饲养头(只)日数

离乳幼畜活重单位成本(元/千克)=(该群累计饲养费用-副产品价值)/离乳幼畜活重

幼畜或育肥畜增重单位成本(元/千克)=(该群本期饲养费用-副产品价值)/该群增重数

某畜群增重量(千克)=该群期末存栏活重+本期离群活重(不包括死畜重量,下同)-期初结转、期内购入和转入的活重

某群幼畜或育肥畜活重单位成本(元/千克)=(期初活重总成本+本期增重总成本+购入、转入总成本-死畜残值)/(期末存栏活重+期内离群活重)

主产品单位成本(元/千克)=(该畜群累计全部饲养费用-副产品价值)/该畜群主产品总产量

3. 林业生产成本的核算

(1)成本核算对象。

林木生产包括种子、苗木、木材生产等,其主要产品有种子、苗木、原木、原竹、水果、干果、干胶(或浓缩胶乳)、茶叶、竹笋等。

林木按生产阶段一般可分为种苗、造林抚育、采割三个阶段,不同阶段的林木也应分别核算其成本。

A. 种苗成本核算对象:种子应按树种分别归集费用,核算种子成本;育苗阶段应按树种、育苗方式、播种年份分别归集费用,核算育苗成本。

B. 造林抚育成本核算对象:消耗性林木资产和公益林根据企业管理的需要,可按照小班、树种等归集费用,核算造林抚育成本。

C. 木材生产成本核算对象:按木材采伐运输方式、品种、批别及其生产过程等,根据企业管理的需要归集费用,核算木材生产成本。

D. 其他林产品成本核算对象:按照收获的品种、批别、生产过程等,根据企业管理的需要归集费用,核算收获品的成本。

(2)成本计算期。

各阶段林木及林产品的生产成本计算:育苗阶段算至出圃时;造林抚育阶段,消耗性林木资产和公益林算至郁闭成林前;采割阶段,林木采伐算至原木产品,橡胶算至干胶或浓缩胶乳,茶算至各种毛茶,其他收获活动算至其他林产品入库。

(3)成本项目。

林业企业的成本项目可按照种植业企业的生产成本项目设置,也可根据管理需要自行设置。

(4)成本计算参考公式。

某树种苗木单位面积培育成本=该树种生产费用/该树种苗木面积(公顷)

某树种出圃苗木单株成本=该树种出圃苗木总成本/该树种苗木产量(株)

经济林木的培育成本=成熟前经济林木造林抚育成本+成熟前经济林木管护费用

消耗性林木资产的培育成本=郁闭成林前消耗性林木资产造林抚育成本+郁闭成林前消耗性林木资产管护费用

消耗性林木资产的木材生产成本=采伐的消耗性林木资产账面价值+木材采运成本

4. 水产业生产成本的核算

(1)成本核算对象。

水产业一般以水产品品种为成本核算对象。水产养殖的主要产品有鱼、虾、贝类、藻类、鱼种、鱼苗等。

(2)成本项目。

A. 直接材料,指直接用于养殖生产的苗种、饲料、肥料和材料等。其中:苗种指直接用于养殖生产的鱼苗、鱼种、虾苗、蟹苗、贝苗、藻苗、水生植物的种子等,孵化用的亲鱼、亲虾也属于本项目;饲料指直接用于养殖生产的各种饲料;材料指直接用于养殖生产的各种渔需物资和渔具等低值易耗品摊销等。

B. 直接人工,指直接从事水产养殖人员的工资、工资性津贴、奖金、福利费。

C. 其他直接费,指除直接材料、直接人工以外的其他直接费用。

D. 制造费用,指应摊销、分配计入各产品的间接生产费用。

(3)成本计算公式。

每万尾鱼苗成本=育苗期的全部生产费用/育成鱼苗万尾数

每万尾(千克)鱼种成本=育种期的全部生产费用/育成鱼种万尾(千克)数

多年放养成鱼单位(千克)成本=(捕捞前各年发生的生产费用+本年生产费用)/成鱼总产量

逐年放养成鱼单位(千克)成本=本年成鱼放养的全部费用/本年成鱼产量

海水养殖成鱼单位成本=(捕捞前各年结转的生产费用+当年发生的生产费用+捕捞费用)/海水养殖成鱼总产量

(三)农产品收获时的成本结转方法

在收获时点企业应当将该时点归属于某农产品生产成本的账面价值结转为农产品的成本,借记"农产品"科目,贷记"农业生产成本——农产品"科目。具体的成本结转方法包括加权平均法、个别计价法、蓄积量比例法、轮伐期年限法等。企业可以根据实际情况选用合适的成本结转方法,但是一经确定,不得随意变更。

1. 加权平均法

加权平均法是指在月末,将某种农产品期初结存数量和本月收入数量作为权数,来计算出该农产品的平均单位成本的一种方法。具体地说,这种方法是将某农产品的月初结存金额与本月购入的金额之和除以月初结存数量与本月购进数量之和,所求得的该种农产品月末平均单价,即作为本月出售农产品成本的单价。

【例 3】 甲畜牧养殖企业 2007 年 5 月末养殖的肉猪账面余额为 24000 元,共计 40 头;6 月 6 日花费 7000 元新购入一批肉猪养殖,共计 10 头;6 月 30 日屠宰并出售肉猪 20 头,支付临时工屠宰费用 100 元,出售取得价款 16000 元;6 月份共发生饲养费用 500 元(其中:应付专职饲养员工资 300 元,饲料 200 元)。甲企业采用加权平均法结转成本。

甲企业的账务处理如下:

平均单位成本=(24000+7000+500)÷(40+10)=630(元)

出售猪肉的成本=630×20=12600(元)

借:消耗性生物资产——肉猪 7000
　贷:银行存款 7000

借:消耗性生物资产——肉猪 500
　贷:应付职工薪酬 300
　　原材料 200

借:农产品——猪肉 12700
　贷:消耗性生物资产 12600
　　库存现金 100

借:库存现金 16000
　贷:主营业务收入 16000

借:主营业务成本 12700
　贷:农产品——猪肉 12700

2. 蓄积量比例法

蓄积量比例法是林业中通常使用的方法,具有林业的特殊性。它以达到经济成熟可供采伐的林木为“完工”标志,将包括已成熟和未成熟的所有林木按照完工程度(林龄、林木培育程度、费用发生程度等)折算为达到经济成熟可供采伐的林木总体蓄积量,然后,按照当期采伐林木的蓄积量占折算的林木总体蓄积量的比例,确定应该结转的林木资产成本。该方法主要适用于择伐方式和林木资产由于择伐更新使其价值处于不断变动的情况下。其计算公式如下:

某期应结转的林木资产成本=(当期采伐林木的蓄积量÷林木总体蓄积量)×期初林木资产账面总值

3. 轮伐期年限法

轮伐期年限法也是林业中通常使用的方法,是将林木原始价值按照可持续经营的要求,在其轮伐期的年份内平均摊销,并结转林木资产成本。其中,轮伐期是指将一块林地上的林木均衡分批、轮流采伐一次所需要的时间(通常以年为单位计算)。其计算公式如下:

某期应结转的林木资产成本＝林木资产原值÷轮伐期

4. 折耗率法

折耗率法也是林业上常用的方法之一。该方法按照采伐林木所消耗林木蓄积量占到采伐为止预计该地区、该树种可能达到的总蓄积量摊销、结转所采伐林木资产成本。其计算公式如下：

采伐的林木应摊销的林木资产价值＝折耗率×所采伐林木的蓄积量

折耗率＝林木资产总价值÷到采伐为止预计的总蓄积量

其中的折耗率应分树种、地区分别测算；林木资产总价值是指该地区、该树种的营造林历史成本总和；预计总蓄积量是指到采伐为止预计该地区、该树种可能达到的总蓄积量。

三、经营毛利的计算

经营毛利指企业商品销售收入减去商品原购进价后的余额，又称商品进销差价。因其尚未减去商品流通费用和税金，还不是净利，故称毛利。在我国，农产品进销差价是指同种农产品的产地收购价格与产地批发或零售价格之间的差额。若毛利不足以补偿流通费用和税金，就会发生亏损。毛利占商品销售收入或营业收入的百分比称毛利率。毛利率一般分为综合毛利率、分类毛利率和单项商品毛利率。商品销售毛利率直接反映企业经营的全部、大类、某种商品的差价水平，是核算经营成果和价格制定是否合理的依据。经营毛利的计算，包括出售价款的核算和已销产品成本的结转。

(一)农产品出售的核算

农产品出售时，企业应按实际收到的金额，借记“银行存款”等科目，贷记“主营业务收入”等科目；应按其账面余额，借记“主营业务成本”等科目，贷记“生产性生物资产”、“消耗性生物资产”等科目，已计提跌价或减值准备或折旧的，还应同时结转跌价或减值准备或累计折旧。

【例 4】 甲畜牧养殖企业于 2007 年 10 月将育成的 40 头仔猪出售给乙食品加工厂，价款总额为 20000 元，货款尚未收到。出售时仔猪的账面余额为 12000 元，未计提跌价准备。

甲企业的账务处理如下：

	借	贷
借：应收账款——乙食品加工厂	20000	
贷：主营业务收入		20000
借：主营业务成本	12000	
贷：消耗性生物资产——育肥猪		12000

经营毛利＝20000－12000＝8000(元)

(二)农产品盘亏或死亡、毁损

农产品盘亏或死亡、毁损时，应当将处置收入扣除其账面价值和相关税费后的余额先记入“待处理财产损溢”科目，待查明原因后，根据企业的管理权限，经股东大会、董事会、经理(场长)会议或类似机构批准后，在期末结账前处理完毕。生物资产因盘亏或死亡、毁损造成的损失，在减去过失人或者保险公司等的赔款和残余价值之后，计入当期管理费用;属于自然灾害等非常损失的,计入营业外支出。

【例 5】 甲企业于 2007 年 8 月 4 日丢失 3 头种猪,账面原值为 1600 元,已经计提折旧 600 元;8 月 29 日经查实,饲养员赵五应赔偿 300 元。甲企业的账务处理如下:

借:待处理财产损溢	11000	
生产性生物资产累计折旧	600	
贷:生产性生物资产——种猪		11600
借:其他应收款——赵五	3000	
管理费用	8000	
贷:待处理财产损溢		11000

另外,农产品成本核算还可以使用"账外核算办法",即不在财务账内归集生产费用和计算产品成本,而另外设置物质费用、生产支出登记簿、用工登记簿以及机械、排灌登记簿等进行登记,采用统计汇总手段来计算农产品成本。

农产品成本的降低,是增加农业企业盈利、增加资金积累、实现农业扩大再生产和提高农业劳动者收入水平的重要条件。降低农产品成本可以寻求以下途径:采用先进技术,提高单位面积产量和畜、禽产品率,同时提高劳动生产率,节约活劳动消耗;合理施用肥料、农药,合理进行灌溉、播种,以提高技术措施的经济效益,节约原材料消耗;提高固定资产利用率,降低固定资产的折旧费用;合理调整农业生产布局和农业生产结构,提高农业投资效益等。

第二节　银行存款的核算与管理

银行存款是企业存放在银行或其他金融机构的货币资金。企业生产经营过程需要在银行开设存款户,通过转账办理结算起点以上的款项收付。我国目前主要采用的转账结算方式有支票、银行本票、银行汇票、商业汇票、汇兑、委托收款、托收承付、信用证、信用卡等。各种结算单据填写必须符合规范,不同的结算方式办理的要求、适用的范围和付款的保证性均有所不同。

一、银行账户的开立、变更和撤销

(一)银行账户的开立

企业依据中国人民银行《支付结算办法》在银行开立账户,一般要提供《企业法人执照》或《营业执照》正本、组织机构代码证正本、法人代表身份证以及国、地税务登记证正本等原件和复印件,盖有公司公章、法人代表章、财务专用章的印鉴卡片,与银行签订银行结算账户管理协议。开立的账户分为基本存款账户、一般存款账户、专用存款账户和临时存款账户四种。

企业只能选择一家银行开立一个基本存款账户,它是企业办理日常转账结算和现金收付的账户,企业的工资、奖金等支取只限于本账户办理。一般存款账户没有数量限制,企业可通过该账户办理转账结算和现金缴存,但不得办理现金支取。专用存款账户是企业按照国家法律、行政法规和规章的规定,对其特定用途资金进行专项管理和使用开立的账户，可办理专用资金的支付。临时存款账户是企业为临时机构或临时性经营活动需要开立的办理临时性资金收支业务的账户，临时性账户有效期最长不得超过两年。

个人银行结算账户是自然人因投资、消费、结算等需要，凭个人身份证以自然人名称开立的银行结算账户，用于办理个人转账收付和现金支取。邮政储蓄机构办理银行卡业务开立的账户仅限于办理现金存取业务，不得办理转账结算。

(二)银行账户的变更和撤销

存款人因组织机构变化需要变更开户银行的，应撤销原账户，重新开立新账户。更改名称而不改变开户银行及账号的，应于五个工作日内向开户银行提出变更申请，出具有关证明文件。

企业有下列情形之一的，应向开户银行提出撤销银行结算账户的申请：

(1)被撤并、解散、宣告破产或关闭的；

(2)注销、被吊销营业执照的；

(3)因迁址需要变更开户银行的；

(4)其他原因需要撤销银行结算账户的。

企业撤销存款账户，办理销户手续时，应交回各种重要空白票据及结算凭证和开户登记证。尚未清偿开户银行债务的，不得申请撤销银行账户。

二、结算方式

(一)票据结算

根据《票据法》的规定，票据是指由出票人签发的，约定自己或者委托付款人在见票时或指定的日期向收款人或持票人无条件支付一定金额的有价证券。在我国，票据包括银行汇票、支票、商业汇票和银行本票。

1. 银行汇票

银行汇票是指出票银行签发的，由其在见票时按照实际结算金额无条件支付给收款人或者持票人的票据。

(1)银行汇票必须记载下列事项：表明“银行汇票”的字样、无条件支付的承诺、出票金额、付款人名称、收款人名称、出票日期、出票人签章。

(2)银行汇票的办理：申请签发银行汇票，申请人必须先交付全额保证金，出票银行方予出票，具有百分之百的付款保证性。

(3)银行汇票的使用：银行汇票具有信用度高，安全可靠，使用灵活，适用范围广的特点。企业和个人在异地、同城或统一票据交换区域的各种款项结算，均可使用银行汇票。银行汇票可用于转账，填明“现金”字样的也可以用于支取现金。提示付款期限为一个月，见票即付，无需提示承兑。允许背书转让。尤其是异地采购，能够票随人走，钱货两清，准确结算，余款自动退回。

2. 支票

支票是指由出票人签发的、委托办理支票存款业务的银行在见票时无条件支付确定的金额给收款人或持票人的票据。

(1)支票必须记载下列事项：表明“支票”的字样、无条件支付的委托、确定的金额、付款人名称、出票日期和出票人签章。缺少以上记载事项之一的,支票无效。

(2)支票的办理:出票人签章必须使用与在银行预留签章一致的签名和盖章。严禁签发空头支票,必须在银行存款余额内签发支票。填写必须使用碳素墨水或墨汁。

(3)支票的使用:支票可分为转账支票、现金支票和普通支票三种。转账支票只能用于转账,不得支取现金;现金支票只能用于支取现金,不得背书转让;普通支票既可用于支取现金,也可用于转账。现金支票丢失可以挂失止付,转账支票丢失不得挂失止付。支票的提示会款期为自出票日起 10 日,超过期限的,银行不予受理。企业和个人在同一票据交换区域的各种款项结算,都可使用支票,而且可以背书转让。

3. 商业汇票

商业汇票是由出票人签发的,由委托付款人在指定日期无条件支付确定的金额给收款人或者持票人的票据。

商业汇票按承兑人的不同分为银行承兑汇票和商业承兑汇票。

(1)商业汇票必须记载下列事项:表明“商业承兑汇票”或“银行承兑汇票”的字样、无条件支付委托、确定的金额、付款人名称、收款人名称、出票日期、出票人签章。缺少任何一项,商业汇票无效。

(2)商业汇票的办理:企业和其他组织之间,发生真实的交易关系或债权债务关系,均能使用商业汇票。商业承兑汇票可以由付款人或收款人签发,由付款人承兑;银行承兑汇票应由在承兑银行开立存款账户的存款人签发。

(3)商业汇票的使用:商业汇票的最长付款期限不得超过 6 个月,商业汇票的提示付款期限为自汇票到期日起 10 日。商业承兑汇票付款人拒绝承兑的,必须在规定时间出具拒绝承兑的证明,银行承兑汇票的出票人于汇票到期日未能足额交存票款时,承兑银行无条件向持票人付款,对出票人尚未支付的汇票金额按每天万分之五计收利息。商业汇票可进行背书转让,持票人也可向银行办理贴现,但要求与出票人或直接前手之间具有真实的商品交易关系并提供相关交易单据复印件。

4. 银行本票

银行本票是银行签发的,承诺自己在见票时无条件支付确定金额给收款人或者持票人的票据。银行本票分为不定额本票和定额本票(1 千元、5 千元、1 万元、5 万元)两种。

(1)银行本票必须记载的事项:表明“银行本票”字样、无条件支付承诺、确定的金额、收款人名称、出票日期、出票人签章。缺少以上记载事项之一的,银行本票无效。

(2)本票的办理:申请使用银行本票,应填写申请书并提交全额款项给出票银行。填写“现金”字样的本票可兑付现金,收款人为单位的,不得签发现金银行本票。

(3)银行本票的使用:在同一票据交换区域的企业和个人需要支付的各种款项,均可使用银行本票。提示付款期最长不得超过 2 个月,可背书转让。

(二)其他结算方式

1. 汇兑

汇兑是汇款人委托银行将其款项支付给收款人的结算方式。它是一种主动付款结算方式,适用范围广,无起点金额限制。汇兑分为电汇和信汇两种,收款人为个人的,可以注明“留行待取”。

2. 托收承付

托收承付是根据购销合同由收款人发货后委托银行向异地付款人收取款项，由付款人承认付款的结算方式，结算起点为一万元。办理托收须向银行提交有关证明和交易单证，付款分为：验单付款，承付期为从银行发出付款通知次日起 3 天；验货付款，承付期为从提货通知发出的次日起 10 天。

3. 委托收款

委托收款是收款人委托银行向付款人收取款项的结算方式。这种方式同城、异地均可使用，付款期限为 3 日，付款人在接到银行通知 3 日内未通知银行付款的，银行于第 4 日上午营业时将款项划给收款人。

三、银行卡业务

(一)银行卡的分类

银行卡是指商业银行(含邮政金融机构)向社会发行的具有消费信用、转账结算、存取现金等全部或部分功能的信用支付工具。银行卡分类如下：

(1)按发卡机构性质，信用卡可分为非银行信用卡和银行信用卡。前者是指零售百货公司、石油公司等发行的商业用购物卡或由航空公司、旅游公司等发行的旅游信用卡等；后者是依据银行信用，由银行机构发行的具有较强流通性和支付功能的信用卡。

(2)按载体材料，信用卡可分为磁性卡和智能卡。前者是在表面镶有磁条纹码或磁带记载持卡人信息的信用卡；后者是采用高科技 IC 芯片记载持卡人信息的信用卡，它又称 IC 卡。

(3)按使用对象，信用卡可分为单位卡和个人卡。前者的发行对象是企业、机关、团体、部队、学校等单位组织；后者的发行对象是个人。

(4)按信誉等级，信用卡可分为金卡和普遍卡。前者发给经济实力强、社会地位高、信誉良好的持卡人使用；后者则发给一般资信的持卡人使用。

(5)按清偿方式，信用卡可分为贷记卡和借记卡。前者是受领信用卡时，无须先存款，可以“先消费、后还款”，发卡机构可向持卡人提供一个信贷限额使用；后者是受领信用卡时，则须先交存一定备用金，按“先存款、后消费”原则使用。

(6)按流通范围，信用卡可分为国际卡和地区卡。前者在国际上通用；后者只能在发行国国内或一定区域内使用。

(7)按结算币种不同，信用卡可分为本币卡和外币卡。前者以发行国本国货币为结算币种；后者以外币为结算币种。

(二)银行卡的基本规定

(1)商业银行未经中国人民银行批准不得发行银行卡。

(2)个人申领银行卡须提供公安部门规定的本人有效身份证件；单位申领要出具人民银行核发的开立基本账户的许可证。

(3)银行卡及其账户只限持卡人本人使用，不得出租和转借。

(4)银行卡的计息和收费：

①银行对贷记卡和储值卡内的存款是不支付利息的。

②对准贷记卡和借记卡(不含储值卡)内的存款按人民银行的规定支付利息。

③贷记卡非现金交易透支可享受免息还款期,免息还款期最长为60日,在免息还款期内持卡人还清银行资金,则无须支付非现金交易的透支利息。

④贷记卡持卡人支取现金、准贷记卡透支,不享受免息还款期和最低还款额待遇,按日利息万分之五支付透支利息。

⑤贷记卡透支超过银行的信用额度和无法归还最低还款额,银行就超过的透支额度和最低还款额未归还部分收取5%的超限费和滞纳金。

(5)银行卡挂失。持卡人丢失银行卡可通过24小时挂失服务电话和书面挂失两种形式办理挂失,挂失的责任在发卡行的银行卡章程和有关协议中应明确规定。

四、票据填写规范

各种票据和结算凭证是办理支付结算和现金收付的重要依据,直接关系到支付结算的准确、及时和安全。票据和结算凭证是银行、企业和个人凭以记载账务的会计凭证,是记载经济业务和明确经济责任的一种书面证明。因此,填写票据和结算凭证,必须做到标准化、规范化,做到要素齐全、数字正确、字迹清晰、无错漏、不潦草,防止涂改。

(1)中文大写金额数字应用正楷或行书填写,如壹(壹)、贰(贰)、叁、肆(肆)、伍(伍)、陆(陆)、柒、捌、玖、拾、佰、仟、万(万)、亿、元、角、分、零、整(正)等字样。不得用一、二(两)、三、四、五、六、七、八、九、十、毛、另(或0)填写,不得自造简化字。如果金额数字书写中使用繁体字,如貳、陸、億、萬、圓的,也应受理。

(2)中文大写金额数字到“元”为止的,在“元”之后,应写“整”(或“正”)字,在“角”之后可以不写“整”(或“正”)字。大写金额数字有“分”的,“分”后面不写“整”(或“正”)字。

(3)中文大写金额数字前应标明“人民币”字样,大写金额数字应紧接“人民币”字样填写,不得留有空白。大写金额数字前未印“人民币”字样的,应加填“人民币”三字。在票据和结算凭证大写金额栏内不得预印固定的“仟、佰、拾、万、仟、佰、拾、元、角、分”字样。

(4)阿拉伯小写金额数字中有“0”时,中文大写应按照汉语语言规律、金额数字构成和防止涂改的要求进行书写。举例如下:

①阿拉伯数字中间有“0”时,中文大写金额要写“零”字。如￥1,409.50,应写成人民币壹仟肆佰零玖元伍角。

②阿拉伯数字中间连续有几个“0”时,中文大写金额中间可以只写一个“零”字。如￥6,007.14,应写成人民币陆仟零柒元壹角肆分。

③阿拉伯金额数字万位或元位是“0”,或者数字中间连续有几个“0”,万位、元位也是“0”,但千位、角位不是“0”时,中文大写金额中可以只写一个“零”字,也可以不写“零”字。如￥1,680.32,应写成人民币壹仟陆佰捌拾元零叁角贰分,或者写成人民币壹仟陆佰捌拾元叁角贰分;又如￥107,000.53,应写成人民币壹拾万柒仟元零伍角叁分,或者写成人民币壹拾万零柒仟元伍角叁分。

④阿拉伯金额数字角位是“0”,而分位不是“0”时,中文大写金额“元”后面应写“零”字。如￥16,409.02,应写成人民币壹万陆仟肆佰零玖元零贰分;又如￥325.04,应写成人民币叁佰贰拾伍元零肆分。

(5)阿拉伯小写金额数字前面,均应填写人民币符号“¥”(或草写)。阿拉伯小写金额数字要认真填写,不得连写分辨不清。

(6)票据的出票日期必须使用中文大写。为防止变造票据的出票日期,在填写月、日时,月为壹、贰和壹拾的,日为壹至玖和壹拾、贰拾和叁拾的,应在其前加“零”;日为拾壹至拾玖的,应在其前加“壹”。如1月15日,应写成零壹月壹拾伍日。再如10月20日,应写成零壹拾月零贰拾日。

(7)票据出票日期使用小写填写的,银行不予受理。大写日期未按要求规范填写的,银行可予受理,但由此造成损失的,由出票人自行承担。

五、银行存款核算※

(一)银行存款核算的账户设置

设置“银行存款”账户进行银行存款的总分类核算,该科目属于资产类账户,借方登记存款的增加数,贷方登记存款的减少数,借方余额表示银行存款的实际结存数。企业在银行及其他金融机构的存款可通过在此账户下设置不同的明细科目进行明细分类核算。

企业在银行或其他金融机构具有专门用途的资金不通过“银行存款”账户核算,包括外埠存款、银行本票存款、银行汇票存款、信用卡存款、信用证保证金等,通过设置“其他货币资金”账户进行核算。

(二)银行存款业务核算

【例6】 A公司收到C公司以信汇方式支付的前欠货款20000元,根据信汇收账通知联,编制会计分录如下:

借:银行存款　20000

　贷:应收账款——C公司　20000

【例7】 A公司开出转账支票支付1500元给D公司,购买一批办公用品,根据支票存根和有关发票,编制会计分录如下:

借:管理费用——办公费　1500

　贷:银行存款　1500

【例8】 A公司收到B公司通过银行传来的委托收款凭证的付款通知联,收取所订购的一批原材料,总价款23400元。原合同中双方约定验货付款。经业务部门核对,货已全部验收入库,编制会计分录如下:

借:原材料　20000

　　应交税费——应交增值税(进项税额)　3400

　贷:银行存款　23400

(三)银行存款的核对

为了保证银行存款核算的真实、准确,及时发现和纠正银行存款账目可能发生的差错,保证企业银行存款账面数与实际相符,企业必须定期进行银行存款的核对,主要包括银行存款日记账与有关原始凭证的核对、银行存款日记账与总账的核对、银行存款日记账与银行对账单的核对。一般由出纳按照操作规程在记账过程前后认真进行账证核对,与经管总账人员进行账账核对,而根据内部控制制度的要求,银行存款与银行对账单的核对则应由出纳以外的会计人员进行。

由于结算单据传递及入账时间不同,银行存款日记账与银行对账单逐笔核对中,可能出现四种未达账项情况,分别是:企业已收银行未收、企业已付银行未付、银行已收企业未收、银行已付企业未付。当存在未达账项时,应编制“银行存款余额调节表”,见表6.1。

表6.1 银行存款余额调节表

项　目	金　额	项	金　额
企业银行存款账户余额		银行对账单余额	
加:银行已收企业未收款项		加:企业已收银行未收款项	
减:银行已付企业未付款项		减:企业已付银行未付款项	
调节后的存款余额		调节后的余额	

银行存款余额调节表中调节后的余额相等,表示企业和银行记账工作没有错误,调节后的余额为企业银行存款当前实有数。若调节后的余额不等,则表明在企业银行存款核算或银行记账过程中存在错误,应查明原因,予以处理,确保核算无误。

第三节　经纪组织的财务管理※

财务管理简单地说就是理财。在经纪组织中,财务管理就是要在没有资金的时候筹集资金,并且花最小的代价及时筹集到所需的数额;有了资金后,就要合理利用资金,把每一分钱都恰到好处地运用到刀刃上,并且要让钱生钱,合理运用资金,也就是搞好投资;在资金运用过程中还需要不断监督资金的使用情况和安全完整性。在获得收益时又要合理分配资金,既要补充原来的成本费用开支,还要考虑是否扩大投入,追加投资,将追加的投资追加到哪些项目上,做好资金筹划,这些就是财务管理的内容,是对企业资金运用的管理,也就是对资金筹集、资金运用以及资金分配的策划与管理。

一、财务管理目标

目标是系统所希望实现的结果,财务管理的目标是企业理财活动所希望实现的结果,是评价企业理财活动是否合理的基本标准。财务管理目标制约着财务运行的基本特征和发展方向,是财务运行的一种驱动力。不同的财务管理目标,会产生不同的财务管理运行机制,科学地设置财务管理目标,对优化理财行为,实现财务管理的良性循环具有重要意义。

企业财务管理是企业管理的一个组成部分,企业财务管理的整体目标应该和企业的总体目标具有一致性。企业的一切财务管理行为和活动都以企业财务管理目标作为行动指南,企业财务管理活动开始于确定财务管理目标。

(一)企业目标

企业是以盈利为目的的经济组织,其出发点和归宿是盈利。的确,企业从成立的那一天开始,就面临着竞争,并始终处于生存和死亡、发展和萎缩的矛盾之中。企业只有生存下去才有可能获利，只有获利才能发展，只有不断发展才能求得生存，才能谈及实现企业价值最大化。因此，可以把企业管理的目标概括为生存——获利——发展，最终实现企业价值最大化。

1. 生存

企业能否在市场这块"土壤"上生存下去，需要具备两个基本条件：首先是以收抵支。企业要想在市场上取得所需的各种资源，必须支付一定数量的货币，要想从市场上换回货币，必须提供市场需要的商品和劳务。为了维持其简单再生产，企业从市场上获得的货币至少要等于付出的货币量，否则企业没有足够的从市场上取得所需的各种资源，将无法维持简单再生产。生产规模的不断萎缩，必然要导致企业的终止。因此，以收抵支是企业生存的最基本条件。其次是偿还到期债务。企业为扩大业务规模或满足经营周转的临时需要，可以向其他个人或法人借债，国家为维护市场秩序特别是金融秩序，通过立法规定债务人必须偿还到期债务，必要时实行"破产还债"。企业如果发生财务困难，即不能偿还到期债务，就可能被债权人接管或被法院依法宣告破产。可见，企业收不抵支，长期亏损和不能偿还到期债务是企业生存的主要威胁。因此，力求企业在持续经营期间保持以收抵支、偿还到期债务的能力，减少与分化企业破产风险，使企业能够长期、平稳地生存下去，是企业管理的主要任务之一，也是企业管理目标对财务管理提出的第一个要求。

2. 获利

企业只有获利才有存在的价值。不可否认，企业应该把增加就业机会，增加员工收入，改善劳动条件与社会环境，繁荣市场以及提高产品质量等作为管理目标。但是获利才是企业最具综合力的目标，也是企业实现其他目标的基础。获得的盈余是收入抵补支出后的余额，是使资产获得超过其投资的回报。因此，合理有效地分配使用人力、物力和财力资源，并最大限度地使其获利是企业管理目标对财务管理提出的第二个要求。

3. 发展

在知识经济时代，产品的更新换代速度更快，市场竞争更加激烈，市场需求结构、消费观念以及对产品和服务的质量要求等发生了很大变化。作为企业，如果跟不上市场变化步伐，不能提高产品和服务质量，不能扩大市场占有率，企业发展将处于停滞状态，停滞就意味着企业将被淘汰和终止。企业要发展，必须要求不断地扩大投入，而投入的扩大又是以不断增加盈利和筹资来源为前提的。因此，必须提高职工队伍的整体素质和企业的综合实力，为此，需要付出货币，需要有足够的资金予以支持。因此，企业能筹集到足够的用于自我发展所需要的资金是企业管理目标对财务管理提出的第三个要求。

4. 企业价值最大化

生存、获利与发展是企业管理一般性目标和最基本的战术性要求，企业价值最大化是企业管理的总体目标和较深层次的战略性要求。所谓企业价值最大化是指企业资金所有者权益最大化、企业劳动所有者权益最大化和企业所负社会责任兑现率最大化的最佳组合，其中，资金所有者包括资金所有者和债权人；企业劳动所有者包括企业管理者和一般工人；社会责任包括企业将来要为劳动者（雇员）提供住房、医疗、教育和其他福利方面所负的责任。企业价值最大化是企业管理目标，企业管理系统中的各子系统即生产、销售、财务、人事各职能系统，以及高级、中级、基层等各管理阶层，尽管它们各自的具体管理目标不同,但总目标都是为实现企业价值最大化。如生产管理基本目标体现在如何以较少的费用实现收入最大化,并确保现金流入;财务管理的基本目标是如何实现利润最大化;人事管理目标是如何人尽其才、劳动力资源的合理配置。

(二)财务管理的目标

关于财务管理的目标问题,目前理论界认识不一,其中颇具代表性的观点有利润最大化和企业价值最大化两种。我们认为,以利润最大化作为财务管理目标更符合我国企业的实际情况。

我国企业财务管理目标大致经历了"产值最大化"、"收入最大化"、"利润最大化"等多种目标演变过程。在计划经济体制下,企业作为国民经济计划的执行者,主要任务是执行和完成国家下达的计划指标,对企业及领导人业绩的评估,均以产量或产值计划完成情况为依据。又由于在利润分配上实行"统收统支"分配制度,因此,企业实际上是把追求产值并力争在占用一定数额资产的前提下使产值最大化作为财务管理目标。在由计划经济体制向市场经济体制转轨的初期,国家逐渐缩小计划力度,对企业产销实行"计划调节为主,市场调节为辅",或"计划调节与市场调节相结合",利润分配制度也已经变革。如曾先后实行过企业基金制度(1978—1980年)、利润留成和盈亏包干制度(1980—1983年)、利改税制度(1983—1986年)。虽然这些制度与统收统支的利润分配办法相比确实迈进了一步,即企业终于有了一部分可以自己支配的财力,但是企业真正可支配的财力实在太少。在这种情况下,虽然没有明显提出财务管理目标问题,但实际上,多数企业是以收入最大化作为财务管理目标的。

在社会主义市场经济体制下,企业逐步由国家机构的附属单位转变为独立的经济实体,是自主经营、自主理财和自负盈亏的财务主体。利润分配制度由"承包经营责任制(1987年)"逐步过渡到"利税分流制度",所有这些措施都极大地激发了企业追求利润的热情。因此,从企业管理情况看,财务管理都是以获取利润为出发点和归宿,力争使其最大化。必须指出,利润最大化是企业财务管理目标的简化表达,其内容应该是多方面的。"利润最大化"中的"利润"是企业财务管理目标的主体,其内涵应该包括税后利润即损益表中的净利润;各个会计年度的利润或上年度利润的现值;按会计制度或会计准则计算的实际或预计的企业利润;占有和耗费一定数额资产(或资金)所获得的利润;是考虑了资金时间价值和风险价值、企业所得税后的实际利润或要求得到的目标利润。"利润最大化"中的"最大化",是企业财务管理的方向,是财务管理目标的量化形式,它可以通过若干指标来反映,如资本利润率最大化、每股利润最大化、销售利润率最大化、成本利润率最大化、资产利润率最大化和若干年度利润现值(或终值)最大化等。企业利润最大化作为财务管理目标是一种客观的必然选择。

二、财务管理观念

进入21世纪,社会经济发展速度越来越快,这种日新月异的变化决定了财务人员要想在新形势下抓住机遇,就必须及时进行知识更新,树立一套与不断变化的财务管理环境相适应的财务管理新观念,并掌握财务管理的相关理论。

(一)时间价值观念

资金是有时间价值的，比如在去年年初、今年年初和明年年初的面额都是10000元的钱，但其真正的价值量是不等的。一定量的货币在不同的时点上其价值量是不同的，而两者之间的差额便是利息。由于有利息的存在，许多看似有利可图的项目在考虑到资金的时间价值问题后，可能就变成一个赔本生意了，这种买卖可千万别做。

(二)财务风险观念

市场经济中充满了各种各样的风险，企业在组织财务活动的过程中，由于各种不确定性因素以及一些突发性因素的影响，实际财务收益往往与预期财务收益发生较大差异从而使企业有蒙受经济损失的可能。在进行财务决策时，应尽可能回避风险以减少损失，增加收益，但要注意风险与报酬是相伴而生的，低风险往往对应的是低回报，取得高报酬要冒更大的风险。例如：银行存款几乎没有什么风险，所以，利率也不高；某些高科技公司发行垃圾债券或股票，风险极大，一旦这些企业破产，则这些债券与股票就变得一文不值，但其收益也大，即一旦这些公司成功，则收益率极高。为了使风险最小而收益最大，可以投资于各种有不同风险与收益的资产。这就是说，既不能完全投资于无风险的项目(如银行存款)，又不能投资于有风险的项目(如公司债券或股票)，而是要把不同风险与收益的项目组合起来。这种做法称为资产组合。其要点可以概括为："不要将所有的鸡蛋放在一个篮子里。"或者说，要实现投资的多元化。

(三)量本利分析

量本利分析法，全称为产量成本利润分析，也叫保本分析或盈亏平衡分析，是通过分析成本、销售利润和产量三者的关系，掌握盈亏变化的规律，指导企业选择能够以最小的成本生产最多产品并可使企业获得最大利润的经营方案。在一定范围内，适当扩大产量和销量，成本上升的比例会较小，利润增加的速率会较大，产生边际效应。而突破一定的量，则会导致成本增加很多，利润相对增加较慢。

企业的目标是利润最大化。由售价收入扣除销售成本即可计算实现的毛利，继而扣除营销过程中发生的运杂费、水电费、工资、贷款利息等费用，再扣除上缴的营业税金，加减营业外收支等，最终得到企业纯利。

企业纯利＝销售收入－销售成本－销售费用－营业税金±营业外收支

进行保本分析(也称盈亏临界点或损益两平点分析)，即是计算企业为了做到商品经营业务不盈不亏，必须完成的、有一定毛利的最低限度的销售额。换句话讲，处于保本点的销售额，就是企业的商品销售收入恰好等于它的商品销售支出(包括商品进价、流通费用和营业税金等)。如果收支相抵高于此点，表明企业有盈利。反之，则表明企业发生亏损。

营销保本点公式为：

毛利率×保本点销售额＝生产成本＋销售费用＋营业税金

$$\text{保本点(最低销售额)}=\frac{\text{生产成本}+\text{销售费用}+\text{营业税金}}{\text{毛利率}}$$

例：某农户年销售费用约为18万元，营业税金为4万元，综合毛利率为20%，生产成

本为 200 万元,依公式计算该企业保本点为:

$$\frac{(200+18+4)}{20\%}=1110(\text{万元})$$

毛利:1110 万元×20%=222 万元

即该企业营业额达到 1110 万元时不盈不亏。

在实践中正确运用保本点分析,可以做到减少亏损,增加盈利,在激烈的商战中确保企业立于不败之地。特别是依靠银行贷款进行项目投资,根据项目需要支出的各项成本费用(包括贷款利息),推算出它日后的保本销售点,充分分析项目竣工后在现实条件下能否达到或超过保本点,以科学的态度和高度负责任的精神进行最后决策,以避免由于兴建该项目而出现不必要的失误,造成不应有的损失。

保本,只是我们做生意过程中的最低要求,只能使企业得到生存;盈利,以最小的投入获取最大的产出,才能使企业进一步发展才是我们真正追求的目标。

在保本点的计算公式中,加上目标利润这一概念,即为保利点计算公式,其分析原理、过程与保本点分析类同。

$$\text{保利点销售额}=\frac{\text{生产成本}+\text{销售费用}+\text{营业税金}+\text{目标利润}}{\text{毛利率}}$$

(四)边际分析法

经济学研究经济规律也就是研究经济变量相互之间的关系。经济变量如通货膨胀率、失业率、产量、收益等,可以分为自变量与因变量。自变量是最初变动的量,因变量是由于自变量变动而引起变动的量。例如,如果研究投入的生产要素和产量之间的关系,可以把生产要素作为自变量,把产量作为因变量。自变量(生产要素)变动量与因变量(产量)变动量之间的关系反映了生产中的某些规律。自变量变动所引起的因变量变动量称为边际量。在考虑一个决策时,重要的是考虑边际量,因此要运用边际分析法。

在根据边际分析法作出决策时,从事一项活动所增加的成本称为边际成本,从这项活动中得到的好处称为边际收益。如果边际收益大于(至少等于)边际成本,就可以从事这项活动;如果边际收益小于边际成本,就万万不可从事这项活动。

例如:某农庄经营一家保龄球场。根据会计师计算,每玩一局的平均总成本(包括房屋租金、设备折旧、所耗电力以及支付给工作人员的工资等)为 10 元。如果每局的价格高于 10 元,经营当然有利;如果每局的价格等于 10 元,也可以实现收支相抵;但如果午夜时价格降至 7 元仍然有人来玩,而高于 7 元则无人玩,农庄是应该把价格降为 7 元继续经营呢,还是不降价而停业呢?

观点一:降至 7 元低于平均总成本,这是亏本经营,不干,应停业。

观点二:只要价格高于平均可变成本,价格为 7 元时经营就有利,应继续经营。

分析:对经营总成本进行分解。在设备等无法改变的短期内,平均总成本中包括平均固定成本与平均可变成本。平均固定成本包括玩一局应分摊的房租、设备折旧、管理人员工资等费用。固定成本是无论是否经营都要支出的费用,因此,称为沉没成本,是已经支出而不可收回的成本。平均可变成本是每一局所需的支出(如所耗电力的费用、服务人员增加工时的工资等),有人玩就要支出,没人玩就可以不支出。这就是说,在短期内保龄球场停业所节省的成本仅仅是可变成本，而固定成本无论是否经营都是要支出的。假设该农庄经营的保龄球场的平均总成本10元中，平均固定成本为6元，平均可变成本为4元（在保龄球场这种固定支出大的企业中，平均固定成本大于平均可变成本）。这样，在价格为7元时经营就仍然是有利的。因为在用4元弥补了平均可变成本后，仍可剩下3元弥补平均固定成本。

再如某农户饲养并出栏一批生猪，平均生产总成本项目包括仔猪成本、饲料成本、人工成本及其他间接费用，出售该批生猪时还要发生运输费用和检疫费用。假设该农户的猪栏每一批生产足可容纳250头生猪而并不需要增加人工和猪栏，则人工和猪栏属于固定成本。仔猪、饲料和运输、检疫费用属于变动成本。在销量不愁的情况下，该农户扩大饲养量就会取得边际效益。

（五）财务杠杆与负债经营

企业负债经营，不论利润多少，债务利息是不变的。于是，利润增大时，每一元利润所负担的利息就会相对地减少，从而给投资者收益带来更大幅度的提高。这种债务对投资者收益的影响称作财务杠杆。适当负债有利于增加企业自有资金的报酬率。

假设某农户向银行贷款10万元，银行的贷款年利率是10%，农户的投资回报率应该高于10%，达到15%甚至更高一些（当然不一定当年就有回报）。所以，在偿还了银行本息之后还可以因贷款而多赚5000元甚至更多一些。这就是杠杆效应。财务杠杆操作是借别人的钱，来帮自己致富的一种方式。另外，借钱还有一个税收上的好处。对于企业而言，利息计入期间费用，是可以在税前利润抵减的，而支付给股东的红利却不能在税前扣减，要在税后利润中支付。在考虑所得税因素后，企业的利息负担就不是原来按利率计算的利息额，而是扣除所得税后的余额。利用财务杠杆操作看起来获利不错，但要求必须“操作得当”，前提为期望报酬率必须高于贷款利率，但是如果判断错误，投资报酬率没有预期的高，甚至是负的时候，再加上需要负担的借贷利息，就变成“反财务杠杆操作”，反而损失惨重。因此，财务杠杆操作，虽然在投资上常被利用，但仍是一种较高风险的投资策略，投资人若个性保守，或不能承担亏损的后果，就尽量少利用为好。只有当企业盈利率高于借入资金的利息率时，财务杠杆的正效用才会有效发挥，如果借入资金所获得的收入还不足于补偿为获得这笔资金所支付的费用，负债融资只能成为企业的负担，甚至威胁到企业的生存。

过去农民贷款用途主要是购买种子、化肥、农药以及用在应付各种自然灾害上。但现在的农民贷款除一小部分用于维持简单再生产外，大部分已经用在特色种养等农产品的综合开发、农产品的加工营销上，这种负债经营虽然可以弥补营运和长期发展资金的不足，可获得财务杠杆利益、降低组织资本成本、具有节税作用，但持续增长的负债最终会导致财务危机成本。负债给营运增加了压力，如果组织无法偿还本金和利息，则会面临财务危机，而财务危机会增加组织的费用，减少组织所创造的现金流量。因此，需要合理确定负债规模，对于一般企业，普遍认为资产负债率30%为安全，40%较合适，突破50%则资金周转将出现困难，债权人也将考虑不再增加贷款。

三、财务管理组织※

(一)机构组织形式

一个现代化的企业必须设立合理、健全的财务管理机构,并配备相应的人员,每个部门和每位员工的责任、权限都应该明确规定。这样,各个职能部门便可以各司其职,既互相联系,又互相制约,从而可以大大提高工作效率,并最终有效地实现企业的财务管理目标。由于各个企业的性质以及内部管理模式等差别很大,其各自设立的财务管理机构也不尽相同。目前,我国企业财务会计机构的常见组织形式主要有以下两种:

1. 财务与会计并为一体的组织形式

在这种形式下,企业的财务管理和会计两套机构合并在一起,这是目前多数企业采取的形式。一般情况下,企业设一个财务科室,由总会计师或主管业务的副总经理来领导,负责全公司的财务会计工作。

一体化的财务会计组织形式优点在于关系简明,便于财务业务集中管理,并能提高工作效率。但随着企业面临的理财环境的复杂化,财务管理的内容越来越丰富,财务管理对企业的重要性日趋增强,在这种情况下,这种一体化的组织形式有些跟不上目前财务管理的发展形势。

2. 财务与会计设置不同管理机构的平行组织

在这种形式下,企业将一体化的财务、会计分开设置机构,各司其职。财务和会计部门各有各自的一套组织机构。在平行组织结构中,会计主任主管会计核算的所有工作,包括编制预算、业绩评价和业务咨询,负责内部会计控制、会计核算、办理纳税、编制财务报告、会计报表等,而财务主任则统管全盘,主管财务管理的所有工作,包括筹资活动、投资活动和分配活动中的各项资金运用。

这种平行组织机构在实际运行中,有利于财务、会计各自发挥各自的作用,权责明确,既保证财务工作又保证会计工作,可以适应市场经济下管理的要求。

(二)财务管理内容※

财务管理是企业管理的一个组成部分,它是根据财经法规制度,按照财务管理的原则,组织企业财务活动,处理财务关系的一项经济管理工作。简单地说,财务管理是组织企业财务活动,处理财务关系的一项经济管理工作。财务管理的主要内容是筹资决策、投资决策和股利分配决策三项。其关键点是进行资金集中管理和加强组织内部控制。

1. 资金集中管理

资金集中管理包括资金预算集中管理、融资集中管理、银行账户集中管理和现金集中管理四个方面。资金预算集中管理是指根据企业年初审定的财务预算,核定年度资金额度,集中管理投资资金,引导资金流向企业战略重点业务;融资集中管理是指企业将银行贷款权、贸易融资权、对外担保权统一管理起来,有效控制资金使用风险,杜绝由于担保而产生的负债;银行账户集中管理是对所属单位的银行账户实行审批制,强制核销与经营无关或功能重复的银行账户,并通过安全有效的网络系统时时监控资金流向,控制业务违规风险,保障资金安全;现金集中管理的核心为收支两条线,不以收抵支。

2.加强资金运用的内部控制

在运用资金过程中,保障货币资金的安全性、完整性、合法性和效益性。保障资金的安全,预防被盗、诈骗和挪用;保障资金的完整,保证企业收到的资金全部入账,杜绝"小金库"、资金体外循环等侵占企业收入的违法行为发生;保障货币资金的合法取得和使用;合理调度使用资金,选择低风险、高收益的投资方案,保障发挥资金最大的效益。

(1)资金完整性控制。即所有资金收支业务均按规定计入相关账户。其控制方法一般有以下几种:

①发票、收据控制。利用发票、收据编号的连续性,核对收到的货币资金,以确保收到的货币资金全部入账。加强对发票、收据的印、收、发、存的管理工作,建账核算,定期抽查核对存根联与入账的记账联,及时发现其中的错弊。

②银行对账单控制。通过及时编制银行存款余额调节表,分析未达账项的原因,发现其是否存在错弊。

③物料平衡控制。按照主要原材料、产品在生产、销售过程中的量的平衡关系,检查资金收支的完整性。

④业务量控制。根据某项业务量的大小,复核其货币资金完整性。例如,农场可以按农作物买卖记录的业务量,汽车运输可以按台班记录的业务量,复核货币资金收入支出。

⑤ 往来账核对控制。定期与对方进行往来账余额的签认,确认清欠货币资金是否及时入账或货币资金还欠是否真实,及时发现挪用、贪污企业货币资金等违法行为。特别应注意对于已作坏账处理的应收账款,了解是否有收回款项不入账的情况。

(2)货币资金安全性控制。货币资金安全性控制的范围包括:现金,银行存款,其他货币资金,应收、应付票据。其控制方法一般有以下几种:

①账实盘点控制。即对库存现金、有价票据等进行定期盘点,日清月结,严禁擅自挪用、借出货币资金,严禁白条抵库,确保企业资产账实相符。

②库存限额控制。核定企业每日库存现金余额,超过限额的货币资金及时送存银行。

③实物隔离控制。建立控制制度确保除实物保管之外的人员接触不到实物,明确各种票据的购买、保管、领用、背书转让、注销等环节的职责权限和程序,专设登记簿记录,防止空白票据的遗失和被盗;对于收到的支票、银行承兑汇票等票据,建立专门台账,专人管理,以保证票据安全和及时兑现。

④岗位分离控制。将不相容岗位分离,相互牵制、相互监督。比如,出纳人员不得兼任稽核、会计档案保管和收入、支出、费用、债权债务账目的登记工作,不得编制银行存款余额调节表;出纳人员连续工作不应超过三年;空白支票、密码与印鉴的保管必须分离;实行回避制度,单位负责人、会计主管人员的直系亲属不担任出纳工作;严禁未经授权的单位或人员办理货币资金业务或直接接触货币资金,经办人只能在职责范围内,按照审批人的批准意见办理货币资金业务。

(3)货币资金合法性控制。主要是针对货币资金收入与支付业务,按照严格的授权审批、支付制度,合规合法地办理各项支付业务,重点控制大额资金的支付;通过严密的内部审计监督,及时发现不合法的货币资金收、付行为;通过公布举报电话、网站,从公众中取得不合法收、付的线索。

在资金管理过程中,除事前防范、事中控制环节之外,资金的事后监督也是必不可少的环节。搞好资金管理的事前防范、事中控制和事后监督三个环节,能有效地保证企业的各项生产经营活动的正常运行,保障企业资产的保值增值。还可加强企业管理人员和内部职工素质的提高,增强法律意识,树立现代的资金管理意识,掌握现代管理知识和技能,积极参与资金管理,促进企业资金管理的深化,从根本上缓解企业资金紧张的矛盾。

四、农村专业合作社财务管理的现状、原因及对策

当前,大部分农村经济合作社在财务管理中能搞好基础的财务预决算,合理使用资金,较好地执行各项财务管理制度,发挥了农村集体经济在农村经济和社会发展中的一定作用。但在实践中,由于开展工作不平衡、缺乏有效和有力的长效机制的保障,农村财务管理不规范、前清后乱的局面没有得到根本改观,农村集体经济各地发展不平衡,差距比较大,反映农村干部财务问题的举报和上访比较多,因此,当前农村财务管理工作面临着棘手的问题和艰巨的任务。

(一)农村专业合作社财务管理的现状

1. 农村专业合作社财务管理制度的问题

(1)制度不健全。制度是用来约束规范人们行为的,然而有些专业合作社没有严格的财务管理制度,即使是有也未必按照制度照章行事;有些制度条款往往规定得不符合农村实际,面对社会千变万化的情况,一种条款形式难以解决农村存在的所有的问题;随着经济社会发展和相关新政策的出台,与其相应的管理制度迫切需要修订、完善和重修,以适应新形势,确保工作有章可循。

(2)执行制度不到位。政策制度的出台往往带有浓厚的家长制色彩,各级组织越俎代庖的管理,有可能成为越位、错位的嫌疑,甚至成为违法的嫌疑;财务制度流于形式,公开后不能及时收集群众的意见和建议,没有相关的人员和机构对农民群众质疑的地方做出合理的解释;白条抵库和库存现金超额现象没有消除,严重违反了财政纪律。

2. 农村财务管理体制的问题

(1)管理不严格。农村财务关键在于管理,而有的村干部疏忽管理,总认为只要将上级安排的事情办好就行,而不管群众满意不满意,表现在村干部多人经手现金,不按时交账,没有现金管理制度,失去有效监督,造成"公款私存"、"公款私借"、"公款私挪"等现象。

(2)不按规定财务程序办事。村干部直接插手管钱管物、坐支收入,使财会人员、民主理财和民主监督形同虚设。村干部的考核主要以乡镇政府的相关部门为主,经营管理部门对村级财经人员失去考核约束,又由于村干部缺乏必要的财经法规知识和会计基本常识,不懂得资金收支的账务处理程序和有关时限要求,主观上无意识地违反了有关财经法律法规,以致造成财务管理的混乱。

(3)财务手续混乱,眷属理财。许多村账目混乱,科目设置不规范,于是,多人收钱,多人管钱,多人用钱,长时间不交账、不结账、不记账成为当前农村村级财务管理中存在的主要问题。财务手续不健全,原始凭证没有审批人、经手人或验收人盖章就入账,公款私存现象严重。也有一些村负责人在选聘会计时,从个人利益出发,任人唯亲,人为地把村级管理人员配备成眷属型关系网,致使内部关系失控,丧失了会计岗位的监督作用。

(4)民主理财小组发挥作用不大。部分村民主理财小组成员不是经村民民主选举产生的，而是由干部指定，民主理财小组失去了本身意义；理财小组成员文化水平低，财务水平有限，在实际理财过程中不能充分发挥财务管理和监督作用；部分村民主理财小组成员参加活动不及时，其监督作用只是走过程流于形式。

3.农村财务监督机制的问题

(1)财务监控制度落实不到位。目前涉及村、社财务管理的制度，虽然有章可循，但实际上名存实亡，所谓的制度只不过是上条条、墙上挂挂而已，有些村仍存在"一支笔"审批权限，几千元甚至上万元的单项支出未经集体研究，就由"一支笔"签字入账。

(2)财务监管人员落实不到位。机构改革后，有乡镇、街道都设了农村经济管理部门，专门配备了编制，然而真正从事监管工作的人却寥寥无几，不是人员编制被其他部门占用，就是人员与其他部门混岗使用，严重影响了对农村财务的监督管理，造成了村级干群矛盾升级，影响了农村社会稳定。

(3)监督机制作用发挥不到位。首先，基础性的群众监督作用发挥不充分，有些地方群众监督成为虚设，部分村民对集体的事不关心、不过问、不了解，民主管理和监督流于形式，给了某些不廉洁干部可乘之机，以致有些地方、有些单位对农村干部的经济问题处理不严，睁一只眼闭一只眼，甚至一些违法乱纪行为往往是上级默认的，大家心照不宣；其次，业务监督和审计监督不到位，只是走过场，没有实质性进展，村级干部碍于情面和怕得罪人，不愿监督，财务管理人员出于个人利益考虑，怕打击报复，怕丢饭碗，发现问题不敢管，听之任之，村民主理财小组不认真负责，对群众质疑的解释敷衍了事，对村干部理财用财的违约行为视而不见；最后，纪检监察部门监督缺乏力度，各级配合不协调，在处理违纪违法的案件中心慈手软，没有按照"客观、公正、规范、具体"的原则办事。

4.农村财务管理理念的问题

(1)管理理念不新。管理没有坚持科学发展观和与时俱进，认识上的不足带来实践中的差距，有些乡镇的领导干部在抓农村财务管理上存在误区，把加强管理与改革开放、发展经济对立起来，错误地认为强调抓财务管理是拿绳索捆自己的手脚，把坚持财务制度说成是思想不解放，没有开拓精神，在实际工作中有章不循，放松了管理。

(2)"轻管理"倾向严重。目前乡村干部普遍存在着"重税费，轻管理"的片面认识，关注和工作的重点是农业的增产、农民的增收、农村的基本建设，而对村级集体资产管理缺乏有效的办法，村级财务管理工作被忽视，等到问题堆积成山了，才敢动真格搞财务清理，而每一次清理整顿工作没有实质性进展，没有根除这种现象的发生，缺乏一套规范完整的财务管理制度和正常运转的监督机制。

(3)服务意识不强。农村财会人员素质偏低，现在的村、社财会人员，普遍是就地选用，选用办法简单，随意性大，其文化素质比较低，缺乏系统的专业基础知识，在业务上只能达到"记记账、打打算盘"，无能力开展成本核算、会计分析，在实践过程中既怕得罪乡镇领导和村级主要干部，又怕得罪乡邻及亲朋好友，难以正确履行其管理和监督职责；农村财会人员不稳定，相当一部分农村财会人员的聘用由主要领导指定。因此，目前部分财会人员中"当一天和尚撞一天钟"的思想十分严重，工作上依附权势，不能坚持原则，不能按照规定对农村财务实行有效的管理和监督。

(二)农村财务管理混乱产生的主要原因

1.政治思想、素质较差

村干部文化程度较低,党的各项政策、法律和法规学习放松,财务管理制度制定不完善,缺乏管理经验,不能正确履行职责。

2.对农村财务管理力度不大

乡镇机构改革后,经管人员相对减少,对村级财务的管理职能有所削弱;村级财务管理缺乏透明度,财务公开力度不够;账前审核制度没有落到实处,代理会计把关不严,在实际操作中只要凭证单据齐全,手续合理,便给予入账报销,而对支出的合理性及真实性不加关心。

3.财务公开不到位,管理不民主,监督乏力

农村财务管理透明度低,甚至没有透明度,管理缺乏民主,群众监督乏力,业务监督乏力,民主理财小组监督乏力,使一些任意挥霍集体资产的行为得不到及时查处,导致农村财务管理乱上加乱。

4.对农村财务问题重视不够

有些地方没有把农村集体经济的发展列入重要议事日程,有些村干部总认为村级自治,不宜多管,由于这种认识上的误差,导致乡村干部对农村财务管理不重视,对群众反映的财务方面的问题不进行认真的调查和处理,这在一定程度上助长了财务管理混乱的蔓延,给某些不廉洁干部开了方便之门。

(三)强化规范农村财务管理的对策

1.规范农村财务管理制度

建立健全和完善的规章制度,使农村财务管理有章可循,这是搞好财务管理的重要保证,是当前加强农村财务管理的当务之急。当前重点是要规范农村年度财务预决算制度,村级会计代理制度,村干部工资报酬管理制度等,使财务人员有章可循,通过这些制度来规范农村财务管理中的违法违纪行为,实现农村财务管理的制度化、规范化,提高农村财务管理在实现“双增”和保障农民群众权益中的作用。同时,农村财务管理在执行过程中必须严格遵守规章制度,坚持收支两条线,实行先收后支,杜绝以收抵支、差额报账、坐支现金等现象。乡镇政府要加强对财务制度执行情况的检查监督,要不定期地组织开展财务大检查,防微杜渐,把问题消灭在萌芽状态。

2.理顺管理体制,建立规范化模式

一是改进农村财经管理人员的任用或选拔机制,打破村界,逐步实行会计委派。根据实际情况,乡镇政府应将村级财经委员的考核部分改为由财经所进行,财经所面向社会公开招聘村级财务报账员,经培训考核,择优录取,按照异地任职制,委派到各村,实行统一管理,统一要求,统一工资报酬渠道,避免眷属会计的产生,改变只管事不管人的软约束现状。二是明确职责分工,狠抓制度落实。明确村级干部和财务人员的责、权、利,规范每个人的行为。三是将“财权”进行适当分解,由一人掌握变为多人交叉掌握,正式发票或收据至少要由两名村干部签字,避免财务开支暗箱操作,形成相互制约的机制。

3.完善监督机制,加大财务监管力度

强化群众监督,坚持定期公开账目,落实好民主理财制度,把集体财务活动置于群众

监督之下;强化业务监督,乡镇政府要建立有权威的审计组织,加强对农村财务的监督检查,以促进村级财务管理规范化建设;强化纪检监察部门监督,做到各部门紧密配合,协调一致,督促检查,处理违法违纪案件不能心慈手软、偏向袒护,以达到杀一儆百、事半功倍的效果;强化民主理财小组监督,村民主理财小组要定期对本村所发生的财务收支进行一次全面审核,对于不合理或未经审核的票据一律拒收拒付,坚决不予报销。

4.加强领导,提高认识

各级领导干部要端正思想、摆正关系,克服"重生产、轻管理"的片面思想,树立经济越发展、财务管理越重要的观念,要把加强财务管理当做是防腐倡廉,改善党群、干群关系,加强民主法制建设,巩固和发展农村安定团结政治局面的大事抓实抓好。稳定财会人员队伍,提高财会人员素质。严格财会人员的任免程序,要坚决杜绝"任人唯亲"的行为,财会人员确定后,一般不要随意变动。财会人员素质的高低直接影响财务管理质量的好坏,这就要求财会人员既具有良好的业务素质,又具有较强的政治观念和职业道德水平,因而要定期对财会人员进行培训和教育,提高财会人员的业务素质和遵纪守法的自觉性。

总而言之,面对新的财务管理环境,农村财务管理必须从农村现状出发,以绩效为导向,采取有效的对策和措施,解决好制度、体制、监督、理念四个方面的问题,全面保证和促进农村集体经济的健康快速发展。

思考与作业题

一、案例分析

假如你是某专业合作社负责人,请根据该合作社的具体情况评价财务管理工作现状。该组织有无建立健全相应的内控制度,你认为应如何加强专业合作社的财务管理?

二、模拟实训

(一)阿拉伯数字书写、汉字金额书写

实训目的:掌握阿拉伯数字、汉字大写数字和大小写金额的标准写法,做到书写规范和流利。

实训器材:阿拉伯数字练习纸、汉字金额大写练习纸。

实训资料:

1.阿拉伯数字的标准写法

(1)字体要独立成形、大小匀称、排列整齐、字迹工整、清晰和洁净。

(2)字体要右上方斜向左下方书写,倾斜度约为55°。

(3)同一行相邻数字之间要空出半个阿拉伯数字的位置。

(4)每个字要紧靠凭证或账表行格底线书写,字体高度一般不超过行线高度的1/2,如果行高度较低时,可占行的2/3。

(5)有圆圈的数字,如上所述,8、9、0等,圆圈必须封口。

(6)写6时,比照一般数字向右上方长出1/4;写7和9时,比照一般数字向左下方(过行底线)长出1/4。

2.汉字大写数字的标准写法

(1)字体要独立成形、大小匀称、排列整齐、字迹工整、清晰和洁净。

(2)同一行相邻数字之间要空出半个汉字大写数字的位置。

(3)汉字大写数字一律用正楷字或行书书写,如壹、贰、叁、肆、伍、陆、柒、捌、玖、拾、佰、仟、万、亿、元、角、分、零、整等,不得写草体字或其他字体;不得用一、二(两)三、四、五、六、七、八、九、十、块、毛、另(或 0)等字样代替;不得编造简化字,做到书写正确无误。

实训要求:

通过专用练习纸进行基本书写规范的练习,直到书写规范、流利为止。

阿拉伯数字书写练习

汉字金额大写练习纸

零	壹	贰	叁	肆	伍	陆	柒	捌	玖	拾	佰	仟	万	亿

(二)填制结算票据

实训目的:掌握结算票据的填制。

实训器材:结算票据及相关原始凭证空白票样。

实训要求:用蓝色或黑色笔书写,做到填制正确、完整,符合相关书写规范。

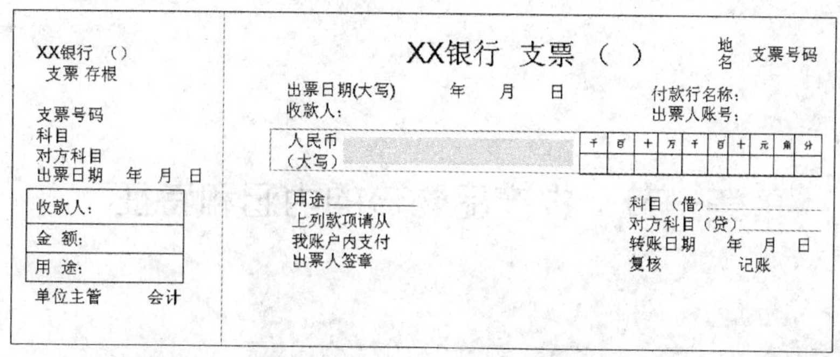

XX银行 （）
支票 存根
支票号码
科目
对方科目
出票日期 年 月 日
收款人：
金 额：
用 途：
单位主管 会计

XX银行 支票 （ ） 地名 支票号码
出票日期(大写) 年 月 日 付款行名称：
收款人： 出票人账号：
人民币（大写）

千	百	十	万	千	百	十	元	角	分

用途
上列款项请从
我账户内支付
出票人签章
科目（借）
对方科目（贷）
转账日期 年 月 日
复核 记账

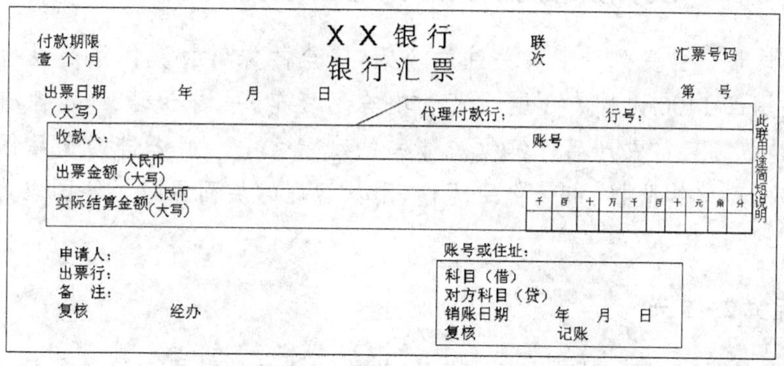

付款期限
壹 个 月
X X 银行
银行汇票
联次 汇票号码
出票日期（大写） 年 月 日 第 号
代理付款行： 行号：
收款人： 账号
出票金额 人民币（大写）
实际结算金额 人民币（大写）

千	百	十	万	千	百	十	元	角	分

此联用途简短说明
申请人：
出票行：
备 注：
复核 经办
账号或住址：
科目（借）
对方科目（贷）
销账日期 年 月 日
复核 记账

第七讲　农产品物流

第一节　农产品物流的内涵和特征

案例:

从保鲜物流体系看德国农产品管理

在农产品质量日益受到消费者关注的今天,安全的保鲜物流体系建设也日益受到各国的重视。平均每1400人拥有1辆冷藏和冷冻运货车,平均不到10人拥有1平方米冷藏仓库,这就是德国目前农产品保鲜物流体系的现状之一。而先进的食品保鲜和包装技术、完善的立法、严格的监督、市场化的运作,则从管理的层面保障了德国农产品保鲜物流体系安全、高效地运转。

一、蔬菜保鲜2～5天

先进的食品保鲜和包装技术是农产品保鲜物流体系的前提。随着食品科技的飞速发展,近年来,德国不断加大对食品保鲜包装技术的研究开发力度,积极采取各种食品保鲜技术措施。在德国,无论是肉类、鱼类还是蔬菜、瓜果,从产地或加工厂到销售网点,只要进入流通领域,这些食品始终处在一个符合产品保质要求的冷藏链的通道中运行。在冷藏保鲜库中,全部采用风冷式,风机在电脑的控制下调节库温,一般的蔬菜在这种冷藏中能存放2～5天。

另外,德国食品保鲜包装种类繁多、科学合理。即便是生鲜瓜果蔬菜,也会分级包装,贴上标签。只要是块茎类不易压坏的均用小网袋袋装。对易损产品,如瓜果和禽蛋要用专门纸箱包装;肉类分别有冷冻、真空和含气等包装形式。德国的肉类包装中含气保鲜包装比较普遍,主要是因为含气保鲜包装与真空保鲜包装相比,在色泽、渗出液等方面,明显优于真空包装。在批发市场,无论是蔬菜还是鲜鱼、肉类均在良好的冷藏环境中存放,蔬菜经产地清理加工后,成箱地存放在有冰块的塑料保温箱中。

二、政府担当铁面裁判

严格的食品安全检验是农产品保鲜物流体系的保障。在德国,负责食品安全管理的部门是联邦食品、农业与消费者保护部,具体执行机构是联邦消费者保护与食品安全局和联邦风险评估所。在食品安全和质量检验方面,德国政府通过完善的立法、严格的监督、严厉的惩罚等措施担当农产品市场的“铁面裁判”。联邦消费者保护与食品安全局负责对各联邦州开展食品安全监测，并协助各联邦州实施国家食品安全法规、建立统一的工作体系。当食品安全事件发生时，联邦消费者保护与食品安全局代表联邦食品、农业与消费者保护部成为事故处理中心。其次，遍布德国全国的农业合作社、食品工业协会、零售商协会等，更是农产品流通中的“监督员”。

除了上述人为的安全措施，政府有关机构还对保鲜物流系统中的运输工具制定了例行检查制度，对冷藏链中的各种设备作了具体的技术要求，包括容器和托盘的卫生标准等。

三、标准覆盖各环节

在农产品保鲜物流体系的各个环节上，同样需要技术标准等众多有效的保障措施。以动物食品为例，德国《食品卫生规定》规定，食品在转运过程中无论处于哪个环节，都必须处在卫生标准规定的冷藏链中，不新鲜的肉绝对不允许上市出售。《德国安全标准》是一部针对性很强的、颇具操作性的安全技术标准。如对易腐的肉类制品、鲜肉和香肠在运输中的法定冷藏标准和测试条件，保鲜产品的交接、运输各阶段的温控要求、各种运输工具标准等都作了具体规定。

按照这些技术标准，作为德国农产品保鲜物流的主力军，德国冷库和冷藏物流企业协会负责为欧盟范围内的食品公司提供冷冻食品和各类保鲜商品，此外还涉及低温贮存、保鲜分发和物流配送等业务。该协会同时还是一个由冷库和冷藏物流企业加盟组成的经济协会，其成员包括保鲜物流服务公司、制冷工业厂商和与之有关的商业公司和供应商。在德国，有超过80%的该领域的企业是该协会的会员。除了提供一般性的服务，德国冷库和冷藏物流企业协会还代表会员与政府机构在国家和欧盟层面上交锋，积极为会员争取利益。另一项服务是为会员提供能源服务，作为一个共同体，该协会可以批量购买电力，在德国的莱比锡电力市场直接参与交易，为其会员提供极具吸引力的电力价格，起到了“蓄水池”的作用。

四、基础设施完善

完善的基础设施为德国的农产品保鲜物流产业打下了良好的物质基础。德国物流业的信息化、自动化发展较早，电脑普及率极高，相互间的信息交流非常方便，确保了物流信息快速、可靠地传递。

德国物流的基础设施和配套设施包括交通运输网络，铁路、公路、水运、航空货运等十分发达，各种形式的农产品物流中心和配送中心、农产品批发市场等配套设施完善。如德国有优质的高速公路，拥有全世界第四长的高速公路网，总里程达 1.1 万公里，交通公路网全长 22.7 万公里。同时铁路交通也以高速准时闻名于世，德国联邦铁路和国家铁路总长约 4.3 万公里。

除此之外，作为物流体系的一部分，经过多年的发展，德国的农产品保鲜物流体系已经与现代工商业实现了高度融合，并依托本国运输、存储、包装等行业的优质服务，实现了与各项社会保障体系的紧密合作。

（资料来源：http://finance.sina.com.cn/，中国质量新闻网）

以上述案例为样本，先完成以下学习任务：

姓 名		经营的主要农产品	
1.谈谈你对农产品物流的理解。 2.谈谈目前我国农产品在物流方面存在的障碍。 3.你觉得有哪些方式可以促进农产品物流高效运作?			

由于农产品生产的地域性与消费的普遍性、生产的季节性与消费的全年性之间的对立,造成了农产品供给与消费之间的矛盾。解决这个矛盾,靠的就是发展现代农产品物流。农产品物流不仅能使农产品实现其价值与使用价值,而且可以使农产品在物流过程中增值,还能降低农产品生产与流通的成本,提高农业的整体效益。

一、农产品物流的内涵

农产品物流是指为了满足消费者需求而进行的农产品物质实体及相关信息从生产者到消费者之间的物理性流动,它包括农产品收购、运输、装卸、搬运、包装、配送、流通加工、信息处理一系列环节,并在这一过程中实现农产品的价值增值。

农产品物流的定义着重强调了两点:

(1)农产品物流运作的客体是脱离生产领域的农产品,这是农产品物流与农业物流最重要的区别。

(2)农产品物流不仅服务于农产品消费者,而且还服务于农产品生产者,即不仅满足消费者需求,而且还要使生产者生产的农产品实现其价值。

二、农产品物流的特征

我国农产品物流体系正在逐步完善,形成了从生产、收购、流通加工、运输、储存、装卸、搬运、包装、配送到销售的一整套组织环节,从整体上来说,我国农产品物流有以下特征:

(一)农产品物流数量巨大

广义上的农业不但包括种植业,而且包含林业、畜牧业、渔业等。如今,不管是粮食、经济作物还是畜牧产品和水产品,都大量转化为商品,商品率很高,它们不仅直接满足人民生活需要,还可以向食品工业、轻纺工业、化工工业提供原料。因此,农产品物流的需求量大、范围广,必须对农产品进行空间范围的合理布局和规划。农产品生产受自然条件制约大,各地因气候、土壤、降水等情况的不同,在农产品种植品种上也会有所不同。如果某一地区不顾自然条件,盲目种植,其农产品产量和质量均比适宜地区低得多。这样的农产品会因为销售困难而难以进入流通渠道,可能较长时间地储存于仓库,对农产品物流的通畅形成障碍。因此,在物流过程中要充分考虑生产的布局、季节性生产、分散性生产等因素的影响,物流要与当地的生产条件相结合。

(二)农产品物流点多面广,要求科学规划运输

农产品运输在农产品物流中具有重要地位,但是与一般产品的运输相比,它具有装卸的多次性、运输的不均衡性和对运输的技术性要求高的特点。

(1)农业生产点多面广，消费农产品的地点也很分散，因此，农产品运输和装卸比多数工业品运输要复杂得多，常常需要两个以上的储存点和两次以上的装卸工作，单位产品运输的社会劳动消耗大。只有科学规划农产品物流流向，才能有效避免对流、倒流、迂回等不合理运输现象。

(2)农业生产具有季节性，在农业运输上，不管是田间运输还是农产品的运输都具有时间性强和非均衡性的特点。

(3)农产品是有生命的有机物，多数易损、易腐，因此必须根据它们的物理、化学性质安排合适的运输工具。否则，就会引起农产品的性质和状态变化，从而丧失使用价值，失去扩大空间效用。对于某些农产品，如奶制品的配送还需要科学规划配送方式和配送工具，满足用户需求，提高物流效率。

(三)农产品物流的运作具有相对独立性

自然再生产和经济再生产相结合，使农业生产深受不稳定的自然环境与经济环境双重因素的影响，这种不稳定带来物流需求的不确定性。农作物和畜禽需要一个生物生长期，且生产周期长；由于农产品大多为有生命的植物或动物体，或其他生命体(微生物等)的载体，对储运和加工都有特殊的要求。农产品自身的生化特性和特殊重要性决定了它在基础设施、仓储条件、运输工具、技术手段等方面具有相对独立的特性。在储运过程中，为使农产品的使用价值得到保证，须采取低温、防潮、烘干、防虫害等一系列的技术措施和严格的规定，这并非是交通部门和其他部门能做到的。它要求有配套的硬件设施，包括专门设立的仓库、输送设备、专用码头、专用运输工具、装卸设备等。而且，农产品物流中的发货、收货以及中转环节都需要进行严格的质量控制，以确保农产品品质、质量达到规定要求。这是其他一些商品不具备的。另外，农产品流通加工技术和物流各环节的信息处理技术也是制约农产品物流发展的重要因素。

(四)加工增值是农产品物流的主要内容

农产品不同于工业品的最大特点在于农产品市场价值的很大部分是在离开生产领域后得到提升的，具有更大的加工增值潜力。一般来说，农产品物流增值环节主要包括以下几个方面：

(1)农产品分类与分类包装增值服务；

(2)农产品适度加工后小包装增值服务；

(3)农产品配送增值服务；

(4)特种农产品运输增值服务；

(5)特种农产品仓储与管理增值服务。

农产品加工增值和副产品的综合利用是减少农产品损失，延长其保存期限，提高农产品附加值，丰富人民生活，使农产品资源得以充分利用的重要途径。因此，农产品加工是农产品物流中一个不可缺少的重要组成部分。比如粮食深加工和精加工、畜牧产品加工、水果加工和海洋水产品加工等，具体包括研磨、抛光、色选、细分、干燥、规格化等生产加工和价值贴付、单元化和商品组合等促销加工作业，以使农产品流通能顺利进行。

(五)农产品物流的难度大

(1)农产品物流对于物流设施的要求特别高。农产品大部分是有机物，物流过程中特别需要做到不污染、不变质,"新鲜"是农产品的生命和价值所在,大量鲜活农产品的含水量高,保鲜期短,极易腐烂变质,因此在农产品物流中的各环节都需要进行严格的质量控制,以确保农产品质量。这些都对农产品的运输、包装、加工等环节提出了特殊的也是更高的要求。

(2)农产品运输环节多,产品从收购到终端市场需要多次搬运和存储。况且农产品运输具有不均衡性,收获季节运量大,之后运量明显减少,从而给农产品的合理运输造成一定困难。

(3)在农产品物流的诸多功能要素中,储存功能的要求较高,粮食类农产品的储存量较大,储存时间较长,"蓄水池"功能要求较高。为了满足消费者需求,购销部门需要建立强大的农产品储备系统,并保持足够库存。

(4)一些农产品需要特种物流方式,比如粮食的散装运输、水产品的冷冻运输、分割肉的冷藏运输、牛奶等制品的恒温运输等。

(六)农产品物流的方向主要是从农村流向城市

农产品的生产基地在农村,而广大的农产品消费者却是生活在远离乡村的城市之中。要满足城市对农产品的消费需求,就需要把农产品从农村转移到城市。因此,农产品物流必须将农产品准确、快捷地传递到消费者手中,才能完成实现农产品最终价值的过程。广大农业生产者生产的农产品,通过不同的物流手段流向城市,以便投入工业生产或供城市居民消费,这个物流过程呈现收敛型,运输程序是先支线运输,后干线运输,物流批量不断增大。

第二节　农产品物流运作模式

农产品物流是现代物流的重要组成部分。目前,我国农产品物流无论是技术、手段还是组织,都还处在非常落后的阶段。农产品本身的特性决定了其对物流的要求非常高,如果不能有效解决农产品物流问题,就无法真正降低农产品流通成本,提升农产品竞争力。因此,研究农产品物流运作模式,对于提高我国农产品物流的效率,缩短时间、减少环节、降低物损、重新进行利益分配,有效解决"三农"问题,推进中国现代农业的发展,具有重要作用和战略价值。

一、农户或农村合作社自营的农产品物流模式

(一)农户自营农产品物流模式

"自营物流"是指企业借助于自身的物质条件自行组织的物流活动。有专家认为:"在物流自营方式中,企业也会向运输公司购买运输服务或向仓储企业购买仓储服务,但这些服务都只限于一次或一系列分散的物流功能,而且是临时性、纯市场交易的服务,物流公司并不按照企业独特的业务程序提供独特的服务,即物流服务与企业价值链是松散的联系。"

随着市场经济体制改革的不断深化,我国农村土地承包制的改革使农业生产被分割成极小规模,由分散的农户分别经营,造成农产品流通的组织化程度非常低。在这样的情

况下，小农户作为物流主体参与农产品物流的初始环节成为普遍现象，形成我国在农产品流通初始阶段的农户自营农产品物流模式。这种物流模式是农户独立完成对各种农产品的运送与供应。应该说，这是较为古老的一种模式，它具有完全的“自给自足”的特征，而且在一定程度上造成了资源的浪费。农户自营农产品物流的模式如图 7.1 所示。

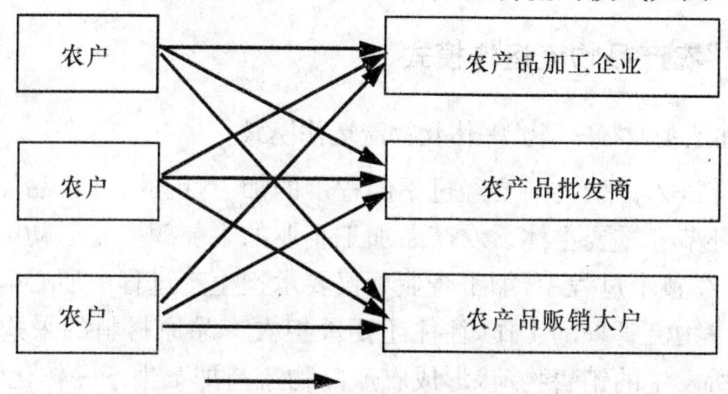

图 7.1　农户自营农产品物流模式

(二)农村合作社自营的农产品物流模式

我国农业生产的典型特征是规模小且分散，农户在市场交易中必然会处于弱势地位。这是因为一家一户的农产品在进入市场时，农户不可能完全自己承担物流功能，把产品送到最终消费者手中。他们很多时候只能选择与中间商进行交易，由中间商承担物流功能，从而实现农产品的最终价值。这样一来，那些具有一定规模和实力的中间商就很容易利用自己在交易中的优势地位向农民加压，迫使农民低价出售农产品，从中谋取高额利润，致使农民收入无法提高。在这种情况下，农村合作社组织就应运而生，因为成立了合作社之后，就可以采取合作自建物流系统，从而增强同相关利益团体抗衡的能力。

农村合作组织在一定程度上可以取代小农户成为进入物流初始环节的物流主体，它们的职能就是通过提供技术、信息、购销、储运、加工等服务，保证成员专业生产正常进行，这些服务也就构成了合作社日常经营管理的主要方面。农村合作社在农民和市场以及消费者之间架起了一座桥梁，提高了农民面对市场的组织化程度，促进了农产品的销售和价值实现，降低了农产品的流通成本，沟通了生产与市场的信息，维护了农民的利益。农村合作社自营农产品物流模式如图 7.2 所示。

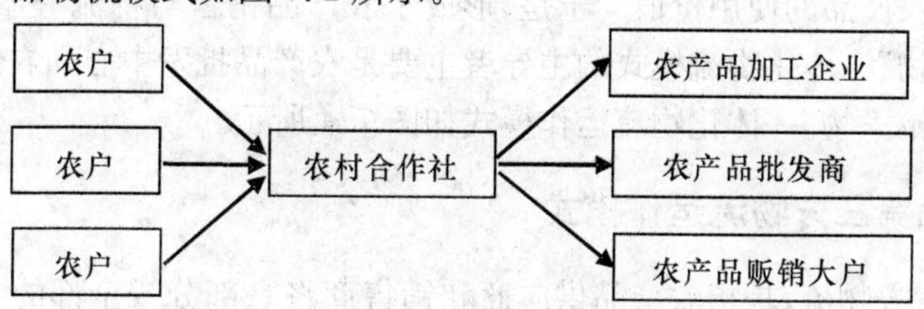

图 7.2　农村合作社自营农产品物流模式

农村合作社在近年来得到了迅速发展，并在促进农产品物流中发挥着越来越重要的作用。农村合作社自营农产品物流模式的优势体现在以下方面：

(1)农村合作社可改善农民地位,保障农民利益;
(2)农村合作社组织可以降低农户的物流成本,提高物流效率;
(3)农村合作社可提高农产品物流的技术装备水平,促进农产品价值的实现;
(4)有利于对农产品质量的监控,并减少其负面影响。

二、"一体化"农产品物流运作模式

(一)农产品加工企业"产—物"一体化物流运作模式

许多农产品在进入消费之前要经过不同程度的加工,因此,农产品加工企业成为农产品物流中的必要环节和重要主体。农产品加工企业的主要职能是以初级农产品为原料进行产品加工生产,在整个过程中,加工企业不仅要承担生产过程中所必需的企业内部原材料、半成品、成品等物流管理的工作,往往还要承担农产品原材料的采购物流和加工后产品在销售过程中所发生的销售物流,形成农产品物流与加工生产一体化管理的运作模式。农产品加工企业"产—物"一体化物流运作模式如图 7.3 所示。

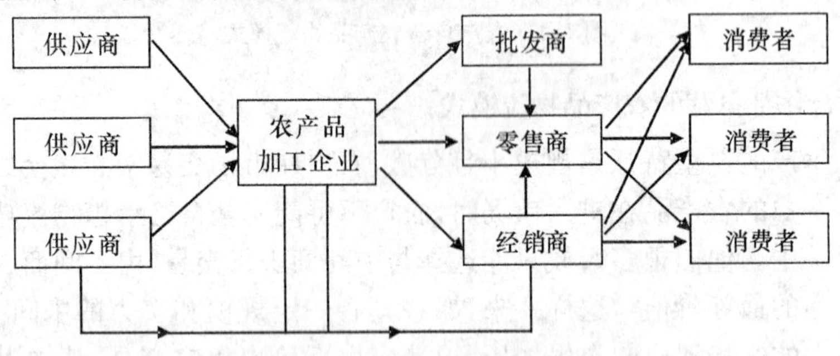

图 7.3 农产品加工企业"产—物"一体化物流运作模式

(二)农产品销售企业的"销—物"一体化物流运作模式

农产品销售企业有很多类型,如批发商、零售商,以及农产品贩销大户等,批发商一般又分为产地批发商和销地批发商。这些企业是农产品物流过程中的主体,为实现农产品的价值发挥着重要的作用。在我国目前的农产品流通体系中,由于专业农产品物流组织的缺乏,以及物流技术装备的落后,再加上农产品物流时效性的特点,农产品商流和物流没有实现彻底分离。销售组织不仅要承担农产品的物流职能,还要帮助农产品完成实际的交割,以实现农产品的使用价值。于是,形成了农产品销售与物流一体化管理的模式。目前我国"销—物"一体化物流模式的主导者主要是农产品批发中心和农产品销售商。农产品销售企业"销—物"一体化物流运作模式如图 7.4 所示。

三、农产品第三方物流运作模式

农产品第三方物流,是指农产品供应商和销售商将一部分或全部的农产品物流活动委托给专业的农产品物流企业来完成。第三方物流像架在农业供应与销售之间的一座桥梁,将供应商与销售商或终端消费者紧密地衔接起来。第三方物流能帮助客户获得诸如利润、价格、供应速度、服务、信息化的准确性和真实性以及技术的采用等潜在优势,具体表现为:

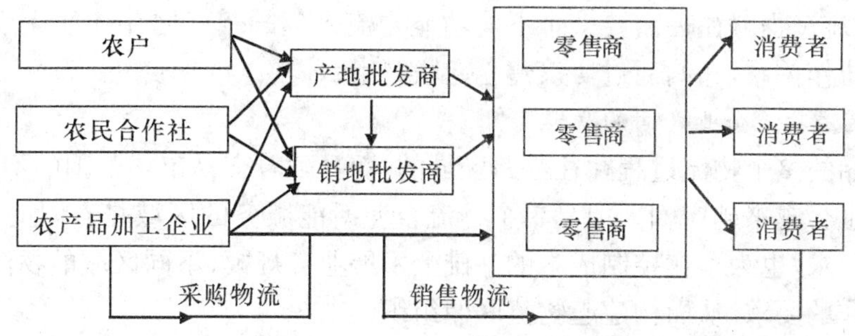

图 7.4　农产品销售企业"销—物"一体化物流运作模式

(1)农产品生产者或加工企业不仅可以通过第三方物流获得自己本身没有能力提供的或自己运行不具备任何优势的物流服务，而且可以摆脱自建物流设施和信息网络等物流专业设备所需的资金负担；

(2)第三方物流服务存在规模经济和范围经济，生产者或加工企业将物流外包给他们，比自身运营更有利于降低其运作成本，同时还可以帮助企业避免盲目投资，将资金用于适当用途；

(3)由于第三方物流企业在信息网络和配送节点上具有资源优势，可以为消费者提供更满意的服务，增强企业的市场感召力。

第三方物流的劣势主要表现为：

(1)由于将物流环节交给第三方来完成，往往使得货主或者企业对物流的控制能力降低，甚至出现物流失控的风险；

(2)由于第三方物流通常并不是面对一个客户，当信息在更多的企业间共享时，企业的商业秘密就可能被泄露；

(3)还由于第三方物流商承担着执行某些战略的职能，通常对企业的战略具有很深的认识，能够得到与此相关的信息，致使企业核心战略被泄露的风险增加。

四、农产品物流运作联盟模式

物流联盟一般是指由若干具备专业特色与互补特征的物流组织，通过契约关系或相互持股等形式结成的物流作业联合体。在联合体内，企业间形成互相信任、资源共享、风险共担、收益共享的物流伙伴关系。

物流企业的产品是提供物流服务，而物流服务对可达性和时效性的要求非常明显。单个的物流企业虽然可以通过开发运输网络实现可达性的目标，但这种网络性的扩张必然以牺牲时效性作为代价，使得企业在服务区域的选择上相当有限，这种地域上的约束促使物流企业产生建立区域性、多节点网络体系的内在要求。然而，对于这种规模扩张，即使具有一定经济实力的大企业也很难做到面面俱到，从网点布设、建设投资、经营管理等多个方面都会使企业付出很多的资金和精力。

物流联盟的基础是第三方物流企业的专业化分工与协作。根据参与联盟企业及其协作目的不同，可以将物流联盟分为：

1. 不同功能物流企业之间的联盟

在物流行业内部，大多数物流企业只专注于某一种或少数几种功能业务的发展。于是,整个的物流过程就往往需要多个不同功能物流企业的相互协作才能完成。为了稳定企业之间的协作关系,它们通过协议建立起联盟组织。

2.不同区域物流企业之间的联盟

许多商品的整个物流过程往往是跨区域的,而且随着交易市场范围的不断扩大,物流的区域范围也会越来越广阔。但是单个物流企业所能服务的区域是有限的,为了满足物流需求方的要求,也为了在控制成本的基础上发展业务规模,不同区域的物流企业之间就有了相互协作的要求,从而构建起物流联盟组织。

3.功能型物流企业与中介型物流企业之间的联盟

功能型物流企业是指拥有仓库、车辆等物流设施,从事物流实务的企业;中介型物流企业是指不拥有仓库、车辆等物流设施,而掌握物流信息,专门从事物流业务中介的企业。功能型物流企业与中介型物流企业通过建立联盟,实现优势互补。

思考与作业题

1.案例分析

假如你是一水果经纪人,结合第一节的案例“从保鲜物流体系看德国农产品管理”,谈谈你对促进农产品物流高效运作应采取哪些行动?

2.模拟实训

参观考察就近的一家农民专业合作社(或者某学员介绍自己的专业合作社),了解农产品经营的基本情况,以学习小组为单位,就以下学习任务展开深入的探讨。

<table>
<tr><td>专业合作社名称</td><td colspan="3"></td></tr>
<tr><td>合作社负责人</td><td></td><td>参与人员</td><td></td></tr>
<tr><td colspan="4">参观考察时间:</td></tr>
<tr><td colspan="4">学习任务:
(1)了解合作社的产品和经营理念、经营模式;
(2)分析讨论该专业合作社在物流上存在的问题或不足之处;
(3)针对以上因素,提出改善该合作社物流效率及解决问题的对策。</td></tr>
<tr><td colspan="4">任务完成要求:
(1)通过对某专业合作社的深度剖析,认识发展农产品物流的意义;
(2)提高农产品经纪人对现代农产品物流的认识;
(3)建立发展现代农产品物流的经营理念。</td></tr>
</table>

第三节 农产品包装与流通加工

案例:

日本食品包装设计考虑循环利用

日本90%的牛奶都是以有折痕线条的纸包装出售,这是一种很好的教育,可使小孩子自小便接触和使用有环保作用的“绿色”产品。这种容易压扁的包装不但生产成本较低,而且能够减少占用空间,方便送往再循环加工,并减少运输成本。日本最常见的饮料

yakutt 健康饮品也使用一种底部可撕开的杯形容器。在撕开底部后，人们能够轻易地把容器压扁，便于再循环加工。

日本东京每年都举行包装设计比赛，一个叫做 ecopac 的获奖饮料包装，目前正广泛使用。该包装由100%再循环的纸板盒和盒子内用来盛饮料的袋子组成，也就是所谓的衬袋盒。其主要目的就是让人们能够轻易地把纸盒子和袋子分开，送去循环加工时就较容易处理。目前，日本市面上的酒类饮料，大都采用这类包装。另一种开始被日本消费者接受的新包装设计是立式袋。由于开袋子比开瓶子更容易使内部液体溢出，因此袋子的开口都特别设计，方便打开。这类袋包装主要是取代塑料瓶子。比较两者，前者的塑料使用量只及后者的1/5。除了饮料，日本市面出售的食用油，很多也都是以复合纸包装出售的，大大减少了塑料的使用。

日本碗碟清洁剂的包装，也一样能够照顾到环保的需要。消费者第一次用完清洁剂后，能够在市面上买到以立式袋出售的清洁剂，再把清洁剂倒入原有的塑料容器中继续使用，使塑料容器不需丢掉。

（资料来源：改性塑料网．“日本食品包装设计考虑循环利用概况”．国际资讯，2007，11）

以上述案例为样本，先完成以下学习任务：

姓 名		经营的主要农产品	
1. 你所经营的农产品（或你周围的农产品经营者）如何进行包装的？ 2. 运用了哪些包装材料？ 3. 在包装过程中有无考虑到环保、包装循环利用等问题？			

一、农产品包装

（一）农产品包装的涵义

农产品包装是指采用适当的包装材料、容器和包装技术，将农产品包裹起来，以使农产品在运输和储藏过程中保持其价值和原有状态的包装材料及包装技术活动。

（二）农产品包装的功能

1. 保护功能

农产品包装主要在于最大限度地保护包装对象的寿命和品质，防止天然（自然）因素的破坏，以保护其内容、形态、品质和特性。

2. 方便功能

农产品包装作为农产品物流的起点，主要的功能是可方便物流的其他环节，如装卸、搬运、储存和运输，能提高仓库的利用率，提高运输工具的装载能力。同时方便商场的陈列销售，也方便消费者的携带、取用和消费。

3. 销售功能

在农产品质量相同的条件下，精致、美观、大方的包装可以激发消费者的购买欲望和购买动机，从而产生购买行为。因为，农产品包装往往给消费者形成“第一印象”，在很大程度上影响消费者的购买决策，所以当前果蔬类农产品包装趋向于精美化、礼品化。

(三)农产品包装材料与辅助材料

1.纸质包装材料

国外农产品及食品包装大都采用纸包装,如粮食制品(大米、面粉等)用纸器,新鲜蔬菜用纸袋,果品先装纸袋再用纸箱,但这种纸制品要求有防潮、保温、杀菌、防腐等功能以保护和保存商品。

2.塑料包装材料

塑料包装材料广泛应用于农产品尤其是食品包装,逐步取代了玻璃、金属、纸类等传统包装材料,使食品包装的面貌发生了巨大的变化,体现了现代食品包装形式的丰富多样、流通使用方便的特点,成为食品包装中最主要的包装材料。但塑料包装的缺点是:某些品种还存在着卫生安全方面的问题,以及包装废弃物的回收处理对环境的污染问题。

3.纳米复合包装材料

纳米二氧化钛颗粒具有特殊的分子结构,因此,它赋予纳米复合包装材料很多特殊的性能,而且对与纳米二氧化钛复合的塑料基材的种类没有特殊的要求。纳米二氧化钛的光催化性能够将产生的乙炔氧化分解成二氧化碳和水,另一方面,纳米二氧化钛在光线照射下产生氧化性很强的活性自由基,这些活性自由基可以氧化一些微生物体内的蛋白,从而使其蛋白质变性,抑制微生物的生长甚至杀死微生物。因此,对环境中的微生物具有抑制或灭杀作用。

4.金属包装材料

金属包装材料极其包装制品作为农产品加工熟制品包装的较多。因为金属包装材料具有优良的性能,具有阻气、隔光、保香等功能,对许多气体具有阻隔效果,还包括对紫外线在内的许多光线予以阻隔,这些都是保鲜所必需的性能。同时还有良好的热传导性能,卫生安全性能和良好的保护性。

5.玻璃和陶瓷包装材料

玻璃和陶瓷包装材料具有耐风化、抗腐蚀和密封性好的性能,其包装形状、色彩、造型极其丰富多彩,而且不会变形和耐热阻燃,经得起任何洗刷、灭菌,易于洗涤和反复使用。但玻璃与陶瓷包装的致命缺点是比较容易破碎。

6.可食性包装材料

所谓可食性包装材料,即当材料的包装功能实现后,变为“废弃物”时,可将其作为一种食用原料使用,使包装材料的功能实现转型。可食性包装材料的特点是质轻、卫生、无毒无味,可直接贴紧食物包装,保质、保鲜效果较好。根据其采用的主要原料(成分)的特点,可将可食性包装材料分为五大类:①淀粉类;②蛋白质类;③多糖类;④脂肪类;⑤复合类。

7.辅助包装材料

辅助包装材料主要包括以下四类:①衬垫物;②填充物;③包纸;④塑料薄膜。

二、农产品流通加工

(一)农产品流通加工的概念

农产品流通加工可定义为:在农产品物流过程中,对农产品进行除杂去废、挑选整理的加工，包括拣选、清洗、切段、包装、计量等简单的加工作业过程，是为了便于包装、储藏和运输，或为进一步加工创造条件而进行的处理。例如，毛皮、毛类等畜产品，经过除杂去废、挑选整理、清洗包装等加工，才能成为供销售或进一步加工的原料。

农产品流通加工是农产品流通中的一种特殊形式。流通加工在流通中，和流通总体一样起"桥梁和纽带"的作用。它和生产一样，通过改变或完善流通对象的原有形态来实现"桥梁和纽带"的作用。农产品流通加工是对农产品进行加工处理，创造物品的加工价值。通过农产品流通加工环节，对生产企业需要的农业原料进行简单的初级加工，既可以为生产企业节省进行初级加工的人力、物力、财力，又可以提高设备利用率和加工效率，还能合理地组织输送、配送，提高农产品物流效益。

(二)农产品流通加工的意义

在农产品从生产领域向消费领域流动的过程中，流通加工主要的作用是为了维护产品质量、创造附加值和提高物流效率，主要表现在以下几个方面：

1. 流通加工能够保护农产品的有益成分

农产品普遍具有易腐易变的特性，容易丧失使用价值。通过流通加工，不仅可以有效保护和改善农产品使用价值，提高品质，而且可以充分利用农产品资源，做到物尽其用。

2. 农产品流通加工可以延长贮藏时间

农产品通过流通加工能提高其储运性。一般加工后，蔬菜类可以延长储存期半年到两年；水果类可延长储存期一个月到一年；蛋类可延长储存期半年到一年；肉类可延长储存期一年以上。

3. 农产品流通加工创造附加价值，提高用户服务水平

流通加工是一种低投入高产出的加工方式，并通过现代物流实现了资源的充分利用。实践证明，有的流通加工可以使商品充分实现其价值，有的流通加工可以使产品利用率一下提高 20％～50％。通过流通加工不仅适应多样化的顾客需求，而且保持并提高了农产品保存机能，向消费者提供新鲜农产品，从而提高用户服务水平。

4. 农产品流通加工是农民增收的有效途径

农产品流通加工很大程度上改变了农村原有的小户经营的传统农业生产模式。以龙头企业为牵引的规模化经营，使农业资源得到了合理配置与充分利用，从而为增加效益带来了可能性。

农产品流通加工从简单地粘贴标价牌，到需要高科技才能完成的加工，加工形态是多种多样的。流通加工受技术革新的影响，今后将越来越趋向多样化。由于消费的多样化和由激烈的市场竞争引起了特色化战略的展开，流通加工的重要性也日益增强。

(三)农产品流通加工的方式

农产品流通加工方式，是指为改变农产品的理化性状而对加工对象所实施的各种手段和措施的工作组合。农产品的理化性质不同，加工的方法、目的和要求也有所区别，常规的农产品流通加工方式，主要有以下几种：

1. 除杂去废加工

除杂去废加工属于清洁整理加工，通过对加工对象进行挑选、整理、水洗、水沉、吹风、切削、摘除、过筛等各种处理，实现农产品洁净化、整齐化，便于进一步加工。

2. 分级分类加工

采摘后的农产品根据其大小、形状、色泽、成熟度、病虫伤害、机械损伤等状况进行挑选修正,并按一定的技术等级标准进行整理分类,使其商品标准化,以利于农产品包装、储运和销售。

3. 清洗

清洗是除去黏附着的污泥污物,减少病菌和农药残留,使之清洁卫生,符合商品要求和卫生标准。

4. 切削分割加工

切削分割加工是将农产品分割成一定规格、形状,以供进一步加工、储运和销售处理。

5. 粉碎加工

粉碎加工是将农产品粉碎成一定规格的颗粒,以达到某种继续加工的技术要求的工艺处理。

6. 压缩打包加工

压缩打包加工是对具有疏松、膨胀性质的农产品,通过压缩体积、排除空气、打包打捆,以便存储和运输加工。这种加工多用于棉、毛、麻类农产品的加工。

7. 腌渍加工

腌渍加工是用盐、糖、醋、酱油等各种调味品对农产品进行腌泡,以改变其性状,便于储存。一般用于鲜活农产品的加工,如对鱼、肉、蛋、蔬菜的加工。

8. 干燥脱水加工

干燥脱水加工是将含水量较高的农产品以一定的技术手段按一定的质量要求,脱去适量水分,以备储存或进一步加工处理过程。

9. 冷冻冷藏加工

冷冻冷藏加工是指为了抑制农产品中酶的活性,减弱其理化变化,防止腐败变质,而对其采取的低温冷冻或冷藏措施。

10. 密封包装加工

农产品采摘后用适当的材料包裹或装盛,以保护商品,提高商品价值,便于储存、运输和销售。适宜的密封包装可以减少商品的呼吸消耗和水分蒸散,减少因相互摩擦、碰撞、挤压而造成的损伤,减少病害的传染蔓延。规格化的包装还便于搬运、堆码等管理。

11. 催熟

催熟是为了促使产品上市前成熟度达到一致所采用的措施。

12. 消毒杀菌加工

为了防腐防变,便于储存和使用,对某些具有毒性或带有病菌的农产品进行消毒杀菌的加工。比如对进出口农产品进行熏蒸、消毒。

根据不同农产品的要求,还有些农产品需要脱涩、晾晒、催色处理以及化学防腐处理等。还有些农产品上市前需要进行涂膜或者打蜡等加工,起到调节生理、保护组织、增加光亮、美化商品和方便储运的作用。

思考与作业题

1.案例分析

结合日本食品包装的案例，谈谈你对农产品包装的发展趋势的认识。

2.模拟实训

参观考察就近的一家农民专业合作社（或者某学员介绍自己的专业合作社），了解农产品经营的基本情况，以学习小组为单位，就以下学习任务展开深入的探讨。

<table>
<tr><td>专业合作社名称</td><td colspan="3"></td></tr>
<tr><td>合作社负责人</td><td></td><td>工作人员</td><td></td></tr>
<tr><td colspan="4">参观考察时间：</td></tr>
<tr><td colspan="4">学习任务：
(1)了解合作社的农产品包装、流通加工方式；
(2)分析讨论该专业合作社在包装、流通加工方面存在的问题；
(3)针对以上问题，提出解决该合作社问题的对策。</td></tr>
<tr><td colspan="4">任务完成要求：
(1)通过对某专业合作社的深度剖析，认识包装、流通加工对提高农产品价值的作用；
(2)培养农产品经纪人熟悉流通加工的类型及合理化途径。</td></tr>
</table>

第四节　农产品物流配送

有一销售企业，主要对自己的销售点和大客户进行配送，配送的方法为销售点和大客户有需求就立即组织装车送货，结果经常造成送货车辆空载率过高，同时往往出现所有车都派出去而其他用户需求满足不了的情况。所以销售经理一直要求增加送货车辆，由于资金原因一直没有购车。

思考：如果你是公司决策人，你会买车来解决送货效率低的问题吗？

配送是指在经济合理区域范围内，根据用户的要求，对物品进行拣选、加工、包装、分割、组配等作业，并按时送达指定地点的物流活动。一般来说，配送是在整个物流过程中的一种既包含集货、储存、拣货、配货、装货等一系列狭义的物流活动，也包括输送、送达、验货等以送货上门为目的的商业活动，它是商流与物流紧密结合的一种特殊的综合性供应链环节，也是物流过程的关键环节。

农产品配送是指按照农产品消费者的需求，在农产品配送中心、农产品批发市场、连锁超市或其他农产品集散地进行加工、整理、分类、配货、配装和末端运输等一系列活动，最后将农产品交给消费者的过程。其外延主要包括农产品供应商配送和超市连锁配送两方面。前者主要包括农产品配送企业、农产品批发市场、农产品生产者的专业协会等配送主体向超市、学校、宾馆和社区家庭等消费终端配送农产品的过程；后者主要是经营农产品的超市由总部配送中心向各连锁分店和其他组织配送农产品的过程。

一、农产品物流配送的特点

农产品本身具有鲜活性、生产的区域性、季节性、分散性等特点,同时,农产品又是人们的生活必需品,消费弹性小,具有消费普遍性和分散性的特点。因此,无论是农产品的大规模物流,还是农产品加工配送,都不同于工业产品物流和其他包装消费品物流,与一般产品的运输相比,农产品的配送具有装卸的多次性、运输的不均衡性以及对运输的技术要求高等特点。其具体表现在以下几个方面:

1.农产品配送网点分布众多

由于农业生产点多面广,消费农产品的地点也很分散。因此,农产品运输和装卸比多数工业品要复杂得多,单位产品运输的社会劳动消耗大。由于城市交通的限制和用户的需求,农业企业不得不在距离用户较远的居民区设置大量的配送点。

2.农产品流通配送的区域性

农产品生产具有区域性,而人们的需求是多样性的,因此需要不同区域间进行流通交易。但是,由于农产品具有鲜活易腐的特性,即便采取了保鲜等措施,仍会有一定比例的损耗,而且这个比例会随时间和距离加大而迅速增加,使流通成本快速上升,这限制了农产品的流通半径,这一点显然有别于常温物流的配送运作方式。

3.农产品物流配送的相对风险较大

农产品物流配送风险主要来自三个方面:一是农产品生产和消费的分散性,使得经营者难以取得垄断地位,市场信息极为分散,人们难以全面把握市场供求信息及竞争者和合作者的信息;二是农业生产的季节性强,生鲜农产品上市时如果在短时间内难以调节,会使市场价格波动较大,这种情况在中国农产品流通市场上经常出现;三是以鲜活形式为主的农产品,多数易损易腐,因此,必须根据它们的物理和化学性质安排合适的运输工具。因此,对于某些农产品,如奶制品、生鲜农产品的配送,要科学规划配送方式和配送工具,以满足用户需求,从而提高配送效率。

二、农产品物流配送模式

在农产品物流成本中,配送成本占很大比重。如何提高农产品的配送效率,降低农产品配送成本,是目前需要解决的重要问题。

(一)自营配送、农户加企业配送模式的创新

1.自营配送模式分析

农户或农产品基地自营配送,是农户或农产品基地将农产品自己送到批发市场或用户手中,是传统农产品配送主要形式之一。自营配送具有以下优势:

(1)反应快速、灵活。与其他模式相比,自营配送由于整个物流体系属于农户或农产品基地内部的一个组成部分,能够更好地满足农户或农产品基地在物流业务上的时间、空间要求,能更好地保持鲜活易腐的农产品的保鲜度,能更快速、灵活地满足消费者的要求。

(2)农户或农产品基地拥有对物流系统运作过程的有效控制权。在自营配送的情况下,农户或农产品基地可以很好地控制农产品配送活动,而不必就货物配送的佣金问题进行谈判,提高了配送服务效率。

当然,自营配送也有其缺点:

(1)一次性投资大。对于资金有限的农户或农产品基地来说配送系统建设投资是一个很大的负担。

(2)成本较高。单个农户或农产品基地的物流量一般较小,农户或农产品基地配送系统的规模也较小,这就导致配送成本与费用较高。

(3)抗风险能力低。单个农户或农产品基地由于自身实力有限,对市场变化以及突发事件的承受能力较低,对风险的抵抗能力较弱。

2. 农户加企业配送模式分析

20 世纪 90 年代中期以来,“公司+农户”配送模式占有重要的地位,公司与农户之间主要又是通过契约形式加以连接的。

农户加企业配送有三种形式:一是农户加运销企业,农户或农产品基地将自己的农产品运往运销大户,由运销大户对批发商进行配货,在这种配送方式下运销大户与批发商建立稳定的购销业务关系;二是农户加加工企业,农户或农产品基地将自己的农产品运往加工企业,通过加工后由加工企业再配送,或农产品加工企业将自己或别的基地的初级农产品和从农户手中收购来的农产品经过加工后进行配送;三是农户加客商,这一物流配送方式也较为普遍,如大型连锁超市、农贸市场的批发商等在农产品收获时,直接到农户田头或农产品基地收购。

“公司+农户”模式具有以下优势:

(1)对加工企业、大型连锁超市和农贸市场的批发商来说,克服了原料来源不稳定的问题,使公司拥有一部分稳定的原料来源,提高了资源控制能力和生产稳定性,改善了成本结构,降低了经营风险;为农户销售产品找到了相对稳定的渠道,可以集中精力进行农产品的种植。

(2)在“公司+农户”模式中,由于消费者对农产品品质要求日益提高,必须加大对农产品的优选、仓储、深加工。分散的农户不具备这个能力,而公司则可以达到相应要求,显著提高农产品的附加值。

“公司+农户”模式具有以下缺陷:

(1)在这种模式中,龙头企业间的竞争关系会影响到农户及整个农业产业,一方面龙头企业在产成品销售环节上竞相压价,从而使整个农业产业化经营的效益降低;另一方面在原材料收购环节上竞相抬价抢购,市场信息歪曲,使得农户对生产的调节受到错误的引导。

(2)企业直接面对分散的农户,在上游配送环节,市场交易费用仍然很高,配送成本居高不下。

(3)由于公司与农户是不同的利益主体,而且农户又以分散的无机相加的方式与公司对接,使得农户与企业处于不对等的谈判地位,根本没有力量与公司抗衡,农户承担的市场风险仍然很大。

(4)农户虽是生产单位,但不具备法人资格,契约观念淡薄,信誉低下,从而造成原材料供应不稳,企业的损失增加。

3. 自营和企业加农户配送模式的创新

传统的自营模式和企业加农户模式存在的一些缺陷,必须在原有的基础上进行创新:

(1)用“公司＋合作社”模式代替“公司＋农户”模式。在“公司＋合作社”模式中，合作社是农户自己的组织，通过合作社，公司可以根据自己的配送能力和需求向合作社提出订货计划，由合作社与公司签订供货合同，农户按计划生产，合作社按计划收购、配送，公司按计划加工，形成一种产供销有序化的运作形式。这种模式一方面降低了龙头企业直接面对农民的交易成本，另一方面提高了农民的谈判地位。“公司＋合作社”模式的具体运作形式是多样的，可以企业牵头创办合作社，可以是合作社主动同企业挂钩——或签订长期合同或让企业向合作社入股。

(2)“公司＋农户(公司)＋保险”模式。由国家参股，吸引保险公司加盟，给“公司＋农户(公司)”模式上一道农业保险，应对公司和农户区别对待：公司主要从事农副产品的加工，附加值较大，适合商业保险的形式；对从事种植业的农户适合采取政策性的保险形式，国家应给予适当的补贴。

(二)现代农村供销社配送模式的优化

1.传统的供销社配送模式分析

供销社是以农户为主体，按照合作制的原则，集资入股、自愿联合起来的合作企业，是农产品配送的主要模式之一。传统的供销社配送模式的优势有以下几点：

(1)供销社是农民自己的合作商业组织，有广泛的群众基础，同时在我国建立时间长、国家扶持多，有较雄厚的资金和完备的经营服务设施，在市场上有较大的配送规模优势，较强的承担风险的能力。

(2)供销社的经营网点遍布乡村和集镇，而且是实施自下而上的联合，形成全国性的系统网络，因此在配送中有自己的流通网络，是其他配送模式不可比拟的。

(3)供销社在长期的为农服务中，建立了较好的信誉。

传统的供销社配送模式的不足之处在于：

(1)在传统的供销社配送中，发挥本系统联合制胜优势的观念薄弱，现代交易形式及其网络落后，信息化程度低，在农村市场上竞争力不强。

(2)在传统的供销社配送网络中，各网点比较分散，没有现代化的配送中心来支撑，不能聚合网络功能的作用。

(3)在传统的供销社配送中，在配送的功能发挥上，存在效率低下、功能缺位的现象。其表现在：供销社配送网点布局的不合理，网络优势不能充分发挥；流通加工薄弱，农产品流通附加价值增加不大；缺乏专门的农产品运输工具，传统的运输工具与运输路线的选择不科学；库存管理不科学，从而加大了库存成本。

(4)传统的供销社配送模式比较落后，大部分依靠自营配送，应用共同配送、第三方配送等现代配送模式的观念薄弱。

2.供销社配送模式的创新优化

(1)基层网点的合理布局。充分重视各基层网点的建设，合理布局；各基层供销社之间要相互开放，进行联合，合理调整各社配送覆盖区域，彻底扭转长期以来形成的“合作社不合作，联合社不联合”的弊端，发挥整体最优效应。

(2)引入现代配送模式。引入共同配送、第三方配送等现代配送模式。实现供销社之间、供销社与农户之间、供销社与配送中心之间联合，以降低配送成本，提高配送效率。

(3)建立农产品配送加工中心。目前我国缺乏农产品的深加工能力,农产品多以初级产品形式进入流通或终端消费,不少农产品的附加值收益流出体外,供销社应放大配送功能,发展农产品加工能力,提高农产品在流通领域的附加值。

(4)对配送环节进行优化,运用系统理论和系统工程原理和方法,充分利用各种运输方式优点,以运筹学等数量方法建立模型与图表选择和规划合理的路线和配送工具,可以避免不合理配送情况和次优化的出现。

(三)农产品的共同配送与第三方配送

1.共同配送

共同配送的运行可以由多家农户、农产品基地、农业供销合作社或农产品配送中心组成共同组合新公司,或以现有配送中心为核心,从不同的地方分散集货,统一对多家用户进行配送,也可以仅在送货环节上将多家用户待运送的货物混载于同一辆车上,按照用户的要求分别将货物运送到各个接货点。

共同配送的优势分析:

(1)从整个社会的角度来看,共同配送可以提高配送效率。共同配送可以减少社会车流总量,改善交通运输状况;有效提高车辆的装载率,提升商业物流环境进而改善整体社会生活品质。

(2)从农户、农产品基地、农村供销合作社或农产品配送中心的角度来看,共同配送可以降低配送成本。由于共同配送是多个农户、农产品基地、农业供销社、农产品配送中心共享物流的设施和设备,从而由多个农户、农产品基地、农业供销社、农产品配送中心共同分担配送成本,从而降低了成本。

共同配送的劣势分析:

(1)共同配送由多个主体共同组成,加大了管理的难度,可能造成成员经营机密的泄露;运作主体多元化,可能会出现管理效率低下;成员之间的合伙关系,致使管理难控制,易造成物流设施费用及其管理成本增加。

(2)在共同配送中,货物种类繁多,产权多主体,服务要求不一致,可能导致服务水准下降。

2.第三方物流配送

第三方物流配送主要是农户、农产品基地、供销社把自己需要完成的配送业务依托专业的配送中心来完成的一种配送运作模式。

第三方物流配送的优势:

(1)农产品的配送渠道短,环节较少,相对于其他的配送模式,第三方配送在配送损耗、食品质量、管理成本方面都有很大的优势。

(2)灵活运用新技术,实现以信息换库存,降低成本。专业的物流配送中心能不断地更新信息技术和设备,能以一种快速、更具成本优势的方式满足这些需求。

(3)提供灵活多样的顾客服务,为顾客创造更多的价值。

配送中心利用专业的库存管理、科学的配送优化、流通加工,为顾客带来更多的附加价值,使顾客满意度提高。

第三方物流配送的劣势:

(1) 农户与市场的脱节,如果信息在配送中心与农户的传递过程中失真,就使得农户的生产调整不能适应市场需求。

(2) 农户、农产品基地对农产品的配送控制能力降低,不能对进入市场的农产品的质量进行及时有效的监控。

(3) 农产品,特别是生鲜农产品的特点要求配送及时来保鲜,但配送中心的配送在农忙季节不一定能保证供货的准确和及时,降低服务质量。

(4)出现连带经营风险,如果第三方配送是基于合同的比较长期的合作关系,如果第三方服务商自身经营不善,则可能会影响使用方的经营,但如果要解除合同关系又会产生很高的成本。

思考与作业题

1. 案例分析

请用配送的含义分析本节的案例,并提出解决方法。

2. 模拟实训

参观考察就近的一家农民专业合作社(或者某学员介绍自己的专业合作社),了解农产品经营的基本情况,以学习小组为单位,就以下学习任务展开深入的探讨。

<table>
<tr><td>专业合作社名称</td><td colspan="3"></td></tr>
<tr><td>合作社负责人</td><td></td><td>工作人员</td><td></td></tr>
<tr><td colspan="4">参观考察时间:</td></tr>
<tr><td colspan="4">学习任务:
(1)了解合作社的农产品配送模式;
(2)分析讨论该专业合作社在配送方面存在的问题;
(3)针对以上问题,提出解决该合作社问题的对策。</td></tr>
<tr><td colspan="4">任务完成要求:
(1)通过对某专业合作社的深度剖析,认识配送的重要作用;
(2)培养农产品经纪人熟悉配送的途径及合理规划。</td></tr>
</table>

第八讲　农产品品牌建设与管理

案例：

“姜山头”鸡蛋有了“身份证”

2010年《东阳日报》记者在千祥升华特种动物养殖场采访时看到，一个个小小的鸡蛋上都印有两排绿色的小字，上面标着生产日期、商标和产品标识等身份证信息，三名工作人员正把鸡蛋装入纸箱。

鸡肉、鸡蛋是传统的滋补佳品，可如今一些养殖场追求快速养殖，鸡肉、鸡蛋逐渐失去了原有的风味。升华养殖场建立之初就坚持禽蛋品质量第一，严格按照国家无公害鸡蛋的标准进行养殖，让鸡蛋回归到传统的品质，受到消费者喜爱。2005年，养殖场就为鸡蛋注册了“姜山头”商标。

据了解，鸡蛋虽然天生有着外壳，但鸡蛋和牛奶等商品一样也有保质期，其在2～5℃条件下可以保存45天，常温下一般在25天左右。如果超过保质期，鸡蛋就会逐步变质。目前，我市市场上销售的禽蛋品80%以上是没有生产日期、没有品牌、没有生产标准的“三无”鸡蛋，鸡蛋的新鲜度、药残等情况无从查证。该养殖场场主厉升华说，在鸡蛋上打上“身份证”是打出品牌的重要手段。为了让消费者吃到更新鲜、更健康、更放心的鸡蛋，2009年6月，该养殖场投资10多万元，引进了一款国内先进的鸡蛋喷码机，给每个装箱鸡蛋喷上产地、品牌和生产日期等产品信息，让每个鸡蛋都有“身份证”，这在我市是首家。

通过鸡蛋上的这些信息，消费者可以和选择牛奶、面包等食品一样，挑选和食用到最新鲜的鸡蛋。2009年12月，该养殖场的鸡蛋亮相斯村农展会，深受消费者青睐，产品供不应求。

思考题：你认为上述案例中的农产品经营者在生产过程中做了哪些促进市场销售的行为，对促进销售起到什么作用？

第一节　农产品品牌创建

在农产品市场竞争日益加剧的情况下，实施农产品品牌战略是现代农业发展的必然选择，对于开拓农产品市场、增加农民收入、促进农产品生产经营的市场化、获取高的农产品附加价值具有重要意义。农产品品牌战略的发展与加强农产品标准化紧密相关，需要以先进生产技术与社会分工发展为基础，品牌的实施还需要得到政府的有力支持。

那么，品牌是什么？广大农产品经营者在品牌建设过程中遇到的问题有哪些？通俗地说，农产品品牌是为了识别特定的农产品，把传统意义上的农产品赋予品牌的特征，使之形成产品比较优势。品牌是由农产品生产经营企业创立,依靠知识产权保护和市场化运作发生作用,在国内外农产品市场上逐渐成为竞争的主旋律。

一、农产品品牌对企业的作用

随着商品经济的发展,品牌在现代营销中的作用越来越大。品牌的出现,为农业产业化经营注入了新的活力,对推动各地农业生产和农村经济的发展起到了重要作用,一个好的品牌可以带动一个产业,也可以富裕一方农民。

那么,具体到农产品的经营,品牌对企业来说,有哪些作用?结合农产品本身的独特属性,本文认为品牌对企业的作用表现在以下几点:

(一)有助于保障产品特色的排他性

经过商标注册的品牌是一种知识产权,具有法律上的排他性。其他公司的产品未经许可不得仿冒本品牌的标志、专利以及外观设计。除了法律层面的排他性,消费者对品牌固化所形成的消费心理认知也能够保护产品特色,使企业产品在市场中不易被取代,而对农产品而言,品牌的这种作用为农产品永续发展提供了必不可少的助力。

(二)有助于获得更高的利润

有了品牌,消费者在品牌体验过程中的感受就会浓缩其中,而对品牌的满意和信任不断地积累,此时品牌将成为茫茫商海中的灯塔,成为行业中的特色,引导消费者长期选购。在以往的学术调查中,有学者发现,品牌忠诚度具有巨大的潜在价值,每提高 5 个百分点,那么企业的长期利润就会增长 25%～85%。除了有利于品牌忠诚度的建立,同时,良好的品牌建设能够使消费者认同企业收取产品溢价,这也是为什么相同产品在市面上,有品牌的相对价格较高,但依然占据一定市场的原因。

(三)有助于提高企业抗风险能力

在市场环境迅速变化的今天,企业要想不出现一点危机是很困难的,如何将风险降至最低是所有企业都要思考的问题,同样,农产品市场企业也是如此。而品牌价值的存在,则能够为企业在风险中提供缓冲的作用,正如,前文案例中的“姜山头”鸡蛋,在市场上弥漫假鸡蛋事件的背景下,不仅没有因此受到影响,反而使得更多的当地居民争相购买。

(四)有助于顺利进入零售商

品牌的存在,意味着消费者对企业的一种认同,即使刚成立的品牌,通过适当的品牌运作,也能使其具有一定同行业竞争力。因此,在有限的货架资源约束下,零售商更愿意选择在那些愿意投入资源在品牌建设中的企业,这不仅有利于零售商获得更多的顾客,也有利于农产品经营者获得持续回报以及更多的市场占有率。

二、农产品品牌建设中的问题

加入 WTO 以后,我国农产品市场日益开放,国外大量农产品涌入中国,使得国内农产品的商品化、市场化程度不断提高,市场竞争程度也日益加剧,给我国农产品营销不断带来新的挑战。农产品营销不仅事关农产品价值实现问题,而且对于提高农民的收入水平和城乡居民的生活质量,缩小城乡居民的收入差距,更好地实现社会公平都有重要意义。特别是农产品品牌建设，不论是对农产品经营者还是产品本身都具有显而易见的好处。

但在我国，农产品品牌相对量少，发展速度缓慢，科技含量低，地域分布不平均等。从农产品的相对量看，目前我国年注册农副产品商标量，约占我国商标注册总数的20%。纵然造成这种结果的原因有很多，但农产品品牌建设不力也是其中一大问题。

综观品牌建设中的问题，有以下几个方面：

(一)农产品品牌发展滞后

我国很多农产品只有商品名称，没有品牌商标，农产品品牌发展滞后，主要存在品牌数量少、影响范围有限、科技含量低等问题。我国农产品发展滞后既有自然方面的原因，即农业生产的季节性、地域性等，也有经济与技术乃至历史方面的原因；农业产业化程度低制约了农产品品牌的发展；农产品不通过市场也可以出售，消费者凭经验而不凭商标购买等。挖掘其历史原因，主要是在计划经济体制下，农产品短缺，不需要品牌也供不应求，而市场经济在我国还是处于初级阶段，品牌的重要作用还未被重视，需要一个发展过程。但究其根本原因是技术方面的原因，即大多数农产品至今还没有实行标准化，或者是标准已经落后，跟不上市场的需求，导致农产品质量标准不高，竞争力不强，难以形成品牌。

(二)品牌归属不明确

品牌是生产商的无形资产，具有专有性。树品牌、创名牌是企业的投资过程，需要花费生产商额外追加的资本，如广告投入、服务投入。与此同时，品牌的销售也会带给生产商超额的收益或利润。因此，品牌的创立和保持，是农业生产商的自身经营决策问题。只有明确农业生产者的市场主体地位才能调动其生产经营积极性，才能实施品牌经营，提高经营收益。然而，当前我国的农业生产既非计划型又非市场型，农户常常需要完成上级有关部门布置的种植和饲养计划，甚至要求完成规定种植的农作物种类和品种，缺乏独立的抉择机会，这是实施品牌经营的一个重要障碍。另外，由于品牌的设计、推广、建设需要有一个具有一定实力的主体，我国农业生产的主体是以家庭为基本单位的分散农户，就其自身来说，不具有农产品品牌建设的能力，他们无力建立起自己的品牌。即使一些农业生产者注册了一个品牌，也很难将这个牌子做大，建设成名牌。

(三)品牌建设流于形式、缺乏内涵建设

随着市场经济的深入，政府部门为了促进农产品竞争力的提高，出台了一系列农产品品牌建设的扶持和奖励措施，扶持和奖励的标准大多是以是否获得了相关认证，是否获得了商标注册等。这就使得一些农产品生产经营者为了追求短期利益刻意地去创建品牌，一旦获得了政府的支持，就不再继续建设品牌。我们也看到很多具有国家相关认证的农产品，在检测过程中发现质量问题，这说明，农产品经营者并没有从根本上认识品牌的价值，而只是作为一种简单的一次性的获利工具。

(四)品牌建设推广缺乏手段

我国农产品品牌的推广和提升与国际上其他国家相比，缺乏营销手段。品牌拥有者缺乏营销意识，导致品牌在后续的发展中，脱离了消费者和市场，增值缓慢，从而在激烈的市场竞争中被对手抢占先机。在我们周围，经常可以听到，一些品牌前期红红火火，但是却昙花一现,究其原因,正是在我们品牌建设过程中缺乏一整套运作体系和理念。

三、农产品品牌建设的基本要点

在品牌建设过程中,能够运用的资源和营销方法有很多,但归根到底,品牌建设必须紧紧围绕产品本身进行,尽管消费者最终选择的是品牌,但其对品牌的最直观的感受依然是产品。因此,农产品品牌建设的基本要点可以归纳为以下几个方面:

(一)做好农产品品牌定位

在明确和分析目标消费群体的基础上,确定同类产品在市场中的地位,并以此为参照,做好自身品牌的市场定位工作。也就是说,作为日常生活所需的农产品,必须明确是哪些消费者在购买我们的产品,确定了相关竞争者和消费者后,我们才能更好地根据客户来制订适合的品牌建设思路。

(二)加强农产品标准化

农产品标准化是农产品品牌发展的质量保证、技术基础和法律保障,农产品品牌的创立、发展和巩固密不可分。农产品标准化是按照"统一、简化、协调、优选"的原则,对农产品生产全过程,通过制定标准和实施标准,促进先进农业科技成果和经验的推广普及,提升农产品质量,促进农产品流通,规范农产品市场秩序,指导生产,引导消费,提高效益,提高农产品竞争力。农产品标准化是指农产品生产环境标准化、农产品生产过程工艺标准化等,其建立和推广是一个系统工程,需要在强化标准化意识、制定和健全标准化推广体系等诸多环节着手解决。

(三)扩大品牌开发规模

要实施农产品品牌战略,必须进行农业产业化经营,形成规模经济效益,实施企业、基地、农户三结合的运行机制,作为品牌战略的组织依托,解决目前的生产规模小、农产品品质差别小、营销方式落后等问题。在生产方面,建立农民生产协会、专业性生产合作组织,内部实行不同程度的企业化管理与经营,应组织农民走专业化道路,以特色农业为龙头,聚集众多分散生产单元,走规模化、标准化道路。在市场方面,建立有特色的品牌产品产地市场,集中销售当地的名优农产品,同时建立稳定的销售渠道,开拓新的业务关系,促进农产品的大流通。在营销方面,将品牌与产品的包装、标签和企业的视觉形象相结合,提高其品牌形象,运用多种促销手段,扩大影响方面,提高公众对名牌优秀企业形象的认知度和美誉度,并与客户建立良好和稳固的关系。

(四)建立并实施质量监督

品牌是农产品质量的体现,质量是品牌的基础。因此,质量技术监督,以及相关管理部门都必须对农产品进行检测,严防不合格产品流入市场,有效地促进品牌的健康发展,提高消费者满意度,最大化地提高农业生产效益。

第二节　农产品品牌管理

一、农产品品牌管理中的问题

随着人们生活水平的提高,人们的消费观念和消费方式不断发生改变,越来越重视消费质量,消费需求向高端化、品牌化发展,对农产品而言,建立品牌并不是非常困难的事情,最大的阻碍在于维系和发展品牌。消费者日益提高的生活水平,要求企业在品牌创建后,更好地管理品牌,做好产品。

通过研究,我们总结了当前农产品企业在品牌管理过程中的几大问题。

(一)品牌意识淡薄

农产品品牌经营者认为,消费者受传统观念影响,对农产品的选购不看品牌,只注重产品质量,这一经营理念,对品牌的长期建设管理不利。当然,一个品牌的形成必然需要其产品质量的支撑,而两者之间是相辅相成的关系,并不是说,消费者只看产品,因此就不需要品牌,恰恰相反,在市场竞争中,产品质量间的差距由价格调整,那么同层次的产品其品牌的影响占据很大的比重。

(二)产品技术含量普遍较低

在产品的三个组成部分中,核心部分即产品的基本效用是其存在的基础,随着生活水平的提高,消费者对产品的要求也越来越高,这给我们农产品生产者提出了更高的技术要求,在当前,拥有更高效率、更高产量、更高质量的产品,往往更易被消费者接受。在品牌管理过程中,我们不提倡单纯的宣扬品牌,而应该系统地来看待品牌发展,提高产品科技含量,这也是宣扬品牌的一个有力方法。

(三)需重视对品牌以及产品的宣传工作

促销是生产经营者运用各种手段和方法,传播产品信息,使广大消费者认识产品,引起对产品的消费需求,促销的主要手段有:广告、人员推销、营业推广以及公共关系等,随着市场不断开放和成熟,以往"酒香不怕巷子深"的经营思想已经不适合当前的市场经济,一流的产品更加需要可持续的促销手段,来更好地打开市场,提高市场占有率。

(四)法律意识不高

当前,很多农产品经营者在创建了品牌后,没有寻求法律的支持,例如商标的注册,在后来的发展经营中,为他人作嫁衣裳,这样的例子有很多,例如温州红极一时的"乡巴佬"品牌。

我们也认识到大部分农产品的初级产品,在注册和使用商标方面虽然不像工业品那么方便,但农产品品牌创建和管理一定要重视商标注册的问题。商标是品牌在法律层面的一种保障,是对品牌建设投入的一种保护。

二、农产品品牌管理流程

(一)识别和确立品牌定位和价值

首先要清晰地理解品牌代表了什么以及应该如何定位,品牌的核心价值如何在品牌的建设中得到体现。而品牌定位的目的是占据消费者脑海中的位置,使企业能够在激烈的市场竞争中找到并拥有独特的一块市场。

(二)计划和执行品牌营销活动

品牌营销的目的在于创建品牌资产,即建立消费者能够看得见摸得着的品牌,一般来说,所有营销活动都应当围绕产品以及品牌核心价值进行,例如,倡导健康有机,或者倡导全面营养等。同时,营销活动的选择余地很大,一般来说,包括企业文化建设、代言人的选择和赞助活动等形式。

(三)评估和诠释品牌业绩

评估和诠释品牌业绩是为了了解在品牌建设过程中,是否达到了预期目标,通过追踪品牌在消费者群体中的地位,来更好地计划和实施以后的品牌建设活动,这有助于减少品牌管理成本,提高资源利用效率。

(四)提升和保持品牌资产

品牌资产管理涉及很多方面,最主要的一个作用是在于避免产生品牌资产浪费,以及品牌资产流失,在我国,一些知名品牌一旦建立和形成消费者市场,并放弃或者减少必要的管理措施,使得品牌在同类产品的持续不间断的竞争中,市场份额被慢慢蚕食,因此,注重品牌资产的优化和提升,是企业在品牌建设中必不可少的一个环节。

思考与作业题

以小组为单位,与小组成员分享你所知道的农产品品牌,并从中选择一个品牌,对其进行分析(要求:选择的品牌必须是小组成员都听说过的,并且对其有一定的了解)。

1. 描述该品牌在最近五年内的发展和变化
2. 以小组为单位,讨论该品牌最有特色的五个方面
3. 讨论以下问题

(1)该品牌形象与本区域经济、区域形象是否有关联?

A. 区域经济、区域形象支撑了品牌形象

B. 该品牌形象促进了区域经济的发展

C. 两者互相依附

D. 没什么关联

(2)该农产品品牌的五个特色中,向消费者传递的旨意是否与实际相符?

A. 完全相符

B. 基本相符

C. 不太符合

D. 完全不符合

(3)该农产品在市场中的竞争优势如何?

A. 十分明显

B. 有优势,但不明显

C. 与其他产品差不多

D. 不清楚

(4)该农产品在形成品牌前后的经济效益有何变化?

第九讲　农产品市场消费行为分析※

2010年农产品大幅波动，绿豆、大蒜、生姜等相继疯狂涨价，用你们的经验分析讨论出现这些情况的原因是什么？如何理解市场的这种不正常行为？

以上述案例为样本，完成以下学习任务：

姓 名		经营的主要农产品	
1. 你经营的农产品近来涨价了吗？　A. 涨了　　B. 没有			
2. 预测你的农产品未来市场行情可能会是怎样？ A. 越来越好　　B. 还好　　C. 一般，维持现状　　D. 难以预测　　E. 不太好			
3. 以你经营的农产品为例，如果要开发上海和北京两地的新市场，该用何种营销策略？ **提示：** ①分析该农产品的消费群体； ②了解两地的经济状况； ③了解两地的社会环境、文化差异； ④掌握两地消费者消费心理与消费习俗； ⑤制定两地相对应的营销对策。			

第一节　消费者心理因素

个人心理因素主要是指消费者对购买行为的认识和个性心理特征有关的因素。

一、认识因素

认识因素是影响消费者购买行为的重要因素，认识过程的阶段性决定了消费者反应的阶段性和差异性。消费者的认识过程是在购买行为发生前通过心理活动过程表现出来的，一般分为三个阶段：一是识别阶段，主要是通过人的感觉、知觉、记忆、思维、联想等心理活动来完成，以识别产品的品质、属性及利益。在这一过程中，人们对所需产品的认识从直观的形象反映发展到获得更全面本质的反映，从而表现出自己的感受。二是情绪阶段，这是人们对产品的态度在感情上的反应阶段，产生喜欢与厌恶、肯定与否定的态度，这直接影响到消费者的购买欲望。三是意志阶段，在这一阶段，消费者会根据自我经验做出购买选择：立即购买、等待观望或停止购买。

从消费者购买前的心理活动过程可以看出，认识的不同阶段有不同的认识重点，影响消费者购买行为的认识因素就是这些认识重点的表现，主要包括需要、感觉、态度和经验。

1. 需要

消费者的需要分为两个方面：即生理上的需要和心理上的需要。农产品一般是满足消费者的生理需要，但随着生活质量的提高，心理需要在逐步提高。心理满足的程度不同，需要的程度也各不相同，从而产生不同的购买行为并直接影响着购买决策。

2. 感觉

所谓感觉是人们通过视、听、嗅、味、触这五种官能对外界的刺激或情景的反应或印象。潜在消费者产生了购买动机以后，他们的购买行为还要取决于对刺激物的感觉，一切产品及其促销活动只有通过人的感觉才能影响消费者的购买行为。

3. 态度

这里所说的态度是指一个人评价一种刺激物的见解和倾向，这种见解和倾向在购买行为方面常常表现为对某种商品或品牌的特殊偏爱或喜恶感情。在市场营销活动中，农产品经营者首先应该通过广泛的调查和研究，了解广大潜在消费者的态度，尽量设计、加工出符合消费者消费理念的产品。同时，还要通过营销活动去影响和改变消费者的态度。

4. 经验

经验是消费者从信息和实践中学习到的知识。消费者的经验既来自社会各界提供的信息，也来自自身的购买实践经验。因此，为了保证农产品畅销不衰，首先要保证产品的质量和服务，重视产品文化的建设，为消费者提供良好的购物环境和氛围，使消费者购买后形成良好的印象，提高农产品在消费者心目中的地位。

二、个性因素

个性是一个人在特定的生活环境和社会环境中长期生活而形成的对现实世界产生的较为稳定的态度和习惯性行为的心理特征。个性包括三个方面的含义：

第一，个体倾向性，包括个体的需要、兴趣、动机、理想和信仰等，是个人寄予产品的愿望和理想；

第二，个性心理特征，包括个体的能力、气质和性格等。消费者的个性心理特征是这三方面特征的综合反映；

第三，自我形象，指人的个体倾向性和个体心理特征的具体表现形式。消费者树立的自我形象可通过物质的、精神的、社会的、道德的等多方面因素表现出来，表现形式则是其谈吐、情绪、穿戴和行动等。

因此，消费者往往要求所购的产品与自己的形象相称。要扩大产品销售，就必须迎合消费者的自我形象要求。

第二节　经济因素

影响农产品消费者行为的经济资源包括个人或家庭的收入、财富和消费信贷。不仅是当前的收入和财富，而且对未来收入和财富的预期也会影响消费者的行为。

一、收入水平、构成及分布

收入是影响消费者需求的一个关键因素。衡量消费者收入水平的指标有三个，即个人收入、个人可支配收入和个人可任意支配收入。个人收入是指个人在一年内获得的工资、资金、红利、利息或其他各种收入的总和。个人可支配收入是扣除税收和交给政府的其他强制性支出(如强制性保险)后可用于个人消费或储蓄的那部分收入。可任意支配收入是影响消费者购买生活必需品的决定因素。个人可任意支配收入是从个人可支配收入中扣除消费者用于购买生活必需品(如食品、房租、水电、燃料、保险等)的支出后的余额。一般来讲,消费者只有在保证日常的生活开支之后,才会考虑购买高档消费品或奢侈品。因此,提供这类商品的企业通常需要了解其目标消费者群体的可任意支配收入状况。

农村居民收入较为复杂,大部分居民靠种植或养殖为生,但随着越来越多的农民进入城市谋生,很多农村家庭可能既有成员在家务农,也有成员外出经商或进城打工,由此使收入的来源和构成趋于多元化。这一趋势也进一步加大了农村居民收入的差距。

二、收入对消费者行为的影响

1. 收入对消费支出水平的影响

家庭对农产品和服务的需求取决于可支配收入的水平:当可支配收入上升时,食品或农产品消费支出也上升。然而,消费的变化和收入的变化并不完全一样,说明消费支出水平除了受当期收入决定外,还受其他因素的影响,例如高利率使人们更多地储蓄(减少消费)。如果人们感到经济将会不景气(对未来悲观预期),那么他们将减少消费,即使他们的收入增加了,消费也不一定会增加。

2. 收入对消费支出结构的影响

德国统计学家恩格尔发表了有关收入与食品支出之间关系的研究报告,提出了著名的恩格尔定律。该定律表明,随着家庭收入的增长,食物在家庭总支出的比重逐步下降。改革开放以后,随着我国城乡居民收入的增长,恩格尔系数也呈现了逐渐下降的趋势。城镇居民用于住房、交通通讯和娱乐教育文化服务等方面的支出比重都有明显上升。特别是城镇居民用于娱乐教育文化服务方面的消费稳步上升,说明城镇居民在解决温饱之后,把子女的教育、素质的提高、身心的健康放在了优先考虑的位置。

第三节 社会环境因素

人是生活在社会之中,因而消费者的购买行为将受到诸多社会因素的影响。

一、社会文化因素对消费者购买行为的影响

文化通常是指人类在长期生活实践中建立起来的价值观念,道德观念以及其他行为准则和生活习俗。若不研究、不了解消费者所处的文化背景,往往会导致营销活动的失败。任何文化还都包含着一些较小的群体或所谓的亚文化群。它们以特定的认同感和影响力将各成员联系在一起,使之持有特定的价值观念、生活格调与行为方式。这种亚文化群有许多不同类型,其中影响购买行为最显著的主要有:

一是民族亚文化群。如我国除了占人口多数的汉族外,还有几十个民族,他们在食品、服饰、娱乐等方面仍保留着各自民族的许多传统情趣和喜好。

二是宗教亚文化群。以我国来说,就同时存在着伊斯兰教、佛教、天主教等。他们特

有的信仰、偏好和禁忌在购买行为和购买种类上表现出许多特征。

三是地理亚文化群。如我国华南地区与西北地区，或沿海地区与内地偏远地区，都有不同的生活方式和时尚，从而对商品的购买也有很大不同。

二、社会相关群体对消费者购买行为的影响

相关群体是指对消费者的态度和购买行为具有直接或间接影响的组织、团体和人群等。消费者作为社会一员，在日常生活中要经常与家庭、学校、工作单位、左邻右舍、社会团体等发生各种各样的联系。

家庭是农产品消费者最基本的相关群体，因而家庭成员对农产品消费者购买行为的影响显然最强烈。现在大多数市场营销人员都很注意研究家庭不同成员，如丈夫、妻子、子女在商品购买中所起的作用和影响。一般来说，夫妻购买的参与程度大都因产品的不同而有所区别。家庭主妇通常是一家的采购者，特别是在食物、家常衣着和日用杂品方面的购买，传统上主要由妻子承担。但随着知识女性事业心的增强，男子参与家庭和家务劳动风气的逐步兴起，现在生产基本生活消费品的企业如果仍然认为妇女是他们产品唯一的或主要的购买者，那将在市场营销决策中造成很大的失误。当然，在家庭的购买活动中，其决策并不总是由丈夫或妻子单方面做出的，实际上有些价值昂贵或是不常购买的产品，往往是由夫妻双方包括已长大的孩子共同作出购买决定的。

亲戚、朋友、同学、同事、邻居等也是影响消费者购买行为的重要相关群体。这些相关群体是消费者经常接触，关系较为密切的一些人。由于经常在一起学习、工作、聊天等，使消费者在购买商品时，往往受到这些人对商品评价的影响，有时甚至是决定性的影响。此外，影响消费者购买行为的社会因素还包括一定的社会政治、法律、军事、经济等因素。影响消费者购买行为的主要因素，除消费者自身因素、社会因素之外，还有地域和产品因素，如农产品的产地、质量、价格、包装、商标等。

在消费者的购买决策过程中，人们购买一种商品的行为并不是突然发生的，在购买行为发生之前，购买者会有思维活动或行为来保证以后购买的商品自己能满意。即使一个消费者把商品买到家里后，他还会进一步研究他所买的商品，看看性能如何、味道如何等。这样看来，与消费者购买行为相关的是一个完整的消费者的购买过程。作为参与市场营销的企业来说，了解整个消费者的购买决策过程是很重要的，因为在消费者购买过程中，农产品经纪人可以制定一些策略来帮助消费者满足自己的需要。

第四节　消费群体与消费行为

一、老年人对农产品消费心理与行为

老年人消费心理是指老年消费者在购买和消费商品时所具有的心理状态。

老年消费者的心理特点是：一是购买和使用商品的过程中受习惯思维的影响大；二是购买和消费要求方便；三是消费需求构成发生变化，大部分支出用于购买食品和医疗保健用品，受消费流行的影响也甚少。

(一)老年消费者的购买动机

随着年龄增加,老年消费者的消费经验也不断地增加,哪些农产品最能满足自己的需要他们心中有数,因此他们会多家选择,充分考虑各种因素,购买自己满意的农副产品。有20%的老年消费者属于习惯型的消费者。他们通过反复购买、使用某种产品,对这种商品有着较为深刻的印象,逐渐形成固定不变的消费习惯和购买习惯,且不会轻易改变这种习惯。老年人的习惯购买心理还表现在:对于不了解的商品不轻易采用,极少发生冲动性购买。

但是,我们可以发现,过去人们常常认为大部分老年人属于习惯性消费者的观念是不正确的。随着时代的进步和生活节奏的加快,老年人表现出适应新环境和新事物的能力和愿望,方便使用才是他们真正考虑的因素。由此可见,现在的老年消费者已不是我们想象中的那种只求价格便宜的消费者了。他们在购买商品时会考虑各方面的因素,价格只是他们考虑的因素之一。

(二)老年人消费行为特征

(1)在购买方式的选择上,老年消费者多数选择在离家较近的商场超市或农贸市场购买。这是因为超市所提供的商品一般在质量上可以得到保障,而且在购物环境和服务方面也有较大优势。老年消费者的体力相对以前有所下降,他们希望能够在比较近的地方买到自己满意的商品,并且希望能够得到周到的服务,如商品咨询、导购服务、运行较慢的自动扶手电梯和舒适的休息环境等。

随着我国市场经济的不断发展,人们的消费行为也在不断地改变。现在网络销售也在逐渐形成。不仅是青年人的消费行为在改变,而且有相当一部分老年消费者的消费行为也在随着时代的变迁而改变,他们对于一些较新的购物方式都表现出一定的适应能力。因此,在对老年消费者销售商品的时候可以采取多种方式。

(2)在购物的陪伴方式上,因为老年人大多害怕寂寞,而其子女由于工作等原因闲暇时间较少,所以老年消费者多选择与老伴和同龄人一道出门购物。老年人之间有共同话题,在购买时也可以互相参考、出谋划策,他们对于哪些农产品适合于老年人比较了解。这就说明,影响老年消费者购买行为的相关群体主要还是老年人。

(3)对于广告对老年消费者的影响程度问题,大部分老年消费者选择了“影响一般”(占41.9%),而且有相当一部分老年消费者选择了“没什么影响”(占22.7%)。由此可见,老年消费者对广告的依赖程度一般,并且由于一些虚假广告的负面影响,使得一部分老年消费者对广告产生了反感情绪。由于老年消费者心理成熟、经验丰富,他们一般相信通过多家选择和仔细判断就能选出自己满意的产品。当然,老年消费者还是希望通过广告了解一些产品的性能和特点,并以此为依据选择某些产品,但是要尽量避免夸大性和虚假的广告。

(三)针对老年人消费心理的营销策略

1.产品策略:实用方便,针对性强

农产品经纪人在开发老年用品时,一定要考虑老年人的生理和心理特征,注重其实用性、方便性和保健性。如在吃的方面,老年人普遍要求食用一些易嚼、易消化且低脂、低糖、低胆固醇的食物。除了老年人用品市场以外，老年人服务市场更是一个亟待开发的市场。它包括围绕农产品的生活服务、教育服务、送温暖服务、保健服务、咨询服务等一系列服务。为老年人服务商品化和市场化，是社会进步的表现。在我国，老年人服务市场的发展潜力是十分巨大的。

2.广告策略：提示为主，以理服人

针对老年消费者制作的广告，应该多选择介绍性、提示性和劝说性广告，而避免炫耀性、夸张性和竞争性广告，名人广告对老年消费者的影响也不大。在广告媒体的选择上发现，视听广告和报刊广告是两个非常重要的媒体。由表9.1可以发现，视听广告（通过电视、电台、电影播放的广告）对老年消费者的影响最大。老年人闲暇时间较多，他们收看电视和收听广播的时间比较长，这就决定了视听广告对他们起作用的时间也比较长。读书看报也是老年人不可缺少的活动之一，好的报刊广告同样非常有吸引力，并且其制作费用要远远低于视听广告。我们可以针对不同市场综合考虑，根据不同产品的不同特点，选择不同的广告媒体。

表9.1　对老年消费者影响最大的广告媒体

广告媒体	报刊广告	视听广告	邮寄广告	户外广告牌	广告传单	活动广告
百分比（%）	31.4	56.1	1.9	3.6	2.8	4.2

3.促销策略：情感营销，以情促销

老年人不喜欢孤独，又最容易孤独，他们渴望与人接触，渴望得到社会、家人的尊重和关注。因此，在营销的各个环节，都要用“情”字贯穿始终，处处为老人着想。在具体促销手段的选择上，我们可以参照下表（见表9.2）。

表9.2　老年消费者乐于接受的促销手段

促销手段	赠送样品	发放奖券	有奖销售	商品咨询	办展销会	现场表演	购物折扣	买几赠一
百分比（%）	30	2.2	6.3	19	12.2	5.9	22.2	2.2

4.分销策略：增加便利，开设专柜

分销策略应以增加老年人的便利条件，尽量接近老年消费者为主线。如开设老年专柜、老年专卖店、老年便利店等。店铺的位置应分布在老年人较集中的居住区；店铺的设施应尽量减少自动化，增加休息区；店铺的服务应细致周到，热情为老年人提供商品介绍、购物咨询，为行动不便的老人提供上门服务、电话预约购物等。

二、青年人消费心理与行为

青年人消费心理是指青年消费者在购买和消费产品时所具有的一种心理状态。青年是一个购买力巨大的消费群体，对其他消费群体具有极大的影响力。作为一个特殊的消费群体，青年具有追求新颖与时尚、崇尚品牌与名牌、突出个性与自我、注重情感与直觉等消费心理特征。研究青年的消费心理特征，对经营者制定有效的营销策略具有十分重要的意义。

在消费市场上，青年历来是一个重要的消费群体，具有特殊的影响力。在市场竞争日趋激烈的今天，认识和把握青年消费的重要性，研究青年消费的心理特征，对我们制定合理的营销策略，活跃和繁荣消费市场，具有十分重要的意义。

青年是一个潜力巨大的消费群体。不仅因为青年人数众多，更由于青年的消费需求广泛，内容丰富。统计数字表明，青年约占总人口的1/5。目前，我国青年人数近3亿，约占总人口的1/4。这说明，青年是一个人数众多的消费群体。从青年需要来看，青年早期，正是长身体的最佳时期，需要更多的食物来满足其生理需要，高脂肪、高蛋白、高热量的食品最受他们欢迎。

(一)青年消费的心理特征

1. 追求新颖、有特色、个性化商品

青年的自我意识是青年个性发展的最集中的表现之一，青年的独立意向非常强烈，内心丰富，热情奔放，富于幻想。青年在购物上喜欢能表现个性心理的商品，追求时尚和浪漫。

2. 青年的精神消费日益充实、发展

青年在吃、穿、住、用等物质消费水平提高后，为满足自身发展和发挥体力、智力，个性需要及整个生活质量和水平的提高，精神消费需求更加希望充实，精神消费支出也越来越大。

3. 青年的人情消费也在不断发展

人情消费是指青年在礼尚往来方面的花费。目前，青年的人情消费范围广，名目多，价码看涨。一般低收入的青年是有一定压力的。对于人情消费，不同的青年消费者也是有区别的，主要的影响因素有经济收入、个性心理因素、性别、家庭的支持力度、个人文化程度和职业等。这些因素都决定着每个青年消费者的消费态度和消费行为。

(二)青年消费的特点

(1)消费能力很强，市场潜力大。随着科技在社会发展中所起的作用日益重要，青年人的创新能力和知识更新优势给他们带来了越来越丰富的经济收入，加上家庭负担轻，消费观念新潮又不愿压抑自己的欲望，注重享受和娱乐。因此，青年消费者就成为消费能力最强、市场潜力最大的一个消费群体。

(2)消费意愿强烈，具有时代感和自我意识。青年消费者经常表现出这样一种消费心理：大家都没有的自己要有，某些人有的自己必须有，大家都有的自己不想有。这是一种典型的标新立异、争强好胜、表现自我的心理。

(3)消费行为易于冲动，富有情感性。由于青年时期的人并未彻底成熟，加上阅历有限，使得个性尚未完全定型。他们内心丰富、热情奔放，冲动性消费明显多于计划性消费。例如，在许多时候，产品的款式、颜色、形状、广告、包装等外在因素往往是决定其是否购买该产品的第一要素。另外，青年消费者的消费兴趣具有很大的随机性和波动性，一会儿喜欢这种商品，一会儿又喜欢另外一种。这都反映出其消费的冲动性和情感性。

(三)青年消费心理对营销的启示

赢得青年，就赢得未来，这在商战中同样适用。在市场竞争中，谁能抓住青年消费群体，谁就占有更多的市场份额，就能在市场竞争中赢得优势。青年人消费行为中所表现出的鲜明的消费心理特征，为工商企业有效地组织生产与推销产品提供了重要依据。

1. 力主创新

随着科学技术的迅速发展，人们生活水平的不断提高，产品使用寿命相对缩短。在这种情况下，必须树立创新意识，把创新作为市场上克敌制胜、吸引需求和挖掘潜在需求的有力武器，不断满足青年消费者追求新颖与时尚的心理需求。

实践表明，符合时代潮流、代表现代最新技术、新颖适用的农产品，最能激发青年的消费欲望。新产品的特性是“新”，“新”的本质是性能、质量等优越于旧产品。新产品的优越性越多越明显，能满足消费者的需求程度越高，也就越能激发青年消费者的求新热情，越能吸引青年人购买，从而使他们成为新产品的追求者、尝试者和推广者。因此，要不断运用新的科学技术、新工艺，开发设计新的优质农产品，或引进国外的新品种。

2. 争创名牌

通常而言，名牌产品能要求一个比较有优势的价位，在相同价位上会比它的竞争对手卖得出、卖得多、卖得快。有些商店能以高出同类商品好多倍的价格出售，就是靠着名牌，而青年人所追求的也正是这种效果。因此，一个农产品能否在同行业中脱颖而出，吸引更多的消费者，必须培养名牌意识，创名牌产品。

随着市场经济的发展，传统的卖方市场逐步向买方市场过渡，人们特别是青年人的消费已由数量型逐步转向质量型、品牌化，因而实施名牌战略，对企业的发展来说显得愈来愈重要。当然，在市场竞争中企业走名牌之路、创名牌之业、出名牌之效，并不是轻而易举的事。随着名牌消费意识的日趋成熟和市场名牌竞争意识的日趋加剧，名牌产品也要名副其实，才能在国内外市场站稳脚跟。有位企业家曾有一个比喻，“名牌不是不锈钢”，意思是说，市场上没有永久的名牌。只有不断创新，抓好产品的升级换代，才能永葆名牌的生命力，才能“以变应变”，满足青年人越来越高的消费需求。

3. 突出个性

越来越多的事实表明，在现代社会，青年的需求观念已不再停留在仅仅获得更多的物质产品方面。他们购买商品越来越多的是出于对商品象征意义的考虑，也就是说购买一种商品不仅是因为它有用，而且是为了显示自我。在追求合理与实用的同时，他们更加注重个性的满足、精神的愉悦、舒适及优越感，其消费需求日趋差异化、多样化、个性化。青年消费群体突出个性、表现自我的消费心理特征，对传统的营销观念与策略提出了挑战：必须把个性差异作为营销战略的核心。即要认真研究青年消费群体的特有心理，了解他们的特殊需求，从中找到某种替代性的象征物，然后通过别具特色的感性设计给产品附以某种气氛、情趣、想象等，凭借感性的力量去打动、诱发消费者，从而掌握市场的主动权。

4. 攻心为上

所面对的广大消费者，是具有丰富情感的消费者，而对于青年消费者来说，情感因素的作用表现得尤为突出。因此，为了要达到引导青年消费需求、把握市场主动权这一终极目的，必须把满足青年消费者的情感需求放在至关重要的位置。

古语云：“攻心为上。”这句话同样适用于商战。企业与消费者之间，实际上蕴含着一种人际感情的交流。感情是一种巨大的力量，如果能通过感情传递、感情交流、感情培养，令青年消费者产生心灵上的共鸣，那么企业的产品、品牌就容易为青年人所理解、喜爱和接受。因此，企业要善于发掘自身产品内在所包含的感情，并通过产品设计、包装、广告淋漓尽致地展示这些情感，在以质取胜的同时，更以情动人。

总之，青年是个既有购买能力又有巨大潜力的消费群体，在充分了解青年人的消费心理特征的基础上,采取与之相适应的营销策略,就能引导和满足青年人的健康情趣和合理需求,使你的农产品品牌在竞争中立于不败之地。

三、女性消费心理与行为

一般情况下,女性是农产品的主要购买者和决策者,家庭对农产品的消费大多是由女性来主宰。因此,对于农产品经纪人来讲,了解女性消费心理,研究她们的消费行为,具有十分重要的意义。

(一)女性消费者的重要地位

1. 女性消费者数量庞大,占整个社会总体消费的绝大多数

据统计,女性消费者占全国人口的48.7%,对消费活动影响较大的中青年妇女,即年龄在20~55岁的占人口总数的21%。女性消费者群体数量庞大,是大多数农产品购买行为的主体。如果将实际购买者和购买决策者的数量统计出来,这个比率将会更高。由于在家庭中同时担任女儿、妻子、母亲、主妇等多种角色,使她们不仅为自己购买所需农产品,也是大多数儿童用品、老人用品、家庭用品的主要购买者。因此要认清,女性是农产品的实际购买者,或者对购买行为有决策权的重要人物。女性对一般农产品有绝对的购买决定权。只要打动了女性消费者的心,就占据了较大的市场份额。

2. 女性消费者影响力大

女性通常具有较强的表达能力、感染能力和传播能力,善于通过说服、劝告、传话等对周围其他消费者产生影响。女性消费者会把自己购买产品的满意使用感受和接受的满意的服务经历当做自己炫耀的资本,利用一切机会向其他人宣讲,以证明自己有眼光或精明。反过来,女性购物决策也较易受到其他消费者使用经历的影响。这个特点决定女性是口碑的传播者和接收者,一些产品通过女性的口碑传播可以起到一般广告所达不到的效果。但成也口碑,败也口碑,只有过硬的质量才能维持女性消费者的忠诚度。据国外调查表明,通常在对产品和服务不满意的顾客中只有4%会直接对公司讲,在96%不抱怨的顾客中有25%有严重问题;4%抱怨的顾客比96%不抱怨的顾客更可能继续购买;如果问题得到解决,那些抱怨的顾客将有60%会继续购买,如果尽快解决,这一比率将上升到95%;不满意的顾客将把他们的经历告诉给10~20人;抱怨的顾客会向5个人讲他/她的经历。其中会把自己的抱怨反映给产品或服务提供者的大多数是女性消费者,因此女性顾客的反馈和口碑非常重要,商家一定要讨得女士的欢心才能赢得市场的青睐。

(二)女性消费者的消费心理特征

1. 注重商品的外表和情感因素

女性消费者对商品外观、形状、情感等因素十分重视,往往在情感因素作用下产生购买动机。商品品牌的寓意、商品形状带来的美感或环境气氛形成的温馨感觉等都可以使女性消费者产生购买动机,有时是冲动型购买行为。购物现场的环境在很大程度上会左右女性消费者的购买,有时甚至能够改变她们之前已经做好的消费决定,使其转为购买促销的产品。

2. 注重商品的实用性和细节设计

女性消费者心思细腻,追求完美,购买的商品主要是日常用品,通常会花费更多的时

间在不同销售点的同类产品之间进行比较，更关心农产品带来的具体利益。对于现在丰富的同样的产品比性能，同样的价格下比服务，甚至一些小的促销礼品和营销人员热情的态度都会影响女性消费者的购买决定。这就要求对农产品的细节做到尽善尽美，避免显而易见的缺陷。

3.注重商品的便利性和生活的创造性

目前我国中青年女性就业率较高，城镇高于农村。她们既要工作，又要做家务劳动，所以迫切希望减轻家务劳动量，缩短家务劳动时间，能更好地娱乐和休息。为此，她们对日常消费品和主副食的方便性有更强烈的要求。新的方便消费品会诱使女性消费者首先尝试，富于创造性的事物更使女性消费者充满热情，以此显示自己独特的个性。

(三)针对女性消费者的营销策略

由于女性在消费活动中所处的特殊地位和扮演的特殊角色，形成了其独特的消费心理和消费特点。要充分重视这一庞大主体，针对女性的特点，改善生产和经营，以便吸引和维持女性顾客，带来源源不断的商机。

1.现场促销活动要关注女性消费者的情绪变化

男性比较注重服务人员的知识和技能，而由于女性同时对态度也比较敏感，服务人员不经意间哪怕一个怠慢的动作，一句不耐烦的话语，一个轻蔑的眼神，都会将之前滔滔不绝的产品推销成果毁于一旦。女性消费者的自我意识、自尊心较强，表现在购买行为中喜欢评价商品，喜欢根据自己的爱好和标准分析商品，评价商品。购买后，她们总愿听到别人的赞赏。营销人员要讲究语言表达的艺术性，尊重女性消费者的自尊心，赞美女性消费者的选择，以博得女性消费者的心理满足感。

2.要重视细节和外观形象，体现流行和时尚

女性对生活方式的反应要比男性快，女性的审美观影响着社会消费潮流。现代社会的职业女性对生活中新的、富有创造性的事物总是充满热情。女性存在严重的从众心理。在这方面，明星广告起了极大的煽动作用，知名人物做产品形象代言人也会明显地促进产品的销售。

3.采用各种名目繁多的促销活动迎合对价格敏感的女性消费者

采用适当的促销手段，增进女性消费者对本企业及其产品的好感，是开拓女性消费者市场的重要途径。价格的影响对女性比对男性大得多，一般来说女性很少能够抵制住降价的诱惑。在市场中进行讨价还价的绝大多数都是女性消费者，一方面出于女人节约的天性，比较有耐心，另一方面由于家庭中大多是女性掌握财政大权，直接控制家庭日常开支。男人“开源”，女人“节流”，这是大多数家庭的理财方式。有些女性一方面会花上几百元上千元买一套流行时装，而另一方面在菜场上买菜却对于几元几角讨价还价、斤斤计较，可见女性比较计较小数目的低档品，而对高档品却认为价高质好。附赠品正是迎合了女性的这种心理，比如，两个商店的营销策略不同：一家是低价，另一家是高价但有附赠品。很可能女性在没有时间或能力比较两家商品的质量时，认为高价的质量一定好，而有附赠品就更吸引了她们。

鉴于女性消费心理对整个消费市场的重要性及其变迁，企业在制定营销组合策略时，应特别注意现代女性消费者的心理特征及其变化趋势，采取适宜的措施。例如，企业的橱

窗布置,应注意明朗、热烈的气氛;商品的设计、色彩、款式要注意诱发女性的情感;在商品的包装、经营方式等方面,要新颖、别致、适时方便。向女性消费者宣传某商品的好处和具体利益,比向她们宣传商品的质量、性能效果更好。可见,只要能密切注意女性世界,了解并研究女性消费者的购买动机与需求以及决策的心理活动过程,就能随时把握女性消费市场的新契机乃至整个消费市场的变迁及发展趋势,企业就能做到先发制人,使企业商品的形象契合消费者的印象,并经由有力的销售诉求,将潜在消费者转变为实际消费者,市场前景一定是广阔的。

思考与作业题

1. 案例分析:一位老蜂农的发家史

老蜂农品牌蜂蜜的创业者,靠产品定位的品牌魅力作为产品销售的第一推动力,从而成为农业小产品领域的小型创业者可复制或可借鉴的案例。老蜂农品牌拥有者陈泰之介绍,创业的最初考虑就是,要走一条寻找市场的空白点并进行创新而获得成功之路。创业项目启动前,他看了许多蜂蜜产品的包装,罐是瘪的,字是歪的,颜色是不讨人喜欢的,甚至可以说整个中国蜂蜜市场没有一个成功的包装。他马上意识到这是一个非常大的机会,一定要投入最大的力量做中国蜂蜜行业最好的包装。当时他到广州发现大型商场基本很少看到蜂蜜产品进入,当时蜂蜜市场也还没有细分的产品,如没有针对白领阶层并为他们接受并喜欢的蜂蜜品牌。于是他敏锐感到这些都是市场的切入点。事实证明,后来发现购买老蜂农品牌蜂蜜的大部分都是白领女性,而且回头客很多,他们的目标客户就是大中城市的白领女性。

龚文祥说:迎合白领女性根本需求的背后因素是老蜂农是中国蜂蜜市场第一个将蜂蜜产品从功能物理层面提升到心理文化层面的品牌。在老蜂农品牌出现以前,这部分挑剔的顾客对于蜂蜜消费的心理精神层面完全没有满足,她们一看那些土里土气的没有任何审美情趣的包装,就知道这不是她们想要的产品。而当老蜂农品牌一出现,她们惊喜地感觉到这才是她们需要的产品,这才是能够满足她们快乐情感与精神体验的品牌。所以,老蜂农品牌蜂蜜的成功看似轻松简单,其实是必然:因为它是中国蜂蜜市场第一个满足顾客高层次精神需求的产品。

分析:①在该案例成功的背后证实了哪些观点?

②该案例对你的产品有何启发?

2. 模拟实训

参观考察就近的一家农民专业合作社(或者某学员介绍自己的专业合作社),了解农产品经营的基本情况,以学习小组为单位,就以下学习任务展开深入的探讨。

<table>
<tr><td>专业合作社名称</td><td colspan="3"></td></tr>
<tr><td>合作社负责人</td><td></td><td>参与人员</td><td></td></tr>
<tr><td colspan="4">参观考察时间：</td></tr>
<tr><td colspan="4">学习任务：
(1)了解专业合作社的产品；
(2)以上海市场为例，分析讨论该产品的消费群体的特点；
(3)制定将该产品进入上海市场的营销策略(包括定价、包装、销售渠道、促销等)。</td></tr>
<tr><td colspan="4">任务完成要求：
(1)通过对某农产品和其消费群体的深度剖析，提高农产品经纪人的市场意识；
(2)建立市场分析理念，了解消费者心理需求，培养农产品经纪人的营销策划能力。</td></tr>
</table>

图书在版编目(CIP)数据

农产品经纪人(中高级)实务 / 郑小兰，张永积主编.
—杭州：浙江大学出版社，2013.6
ISBN 978-7-308-10945-1

Ⅰ.①农… Ⅱ.①郑…②张… Ⅲ.①农产品—经纪人—基本知识 Ⅳ.①F323.7

中国版本图书馆 CIP 数据核字(2013)第 000533 号

农产品经纪人(中高级)实务
郑小兰 张永积 主编

丛书策划 阮海潮(ruanhc@zju.edu.cn)
责任编辑 何 瑜(wsheyu@163.com)
封面设计 十木米
出版发行 浙江大学出版社
(杭州市天目山路148号 邮政编码310007)
(网址：http://www.zjupress.com)
排 版 浙江时代出版服务有限公司
印 刷 富阳市育才印刷有限公司
开 本 787mm×1092mm 1/16
印 张 16.5
字 数 391千
版 印 次 2013年6月第1版 2013年6月第1次印刷
书 号 ISBN 978-7-308-10945-1
定 价 32.00元